David Warsh, antiguo columnista del *Boston Globe*, es autor del boletín informativo electrónico *Economic Principals*, y de varios libros sobre economía y sobre los economistas.

El conocimiento y la riqueza de las naciones

El enigma del crecimiento económico, su historia y su explicación moderna

El conocimiento y la riqueza de las naciones

El enigma del crecimiento económico, su historia y su explicación moderna

David Warsh

Traducción de Mª Esther Rabasco y Luis Toharia

Universidad de Alcalá

Publicado por Antoni Bosch, editor
Palafolls, 28 – 08017 Barcelona – España
Tel. (+34) 93 206 0730
info@antonibosch.com
www.antonibosch.com

Título original de la obra
Knowledge and the Wealth of Nations: A Story of Economic Discovery

First published by W.W. Norton & Company, Inc., New York

© 2006, David Warsh
© de la edición en castellano: Antoni Bosch, editor, S.A.

ISBN: 978-84-95348-24-1
Depósito legal: B-37.908-2008

Diseño de la cubierta: Compañía de Diseño
Fotocomposición: JesMart
Impresión: Book Print

Impreso en España
Printed in Spain

A la memoria de E. Lawrence (Laury) Minard III, 1950-2001

Construir un modelo o, en realidad, construir cualquier teoría (o escribir una novela, un relato breve o una obra de teatro) consiste en extraer de la enorme y compleja masa de hechos que llamamos realidad unas cuantas observaciones clave sencillas y fáciles de manejar que, cuando se ponen juntas de una forma ingeniosa, se convierten para algunos fines en un sustituto de la propia realidad.

—Evsey Domar,
Essays in the Theory of Economic Growth

La verdad surge más fácilmente del error que de la confusión.

—*Francis Bacon,*
Novum Organum

CONTENIDO

Prefacio

Este libro cuenta la historia de un artículo técnico de economía, los acontecimientos que precedieron a su publicación en 1990 y algunos cambios posteriores en nuestra forma de comprender el mundo. Mi objetivo indirecto es dar a conocer en alguna medida cómo se hace hoy economía en las universidades, pues es ahí y no en los bancos centrales o en los despachos oficiales o en Wall Street donde se llevan a cabo las investigaciones más importantes.

Entre 1979 y 1994, en revistas técnicas difíciles de leer, hubo un notable intercambio entre economistas de artículos sobre el crecimiento económico: qué es, qué hace que ocurra, cómo lo compartimos, cómo lo medimos, qué nos cuesta y por qué merece la pena. Fue tal la sensación de que los resultados de este intercambio eran algo nuevo –la sensación de que algo se estaba empezando a comprender por primera vez, que se estaba a las puertas del *descubrimiento*– que esta literatura pronto acabó conociéndose con el nombre de «nueva teoría del crecimiento». Fueron muchas las personas que participaron en ese intercambio. Una nueva generación pasó a ocupar un lugar destacado en el campo de la economía. Sin embargo, las propias cuestiones que se discutieron, así como la manera de resolverlas siguen siendo desconocidas para el público en general.

Yo soy periodista económico, he trabajado durante muchos años en un periódico, no soy economista ni historiador del pensamiento económico. Mis matemáticas son rudimentarias, pero mi redacción es buena, mi escepticismo considerable y mis conocimientos básicos de economía bastante amplios por haber seguido de cerca la evolución de este campo de investigación durante muchos años. El libro está escrito desde el punto de vista de una persona de fuera, de una persona externa que sabe apreciar las cosas, pero que no ha renunciado totalmente al escepticismo. En otras palabras, soy un civil y un convencido de la bondad del control civil.

¿Por qué he centrado la atención en un único tema de investigación? La ciencia económica ha progresado rápidamente en estos treinta últimos años. Su ámbito se ha expandido y hay muchas historias que contar. Pero la nueva historia del crecimiento me atrajo porque me interesaban en concreto la especialización y el crecimiento del conocimiento. Sin embargo, desde entonces he acabado viendo en ella una historia representativa, un ejemplo de cómo se han convertido las matemáticas en el instrumento de trabajo de la economía moderna, de por qué quienes las practican consideran que sus métodos formales han tenido tanto éxito.

La nueva historia del crecimiento muestra cómo ocurren los descubrimientos económicos: como resultado de una intensa competencia intelectual entre pequeños grupos de investigadores que trabajan en universidades rivales. De esta competencia surgen de vez en cuando transformaciones de la forma de comprender el mundo, que son fruto tanto de investigaciones acumuladas durante generaciones como de incursiones más allá de las fronteras establecidas de grupos de investigación o, a veces, de una única persona. Estas transformaciones se abren paso poco a poco, como las ondas que se forman en un estanque cuando se arroja una piedra, hasta que lo que fue originalmente su forma de comprender el mundo se convierte también en la nuestra.

Aún hoy, es posible que la mayoría de los economistas no tengan claro qué ocurrió en su ciencia en los años ochenta y principios de los noventa, en la subdisciplina que se ocupa del crecimiento y el desarrollo. Al fin y al cabo, no han capitulado todos los participantes en la discusión. Algunos lectores quizá prefieran saltarse los entresijos que se cuentan en este libro e ir directamente a las diversas guías y libros de texto que están comenzando a aparecer sobre el tema.[1] Pero si lo hacen se perderán con sus prisas una buena historia, y una importante lección.

Informé de muchos de los acontecimientos más públicos de esta historia cuando ocurrieron, a menudo en reuniones organizadas en oscuros salones de hoteles en días soleados y en las conversaciones posteriores. Es un ejercicio de humildad echar la vista atrás y ver cuánto tardé en caer en la cuenta de la importancia de estos acontecimientos y cuánto más tardé en ponerlo sobre el papel. Pero si hubiera sido obvio, no habría sido noticia.

---

[1] *The Mistery of Economic Growth* de Elhanan Helpman es la más esclarecedora de estas guías. (Ha sido publicado en castellano por Antoni Bosch editor, bajo el título de *El misterio del crecimiento económico*.) *Introduction to Economic Growth* de Charles I. Jones es el mejor de libros de texto. *The Wealth and Powerty of Nations* de David Landes es una descripción brillante y entretenida, aunque básicamente ateórica, de estos temas.

Hablé con muchas personas durante ese tiempo. Casi todas me respondieron con distinto grado de franqueza. Gracias a todas ellas. Los economistas son buenas personas, y a ellos les gustan las historias tanto como a los demás. Sólo cuando iba llegando al final, me di cuenta del interés que tenían en guardar el secreto. Los economistas también tienen sus debilidades.

Introducción

Uno de los proverbios más antiguos en el inventario de nuestro sentido común es éste: dale a un hombre un pez y lo alimentarás un día. Enséñale a pescar y lo alimentarás para toda la vida. A lo que hoy hay que añadir: inventa un método mejor para pescar o para criar peces, para vender pescado, para modificar las especies piscícolas (por medio de la ingeniería genética) o para luchar contra la explotación abusiva del mar y alimentarás a muchísimas personas, ya que estos métodos se pueden imitar casi sin coste alguno y extender por todo el mundo. Naturalmente, dependiendo de las circunstancias, tu invento también te hará rico. La clave de la prosperidad –tanto de las fortunas privadas, grandes y pequeñas, como de la riqueza de las naciones, en otras palabras, del crecimiento económico, con sus incalculables beneficios para todos– son las ideas nuevas, más que el ahorro o que la inversión o incluso que la educación. Y en el trasfondo de todo ello están las intrincadas reglas del juego que llamamos las leyes, y la política.

No fue, sin embargo, hasta octubre de 1990, fecha en que el economista de treinta y seis años de la Universidad de Chicago llamado Paul Romer publicó un modelo matemático de crecimiento económico en una revista de la corriente económica dominante, cuando el análisis económico del conocimiento fue por fin objeto de atención, después de más de doscientos años de presencia informal e incómoda entre bastidores. El título del artículo era al mismo tiempo aparentemente simple e intimidatorio: «El cambio tecnológico endógeno» («Endogenous Technological Change»).

El artículo de treinta y dos páginas, publicado en el *Journal of Political Economy*, observaba todas las convenciones habituales de los escritos científicos: voz pasiva, análisis matemático, afirmaciones modestas. Contenía citas, elegidas con esmero, de trabajos anteriores que seguían la misma tradición, especialmente del artículo al que intentaba suplantar y en el que trataba de basarse, «Una contribución a la teoría del crecimiento económico» («A Contribution to the Theory of Economic Growth») publicado en 1956 por Robert Solow.

El primer párrafo contenía una frase que al principio era más desconcertante que otra cosa: «El rasgo distintivo de [...] la tecnología como factor de producción es que no es ni un bien convencional ni un bien público; es un bien no rival, parcialmente excluible [...]».

Y ahí empezó todo. Pues fue concretamente esa frase, que se escribió hace más de quince años y que aún no se entiende mucho, la que puso en marcha una trascendental transformación conceptual de la ciencia económica, al ampliar la conocida distinción entre bienes «públicos», suministrados por el Estado, y bienes «privados», suministrados por el sector privado, con una segunda distinción entre bienes «rivales» y «no rivales», es decir, entre bienes cuyo carácter corpóreo permite poseerlos por completo e impedir en alguna medida que otros los compartan (un helado, una casa, un trabajo, un bono del Tesoro) y bienes cuya esencia puede ponerse por escrito y almacenarse en un ordenador como una cadena de bits y ser compartida por igual y casi ilimitadamente por muchas personas al mismo tiempo (un libro sagrado, una lengua, el álgebra, los principios del diseño de una bicicleta). La mayoría de los bienes existentes tienen inevitablemente al menos algo de cada uno de estos tipos. Entre estos extremos, hay multitud de interesantes posibilidades.

El patrón de un vestido. El sistema operativo de un ordenador personal. Un concierto de jazz. Un disco de los Beatles. El diseño de un nuevo chip de ordenador. La señal codificada de un satélite de comunicaciones. Un mapa del genoma humano. La estructura molecular de un nuevo medicamento y los secretos para fabricarlo eficientemente. Una semilla alterada genéticamente y la serie de manipulaciones realizadas para producirla. Un cuadro de Picasso, tanto el propio lienzo con sus pinceladas y sus capas de pintura como sus múltiples reproducciones. Una pegatina en la ventanilla de un coche que dice «Bebé a bordo». El texto del libro que tiene el lector ahora mismo entre las manos. La ecuación de la página 46. Todos estos bienes son no rivales, porque pueden ser copiados o compartidos y utilizados por muchas personas al mismo tiempo. La mayoría también son en parte excluibles, lo cual significa que es posible, al menos en principio, controlar en alguna medida el acceso a ellos. Los bienes rivales son objetos y los bienes no rivales son ideas, «átomos» y «bits», por utilizar una pegadiza expresión tomada de la informática, donde las ideas se expresan en cadenas de bits binarios, o «convexidades» y «no convexidades», por emplear el lenguaje más sobrio de las matemáticas.

El concepto de no rivalidad en sí mismo no era en absoluto nuevo para la economía, pues los hacendistas habían utilizado durante más de cien años una serie de términos, a menudo confusos, para explicar la causa de los «fallos del mercado», para describir el carácter comunal subyacente, por ejemplo, de la defensa nacional o de las farolas de una ciudad, de un nuevo puente o de las señales que emiten los faros. El concepto de no rivalidad ocupó un sitio entre ellos en la década de 1960. Fue al combinar este concepto con el de «excluible» y aplicándolos donde no se habían utilizado hasta entonces cuando Romer dio un vuelco al papel que desempeñaban las ideas en la vida económica –es decir, en los secretos comerciales, las fórmulas, las marcas registradas, los algoritmos, los mecanismos, las patentes, las leyes científicas, los diseños, los mapas, las recetas, los procedimientos, los métodos empresariales, los derechos de reproducción, las copias pirata–; todo ello, en pocas palabras, pasaba a ser la economía del conocimiento. Romer aclaró el inevitable conflicto entre los incentivos para la producción de nuevas ideas y los incentivos para la distribución y el uso eficientes del conocimiento existente, es decir, lo que llamamos propiedad intelectual.

Gestionar el conflicto entre estos fines –promover el crecimiento del conocimiento, garantizando al mismo tiempo el reparto general de sus beneficios– es una responsabilidad del Estado absolutamente tan importante como la política monetaria y fiscal. Si el intrincado sistema de incentivos para crear nuevas ideas está por desarrollar, la sociedad (y principalmente los más pobres) tiene dificultades para progresar. Y lo mismo ocurre si esos incentivos son excesivos o si sólo los tienen unos pocos.

Si el lector toma conciencia de la importancia de este dilema, comprenderá la gracia de la historia que se cuenta en este libro. Es incluso posible que ya la comprendiera intuitivamente bastante bien.

Pero con la publicación de «El cambio tecnológico endógeno», Romer ganó una carrera, si se la puede llamar así, una carrera en el seno de la comunidad de economistas universitarios que se dedican a investigar el proceso de globalización actual, para decir algo práctico y nuevo sobre la manera de fomentar el desarrollo económico en los lugares en los que no se ha producido. Que había habido una carrera sólo fue evidente para un puñado relativo de personas, aquellas que defendían explicaciones contrapuestas. Que podía existir una «respuesta correcta» al misterio del crecimiento económico o incluso que existía un misterio fue negado por muchas personas y probablemente puesto en duda por la mayoría.

Sin embargo, unos cuantos años más tarde, las cuestiones relacionadas con el crecimiento de la riqueza de las naciones registrado después de la Segunda Guerra Mundial se habían aclarado y, si no se habían resuelto, al menos sí se habían reformulado en el lenguaje formal de la economía técnica. Las opciones básicas estaban más claras que antes. La contribución del crecimiento del conocimiento se había expuesto de una forma que permitía analizarla. Se había hecho hincapié en el papel de las instituciones. Y se había atribuido por fin una función básica a esa figura durante tanto tiempo olvidada (al menos en las clases de economía), el empresario.

«Romer 90» (por utilizar la cita abreviada del artículo) no concuerda con nuestra concepción de una obra clásica, de una obra que debe colocarse en la estantería al lado de las obras de otros grandes filósofos mundiales. Pero lo es, por razones que son relativamente fáciles de explicar.

Consideremos un elemento básico de la teoría económica, los llamados «factores de producción». Se describen en el primer capítulo de casi todos los libros de introducción a la economía. Durante trescientos años, estas categorías analíticas fundamentales de la economía fueron la tierra, el trabajo y el capital. La tierra era un término abreviado para referirse a las capacidades productivas de la propia tierra, sus pastos, sus bosques, sus ríos, sus océanos y minas. El trabajo, para referirse a la variedad de esfuerzos, al talento y a la mera fuerza física de los trabajadores. El capital, para referirse al equipo que utilizaban los trabajadores y a las estructuras en las que trabajaban y vivían, y abarcaba no sólo los bienes físicos en sí sino también los activos financieros de todo tipo que representaban el control de estos bienes y de los servicios del trabajo. Estas categorías se habían desarrollado durante el siglo XVII, en el que la economía mundial en expansión dio origen al capitalismo moderno. Se referían a cosas familiares, corrientes, y parecían no dejar nada fuera. Permitían a los economistas discutir sobre quién debía producir qué bienes y para quién, sobre las relaciones en el trabajo, sobre los determinantes del tamaño de la población humana, sobre qué responsabilidades debían corresponder al Estado y cuáles era mejor dejar a los mercados.

Desde el principio se dieron sencillamente por sentadas algunas circunstancias de la condición humana. Una de ellas era el alcance del conocimiento. Otra, la propia naturaleza humana, que se manifestaba en los gustos y las preferencias. Estas circunstancias eran «parámetros», que no se consideraban necesariamente inmutables, pero que se pensaba que estaban determinados por fuerzas no económicas, una costumbre simplificadora de la economía técnica que se remonta como mínimo al siglo XIX y a John Stuart Mill. En la jerga moderna, estas circunstancias dadas se consideraban *exógenas* al sistema económico. Se encontraban fuera del modelo y se trataban como si fueran una «caja negra» cuyo funcionamiento interno detallado se dejaba intencionadamente de lado. Exógena a sus obligaciones es lo que quiere decir la camarera cuando responde diciendo: «Esta mesa no es mía».

Como consecuencia de esta forma de dividir el mundo quedaron algunos cabos sueltos, especialmente una conocida familia de efectos problemáticos que se archivaron bajo el epígrafe de «rendimientos crecientes» de escala. Los rendimientos decrecientes de la inversión adicional eran un tema conocido en economía. Incluso la veta más rica de carbón acaba agotándose. El primer saco de fertilizante obra maravillas en una parcela de tierra; el décimo no hace más que quemar la cosecha. Los rendimientos decrecientes o menguantes significan simplemente que primero se recoge la fruta que pende de las ramas más bajas y que, conforme pasa el tiempo, se recoge menos fruta con la misma cantidad de esfuerzo. Significa que los costes aumentan poco a poco.

Los rendimientos crecientes son justamente lo contrario. Entran en juego cuando una misma cantidad de trabajo o de sacrificio produce una cantidad *creciente* de bienes o, dándole la vuelta a la definición, cuando los costes medios disminuyen y continúan disminuyendo conforme aumenta el número de artículos producidos. El ejemplo que suele ponerse es el de los alfileres, en honor a un famoso pasaje de Adam Smith sobre las ventajas de la especialización. Pero la historia de los costes decrecientes parecía que se refería únicamente a las ventajas de la subdivisión de las tareas. Evidentemente, ésta también tenía límites.

En el siglo XIX, se pensaba que los rendimientos crecientes tenían que ver principalmente con la producción de máquinas: la imprenta, el telar mecánico, la máquina de vapor. Poco a poco fue reconociéndose que había rendimientos crecientes cuando el coste ocasionado por la presencia de un cliente más en una red –por ejemplo, en los ferrocarriles, la electricidad o el teléfono– era bajo o nulo. Los rendimientos crecientes (los costes decrecientes) en éstas y otras industrias destruían de tal manera las fuerzas ordinarias de la competencia que esas industrias pronto se declararon no sólo monopolios sino «monopolios naturales», es decir, mercados cuyas propiedades fundamentales llevaban inexorablemente a la existencia de un único productor de bienes sin sustitutivos cercanos y cuya conducta en ausencia de fuerzas competitivas tenía que ser supervisada necesariamente por el Estado.

Los economistas que aparecieron después de Adam Smith nunca se sintieron muy cómodos con el fenómeno de los rendimientos crecientes, de los costes constantemente decrecientes. Iba en contra de su intuición más básica, a saber, que el problema fundamental era la escasez, que la especie humana siempre estaba quedándose sin algo, ya fuera tierra, alimentos, carbón o aire limpio. Los costes decrecientes iban en contra de esa intuición y eran mucho menos compatibles que los costes crecientes con los instrumentos matemáticos que empleaban para describir y analizar los efectos de la competencia. Se consideraba que los monopolios eran la excepción que confirmaba la regla. Las situaciones en las que los productores podían fijar libremente sus precios, en lugar de que los fijaran las fuerzas competitivas, eran casos especiales de «fallo del mercado» que debían mencionarse en notas a pie de página y que se dejaban por completo fuera de la argumentación; mientras tanto, los economistas centraban la atención en la competencia.

El problema de los rendimientos crecientes se dejó, pues, para más tarde. Los economistas lo soslayaron hábilmente introduciendo conceptos que parecía que hacían desaparecer las contradicciones, por ejemplo, el práctico supuesto de que los rendimientos de escala de todos los factores generalmente podían no ser ni crecientes ni decrecientes sino *constantes*, que el esfuerzo y la producción siempre aumentaban únicamente en proporción directa el uno al otro. La creciente formalización de la ciencia económica desempeñó un papel fundamental en la transformación de este supuesto en un hábito mental principalmente inconsciente.

Con la aparición de cada nueva oleada de técnicas, con el paso de la economía literaria al silogismo en el siglo XVIII, del silogismo al cálculo diferencial en el XIX, del cálculo a la teoría de conjuntos y la topología en el XX, la posición que ocupaban los rendimientos crecientes fue cada vez más problemática y confusa, especialmente tras el triunfo en la década de 1950 de los modelos formales que analizaban la economía en su conjunto.

A finales de los años setenta y principios de los ochenta, la situación comenzó a cambiar. Los acontecimientos relacionados con la teoría del crecimiento de los que se ocupa este libro se desarrollaron principalmente en Cambridge (Massachusetts) y en Chicago, muy lejos, desde luego, de las controversias sobre la «economía de la oferta» que por aquella época cosechaban titulares en la ciudad de Nueva York y en Washington, D.C. Un puñado de estudiantes de doctorado de la Universidad de Chicago, el Massachusetts Institute of Technology, la Universidad de Harvard y la Universidad de Princeton descubrieron para sí mismos que el punto débil del vocabulario y del marco analítico de la economía, que en su día era pequeño, se había vuelto enorme con el paso del tiempo (y con el aumento del grado de abstracción). Se propusieron desarrollar modelos formales de los fenómenos que generaban rendimientos crecientes. Y lo consiguieron en un periodo de tiempo bastante corto.

Durante un tiempo, estas cuestiones no fueron más allá de las conversaciones entre jóvenes economistas y sus profesores, sus parejas, sus amigos y sus competidores. El entusiasmo tardó en extenderse por la disciplina. En la urdimbre del pensamiento económico fueron apareciendo nuevas ideas sobre temas como la novedad, la variedad y el poder de mercado, primero en la subdisciplina de la organización industrial, después en el comercio, más tarde en el crecimiento y de nuevo en la organización industrial. Se aplicaron nuevos modelos a la política sobre población, educación, ciencia, iniciativa empresarial, comercio, anti-monopolio y urbanismo, por no hablar de las conocidas cuestiones macroeconómicas de la política monetaria y la política fiscal. Estos estudios coincidieron con el nuevo énfasis en la economía política. Se dedicaron en poco tiempo a examinar las instituciones políticas y económicas que facilitan el cambio y que son en sí mismas un tipo concreto de conocimiento. A principios de la década de 1990, hubo unos años en los que casi todo el mundo en economía tenía algo que decir acerca de las nuevas ideas sobre los rendimientos crecientes.

Estos acontecimientos, que de no ser así serían bastante desconocidos, tienen la ventaja de haber constituido también un drama profundamente humano, en el que sus héroes personifican en cierta forma las generaciones de la economía moderna: Robert Solow nacido en 1924, Robert Lucas nacido en 1937 y Paul Romer nacido en 1955. La historia de cómo durante tanto tiempo se ignoró «el conocimiento» en economía –y de por qué *aún* es despreciado en algunos sectores– es en sí misma bastante interesante.

La importancia de «el cambio tecnológico endógeno» resulta evidente tan pronto como se traducen las ecuaciones fundamentales del artículo al lenguaje cotidiano. El artículo de Romer de 1990 dividía el mundo económico siguiendo criterios distintos a los anteriores. De la noche a la mañana para los que estaban gestando la revolución intelectual, y a un ritmo más lento para todos los demás, se redefinieron los «factores de producción» tradicionales. Las categorías fundamentales del análisis económico dejaron de ser, como habían sido durante doscientos años, la tierra, el trabajo y el capital. Esta clasificación elemental fue suplantada por la gente, las ideas y las cosas.

Gente, ideas y cosas. Esta frase aún no está en los libros de texto. No está extendida en la literatura. Pero una vez que se reconoció que la economía del conocimiento era diferente en aspectos cruciales (¡bienes no rivales y parcialmente excluibles!) de la economía tradicional de las personas (de los seres humanos con toda su pericia, sus destrezas y sus virtudes) y de las cosas (de las formas tradicionales de capital, desde los recursos naturales hasta las acciones y los bonos), la cuestión quedó zanjada. La disciplina había cambiado. El conocido principio de la escasez se había ampliado con el importante principio de la abundancia.

El cambio técnico y el crecimiento del conocimiento se habían vuelto *endógenos*, es decir, debían explicarse con el vocabulario de la economía y dentro del marco de la economía. El resultado fue una considerable conmoción. Sin embargo, para verlo, hay que saber dónde mirar.

Primera parte

1 La disciplina

«Los *Meetings*», como suelen llamar sus iniciados a los congresos anuales de las Allied Social Science Associations, en cuyo programa domina la American Economic Association (AEA), se desarrollan todos los años como si fueran un *Brigadoon* urbano y cada año en una ciudad distinta. El primer fin de semana después del día de Año Nuevo, los economistas miembros de la AEA y algunos adláteres se reúnen en un gran hotel –o en varios grandes hoteles– para dar charlas, conocer las ideas más recientes, enterarse de las últimas controversias, entrevistar a los que buscan empleo y simplemente cotillear. Asisten unas 8.000 personas, dependiendo de la ciudad; alrededor de 12.000 miembros de la AEA se quedan en casa, contentos de que su capital intelectual les sirva durante otro año (pueden hojear los mejores artículos cuando se publican las versiones abreviadas en mayo). Hay en Estados Unidos quizá otros 18.000 economistas profesionales que no se molestan en hacerse miembros de la asociación. Es en los *Meetings* donde la economía está representada ceremonialmente por sus adeptos; ellos son el capital de una república de ideas regulada por determinadas leyes.

Los programas de los *Meetings* conforman un libro de alrededor de 400 páginas. Sin embargo, todo el mundo parece que sabe lo que tiene que hacer exactamente; las conversaciones se reanudan más o menos donde se dejaron el año anterior. Pero con antelación se maquinan grandes intrigas entre bastidores que después se desarrollan en público sin apenas dar pistas sobre la identidad del atracador y del atracado. Los iniciados saben claramente cuál es su lugar: hay muy pocos problemas, salvo algún que otro gemido. Siempre hay un puñado de personas de fuera. Todos los años asisten por primera vez unos cuantos periodistas. Todo está abierto, todo se dice con vistas al futuro; ninguna conversación parece acabar nunca. Son dos días y medio de intensos intercambios de uno u otro tipo, y a continuación los asistentes desaparecen.

La AEA es, si no la asociación más antigua de los que se consideran a sí mismos economistas científicos, sí al menos el foro más visible en el que éstos se reúnen. Entre sus miembros se encuentran las personas que reciben el Premio Nobel, escriben libros, acuñan el vocabulario de la disciplina, forman parte del equipo del Council of Economic Advisers del presidente de Estados Unidos, asesoran a los responsables de los bancos centrales, a Wall Street y a la City de Londres, y formulan las teorías con las que analizamos las cuestiones de la actualidad. Pero sobre todo aquí están las personas que enseñan la ciencia económica a la siguiente generación en las universidades. De hecho, la inmensa mayoría de los aproximadamente 18.000 miembros que integran la asociación son profesores. Exceptuando cuatro estudiosos de la Brookings Institution, tres antiguos economistas convertidos en presidentes de universidad y un economista del Institute for Advanced Study de Princeton, la AEA no ha sido presidida nunca por nadie que no fuera profesor universitario desde que se fundó en 1885 (Paul Douglas, profesor de la Universidad de Chicago, fue presidente un año antes de que fuera elegido senador de Estados Unidos por el estado de Illinois). Tampoco ha sido presidida nunca por nadie que no fuera ciudadano de Estados Unidos, incluidos los tres presidentes nacidos en Canadá.

Un economista puede dejar su impronta de muchas formas, no sólo como investigador o como profesor: también puede destacar dirigiendo una empresa, presidiendo una universidad, ganando mucho dinero, administrando una fundación, gobernando un banco central, convirtiéndose en un experto en política económica, dedicándose a analizar datos, siendo un poderoso asesor o incluso dedicándose a la política. Al menos hasta hace poco –quizá aún hoy– los que se ganaban la vida en los mercados financieros hacían una clara distinción entre los economistas académicos y los *hombres (y mujeres) de los mercados*, que eran aquellos cuyos instintos se habían forjado más con la experiencia práctica que con la investigación y la docencia. Una figura tan importante como Paul Volcker menospreciaba el saber económico obtenido de la lectura, aun a pesar de que (o quizá porque) hizo un máster en Harvard a principios de la década de 1950. Su sucesor, Alan Greenspan, se doctoró en la Universidad de Nueva York, pero sólo veintisiete años después de licenciarse y presidir durante un mandato el Council of Economic Advisers del presidente de Estados Unidos. La National Association of Business Economists, que se reúne en otoño, va dirigida a los analistas más prácticos que trabajan principalmente para empresas financieras e industriales; la Academy of Management, dirigida a profesores de escuelas de administración de empresas y consultores, se reúne en verano. Y la inmensa mayoría de los que participan en los mercados –los ejecutivos, los gestores de dinero, los operadores, los contables, los abogados y los profesionales de todo tipo– no son, desde luego, economistas.

En los últimos años, algunos economistas muy buenos se han ido a trabajar a Wall Street y unos cuantos siguen siendo miembros de la AEA, aunque ahora su objetivo principal sea ganar dinero en lugar de buscar explicaciones. Pero la importancia de los *Meetings* radica en que la economía es, en sus niveles más altos, una ciencia practicada y supervisada por profesores, como la astronomía, la química, la física y la biología molecular. Así ha sido cada vez más desde Adam Smith, que fue, después de todo, el primer economista que trabajó en una universidad (la Universidad de Glasgow). Esta comunidad profundamente estructurada de pares que se autoseleccionan es el estrato más alto en el mundo de la economía técnica.

En el programa dice «American», pero durante los cincuenta últimos años, los *Meetings* también han sido *de facto* la organización mundial, ya que es en Estados Unidos donde los debates de economía son, como sus mercados financieros, más líquidos y profundos. Bajo el paraguas de la American Social Science Association –que es en sí misma una reliquia de las batallas del siglo XIX entre los reformistas, los líderes religiosos, los historiadores y los economistas que dieron origen a la AEA–, existe una vaga jerarquía de asociaciones económicas menos profesionales, más de cincuenta, de las cuales la AEA es la más importante (la American Historial Association hace tiempo que se independizó). Las asociaciones más especializadas están organizadas tanto por zonas geográficas como por funciones: las Western, Eastern, Southern y Midwest Associations; la Finance Association; la Public Choice Association; la Union of Radical Political Economists; la Economic Science Association, de los experimentalistas, y así sucesivamente. Todas funcionan dando por sobreentendido que aquellos a los que se les da bien buscar explicaciones que son convincentes para un grupo querrán presentarlas en la siguiente instancia superior hasta que sean aceptadas o rechazadas por todos.

La elitista Econometric Society es mucho más internacional que la AEA. Se creó en la década de 1930, con un carácter explícitamente internacional: la mitad de sus miembros reside fuera de Estados Unidos, elige deliberadamente a sus presidentes cada vez en un continente y celebra reuniones periódicas anuales o bienales en cada continente y un congreso mundial cada cinco años. Sus miembros son de dos clases. Cualquiera puede hacerse socio, pero los miembros numerarios (*fellows*) de la asociación son propuestos por los miembros numerarios existentes, a veces incluso antes de que cumplan los treinta y cinco años. Sobre los candidatos votan los propios miembros numerarios y casi dos tercios de todos los candidatos propuestos son rechazados al primer intento. El resultado es una asociación conscientemente internacional integrada por la flor y nata de los economistas técnicos –a finales de 2004, la componían 580 miembros numerarios, de los cuales 141 permanecen «inactivos», lo cual significa que casi todos eran mayores, y 4.910 miembros ordinarios–, que no busca deliberadamente notoriedad. Sin embargo, aunque el nivel intelectual de la Econometric Society es mucho más alto, en realidad se encuentra un escalón por debajo de la AEA desde el punto de vista del reconocimiento público, pues es la AEA la que aspira conscientemente a ser el gran paraguas, el foro en el que deben someterse a examen, comparación y confrontación todos los trabajos serios, en el que deben volver a traducirse las matemáticas al lenguaje verbal antes de dar a conocer los resultados al público expectante. La balcanización de las especialidades profesionales es una eterna amenaza. Y en los últimos años, la European Economic Association ha mejorado extraordinariamente su posición. Pero, aun así, no ha habido nadie que haya puesto seriamente en peligro la hegemonía de la AEA.

¿Por qué domina Estados Unidos? Porque es con mucho el más extenso y más profundo mercado del mundo de lo que ofrece la economía: en él hay de todo, desde la investigación más avanzada hasta la enseñanza más común, pasando por el diseño de mecanismos, el análisis estratégico y la realización de predicciones. Sólo en los mercados financieros hay miles de puestos de trabajo para los economistas. Los grandes bancos y las sociedades de Wall Street se han convertido en fuente de investigaciones serias. La administración de Estados Unidos gasta, principalmente a través de la National Science Foundation, varios cientos de millones de dólares al año en la formación de economistas y en el patrocinio de la investigación económica pura. Donde hay más oportunidades de especializarse, de profundizar, de contrastar las ideas ingeniosas con las de otros de parecida ambición, es en las universidades de Estados Unidos más centradas en la investigación (aunque también hay muchos estudiosos activos en sus universidades más dedicadas a la docencia).

Si se observa la lista de presidentes de la AEA de los últimos años, se verá una composición de todas las formas posibles de ganarse la vida. Está Arnold Harberger, cuyo matrimonio con una chilena fue un presagio del establecimiento de una estrecha y duradera relación entre los tecnócratas chilenos y la Universidad de Chicago, relación que a su vez acabó transformando, a través de una serie de ondas infinitamente pequeñas, la práctica de la economía del desarrollo en todo el mundo. Amartya Sen, que salió de un pueblecito bengalí para convertirse en director del Trinity College (Cambridge) a fuerza de hacer perspicaces preguntas sobre la naturaleza de la riqueza y la pobreza. Victor Fuchs, que comenzó estudiando el comercio minorista de pieles y se convirtió en uno de los principales estudiosos de la economía de la salud. Zvi Griliches, superviviente lituano del holocausto que concentró sus esfuerzos en el estudio de la importancia del maíz híbrido y centró la atención en la investigación y el desarrollo que realizan las grandes empresas. William Vickrey, brillante excéntrico canadiense, muy adelantado a su tiempo, del que casi se había olvidado la comunidad de economistas hasta que sus antiguos alumnos presionaron para que fuera elegido presidente de la asociación y abogaron por que se le concediera el Premio Nobel y lo consiguieron (murió tres días después de que se diera a conocer el fallo). Thomas Schelling, el estratega pionero que hizo que la teoría de los juegos sirviera a la economía de la vida cotidiana durante treinta años. Gerard Debreu, austero francés que codificó la economía matemática mientras el movimiento contestatario de Berkeley en favor de la «libertad de expresión» se desarrollaba bajo su ventana. De hecho, si nos remontamos en el tiempo, nos encontraremos con John Kenneth Galbraith, economista literario que criticó a los colegas de profesión en una serie de libros de amplia difusión y que se dice que fue elegido presidente sólo después de que su antecesor, Milton Friedman, irritara al comité de nominaciones (del que formaba parte) al afirmar que Galbraith «no era en absoluto un economista».

Por otra parte, muchos de los que más influyen en la economía nunca acuden al congreso, al menos no hasta que son reconocidos universalmente. La economía, como cualquier ciencia, reserva sus máximas distinciones a los que se dedican al campo de la investigación original y hacen cambiar de opinión a los profesionales. La presencia de un pequeño cuerpo de extranjeros miembros *honorarios* de la AEA (cuarenta como máximo) es, pues, una manera de reconocer a los pensadores más destacados de otros países: catorce del Reino Unido, seis de Francia, cuatro por cada uno de los países de Israel, Alemania y Japón; dos indios y un único representante de Australia, Bélgica, Hungría, España, Suecia y Suiza en 2004. Las figuras de mayor edad que no se espera que sean invitadas a ocupar el cargo de presidente, pero cuyas aportaciones se consideran notables, son nombradas miembros distinguidos de la asociación a un ritmo de dos por año, un premio de consolación. En la cima de la comunidad de economistas, al menos por el prestigio que tienen para *los de fuera*, se encuentran los Premios Nobel.

El Premio Nobel de economía es de reciente creación. Está reservado a las personas que han sido capaces de introducir algún cambio espectacular en el tejido, en la visión de la disciplina de la economía tal como la consideran todos los economistas. Estos pensadores a menudo no proceden del mismo grupo que los líderes elegibles de la asociación (los académicos más diplomáticos son los mejores presidentes). Hay, por supuesto, algunos casos en los que coinciden: Paul Samuelson y Milton Friedman recibieron el Premio Nobel y fueron buenos presidentes. Hay otros Premios Nobel que son personas que han trabajado a su aire manteniendo intensos contactos con pequeños grupos de otros especialistas, pero que, aparte de eso, han permanecido bastante alejados de los asuntos colectivos. Los hay incluso que pueden no acudir a los *Meetings* hasta que no se les concede el premio; unos cuantos no van nunca. Lo que tienen estos pensadores en común es que poseen un profundo conocimiento de las reglas y las ideas que regulan el debate en lo que es para ellos una república de ideas. Son personas que de una u otra forma han cambiado lo que los economistas son capaces de ver.

2 «Nos dice cómo podemos descomponer un sistema en sus partes»

El programa de 400 páginas de los *Meetings* es abrumador, no tanto por la variedad de temas que abarca –desde el dinero y la banca hasta la economía de la salud y la economía del medio ambiente– como por la apabullante variedad de instrumentos matemáticos y econométricos que se emplean para analizarlos: la programación dinámica y el álgebra matricial; los procesos de Markov y las ecuaciones de Euler; la estimación no paramétrica de las covarianzas para los campos aleatorios de espacio y tiempo. Cuando los economistas hablan incluso de temas familiares –de la confianza en uno mismo, de la opinión o de la identidad–, sus análisis tienden a formularse mediante descuentos hiperbólicos y a ser susceptibles de una interpretación probabilística. Hay cientos de sesiones, docenas de temas, multitud de puntos de vista. A veces parece que ningún economista podría comprenderlo todo o incluso suscribirlo.

Sin embargo, debajo del tejido social de los *Meetings* se encuentra la verdadera imagen de la ciencia normal: un gran número de personas dedicadas a resolver los detalles, a elucidar los enigmas, a solucionar los problemas, a crear instrumentos, a verificar las aplicaciones. Para los participantes, éste es el apasionante material del que está hecha su carrera. Para los de fuera, los *Meetings* son en su mayor parte aburridos.

Sin embargo, cuando se avecinan importantes acontecimientos, cuando el sistema de pensamiento se encuentra en dificultades, se ve a la gente tomando partido, aunque no necesariamente en las sesiones públicas. Para descubrir las instituciones a través de cuyo funcionamiento la economía técnica cambia de un año a otro, es necesario ver lo que ocurre entre bastidores, observar los actos sociales en los que se realiza una gran parte del verdadero negocio del congreso. Su propia existencia pasa fácilmente desapercibida, aunque se recogen en la cubierta y la contracubierta del programa de 400 páginas. Donde se descubren más fácilmente es en la sala de exposiciones. Es ahí donde se hace el verdadero negocio, con la primera de las poderosas instituciones que nos interesan: los libros de texto.

El mundo editorial es el brazo operativo de la economía. En la sala de exposiciones se exhiben muchos libros, pero la conversación gira principalmente en torno a las «adopciones», es decir, qué libros de texto se utilizarán en los distintos centros universitarios el próximo año. Los libros de texto de economía, que cuestan en Estados Unidos más de 130 dólares cada ejemplar (más otra cantidad que puede llegar a ascender a 25 dólares por el «material auxiliar», es decir, los cuadernos de ejercicios, las guías de estudio, las baterías de problemas, etc. que se utilizan en muchas universidades), se encuentran, al menos los que tienen éxito, entre las inversiones editoriales más lucrativas de todas. No es de extrañar que todos los años publiquen nuevos libros de texto los economistas que tratan de imponer en su campo una visión algo diferente.

De vez en cuando, un famoso economista entra en la sala abriéndose paso: la reacción ante las celebridades en una feria de economía es la misma que en cualquier otro negocio. Los responsables de las editoriales que se encargan de los pabellones y los que por allí pasan dejan de hablar y miran a la estrella. Si el lector se pregunta por un momento dónde están las grandes celebridades durante las largas horas que transcurren entre sus apariciones en la sala de exposiciones o en el estrado, descubrirá que están en las suites de los hoteles, entrevistando a los jóvenes economistas a punto de doctorarse que están buscando trabajo, la mayoría de ellos por primera vez: los mejores de una generación buscando a los mejores de la siguiente.

El mercado de trabajo es la culminación de un intenso proceso que comienza todos los años a principios de la primavera cuando una nueva cosecha de estudiantes que han solicitado el ingreso en programas de doctorado de todo el mundo averigua si ha sido o no admitida. ¿Cuántos lo solicitan? Tal vez 10.000 al año, en unos 400 programas, que van desde Harvard y la Universidad de Chicago hasta la Universidad de Tel Aviv, el Plekhanov Institute of National Economy de Moscú y la Delhi School of Economics. ¿Cuántos se matriculan? Menos de una cuarta parte. ¿Cuántos acaban? Ni siquiera la mayoría: el sistema produce como salchichas multitud de másteres y abundan los estudiantes que han realizado todos los cursos, salvo la tesis. En los últimos años se han doctorado alrededor de 850 estudiantes al año en las universidades de Estados Unidos, posiblemente otros tantos en otras universidades de todo el mundo. A modo de comparación, en Estados Unidos se titulan 15.000 médicos al año, alrededor de 4.400 dentistas, más de 6.600 doctores en ingeniería, cerca de 40.000 abogados y en torno a 120.000 titulados con un máster en administración de empresas.

Sin embargo, las cátedras y los puestos de la administración por los que competirán finalmente los mejores economistas jóvenes son, en muchos aspectos, comparables a los puestos de los médicos y los abogados más destacados e incluso algo más gratificantes, a pesar de que existen considerables diferencias retributivas. Los sueldos de algunos economistas jóvenes recién doctorados han llegado a ser de 200.000 dólares o más en las universidades y el triple en algunas escuelas de administración de empresas. Hay muchas fuentes de ingresos adicionales: un programa informático, un trabajo de consultoría, la participación en consejos de administración, un dictamen. Y, naturalmente, siempre hay oportunidades en los mercados financieros.

En economía, como en el baloncesto, es relativamente fácil saber quién tiene potencial para jugar en la liga profesional. De vez en cuando surge, desde luego, un genio inesperado. Y todos los años unos cuantos estudiantes prometedores solicitan en el último momento el ingreso en economía y no en algún otro campo. Pero, en general, la mayoría de los mejores candidatos de cada nueva promoción ya han sido identificados por su universidad, en los cursos a los que asisten, incluso cuando todavía están en el tercer curso de sus estudios de licenciatura. A menudo estos alumnos se encuentran más en la carrera de matemáticas que en la de economía, pues las matemáticas son el lenguaje en el que se realiza la actividad básica de la economía y deben dominarse a una temprana edad. Los programas de doctorado compiten, pues, por atraer a estos estudiantes.

El profesorado promete la máxima atención personal, la mejor enseñanza, la máxima ayuda, la vía más rápida y más directa para acceder a un puesto de alto nivel. Los mejores estudiantes reciben becas de la National Science Foundation para sufragar sus gastos de matrícula y de manutención, hasta 50.000 dólares al año, en función de las calificaciones obtenidas en los test de matemáticas de los Graduate Record Exams y de las cartas de recomendación.

¿Qué necesita un estudiante para ser bueno? Algo más que matemáticas. El mero hecho de que los acólitos aprendan las complejidades del razonamiento formal no significa que tengan necesariamente algo que decir. Pero el conocimiento básico de los detalles tampoco parece que tenga nada que ver con ello. Los alumnos que tienen aptitud para la economía son personas de toda condición, y uno de los mejores economistas jóvenes de los últimos años vivió en la antigua Unión Soviética hasta los dieciséis años. El temperamento científico es un plus («deseo de buscar, paciencia para dudar, afición a meditar, serenidad para afirmar, disposición a reconsiderar, prudencia para decidir y ordenar», fue como lo describió sir Francis Bacon hace mucho tiempo). Pero el don esencial de los que dejarán su impronta es la aptitud para «pensar como un economista», para convertir todos los problemas en uno que pueda resolverse por medio de la caja clásica de herramientas de la disciplina, desarrollando otras nuevas conforme sea necesario.

Suele decirse que el primer año de un programa de doctorado es una especie de campo de entrenamiento, en el que los reclutas son adiestrados incansablemente en el manejo de las técnicas y de las herramientas que deben dominar para empezar, aunque sea tímidamente, su carrera profesional. Las mejores escuelas no se molestan ni siquiera en seguir un libro de texto. Hay, en su lugar, clases y lecturas obligatorias, seguidas de interminables hojas de problemas para resolver. Los estudiantes suelen comparar este proceso con el de aprender a hablar una lengua con fluidez. Hay trabajos de curso, exámenes para demostrar los conocimientos en amplios campos y, durante todo el tiempo, interminables conversaciones entre los propios estudiantes. Dos años de cursos de doctorado son suficientes para que los alumnos dominen los instrumentos básicos de la economía y los fundamentos de una especialidad. A continuación, viene un tercer año de seminarios y cursos sobre temas específicos en los que se dice que los estudiantes, una vez que han recibido el dogma, deben aprender a pensar por sí mismos. Y a continuación, la tesis. Cinco años en total; quizá seis, cuatro para unos pocos. Cuando la tesis está casi terminada, el inminente doctor entra en un mercado de trabajo que se parece al de los deportistas profesionales, en el que los posibles empleadores reciben de antemano mucha publicidad sobre los que entran cada año. Todos los años entran en la liga unas cuantas estrellas, conocidas de todos, que tienen el éxito asegurado, muchos buenos trabajadores, así como el grupo habitual de jugadores versátiles y de candidatos que pueden dar la sorpresa. Algunos van a trabajar a la industria o a la administración sin llegar nunca a dedicarse a la enseñanza. Sólo un puñado de cada promoción que se doctora entra en la galería de personajes ilustres de la investigación. Pero casi todos tienen su carrera asegurada.

La tercera institución en los *Meetings* es menos probable que la encontremos por nosotros mismos. Son los cócteles que dan por la tarde los distintos departamentos universitarios a sus antiguos alumnos y amigos. En principio, cualquiera es bienvenido sin invitación, pero puede sentirse un poco fuera de lugar. Si la jerga de los pasillos es algo telegráfica, en los cócteles la conversación es aun más concisa. Se omite mucho porque ya se sabe. Al fin y al cabo, son personas que han estado en el mismo campo de entrenamiento. Entraron en el mercado de trabajo en diferentes épocas, progresaron, cambiaron el dogma o no fueron capaces de cambiarlo. Hay sorpresas. El chico que era listo se ha quedado estancado; el que era callado crece con garbo. Caras totalmente olvidadas retornan como colegas o, lo que es más probable, consiguen un puesto seguro en provincias. La gente se reúne, rememora brevemente viejas glorias de los primeros años y después se va a cenar en grupos muy diferentes.

Los mejores departamentos –los del MIT, Harvard, Chicago, Princeton, Berkeley, Stanford– siguen estando a la cabeza, año tras año. Sin embargo, siempre hay cambios. Los departamentos son como muchos equipos de la liga profesional; no sólo contratan economistas principiantes sino que también hacen ofertas a estrellas de otros departamentos, a veces un aluvión de ofertas; hacen, de hecho, fichajes de estrellas que tienen la carta de libertad. En la parte más alta del mástil siempre hay de alguna manera puestos vacantes. Por ejemplo, la rica Universidad de Princeton ha hecho ofertas a casi veinte destacadas personalidades de todo el mundo. Si todas aceptaran de pronto, Princeton podría considerarse de repente el mejor departamento del mundo. Pero también hay poderosas fuerzas que actúan en sentido contrario. Los departamentos que son asaltados contraatacan a su vez asaltando.

Hay quizá una docena de departamentos de economía candidatos a figurar en los cinco puestos siguientes de la jerarquía: los de Yale, Cambridge, Oxford, la London School of Economics, Northwestern University, la Universidad de Boston, la Universidad de Nueva York, la Universidad de Pensilvania y la Universidad de Michigan, entre otros. A partir de ese segundo nivel, hay otros muchos departamentos en buenas universidades en los que es posible hacer investigación de calidad. Lo normal es que exista un círculo virtuoso: las mejores universidades son las que consiguen los mejores estudiantes; y éstos atraen, a su vez, a los mejores profesores/investigadores; y así sucesivamente. Pero hay muchos buenos estudiantes, suficientes para mantener más de cien programas de doctorado sólo en Estados Unidos, de los cuales cuarenta o cincuenta se consideran buenos.

El destino final de nuestro recorrido y, en muchos aspectos, el más importante, sólo lo encontraremos si nos quedamos un rato en los pasillos después de que terminen los cócteles y los asistentes a las reuniones se adentren en tropel en la noche, camino de los restaurantes de la ciudad. En todas las plantas de los hoteles abiertas al público se han reservado salones para cenas más íntimas. Son las cenas de los equipos editoriales de las revistas, la institución más invisible y más selecta de todas: aquí no entra nadie. Es en estas cenas donde las lealtades departamentales pierden fuerza, y la ambición de la ciencia económica de ser una verdadera república de las ideas sustituye a los intereses de capillita y a las lealtades institucionales.

El artículo de revista es el vehículo básico de toda carrera en economía, exactamente igual que en cualquier otro campo científico que se precie de serlo. Las revistas, como ha dicho alguien, se inventaron (a finales del siglo XVII) para publicar fragmentos. La idea es limitar las comunicaciones estrictamente a lo que puede decirse con absoluta certeza; integrarlas con cuidado en el tapiz de lo que ya se conoce; citar con moderación para recompensar trabajos anteriores e indicar dónde encaja el nuevo material. Los artículos de revista pueden utilizarse para anunciar nuevos descubrimientos, para comentar o criticar los descubrimientos de otros, para sintetizar y tratar de llegar a un consenso sobre lo que se conoce. La sutileza de la forma es extraordinaria. Sin embargo, lo más importante es que cada nueva aportación a la literatura sea honrada y original. Estas normas se aplican por medio de la tradición de las evaluaciones por pares.

En economía (o en cualquier otra ciencia), las evaluaciones no son muy diferentes de lo que son los arbitrajes en los deportes, aunque el protocolo es más delicado. En economía, los evaluadores no llevan uniforme como los árbitros, el trabajo normalmente se realiza sentado y nadie se dedica exclusivamente a evaluar. La principal diferencia radica en que la evaluación científica es *anónima*. Como dice John Ziman, historiador de la ciencia, «el mero hecho de que un autor sea doctor –o incluso un destacado profesor– no garantiza que esté libre del sesgo, la locura, el error o incluso una leve demencia». Los directores de las revistas dependen, pues, del asesoramiento de equipos de amables expertos para leer los artículos enviados y recomendar que se acepten o se rechacen. Los manuscritos que deben revisarse llegan al buzón del evaluador sin nombre o filiación. Lo que éste devuelve, también anónimamente, es una recomendación argumentada. Los evaluadores pueden reconocer, por supuesto, al instante el sello distintivo del trabajo de un colega, exactamente igual que los autores a menudo creen conocer la identidad de sus evaluadores. Es lógico que en las comunidades virtuales de expertos diseminados por todo el mundo, que realizan las investigaciones más avanzadas –»colegas invisibles» los llamó Sir Robert Boyle hace 350 años–, todos los que practican una subdisciplina, se conozcan. Pero se mantiene la apariencia del anonimato. Una vez recibidas las evaluaciones, el editor decide aceptar o rechazar el manuscrito y confía en que el artículo publicado no sea criticado o, lo que es aún peor, ignorado.

Es este proceso, que garantiza que las investigaciones publicadas cumplan las normas de verosimilitud y honradez que impone la comunidad científica, el que permite a los economistas pronunciar las palabras más extrañamente poderosas de todo el vocabulario de la ciencia, «La profesión cree que...». Según una útil definición, «la economía es lo que hacen los economistas»; pero esa definición es útil principalmente para los de fuera. Lo que los economistas *tratan* de hacer entre ellos es dejar las cosas claras, lograr el consenso. Siguiendo la famosa formulación de los objetivos científicos de Norman Campbell, la economía es «el estudio de los juicios [acerca de ciertos fenómenos] sobre los que es posible lograr un acuerdo universal», primero de los evaluadores y, finalmente, del resto de nosotros.

Obsérvese algo interesante que resultará de gran importancia. En este sistema, no se paga a los evaluadores. Sin embargo, la mayoría de los principales economistas dedican una parte importante de su tiempo a esa tarea. Los editores de las revistas crean redes de investigadores que tienen fama de ser las personas más inteligentes o las más imparciales –si es posible, las dos cosas a la vez– que se encuentran en la vanguardia de su respectivo campo de investigación. Estos evaluadores suelen aceptar leer la mayoría de los artículos que reciban y recomendar o rechazar su publicación. Lo habitual es que sugieran cambios e insistan en que se lleven a cabo. Los editores juzgan a los evaluadores por el tiempo que tardan en responder, por su grado de compromiso constructivo con los autores y por su sabiduría. El hecho de que los evaluadores también sean científicos contribuye a su buena conducta. Sus propios artículos se enviarán a otros evaluadores. Se pone un gran empeño en garantizar que el éxito en economía sea, como en cualquier otra ciencia, independiente del poder, el prestigio o los contactos. Estos esfuerzos no siempre tienen éxito. Hay una buena dosis de amiguismo y de intercambio de favores. Aun así, esta meritocracia basada en la opinión de los pares, que es la economía profesional, contrasta claramente con el sistema social del comercio y la industria, donde las órdenes de arriba abajo son lo normal y ganar dinero es la principal directriz.

De hecho, evaluar quizá sea la forma más eficaz de demostrar que se es buen colega y de valorar la índole de las personas. Los editores de las revistas son seleccionados de entre los que desempeñan con mayor éxito su cometido de evaluadores. Lo mismo sucede con los responsables de las asociaciones profesionales, como la AEA. Sólo unos pocos evaluadores resultan ser claramente deshonestos. Pueden presionar a los autores para que citen indebidamente sus propios trabajos o incluso aprovecharse, tratando de incorporar rápidamente a sus propios artículos las ideas más nuevas y más perspicaces que extraen de los trabajos que se les ha pedido que evalúen. Pero incluso los mejores evaluadores pueden censurar ideas que merecen ser oídas. De hecho, el fallo más frecuente es la tendencia a conceder demasiado peso a las ideas generalmente aceptadas. La mayoría de las aportaciones innovadoras –no muchas sino *la mayoría*– son rechazadas varias veces antes de encontrar cobijo final.

Esa es la razón por la que no hay únicamente una revista de economía sino muchas, con intereses coincidentes. Las «cuatro grandes» revistas que representan el pensamiento económico dominante, y que publican trabajos de interés más general, son el *Journal of Political Economy*, el *Quarterly Journal of Economics*, la *American Economic Review* y *Econometrica*. El *Economic Journal*, publicación bandera de la economía en el Reino Unido durante más de cien años, siempre tendrá un lugar sentimental en el firmamento, pero actualmente se considera que está fuera de juego. Existe un segundo escalón y un tercero y un cuarto. Las revistas nuevas, como el *Journal of Economic Theory*, ocupan un importante lugar en la producción de literatura científica; pueden iluminar el firmamento durante un tiempo poniéndose del lado ganador en las contiendas doctrinales y obligando finalmente a otros a imitarlas y a amoldarse. Sin embargo, el sentido jerárquico –en los departamentos y en las revistas– siempre está presente.

Visitemos ahora un grupo concreto de *Meetings*: el congreso que celebró la American Economic Association en San Francisco en enero de 1996. Recuérdese que lo que aquí nos interesa es cómo un artículo concreto publicado en 1990, «El cambio tecnológico endógeno», provocó algunos cambios, primero en el lenguaje de la economía y después en el mundo más en general. Para nuestra historia, los *Meetings* de San Francisco fueron excepcionalmente interesantes. Fue en ellos donde se presentaron por primera vez las nuevas ideas a una audiencia más general.

Los que asisten todos los años a los *Meetings* participan en un ritual intrincadamente coreografiado que, a pesar de todas sus imperfecciones, sirve para examinar, resumir y poner el sello del reconocimiento social a una parte de lo que se considera que son los mejores trabajos formales realizados por miembros de la comunidad de economistas durante el último año o durante los tres o cinco últimos años. Digo tres o cinco porque el procedimiento es algo lento; no se puede intentar tener todo en el programa todos los años y, además, entre tres y cinco años es aproximadamente el tiempo que tarda una nueva aportación en ser estudiada y contrastada detenidamente y en estar lista para presentarse ante la profesión en general. Digo formales porque los trabajos que se presentan en los *Meetings* no son más que una parte de la economía técnica. El trabajo más arduo, la verdadera economía, se realiza en otra parte, solo o en estrecha colaboración con otros. Los trabajos que se presentan en los *Meetings* casi siempre tienen una larga historia previa en el programa de investigación de una persona.

Las aportaciones que se presentan pueden haber comenzado en un momento de inspiración. Pero antes de que puedan abrirse paso hasta los *Meetings*, hay que formular meticulosamente los modelos, hay que reunir pruebas, hay que escribir borradores –pasar muchas horas delante del ordenador– para que los trabajos presentados inicialmente puedan ser enviados y anunciados a la comunidad como «documentos de trabajo» por instituciones como el National Bureau of Economic Research o la Social Science Research Network que publican este tipo de trabajos; presentados a continuación, primero en el departamento de uno y después en otras instituciones; y enviados en su momento a las revistas. No todos los artículos son publicados por la revista a la que primero se envían; no todos son publicados, punto. Pero los que se envían a revistas importantes normalmente son sometidos a un sinnúmero de valoraciones y debates informales en una interminable serie de correos electrónicos, conversaciones en el comedor, llamadas telefónicas y participaciones en seminarios, conferencias, reuniones de proyectos y cursos de verano. Sólo cuando un trabajo ha logrado que se reconozca en alguna medida que es *importante* en relación con el resto de investigaciones publicadas, se considera que reúne las condiciones para que se reconozcan sus méritos en los *Meetings*. Entonces comienza el tiempo de espera de una invitación.

El cometido del presidente electo es organizar unos *Meetings* que muestren los trabajos más interesantes en todos los campos. Como posiblemente nadie puede tener una opinión perfectamente documentada de las dieciocho disciplinas en las que la AEA divide aproximadamente la economía, el nuevo presidente nombra, pues, un comité cuyos miembros organizan la mayoría de las sesiones invitadas. El propio presidente elige tres o cuatro mesas de ponentes. El programa de los *Meetings* sólo es en apariencia pasivo e impersonal. Tiene inevitablemente un importante componente reflejo de la personalidad de los organizadores.

Por ejemplo, los *Meetings* que se celebraron en San Francisco en 1996 fueron organizados por una economista de la Universidad de Stanford llamada Anne Krueger, que tenía su historia, como todos los presidentes. Como asesora del gobierno de Turquía, había contribuido al renacimiento del liberalismo de mercado en la década de 1970 por motivos estrictamente analíticos, en un momento en el que la mayoría de los economistas aceptaban como normal el grado relativamente alto de regulación que se daba entonces en muchos aspectos de la vida económica. Había otros muchos destacados ponentes que habían hecho importantes aportaciones a lo que, a principios de la década de 1980, dio en llamarse nueva economía política. Entre ellos se encontraban muchos nombres destacados, por lo que incluso citar a los más conocidos es arriesgarse a que la lista parezca el catálogo de las naves de Homero.[1] A principios de la década de 1990, el clima de perestroika era general, y había llegado el momento de comenzar a

---

[1] Por ejemplo, ¿cuántos economistas de esta breve lista de pesos pesados en el movimiento de la perestroika conoce el lector? Rudiger Dornbusch, Paul Joskow, Richard Schmalensee y Jagdish Bhagwati del MIT (más tarde Columbia); Milton Friedman, George Stigler, Ronald Coase, Sam Peltzman, D. Gale Johnson y Arnold Harberger de Chicago; John Meyer y Martin Feldstein de Harvard; Assar Lindbeck de la Universidad de Estocolmo; Hollis Chenery del Banco Mundial; Reuven Brenner de McGill; Peter Bauer de la London School of Economics; Mancur Olson y Julian Simon de la Universidad de Maryland; y James Buchanan y Gordon Tullock del Virginia Polytechnic Institute; por no hablar de asesores de política económica como Paul Craig Roberts, Alan Walters, Domingo Cavallo, Václav Klaus y Gregory Yavlinsky. Stigler, Chenery, Olson y Simon murieron en la década de 1990 y Dornbusch en 2002, pero casi todos los demás profesores de esta impresionante lista fueron o pudieron ser buenos presidentes de la asociación. Todos hicieron importantes aportaciones al giro mundial a favor de los mercados, y hubo muchísimos más.

conceder distinciones. Krueger había triunfado en un mundo poblado, hasta hacía poco, casi enteramente por hombres. Era oportuno que se eligiera a alguien procedente de la comunidad de la nueva economía política. Ese año lo fue Krueger.

El presidente entrante se encuentra ante un programa en blanco que se parece a una tarjeta de Yahtzee. Hay un determinado número de funciones que hay que organizar. En los *Meetings* de San Francisco celebrados en 1996, iba a celebrarse un almuerzo en honor a John Nash, que había sido galardonado con el Premio Nobel un año antes. El genio matemático había permanecido apartado durante treinta años como consecuencia de la esquizofrenia, pero sonrió tímidamente cuando se convirtió en el centro de atención en San Francisco. Otro almuerzo iba a tener como figura principal a Stephen Ross, profesor de la Universidad de Yale que generalizó el modelo de la fijación del precio de los activos de capital. Había que invitar a un estudioso a pronunciar la conferencia más importante de los *Meetings* (la *Ely Lecture*); Krueger eligió a Martin Feldstein, que aprovechó la ocasión para recomendar la privatización del sistema de la Seguridad Social de Estados Unidos, magnífica prueba del cambio radical de opinión que estaban experimentando los expertos. Había que dejar un lugar al presidente saliente: el economista de la salud Victor Fuchs pronunció un discurso desenfadado. Había que nombrar y presentar a un miembro distinguido de la asociación. Walter Oi, profesor de la Universidad de Rochester, era un ejemplo casi perfecto del encanto de la economía en tanto que disciplina en la que el pensamiento puro puede ser tan valioso como un ordenador o un instrumento científico; pues Oi, formado en Chicago, había hecho durante treinta años aportaciones a diversos campos, que culminaron en su participación en la comisión que ayudó a crear el ejército profesional, a pesar de estar totalmente ciego.

La mayor atracción en San Francisco resultó ser un economista conservador de cincuenta y cuatro años llamado McCloskey, antiguo profesor de la Universidad de Chicago, presidente de la Economic History Association y miembro del comité ejecutivo de la AEA, que durante el otoño había cambiado de sexo. Donald se había convertido en Deirdre (el absorbente libro de McCloskey sobre su metamorfosis se publicó en 1999 con el título de *Crossing*). También estaba desarrollándose otro drama entre bastidores: Graciela Chichilnisky había demandado a un colega por haberse apropiado supuestamente de sus ideas. Chichilnisky aún conservaba parte del glamour que la había llevado a aparecer en la revista *Vogue* a mediados de los años setenta, cuando era el conocido y joven genio argentino que tenía dos doctorados, en matemáticas y economía, por la Universidad de Berkeley. Las salas de sesiones eran un hervidero de cotilleos sobre su demanda. En cuestión de semanas, Chichilnisky retiraría bochornosamente sus acusaciones, en medio de indicios de que había falsificado las pruebas. El acontecimiento de los *Meetings* que más llamó la atención fue la emboscada que le tendieron a David Card. Card había recibido la John Bates Clark Medal, que se concede cada dos años al economista estadounidense que, a juicio de un grupo de colegas, ha hecho la mayor aportación antes de cumplir cuarenta años. Card era apuesto, rico y encantador. Pero había colaborado en un controvertido libro acerca de los efectos de la ley sobre el salario mínimo que había enfadado a los economistas laborales más conservadores. En una sesión celebrada justo antes de la concesión del premio, un grupo de economistas de la Universidad de Chicago que se encontraba en la sala atacó con feroces críticas sus métodos estadísticos. Así pues, en la que, de no ser por eso, habría sido una de las tardes más felices de su vida, Card pasó un mal rato. Aunque de momento no se habló más del asunto, el hecho es que el incidente iba a recordarse durante mucho tiempo.

Habiendo tantas personas interesantes dedicadas a esos tejemanejes, fue fácil que se pasara por alto algo que estaba ocurriendo en los *Meetings* de San Francisco y que, con el tiempo, iba a influir extraordinariamente en la disciplina. Lo más visible iba a ocurrir en una sesión dedicada a los últimos trabajos sobre el crecimiento económico: a su teoría y a su historia. La sesión 53 de los *Meetings* se celebró, como casi todas las demás, en una sala sin ventanas.

La multitud congregada a las 2:30 de la tarde del viernes 5 de enero de 1996 en la Plaza Ballroom B del San Francisco Hilton es lo suficientemente grande como para llenar la larga y estrecha sala y el fondo con personas de pie, pero no tanto como para que se ponga a rebosar. «La nueva teoría del crecimiento y la historia económica: ¿ajuste o desajuste?» («New Growth Theory and Economic History: Match or Mismatch?») se encuentra puntualmente con una audiencia de unas doscientas personas aproximadamente. Asiste un par de docenas de periodistas; saben que algo ocurre. Está la cuota habitual de jóvenes que acaban de empezar. Hay una gran expectación.

Como hemos visto, una sesión puede verse de muchas maneras. Ésta ha congregado a dos grupos que normalmente no tienen mucho que decirse: los historiadores económicos, por un lado, y los destacados teóricos del crecimiento económico, por otro. El acto tiene algo de pintoresco, pues doce años antes en los *Meetings* de Dallas que se celebraron en 1984, los historiadores habían organizado una sesión parecida para examinar la «absoluta oscuridad» que se decía que existía en la intersección de la teoría con la historia *wie es eigentlich gewesen* (como así era realmente). En 1984, los teóricos se habían puesto a la defensiva. Los historiadores sostenían convincentemente que los teóricos habían seleccionado únicamente los problemas que tenían una fácil respuesta, dando lugar a un formalismo elegante, pero estéril, que había dejado de lado una enorme variedad de consideraciones molestas que, se decía, eran «ajenas» a la economía; es decir, que eran exógenas a sus modelos.

Pero la sesión de 1984 se había celebrado en vísperas de una revolución. Apenas un año más tarde, Robert Lucas, profesor de la Universidad de Chicago, recordó a sus colegas un enigma que se conocía vagamente con el nombre de «problema de los rendimientos crecientes» y, en una famosa conferencia, lo situó en el centro de las grandes cuestiones de la política económica de la década de 1980. A raíz de aquello se desencadenó un gran debate. La mayoría de los macroeconomistas de la nueva generación habían tomado partido. Las facciones habían izado estandartes contrapuestos (y confusos): la economía neoschumpeteriana, la nueva economía de la competencia imperfecta, la nueva economía del cambio técnico, la revolución de los rendimientos crecientes, la nueva teoría del crecimiento o –el más sencillo y confuso– el crecimiento endógeno.

Esta intersección será lo que sea, pero de lo que ya no adolece es de oscuridad. Durante una década, la esquina en la que confluye la teoría con la historia ha estado iluminada por las llamaradas y los fogonazos del campo de batalla. Sin embargo, la sesión de San Francisco difícilmente es una sesión sosegada en la que la emoción no pasa de ser un recuerdo.

Los historiadores y los nuevos teóricos del crecimiento hablan de cosas distintas. Joel Mokyr, autor de *La palanca de la riqueza: creatividad tecnológica y progreso económico* (*The Lever of Riches: Technological Creativity and Economic Progress*), preside la sesión. Es el más destacado de la nueva generación de historiadores económicos que están trabajando sobre el problema del cambio técnico. Tiene un vivo interés en identificar el elemento más importante del crecimiento y ha organizado una mesa redonda para que los oyentes puedan valorar algunos de los nuevos trabajos. El historiador Nicholas Crafts ha mandado desde Londres un artículo titulado «La primera revolución industrial: una visita guiada para los economistas del crecimiento» («The First Industrial Revolution: A Guided Tour for Growth Economists»). Crafts es dueño de lo que se conoce entre los historiadores económicos con el nombre de teoría de la revolución industrial inglesa de Crafts-Harley; a saber, que no *hubo* una revolución industrial, que el «despegue» hacia un crecimiento continuo en el siglo XVIII fue un espejismo y que los «años de milagros» (por utilizar una famosa frase) deberían considerarse una cuestión de números índice engañosos. El artículo de Crafts analiza fríamente la nueva teoría reciente del crecimiento, que es lo mismo que decir los trabajos de Paul Romer. Su tono es de cautela, de escepticismo sobre las nuevas tesis, de reticencia incluso a abordarlas directamente. El nuevo énfasis en el tamaño del mercado le parece desencaminado, dice. Los datos extraídos de la historia «distan de ser convincentes».

Si ha habido una revolución teórica, es difícil deducirlo de la respuesta del historiador a la nueva teoría del crecimiento.

Ahora le toca a Paul Romer. Es al que han venido a ver los periodistas. Tiene fama de ser uno de los más matemáticos de la nueva generación. También se considera que es el principal joven adalid del nuevo estilo de argumentación de la Universidad de Chicago, con todo su galimatías de alta tecnología más reciente: modelos dinámicos de horizonte infinito, programación dinámica, equilibrios competitivos reducidos a problemas de maximización de un consumidor representativo, expectativas racionales, y todo lo demás. Pero es Romer, más que ningún otro, quien ha puesto sobre el tapete las nuevas ideas sobre el crecimiento, el conocimiento y el poder de mercado. Su tesis de 1983 se caracteriza por la tremenda dificultad de sus matemáticas. El artículo de 1986 que publicó a partir de la tesis «Rendimientos crecientes y crecimiento a largo plazo» («Increasing Returns and Long-Run Growth»), también es difícil y sobrio. La versión de 1990, «El cambio tecnológico endógeno» («Endogenous Technological Change»), contiene unas matemáticas más sencillas, gracias en gran parte a Robert Lucas, así como una sorprendente nueva formulación del problema por parte de Romer. Esa nueva formulación cayó como una bomba, al menos en la pequeña comunidad de teóricos del crecimiento, en la medida en que lo colocó en contra no sólo de su maestro Lucas sino también en contra de toda la tradición de Chicago, en la que la competencia perfecta era el supuesto más importante.

Romer ha insistido desde el primer momento en el poder de los métodos matemáticos. Sostiene que plantean los problemas de una forma más precisa y los resuelven con mayor claridad y poder de persuasión que cualquier otro método, incluidas las visitas de campo a las fábricas o el análisis de grandes cantidades de datos. Describe el proceso. El teórico debe comenzar por la evidencia de los sentidos y pasar a continuación a la descripción verbal y a la formulación de teorías hasta llegar a las matemáticas formales, siguiendo la trayectoria de un arco continuamente ascendente en el que el nivel de generalidad es cada vez mayor, para terminar descendiendo y pasar del alto grado de abstracción a la formulación verbal y a la evidencia del mundo real. Este último paso sirve para verificar las matemáticas, dice. Es la única parte del proceso para la que no necesitamos fiarnos de la palabra del teórico (aunque, naturalmente, para entonces otros muchos teóricos han intervenido en el proceso). Pero Romer también ha advertido a menudo de que la lógica y la evidencia «tienen un poder que transciende los deseos, las creencias y las preferencias de las personas que las utilizan. Cuando uno inicia el camino hacia la abstracción, nunca sabe exactamente dónde se encontrará cuando retorne». Él mismo ha visto cómo cambiaban sus ideas políticas como consecuencia de lo que descubrió en sus ecuaciones: de ser un acólito de Milton Friedman en su primer año universitario se convirtió, siendo profesor, en un defensor de algunos nuevos tipos de intervención del Estado.

Han pasado seis años desde que Romer presentó su artículo más importante. Las cuestiones que planteaba han sido examinadas concienzudamente por la pequeña comunidad de teóricos del crecimiento. Ahora en San Francisco está tratando de cerrar el círculo, de describir su modelo en términos sencillos, de compararlo con otras explicaciones, de traducir de nuevo sus ecuaciones fundamentales al inglés. Su título es «¿Por qué realmente en Estados Unidos? La teoría, la historia y los orígenes del crecimiento económico moderno» («Why Indeed in America? Theory, History and the Origins of Modern Economic Growth»).

Comienza con una defensa de los métodos formales. Cada vez que se introduce un nuevo formalismo matemático –dice– se ponen las mismas objeciones. Algunas personas se quejan de que «estas ecuaciones son demasiado simplistas y el mundo es muy complicado». Otras sostienen que las ecuaciones «no nos dicen nada nuevo». Por ejemplo, afirma, los economistas han comprendido, al menos desde Adam Smith, que la producción total –Y, como la representan abreviadamente los economistas en sus ecuaciones– depende de la cantidad de capital físico y de esfuerzo de trabajo realizado. Sin embargo, cuando en la década de 1950 un grupo de economistas del MIT formuló esta relación en términos matemáticos como una función de producción agregada, un grupo de economistas ingleses armó un enorme escándalo. A pesar de eso, la idea de la función de producción –que es una formulación matemática de la relación entre los factores y los productos– se aceptó rápidamente en todo el mundo y se consideró que era un inestimable atajo para medir la productividad.

Cuando, unos años más tarde, los economistas de la Universidad de Chicago presentaron una serie de nuevas ecuaciones destinadas a recoger la acumulación de experiencia y de educación de los individuos en una variable que llamaron H, en esta ocasión fueron los economistas del MIT (y otros) los que pusieron objeciones. Sin embargo, el «capital humano» como indicador de la capacidad productiva personal se había convertido en un instrumento habitual. Ahora en la década de 1990, dice Romer, los economistas estaban diciendo que el conocimiento era un producto fundamental de la economía y que su producción está relacionada sistemáticamente con los recursos que se destinan a producirlo. Decir que el crecimiento del conocimiento depende del número y de la calidad de los científicos que producen nuevos conocimientos y del acervo anterior no era precisamente algo escandaloso. Sin embargo, la nueva teoría, expresada en términos matemáticos: $dA/dt = G(H, A)$, estaba encontrándose, una vez más, con las objeciones habituales. ¡Esta vez la resistencia provenía tanto de Chicago como del MIT! Cambridge (Inglaterra) hacía tiempo que se había quedado atrás.

Hacer esas objeciones es no entender nada, afirma Romer. Es cierto que la introducción del lenguaje matemático a menudo parece que lleva a descuidar cuestiones importantes. Los autores de los modelos centran la atención en las cuestiones que son fáciles de formalizar y posponen las más difíciles para más adelante, aunque reconozcan que son muy importantes. Pero la historia parece indicar que, a medida que se utilizan más las matemáticas, su ámbito se expande y las cuestiones importantes no desaparecen. «Lo sensato no es cerrar la puerta al desarrollo de la teoría formal sino tolerar una división del trabajo en la que el lenguaje natural y la teorización formal discurran en paralelo. Los expertos de cada campo pueden abordar las cuestiones en las que tienen una ventaja comparativa y comparar sus notas periódicamente.»

La aparición de nuevas variables normalmente refleja una mejora de la comprensión de la economía en su conjunto. Una buena teoría parte del sistema en su totalidad y después identifica algunos aspectos en los que puede dividirse esta totalidad en un conjunto natural de subsistemas que interactúan de una manera que tiene sentido. Nos dice cómo podemos «descomponer un sistema en sus partes». Para ilustrarlo, Romer se vale del conocido ejemplo de la máquina de vapor. Una pésima explicación ofrecida por un ingeniero a mediados del siglo XIX atribuyó su movimiento a una *fuerza locomotora* (de una forma parecida a como Aristóteles había atribuido la caída de las piedras a su «naturaleza interna»). Una explicación más satisfactoria, según Romer, es dividir la máquina de vapor en sus componentes –la caja de fuego, la caldera, el regulador del vapor, etc.– para explicar el funcionamiento de la locomotora en su conjunto. «Lo que hacen las teorías es tomar toda la compleja información que tenemos sobre el mundo y organizarla en esta especie de estructura jerárquica», afirma. Las matemáticas, al eliminar la ambigüedad y al poner de relieve la coherencia lógica, permiten lograr más fácilmente la claridad.

A continuación, Romer describe la controversia que existe en la ciencia económica del momento. Afirma que la «vieja» teoría del crecimiento de Robert Solow explica el crecimiento económico por medio de la interacción de dos tipos de factores. Hay unos factores económicos convencionales y hay una tecnología «exógena» que mejora a una tasa constante «fuera» del sistema. En el siguiente nivel de descomposición, los factores económicos convencionales se dividen en capital físico, trabajo y capital humano, pero la tecnología sigue considerándose una fuerza aparte. Hasta ahora todo va bien, dice Romer, «ya que la tecnología sí se diferencia del resto de los factores», en el sentido de que puede ser utilizada simultáneamente por cualquier número de personas. Sin embargo, por comodidad, en la vieja teoría del crecimiento la dicotomía entre la tecnología y los factores económicos convencionales se corresponde directamente con la distinción tradicional entre bienes públicos a los que todo el mundo puede acceder y bienes totalmente privados. Para los fines del análisis, se considera que la tecnología es un bien esencialmente público, al que puede acceder todo el que quiera. El Estado la suministra a través de las universidades. Hay que imaginar que es como la radioafición, a la que puede acceder todo el que quiera sintonizarse, según una famosa analogía; como «el maná llovido del cielo», según otra. En la vieja teoría del crecimiento no pueden hacerse más distinciones: hablar de «propiedad intelectual» sería una contradicción tan sorprendente como pretender describir un «bien público privado». De desentrañar esta paradoja es de lo que se ocupa el trabajo de Romer.

La nueva teoría del crecimiento divide el mundo de forma distinta: en «instrucciones» y «materiales», dice Romer. En el breve intervalo transcurrido entre la charla que está dando en San Francisco y su publicación unos meses más tarde, su vocabulario cambiará levemente: las instrucciones se convertirán en «ideas» y los «materiales» en «cosas». Los materiales pueden ser cosas como la masa o la energía (por ejemplo, la electricidad), explica Romer. Las instrucciones son bienes que pueden almacenarse como una cadena de bits de un código informático: programas informáticos, contenidos, bases de datos, todo ese tipo de cosas. La pegadiza distinción entre átomos y bits son otros los que la hacen, en discursos y en artículos de revistas, no en artículos matemáticos.

Ese día Romer pone un ejemplo más de andar por casa. Cuando hacemos la cena, dice, los materiales que empleamos son «nuestros cacharros (nuestro capital), nuestro capital humano (nuestro cerebro) y nuestras materias primas (los ingredientes) [...] Las recetas almacenadas en forma de texto son nuestras instrucciones». La distinción clave, afirma, ya no es la distinción entre bienes públicos y privados sino entre bienes rivales y no rivales, es decir, entre los artículos que pueden ser consumidos por una persona de cada vez y los que pueden ser empleados simultáneamente por cualquier número de personas. En muchas industrias, los activos más importantes se parecen más a las recetas o a las series de instrucciones que a cualquier otra cosa: los programas informáticos, los productos farmacéuticos, las grabaciones musicales.

En la nueva teoría del crecimiento, afirma Romer, el «cambio tecnológico» ya no es la «fuerza locomotora» de la economía. «Con materiales e instrucciones, se puede dar una sencilla respuesta que muestra cómo funciona el crecimiento económico. Los seres humanos utilizan instrucciones no rivales, junto con bienes rivales (como cacharros o máquinas-herramienta) para transformar otros bienes rivales, reorganizándolos en nuevas configuraciones que son más valiosas que las antiguas. Reorganizamos las varillas de acero en rodamientos o las planchas de acero en amoladoras que producen rodamientos.» Muchas veces la gente puede impedir durante un tiempo que otras personas utilicen una serie concreta de instrucciones que no son potencialmente rivales. Puede mantenerla en secreto, o tener una patente, posibilidad que es excluida por el enfoque de los bienes públicos de la vieja teoría del crecimiento. La esperanza de apropiarse de una parte de la corriente de beneficios de un invento es suficiente para animar a buscar constantemente nuevas ideas. La imposibilidad última de impedir que otros imiten y mejoren las nuevas ideas es suficiente para garantizar un crecimiento constante.

Estas ideas, tan viejas como Adam Smith, se han dejado de lado, asegura Romer, y son, sin embargo, absolutamente fundamentales en economía. Dado que una idea puede imitarse y utilizarse una y otra vez, su valor aumenta en proporción a la cantidad de materiales rivales que pueden transformarse utilizándola: cuanto mayor es el mercado, mayor es el rendimiento de una nueva idea. En una ciudad grande, pueden venderse más artilugios que en un pueblo pequeño; en un país grande, pueden venderse más que en uno pequeño. De hecho, esa es la razón, más que ninguna otra, por la que el crecimiento de la renta de Estados Unidos sobrepasó hace mucho al de Gran Bretaña. «Los efectos de escala no deben seguir tratándose como los trató un contable del crecimiento como [Edgard] Denison, como algo que se le ocurrió a posteriori y que tenía algo que ver con el tamaño de la planta», concluye Romer. «Deben tratarse como los trató Adam Smith, como uno de los aspectos fundamentales de nuestro mundo económico que debe abordarse desde el principio.»

La audiencia se remueve incómoda en su asiento. La gente no ha oído hablar antes de estas ideas. Normalmente, la autoridad a la que se exhorta a los lectores a volver para reorientarse es John Maynard Keynes, no Adam Smith.

El siguiente orador es Martin Weitzman, profesor de la Universidad de Harvard. Romer es una persona fría, de cuarenta y tantos años, tranquila, de California; pero Weitzman es una persona vehemente, de cincuenta y tantos años, nerviosa, de Brooklyn. Si Romer es difícil de entender de primeras, Weitzman es casi incomprensible. Él fue uno de los primeros que se dio cuenta de que estaba generalizándose el análisis de los rendimientos crecientes cuando en 1982 invocó los rendimientos crecientes para explicar por qué los parados no podían establecerse simplemente por su cuenta. Ahora está tratando de mediar entre la vieja teoría del crecimiento y la nueva: su tema es la hibridación, como una buena metáfora del crecimiento del conocimiento. Las economías continuarán creciendo mientras haya diferentes variedades de conocimientos para cruzar. Ya ha dado antes esta charla, en la reunión que tuvo en verano el grupo de las fluctuaciones económicas en el National Bureau of Economic Research. De hecho, debido a la continua aparición de trabajos de este tipo, el proyecto se ha rebautizado con el nombre de «fluctuaciones y crecimiento». Pero las matemáticas de Weitzman son poco conocidas –combinatorias en lugar de programación– y la charla en términos de biología evolutiva deja fríos a los jóvenes brillantes. El economista se encuentra con miradas de perplejidad. Eso no merma su entusiasmo. «¡Cielos! Marty», le dice después su comentarista Robert Solow. «Parecías Savonarola.» «¡Es como una revolución!», le contesta Weitzman. Pero los jóvenes no están tan impresionados. ¿Quién demonios es ese Savonarola?

No hay emboscada, ni contraataque, ni controversia, ni debate. La reunión acaba sin pena ni gloria. Los economistas abandonan el hotel, salen en avión de San Francisco camino de la nieve hasta dentro de un año en el que los *Meetings* serán en Nueva Orleans. Los periodistas no corren a telefonear. Las nuevas ideas aún no han encontrado el camino directo para llegar al gran público. La resistencia natural es grande. Es mucho lo que está en juego. La clave es la invocación del nombre de Adam Smith.

3   ¿QUÉ ES UN MODELO? ¿CÓMO FUNCIONA?

Pocos estudiantes de doctorado de economía leen hoy a Adam Smith, no más que físicos modernos preparan sus curson con Isaac Newton. Los estudiantes de doctorado recurren, por el contrario, a libros de texto para saber qué se ha aprendido desde que Smith expuso sus ideas en *La riqueza de las naciones* (*The Wealth of Nations*) en 1776. Eso no tiene nada de sorprendente; así es como se supone que funciona la ciencia. Como dijo Alfred North Whitehead, una ciencia que duda en olvidar a sus fundadores está perdida.

Hay ocasiones, sin embargo, en las que los propios científicos pueden sentirse perdidos, en las que las explicaciones que han aprendido en los libros de texto no son lo coherentes que deberían ser. Es cuando los científicos, al menos los mejores, experimentan la callada angustia que se describe con el nombre de «crisis». Su procedimiento operativo habitual en ese caso puede ser volver sobre sus pasos, retornar a las fuentes primeras, para comprender dónde está el error.

Eso fue lo que hizo Romer, después de terminar su primer modelo provisional de la economía de las ideas, en diciembre de 1986. Se fue a los clásicos para ver cómo habían abordado las generaciones anteriores de economistas un fenómeno tan obvio para el lego en la materia como el crecimiento del conocimiento y esbozó los antecedentes de su modelo en un «documento de trabajo» publicado informalmente por su departamento.

A medida que se desarrollaban los acontecimientos, otros muchos hicieron lo mismo, ninguno con mayor claridad que el premio Nobel James Buchanan, a quien, la intuición de que la aparición de la ética protestante del trabajo tuvo que producir necesariamente efectos económicos generales (pensaba que el aumento del tiempo de trabajo y la disminución del ocio debieron expandir el mercado de bienes) lo había llevado a toparse con los rendimientos crecientes. Cuando comprendió claramente la importancia de los nuevos estudios sobre el comercio y el crecimiento, Buchanan rastreó la literatura de doscientos años para publicar un libro de lecturas que reflejaba la historia de la controversia (y que contenía dos artículos propios). *El retorno a los rendimientos crecientes* (*The Return to Increasing Returns*) apareció en 1994.

Pero el libro de lecturas de Buchanan estaba pensado para estudiantes de doctorado. Los comentarios de Romer acabaron presentándose en un libro muy técnico, uno de esos que agrupan trabajos presentados en un simposio. Y los nuevos libros de texto sobre el crecimiento económico que habían comenzado a aparecer exponían directamente las nuevas ideas. No se había intentado explicar a la audiencia en general de dónde procedían esas nuevas ideas o por qué eran importantes.

Si nosotros también volvemos a los clásicos, nos resultará más fácil comprender por qué una serie de simplificaciones y de atajos que se tomaron hace mucho tiempo cobraron de repente importancia. Al igual que ocurre con casi todo en economía, la historia comienza con *La riqueza de las naciones*.

Una de las cosas que distingue a Adam Smith de todos los demás autores de economía es su tremendo poder de concentración. De ahí que abunden las anécdotas sobre su despiste. Cómo salía a tomar el fresco en pijama y acababa andando más de veinticinco kilómetros sin parar. Cómo metía una rebanada de pan con mantequilla en una tetera, echaba agua, esperaba, la vaciaba y se quejaba de la calidad del té. Su amigo Alexander Carlyle dijo de él que «era el hombre más distraído que había visto nunca cuando estaba en grupo, moviendo sus labios, hablando solo y sonriendo. Si se le sacaba de su ensimismamiento y se le hacía prestar atención al tema de conversación, inmediatamente comenzaba a soltar una arenga y no paraba hasta que contaba todo lo que sabía sobre ese tema, con el mayor ingenio filosófico». Probablemente todo el tiempo que permanecía callado estaba pensando, pensando, siguiendo largos razonamientos.

Adam Smith nació en 1723 en el seno de una familia escocesa acomodada y bien relacionada de Kirkcaldy, pueblecito situado en el estuario Firth of Forth al otro lado de Edimburgo. Su padre murió poco antes de que él naciera; fue criado por una amantísima madre cuyo propio padre había sido un rico terrateniente a la vez que parlamentario. Se da a veces mucha importancia al hecho de que fuera secuestrado por unos gitanos durante su infancia. Éstos lo abandonaron en el pueblo siguiente; se decía que no habría servido para gitano.

Desde el principio, Smith recibió una buena educación. A los catorce años lo mandaron a estudiar a la Universidad de Glasgow, donde existía una arraigada tradición de argumentar sobre pruebas experimentales. La física aristotélica estaba en declive. La nueva «filosofía mecánica» se respiraba en el ambiente. Para explicar por qué caían las piedras o por qué salían chispas ya no bastaba con decir que era «por su naturaleza». Ahora era necesario demostrar el cómo y el porqué. Smith se familiarizó con las bombas de vacío, los barómetros y demás parafernalia de la «nueva neumática». También conoció la asombrosa «doctrina de los cuerpos» de Isaac Newton, que era como se llamaba entonces la física. A los diecisiete años recibió una beca para estudiar en la Universidad de Oxford, donde permaneció seis años.

A Smith Oxford no le gustó nada. Hay varios coloridos pasajes en *La riqueza de las naciones* en los que ataca el sistema de contratación permanente por haber destruido los incentivos de los profesores para aprender o enseñar e incluso para atender a sus estudiantes. Los mimados *colleges* de Oxford estaban absolutamente protegidos de los aires de cambio. «Decidieron seguir siendo durante mucho tiempo los santuarios en los que los sistemas refutados y los prejuicios obsoletos encontraban cobijo y protección, después de haber sido desterrados de todos los demás rincones del planeta», decía Smith.

Al hablar de «los sistemas refutados y los prejuicios obsoletos», probablemente pensaba en la física aristotélica. Aún se enseñaba en Oxford cuando llegó en 1740, más de cincuenta años después de que Newton publicara sus *Principios* (*Principia*). Pero también podía estar pensando perfectamente en el descubrimiento de la circulación de la sangre, que también tardó en aceptarse en Oxford.

Conviene hacer aquí una breve digresión para ver qué es una explicación satisfactoria y cómo se logra. Éste es, al fin y al cabo, un libro que trata de cómo un sistema de pensamiento sustituye a otro. Examinemos, pues, la historia de uno de los primeros modelos matemáticos realmente poderosos. ¿Qué es un modelo? ¿Cómo funciona?

William Harvey nació en 1578, por lo que es casi contemporáneo de Shakespeare (que nació en 1564). Estaba decidido a ser médico, por lo que después de estudiar en Cambridge, se trasladó a Padua para estudiar medicina con el destacado anatomista de la época, Fabricius ab Aquapendente, cuyas dotes de dibujante eran legendarias. La observación y la descripción meticulosas eran el método que empleaba para investigar y comprender la fisiología.

En aquella época, los médicos y los anatomistas pensaban lo mismo que se pensaba desde los tiempos del médico Galeno (primer siglo d.C.), que el corazón era como un horno o incluso como el propio sol. Se creía que el principal órgano del cuerpo era el hígado. Allí era donde se transformaban los alimentos en sangre, que de ahí se filtraba al corazón y los pulmones. El calor del corazón impulsaba la sangre hasta sus cavidades, donde podía calentarse antes de condensarse en los pulmones, algo así como el rocío de la mañana. De esta forma se mezclaba con los espíritus vitales del aire.

Harvey, como originario que era de Kent, sabía algo de bombas, pues la fascinación con su funcionamiento estaba extendiéndose por los círculos mineros en aquella época, gracias a los últimos descubrimientos de la mecánica del «océano de aire» invisible. Harvey llegó en algún momento a la conclusión de que el calor obvio del corazón era una cuestión secundaria, que el músculo debía hacer de bomba más que de horno o de lámpara y que, por lo tanto, la sangre debía fluir por el cuerpo en sentido circular.

En su obra *Ensayo anatómico sobre el movimiento del corazón y la sangre* (*Exertitatio anatomica de motu cordis et sanguinis in animalibus*) se propuso demostrar sus argumentos. Harvey midió primero la capacidad de un corazón humano medio. Era de dos onzas de sangre aproximadamente. Pidió a sus lectores que supusieran que la mitad o incluso una octava parte de esa sangre era impulsada a los pulmones por cada contracción. Calculó que el corazón late mil veces en treinta minutos. Ambas estimaciones eran muy bajas, por lo que hoy sabemos. Pero ese conservadurismo fue fundamental para el método de Harvey. Demostró que incluso partiendo de los supuestos menos generosos posibles, en media hora el corazón bombea a las arterias más sangre —más de dos galones— de la que contiene todo el cuerpo. ¿A qué otro sitio podría ir sino en sentido circular? «Un razonamiento verdaderamente hermoso», afirma el historiador de la ciencia Charles Coulston Gillispie. «Se ordenan con sumo arte unos hechos absolutamente correctos. Sería casi tan difícil rechazar sus demostraciones como rechazar un teorema de geometría.»

Pero ¿convencieron los cálculos de Harvey a todos los atentos observadores de la época? ¡Apenas! El problema era que no había ninguna vía obvia por la que la sangre pudiera retornar al corazón. En los 1.500 años que habían transcurrido desde que Galeno demostró fehacientemente el modelo del corazón concebido como un horno, la observación meticulosa del proceso había mostrado que el sistema vascular se parecía a las ramas de un árbol o a los afluentes de unos humedales costeros. El osado supuesto de Harvey de que un conjunto invisible de diminutos tubos conectaban las arterias a las venas convenció a pocos, al menos dentro del grupo de los fisiólogos de mayor edad. De hecho, rechazaron airadamente un modelo cuyos pocos supuestos básicos borraban de un plumazo todo lo que con tanto esfuerzo habían tratado de comprender.

Sólo cuando se inventó el microscopio, unos treinta años más tarde, quedó firmemente demostrada la existencia de los tubos capilares, exactamente como había predicho Harvey. Incluso entonces, a los miembros de la vieja comunidad les resultó difícil aceptar las nuevas ideas. Pero los que estudiaron entonces la cuestión sin ninguna formación previa quedaron de inmediato totalmente convencidos. La nueva generación sustituyó gradualmente a la vieja (en el siglo XX, el físico Max Planck sintetizó así este conocido proceso: «La ciencia avanza de un funeral a otro»).

Los cálculos de Harvey representan uno de los primeros modelos matemáticos de la historia, quizá el primero que tuvo un éxito general en el mundo anglohablante. Hoy sigue siendo uno de los más poderosos, a pesar de que su formulación del tipo «si, entonces» apenas exigió un par de multiplicaciones. Fue un paso de gigante en el razonamiento formal. Adam Smith parece que nunca contó esta historia en sus diversas conferencias, aunque es improbable que no la conociera. No fue hasta 1906, año en que Sir William Osler hizo de la reticente acogida del descubrimiento de Harvey el tema de una famosa conferencia pronunciada en Londres y titulada «El crecimiento de la verdad tal como lo ilustra el descubrimiento de la circulación de la sangre» («The Growth of Truth as Illustrated in the Discovery of the Circulation of the Blood»), cuando se convirtió en una parábola científica clásica.

Además, Adam Smith había escrito su propia parábola mientras estaba en Oxford.

Cuando Smith regresó de Oxford a Edimburgo, fue invitado a dar una serie de charlas, de conferencias; primero sobre retórica, más tarde sobre la historia de la filosofía y, finalmente, sobre jurisprudencia. Gracias a estas conferencias, sabemos algo sobre lo que era para Smith una explicación satisfactoria. Una de esas conferencias en concreto, «La historia de la astronomía» («The History of Astronomy»), permite hacerse una idea de lo que el propio Smith, un hombre, por lo demás, modesto, pretendía hacer. Incluso hoy su historia de la astronomía es de amena lectura: una emocionante historia juvenil del crecimiento del conocimiento desde la ignorancia hasta la comprensión.

Comenzó por los griegos. A pesar de lo poco que éstos parecían saber del cosmos para los parámetros del siglo XVIII, su física permitió a sus estudiosos analizar los fenómenos celestes con mayor coherencia que la «superstición pusilánime» que predominaba antes de Aristóteles y Ptolomeo, dijo Smith. Narrando la historia de las sucesivas figuras de la astronomía, hoy conocidas, Copérnico, Thyco Brahe, Galileo, Kepler e Isaac Newton, Smith contó que la mecánica celestial moderna había sustituido a los conocimientos aristotélicos más antiguos al ofrecer explicaciones más satisfactorias de algunos destacados enigmas (el movimiento retrógrado de algunos planetas, la trayectoria de las balas que se lanzaban desde el mástil de un barco en movimiento, etc.) hasta que finalmente surgió en la mente de Newton una idea indescriptiblemente fructífera: «el descubrimiento de una magnífica concatenación de las verdades más importantes y sublimes, conectadas todas ellas por un hecho capital [la gravedad], del que tenemos experiencia diaria».

Lo que buscamos en una explicación, dijo Smith, es «un principio conector» entre hechos que no guardan aparentemente relación alguna entre sí. La ciencia es la búsqueda de las «concatenaciones invisibles que conectan todos estos objetos discordantes» con la precisión de un mecanismo físico, ya que «los sistemas se asemejan en muchos aspectos a las máquinas». El secreto para lograr una explicación es, pues, crear un modelo mental, una «máquina imaginaria» que tenga cada vez más poder y sea cada vez más adecuada hasta que se averigüen todas las causas y los efectos en cuestión y desaparezca el misterio. «¿A quién al que hayan permitido entrar detrás del decorado del teatro de la ópera le asombra la maquinaria?» Aun así, decía mofándose, el viejo sistema aristotélico seguía enseñándose a los estudiantes en Oxford y en otros lugares atrasados de la corona inglesa.

El enemigo de una buena teoría son las analogías indiscriminadas, dijo Smith, los trabajos de los pensadores que intentan explicar una cosa por medio de otra. Por ejemplo, los pitagóricos lo explicaban todo por medio de las propiedades de los números. Los médicos siempre estaban haciendo grandes paralelismos entre la fisiología y el «cuerpo político» (por ejemplo, William Petty decía que «el dinero es la grasa del cuerpo político; si hay demasiado, a menudo pierde agilidad, de la misma manera que si hay demasiado poco, enferma [...]»). Las explicaciones realmente buenas no tienen solución de continuidad, dijo Smith. «No poseen ninguna ruptura, ninguna parada, ninguna laguna, ningún intervalo.» Las ideas deben «vagar a su aire por la mente».

Por otra parte, una explicación satisfactoria tiene que ser capaz de convencer no sólo a los profesionales sino también al público en general. De lo contrario, los expertos tienen demasiados incentivos para aparentar que saben más de lo que saben. Un buen ejemplo es la química, que se encuentra aún atascada en una oscuridad merecida, dijo Smith, porque aún no ha comprendido los misterios de su campo. Recuérdese que en la década de 1750, en la que escribía Smith, los químicos atribuían el fuego a la presencia en todas las sustancias inflamables de la escurridiza sustancia llamada «flogisto». Esos químicos podían llamarse «doctor» unos a otros, pero para los legos en la materia, sus explicaciones carecían de verosimilitud. «Las sales, los sulfuros y los mercurios, los ácidos y los álcalis son principios que pueden facilitar las cosas únicamente a los que viven al lado de horno.» En otras palabras, si algo no se puede explicar en un lenguaje sencillo, dijo Smith, es probable que no sea correcto.

La serie de tres conferencias tuvo mucho éxito y Smith fue llamado a la Universidad de Glasgow en 1751 para ocupar la cátedra de lógica. Eso lo convirtió en el primer economista académico de la historia. En esto también inició un hábito en el campo de la economía. Su primera obra, una meditación sobre el temperamento humano que tituló *La teoría de los sentimientos morales* (*The Theory of Moral Sentiments*), se publicó ocho años más tarde. Hoy en día, diríamos que es un manual de psicología (su primera frase permite hacerse una buena idea de su autor: «Por muy egoísta que se suponga que es un hombre, hay ciertamente algunos principios en su naturaleza que lo llevan a interesarse por la suerte de otros y a hacer de su felicidad algo necesario para él, aunque de ello no obtenga nada, salvo el placer de contemplarla»; más adelante añade: «La mayor parte de la felicidad humana se deriva de la conciencia de ser amado»). Sin embargo, incluso en Glasgow, la docencia no hizo sino reforzar lo que había descubierto en Oxford sobre la tendencia de los profesores contratados con carácter permanente a apoltronarse, por lo que cuando el duque de Buccleuch le ofreció el doble de su sueldo de profesor si aceptaba ser su tutor y vivir en Francia, Smith asintió en el acto. Y en 1764, en Toulouse, comenzó a escribir un segundo libro «para pasar el rato».

¡Y qué libro! *Investigación sobre la naturaleza y las causas de la riqueza de las naciones* (*An Inquiry into the Nature and Causes of the Wealth of Nations*) forma parte del puñado de obras clásicas de economía que aún hoy es realmente ameno. Tiene una extensión épica –950 páginas– y, sin embargo, si se es indulgente con una cierta majestuosidad de su lenguaje, por su estilo se parece tanto a una revista actual de economía como a un tratado de economía política del siglo XVIII. Comienza con una disquisición sobre las ventajas de la división del trabajo. Continúa con una historia del dinero, seguida de una exposición de las conocidas categorías del análisis económico: los precios, los salarios, los beneficios, el interés, la renta de la tierra. Y a continuación viene una larga digresión sobre el precio de la plata o, lo que hoy llamaríamos, una historia de la inflación. En el segundo libro hay un análisis de la contabilidad nacional y de la teoría de la acumulación de capital. (Hay, de hecho, en ese libro un primer modelo oculto de lo que los economistas han acabado llamando flujo circular, que es la circulación del dinero en un sentido y la circulación en el otro sentido de los bienes y los servicios, entre los distintos «factores de producción» –los terratenientes, los agricultores y los industriales–. Richard Cantillon, magnífico aventurero irlandés al que se atribuye haber calculado la primera verdadera contabilidad nacional, expuso claramente el concepto en los primeros años del siglo XVIII. El médico francés de la corte François Quesnay concibió cómo medirla al menos en teoría –y que se convirtiera en el tema de conversación de todo París en la década de 1760– con su *tableau économique*, diagrama en zigzag que tenía por objeto medir los flujos de renta entre los distintos sectores de la economía francesa. Ahora Smith integraba sin esfuerzo el concepto de contabilidad en su esquema. Hoy el flujo circular puede encontrarse explicado en el primer capítulo de cualquier libro de texto de introducción a la economía).

El tercer libro de *La riqueza...* contiene una fascinante historia de Europa desde la caída de Roma. El cuarto presenta un extenso ataque contra los intentos del gobierno de regular el comercio para lograr ciertos fines contra el «sistema mercantilista», como se conocía entonces. Smith se opone a esas doctrinas una y otra vez con argumentos a favor del libre comercio: es, en conjunto, el alegato a favor de la competencia, por contraposición a la «sabiduría del político», más convincente que jamás se haya escrito. Por último, hay un quinto libro que equivale a un manual de hacienda pública. Y todo esto expresado en una prosa tan bien pensada y equilibrada como el mecanismo de un buen reloj, con sagaces ideas y agudezas esparcidas por todo el libro. La obra fue bien recibida y celebrada en todo el mundo.

Y, sin embargo, el libro no es meramente una elegante obra maestra. Si sólo fuera eso, sería de la misma clase que *Historia de la decadencia y caída del Imperio Romano* (*Decline and Fall of the Roman Empire*) de Edward Gibbon, que también apareció en la lista del editor William Strahan ese otoño de 1776 y que se vendió mucho más que *La riqueza...* durante un tiempo. *Historia de la decadencia y caída del Imperio Romano* sigue leyéndose (aunque quizá se lean más sus notas a pie de página que el resto). Es un símbolo de cultura, que ha ejercido relativamente poca influencia en la historia del Imperio Romano tal como se entiende hoy.

En cambio, *La riqueza...* apenas es leída por los estudiantes. Cincuenta años más tarde había sido sustituida por el primero de una larga serie de libros de texto sobre los principios de economía. Otros cincuenta años después, el principal medio para modificar el dogma era la publicación de un artículo en una revista académica. Sin embargo, la influencia de *La riqueza de las naciones* en nuestra vida diaria es la misma que habría tenido si se hubiera convertido en ley; en efecto, el consenso universal al que se llegó en torno a su modelo implícito para analizar los mercados le ha dado rango de ley.

Eso quiere decir que *La riqueza...* posee las cualidades a las que desde que Thomas Kuhn publicó *La estructura de las revoluciones científicas* (*The Structure of Scientific Revolutions*) en 1962 se les ha dado colectivamente el nombre de paradigma, que es lo que tenemos antes de tener una teoría. Es decir, *La riqueza...* contiene «una colección de problemas, una caja de herramientas, una ordenación autorizada de los fenómenos que pretende explicar». El libro no tiene ni un solo gráfico, bastantes pocas cifras y ningún diagrama, pero su razonamiento es tan penetrante que lanzó una ciencia. Al igual que la *Física* (*Physica*) de Aristóteles, el *Almagesto* de Ptolomeo, los *Principios* (*Principia*) y la *Óptica* (*Opticks*) de Newton, el *Ensayo anatómico* (*De motu cordis*) de Harvey, la *Electricidad* (*Electricity*) de Franklin, la *Química*

(*Chimie*) de Lavoisier y la *Geología* (*Geology*) de Lyell y *El origen de las especies* (*On the Origin of Species*) de Darwin, *La riqueza de las naciones* enseñó a la humanidad a dar por sentados los fundamentos de su disciplina, a ver los mercados de una determinada manera.

Pero resulta que a través de unas lentes bifocales.

4 LA MANO INVISIBLE Y LA FÁBRICA DE ALFILERES

Pregúntesele a un economista de qué trata *La riqueza de las naciones* y probablemente responderá que de la «competencia». Pregúntesele de nuevo y se enterará de que la publicación del libro supuso el descubrimiento de «la mano invisible», es decir, de la gran interdependencia de precios y cantidades que conocemos hoy con el nombre de sistema de precios. Pero el libro también contiene otra profunda idea que tiene que ver con la relación entre la escala y la especialización, una idea que normalmente se pasa por alto y que es fundamental para nuestra historia.

No es sorprendente que una obra tan famosa contenga dos poderosas proposiciones. Lo sorprendente –y lo que requiere alguna explicación– es que la importancia de la segunda idea haya quedado eclipsada durante tanto tiempo, sobre todo si se tiene en cuenta que Smith consideraba que era tan fundamental que la colocó al principio del libro. El problema estriba en que las proposiciones parecen contradictorias. La mano invisible y la fábrica de alfileres: éstas son las lentes bifocales de Adam Smith.

Smith escribió *La riqueza...* con la idea de explicar la ascensión de Inglaterra a la supremacía mundial. Trató de identificar las medidas que fomentarían la prosperidad en lugar de retrasarla. Cien años antes, William Petty se había ocupado del milagro económico de las Tierras Bajas, Holanda y los Países Bajos (dos países distintos en aquella época), que parecían mucho más prósperas que Inglaterra. En 1723, año en que nació Smith, aún era legítimo preguntarse quiénes eran más ricos, si los ingleses o los holandeses. Pero en 1776 Inglaterra hacía tiempo que había sobrepasado a sus rivales y era la nación más rica y que más deprisa crecía de Europa.

En Inglaterra había carne y no sólo pan en la mesa de los peones. Había cubiertos y no sólo una cuchara. El reino insular se encontraba en plena expansión del consumo, el primero del mundo, dado que la república holandesa se había vuelto rica más que diversificada. En lo que se refiere a alfileres, té, calicó, vajillas o ropa de lana y zapatos de cuero, los ingleses comunes y corrientes eran los más ricos del mundo. «Todo presentaba una apariencia de […] abundancia», dijo un visitante ruso en la década de 1780. «Nada desde Dover hasta Londres me recordó la pobreza.»

No era, desde luego, el clima el que había hecho rica a Inglaterra, decía Smith, ni la calidad de su suelo ni la extensión de su territorio. En lo que a eso respecta, no tenía mucho de qué vanagloriarse. Tampoco se debía a que todos los ciudadanos ingleses trabajaran como hormigas en un trabajo «productivo», señalaba Smith, pues en los países pobres casi todo el mundo trabajaba, mientras que en los ricos –especialmente en Inglaterra– muchas personas no trabajaban. Smith expuso su tesis en la primera frase del libro: «La gran mejora de la capacidad productiva del trabajo y la mayor parte de la habilidad, la destreza y el juicio con que es dirigido o aplicado parece que han sido consecuencia de la división del trabajo».

Sobre este punto –que la especialización es la clave de la riqueza– Smith no podría haber sido más claro (o eso es al menos lo que cabría pensar).

La división del trabajo era omnipresente en Inglaterra, pero no siempre obvio. En algunas grandes empresas, los diferentes fabricantes de los componentes del producto final estaban diseminados por todo el mundo. Y así Smith comenzó su obra con uno de los ejemplos más famosos de la historia: una visita a una fábrica moderna de alfileres. En ella se podía ver todo el proceso bajo un mismo techo y su aritmética en la práctica. Un trabajador que no conociera el negocio de los alfileres, que no tuviera acceso a sus máquinas especiales, produciría con suerte un alfiler al día.

Pero en una fábrica moderna, cuenta Smith,

> Un hombre estira el alambre, otro lo endereza, un tercero lo corta, un cuarto hace la punta, un quinto lima el extremo para colocar la cabeza; para hacer la cabeza hay que realizar dos o tres operaciones distintas; colocarla es una tarea especial, esmaltar los alfileres es otra; incluso colocarlos en el papel es en sí mismo un oficio; y el importante trabajo de hacer un alfiler está dividido de esta manera en unas dieciocho operaciones distintas que, en algunas fábricas, son realizadas todas ellas por distintas manos, aunque en otras un mismo hombre a veces realiza dos o tres.

Smith calculaba que de esta forma diez o quince hombres podían hacer, entre todos, una enorme cantidad de alfileres: alrededor de doce libras al día. En una libra puede haber 4.000 alfileres, por lo que diez hombres pueden producir 48.000 alfileres al día, es decir, casi 5.000 cada uno. Cada dos semanas, un millón de alfileres.

No fuera a ser que el mundo se llenara rápidamente de alfileres, Smith introdujo un nuevo tema en el capítulo 2: una proposición sobre el mecanismo por el que se rige la división del trabajo. Es la disposición a comprar y a vender. «Nadie ha visto nunca a un perro hacer un intercambio justo y deliberado de un hueso por otro con otro perro», dice Smith, pero los seres humanos lo hacen continuamente. El deseo de mejorar nuestra situación es universal, un deseo que «nos acompaña desde el seno materno y no nos abandona nunca hasta la tumba». Esta interesada «propensión a permutar, trocar y cambiar» es la fuerza que hace que funcione el sistema. «No es la benevolencia del carnicero, el cervecero o el panadero la que nos procura el alimento sino la consideración de su propio interés. No apelamos a sus sentimientos humanitarios sino a su egoísmo y nunca les hablamos de nuestras propias necesidades sino de sus ganancias.»

¿Cómo vender entonces un millón de alfileres? Smith condensó hábilmente su respuesta en el título del capítulo 3: «La división del trabajo es limitada por la extensión del mercado». Eso significa que el grado en que uno puede especializarse depende de la cantidad de producción que pueda vender, de la *escala* de su negocio, ya que debe cubrir sus costes fijos (cualesquiera que sean éstos) y debe quedarle al menos algo.

Para Smith, esta cuestión de la escala —o de la extensión del mercado— estaba relacionada principalmente con los costes de transporte. Consideraba que la gente se repartía de forma más o menos uniforme por todo el territorio. En las Tierras Altas de Escocia, donde los pueblos eran pocos y estaban distanciados, «cada agricultor debe ser el carnicero, el panadero y el cervecero de su propia familia». Un hombre tendría que ir a una ciudad si quisiera ganarse la vida, por ejemplo, de mozo de cuerda. Ningún pueblo pequeño puede sostener una fábrica de alfileres y sólo en las ciudades muy grandes se puede encontrar esa nueva clase de ciudadanos «cuyo oficio no consiste en otra cosa que observarlo todo y que por esa razón a menudo son capaces de combinar los poderes de los objetos más distintos y diferentes», en otras palabras, los inventores. Así pues, la especialización es una cuestión de geografía: allí donde hay un río o un puerto, crece una ciudad. No puede haber mucho comercio de ninguna clase entre zonas distantes del mundo sin el mar. «¿Qué mercancías podrían soportar el coste del transporte por tierra entre Londres y Calcuta?»

Estos tres primeros capítulos y el plan del libro constituyen el núcleo de lo que hoy llamaríamos teoría del crecimiento. Se ha puesto mucho énfasis a lo largo de los años en la importancia de la descripción de la fábrica de alfileres. En realidad, Smith nunca fue a ver ninguna. Al parecer, basó su descripción en un artículo de una enciclopedia. No importa que Smith viajara mucho y que fuera un agudo observador allá donde iba. El hecho de que no gastara suela de zapato en este caso se ha mencionado a veces para desacreditarlo. Poner esos reparos es no entender nada.

Adam Smith tal vez recuerde mucho a Aristóteles, de verbo fluido y descriptivo, casi periodístico, que raras veces da una cifra y mucho menos una ecuación matemática. Pero lo recordamos precisamente porque rechazó convincentemente la tradición aristotélica de clasificar meramente los fenómenos en favor de la filosofía mecánica, que es la descripción de cómo y por qué interactúan los diversos elementos de un sistema. Tras esa elegante prosa, está suprimiendo continuamente los detalles que complican las cosas, construyendo y refinando sus modelos mentales. La división del trabajo está limitada por la extensión del mercado: la riqueza depende de la especialización y la especialización depende de la escala. Los países más grandes que tienen redes de transporte mejor desarrolladas poseen un grado mayor de especialización y, por lo tanto, son más ricos que los más pequeños que carecen de ríos y carreteras y los que tienen fácil acceso al mar son los que obtienen mejores resultados de todos. Ése es al final el mensaje de los tres primeros capítulos de *La riqueza de las naciones*. No es una argumentación tan rigurosa, por ejemplo, como la demostración de la circulación de la sangre que había hecho William Harvey 150 años antes, pero es igual de esclarecedora.

Acto seguido venía una «máquina imaginaria» aun más notable.

La riqueza de las naciones contiene a continuación una serie de detalles de intendencia. En el cuarto capítulo, Smith describe el papel del dinero y se extiende sobre su historia y su importancia. Las conchas, el bacalao, el tabaco y el azúcar desempeñaron en su día la función de dinero, dice; en un pueblo escocés, aún utilizan clavos de hierro. Pero generalmente se ha acabado prefiriendo las monedas a todas las demás posibilidades, aunque en algunos lugares están comenzando a utilizar billetes. En el capítulo 5 describe la existencia de un gran sistema de precios relativos (un castor por dos ciervos, etc.) y muestra la diferencia entre el precio real y el precio monetario («El precio real de todas las cosas [...] es el esfuerzo y la molestia necesarios para adquirirlas»). En el capítulo 6 enumera «las partes que componen el precio de las mercancías» que habían sido codificadas por Cantillon, a saber, la renta, los salarios y los beneficios; estas distinciones son los rendimientos de los tres conocidos factores de producción que eran la tierra, el trabajo y el capital (o «stock», como aún lo llama a veces Smith).[1]

---

[1] Como es tan importante para comprender lo que viene a continuación, merece la pena citar aquí extensamente el pasaje clave: «El producto anual total de la tierra y el trabajo de todos

Sólo en el capítulo 7 titulado «Del precio natural y del precio de mercado de las mercancías» hace Adam Smith por primera vez un esbozo de cómo encaja todo. Es aquí donde para la mayoría de las personas se hace la luz. En todos los mercados de todas las cosas, afirma, hay unos salarios, unos beneficios y unas rentas «naturales» regulados por la disposición de los compradores y de los vendedores a comerciar las diferentes cosas en diferentes proporciones. El precio de mercado se aleja a veces de este precio «natural»: puede haber una hambruna o un bloqueo o una abundancia repentina de naranjas. «Un luto nacional eleva el precio del color negro», dice. Pero o bien la causa de la perturbación es temporal, en cuyo caso el precio vuelve a bajar enseguida, o bien se pone en marcha una compleja concatenación de cambios. Si las naranjas son demasiado caras, los consumidores optan por las manzanas o se pasan sin ellas, los capitanes de barco importan más naranjas, los cultivadores de naranjas de Sevilla plantan más árboles y tarde o temprano el precio vuelve a su nivel natural.

Lo que hace que funcione el sistema es, por supuesto, la *competencia*. Lo único que es necesario para que funcione fluidamente es que todo el mundo pueda entrar y salir libremente del mercado y cambie de oficio tan a menudo como desee: «libertad absoluta», lo llama Smith. El egoísmo inteligente se hará cargo del resto. Cuando hay libre competencia, dice Smith (más adelante en el libro), «la rivalidad entre los competidores, que intentan por todos los medios desbancarse unos a otros, obliga a todos a intentar por todos los medios realizar su trabajo con un cierto grado de exactitud». La gente trata de vender lo que puede al precio más alto que soporte el mercado y comprar al más bajo y todo se equilibra de alguna manera con el paso del tiempo.

He aquí realmente la primera visión momentánea de lo que ha acabado queriendo decir desde entonces «pensar como un economista»: ver el mundo como un vasto sistema de mercados interdependientes y esencialmente autorregulados, en los que los precios constituyen un mecanismo automático de retroalimentación que coordina la asignación de los recursos –la tierra, el trabajo y el capital– a los distintos usos. La descripción de la competencia entre los compradores y los vendedores basada en pesos y contrapesos no es apenas más que una visión. Las palabras «oferta» y «demanda» casi no aparecen. Smith sólo emplea la palabra «equilibrio» una vez en todo el libro, aunque «balance» y «contrabalance» apa-

---

los países o, lo que es lo mismo, el precio total de ese producto anual, se divide naturalmente […] en tres partes: la renta de la tierra, los salarios del trabajo y los beneficios del capital; y constituye un ingreso para tres clases diferentes de personas: las que viven de las rentas, las que viven de los salarios y las que viven de los beneficios. Éstas son las tres grandes clases originales de toda sociedad civilizada de cuyo ingreso se deriva, en última instancia, el de todas las demás».

recen con bastante frecuencia. El concepto de equilibrio era, desde luego, familiar para los científicos y los profesionales; el agua buscaba su propio nivel; una palanca se estabilizaba sobre un pivote cuando los pesos eran iguales; Newton había demostrado el equilibrio de las fuerzas en el firmamento.

En ninguna parte del análisis de la competencia de Smith, hay un recurso retórico tan conciso como la fábrica de alfileres, con un mensaje tan sucinto que puede condensarse en el título de un capítulo, como si fuera un teorema que ya se ha demostrado. En lugar de eso, hay una extensa descripción verbal de un gran sistema regulado a través de una retroalimentación negativa y, desde luego, de una evocadora metáfora: «una mano invisible». La expresión sólo aparece una vez en el libro y, cuando aparece, es casi como una idea que se le ocurre en el último momento, a mitad del texto.

Algunas personas han llegado a la conclusión de que el equilibrio basado en pesos y contrapesos está muy relacionado con la gravitación newtoniana, que no es «nada más» que un principio mecánico aplicado a los asuntos humanos. Y es cierto que el propio Smith a veces equiparó la fuerza del egoísmo con el principio de la gravedad. Entre las ecuaciones que utilizan hoy los economistas para describir el «centro de reposo y estabilidad» hay algunas formuladas originalmente por Sir William Rowan Hamilton en 1843 para describir la manera en que el sol, los planetas y la luna ejercen fuerza entre sí de manera que hacen que el sistema solar sea un todo estable y perfectamente entendido. Sin embargo, la idea del contrapeso y la retroalimentación negativa seguramente es independiente de las circunstancias en las que se describe. El resto de la metáfora celestial hacía tiempo que se había quedado atrás. La descripción verbal de Smith evocaba un modelo mental de asombrosa generalidad.

Smith dejó para otros el desarrollo de una gran parte de su teoría: la interdependencia de todos los precios y las cantidades que hoy llamamos equilibrio general; el valor subjetivo y la importancia de la sustitución «en el margen» (el punto de decisión en el que se prefieren las manzanas a las naranjas). No llegó a formular el concepto fundamental de coste de oportunidad: «o eso o lo otro, no se pueden tener las dos cosas a la vez». Los distintos supuestos se han identificado y desarrollado. Supongamos que todo hombre lleva dentro un escocés (como dijo más tarde Walter Bagehot, famoso director de la revista londinense *Economist*) y dejemos que entren en juego las fuerzas compensatorias. Sin embargo, todos estos conceptos están implícitos en el capítulo 7. Los estudiosos dicen que muchos de estos mismos elementos pueden encontrarse en la obra de Sir James Steuart, que publicó un extenso tratado nueve años antes de *La riqueza...* Pero ¿quién se acuerda hoy de James Steuart? Fue por haber descrito el principio conector de la retroalimentación negativa por lo que Adam Smith se hizo famoso. Aunque Adam Smith no empleara el lenguaje matemático, sí colocó a la economía en la senda de la abstracción y del desarrollo de modelos.

Smith fue quien primero reconoció que puede haber muchas imperfecciones en el proceso competitivo. Las menciona inmediatamente. Los comerciantes deben tener libertad para cambiar de actividad tan a menudo como quieran para que el sistema funcione perfectamente, y a menudo no cambian. Los secretos pueden mantener los precios artificialmente altos; los secretos duran más en la industria que en el comercio. Algunas ventajas geográficas –por ejemplo, las que disfrutan los viñedos de Burdeos– pueden mantener los precios por encima de los niveles naturales durante siglos. Los monopolios oficiales, las licencias, los sindicatos, las reglamentaciones de todo tipo también elevan los precios artificialmente y los mantienen altos al menos durante un tiempo. Pero difícilmente puede ofrecerse una mercancía durante mucho tiempo a un precio inferior a su precio natural, dice Smith. Puede existir todo tipo de interesantes desviaciones de la norma, pero son secundarias a la gran interdependencia del todo. El precio natural es «el precio central en torno al cual gravitan continuamente los precios de todas las mercancías [...] [C]ualesquiera que sean los obstáculos que les impidan asentarse en este centro de reposo y estabilidad, tienden constantemente hacia él».

El «sistema de absoluta libertad» de Smith tiene una enorme importancia política. Los mercados así entendidos se autorregulan en su mayor parte; de ahí la doctrina de «dejad hacer», de *laissez faire*. La especialización crecerá constantemente, «no como consecuencia de la sabiduría humana, que prevé y procura la riqueza a la que da lugar» sino, más bien, como consecuencia de multitud de pequeñas actividades de individuos, inventores, aventureros y empresarios interesados, que normalmente compiten entre sí. De ahí la gran metáfora: «En la medida en que todo individuo procura, pues, por todos los medios [...] invertir su capital [...] de manera que su producto sea del máximo valor [...] Generalmente ni intenta promover el interés público ni sabe en qué medida lo promueve [...] Únicamente busca su propio beneficio y [...] es conducido por una mano invisible a promover un fin que no entraba en sus intenciones [...] Al perseguir su propio interés, a menudo promueve el de la sociedad más eficazmente que cuando pretende realmente promoverlo».

Smith no tenía una visión simplona de los empresarios. Comprendía mejor que la mayoría que hay continuos intentos de interferir en el libre juego del mercado. «La gente del mismo gremio raras veces se reúne, pero la conversación termina en una conspiración contra el público o en un acuerdo para subir los precios.» La colusión puede conseguirlo durante un tiempo. En estas situaciones, el gobierno tiene la responsabilidad de intervenir.

Pero el filósofo escocés reservó el mayor de sus desprecios para los frecuentes intentos de los gobiernos de sustituir las fuerzas de mercado por la mano del hombre. Su larga experiencia con políticos, miembros de la realeza y profesores de Oxford había alimentado un persistente escepticismo sobre las buenas intenciones de las vacas sagradas. «En el gran tablero de ajedrez de la sociedad humana, todas las piezas tienen un principio motriz propio totalmente independiente del que el poder legislativo pueda decidir», dice en *Los sentimientos morales*. Los elementos más necesarios para un rápido crecimiento económico son (tal como los expuso Smith cuando era joven) «la paz, unos impuestos bajos y una administración tolerable de la justicia». Podemos pensar, pues, que Adam Smith fue un defensor a ultranza del consumidor, un vigilante perro guardián que protegía de los empresarios y de los burócratas que, era de suponer, conspiraban habitualmente (y a veces con éxito) contra el interés público. *La riqueza de las naciones* se publicó en 1776, el mismo año de la Declaración de la Independencia de Estados Unidos. Tuvo un enorme éxito. Nada menos que Gibbon dijo de Smith que era un filósofo que «para su propia gloria y en beneficio de la humanidad había iluminado al mundo con el tratado más profundo y sistemático sobre los grandes temas del comercio y la renta jamás publicado en ninguna época o en ningún país».

Los años posteriores de Smith fueron gratos en general. Fue recompensado con el nombramiento de inspector de aduanas de Escocia, de la misma manera que Sir Isaac Newton había sido nombrado director de la casa de la moneda de Londres. Vivía en Edimburgo con su anciana madre, veía a sus amigos, revisaba su gran obra y se interesaba vivamente por las luchas de las colonias americanas contra la corona. Al final de La riqueza de las naciones había dicho: «Prohibir a muchas personas [...] sacar el mayor rendimiento posible de todo lo que producen o invertir su capital y su laboriosidad de la forma que estimen más ventajosa para ellas es una violación flagrante de los derechos más sagrados de la humanidad».

¿Qué problema hay entonces? Hay uno y, aunque a primera vista parece bastante inocuo, resulta que ha planteado un enorme reto a los economistas posteriores a Smith. Volvamos a la fábrica de alfileres, aquella cuya división del trabajo está limitada por la extensión del mercado.

Supongamos que el fabricante de alfileres entra pronto en el mercado, se expande, se especializa en la fabricación de alfileres invirtiendo en nuevo equipo y en I+D para la producción de alfileres. Desarrolla un acero mejor, un empaquetado más atractivo, unos canales de distribución más eficientes. Cuanto mayor es su mercado, mayor es la especialización que puede permitirse. Sustituye a los trabajadores por máquinas. Cuanto mayor es la especialización, más eficiente es su producción y más bajo es el precio al que puede vender sus alfileres. Cuanto más bajo es el precio, más alfileres vende y cuantos más vende, mayores son sus beneficios: obtiene un rendimiento mayor por el mismo esfuerzo; de ahí los rendimientos crecientes de escala. El análisis económico de la fábrica de alfileres parece indicar que gracias a las ventajas de los costes decrecientes, quien entra primero en el mercado expulsa al resto del negocio de los alfileres. ¿Significa eso que la gran empresa es el resultado natural? ¿Que los monopolios son inevitables? ¿Que son deseables? Si las economías de escala son tan importantes, ¿cómo se las arreglan las pequeñas empresas para existir? ¿Cómo conseguimos el tipo de competencia esencial para la mano invisible? Estas preguntas, que parecen tan acuciantes hoy, no se exploran en La riqueza de las naciones.

El problema estriba en que los dos teoremas fundamentales de Adam Smith llevan por caminos muy diferentes y, en última instancia, contradictorios. La fábrica de los alfileres se refiere a los costes decrecientes y los rendimientos *crecientes*. La mano invisible se refiere a los costes crecientes y los rendimientos *decrecientes*. ¿Cuál es el principio más importante? Cuando Paul Romer releyó la literatura, observó que uno de sus maestros había visto con absoluta claridad el dilema cuando era joven. En 1951, George Stigler había escrito lo siguiente: «O bien la división del trabajo está limitada por la extensión del mercado y los sectores industriales son monopolios; o bien los sectores industriales son competitivos, y el teorema de la [mano invisible] es falso o tiene escasa importancia». Según Stigler, las dos cosas no pueden ser ciertas a la vez.

Éstas son las lentes bifocales de Adam Smith. Por una de ellas, la especialización (como en la fábrica de los alfileres) lleva a la tendencia que llamamos monopolización. Los ricos se hacen más ricos; el que gana se lo lleva todo; y el mundo obtiene alfileres, aunque quizá no los suficientes para satisfacer sus necesidades. Por la otra, predomina la situación que llamamos «competencia perfecta». La mano invisible reina en el sector de producción de alfileres (y en todos los demás). Ningún fabricante es capaz de ganar al resto. Tan pronto como uno sube sus precios, otro vende más barato y el precio retorna a su nivel «natural». Hay exactamente la cantidad de alfileres que la gente está dispuesta a comprar.

Nadie percibió la contradicción en esa época. Pero entonces sólo se trataba de alfileres.

5   DE DÓNDE PROVIENE EL NOMBRE DE CIENCIA LÚGUBRE

La riqueza de las naciones apareció en 1776, al comienzo mismo de la cascada de acontecimientos que hoy llamamos revolución industrial. Adam Smith escribió mucho sobre los desórdenes que culminarían en la Guerra de la Independencia de Estados Unidos. Pero sobre la serie de inventos que estaban empezando a transformar la vida inglesa, parece que no dijo casi nada.

Los telares hidráulicos no aparecen en *La riqueza*... Tampoco las máquinas de vapor, el alumbrado de gas y ni siquiera la revolución de la comercialización y la producción en serie de vajillas de porcelana de Josiah Wedgwood, a pesar de que éste era un buen amigo de Smith. Muchos historiadores económicos han llegado, pues, a la conclusión de que a pesar del énfasis de Adam Smith en la fábrica de alfileres, no vio las causas y las consecuencias de la industrialización.

Sin embargo, en 1815 había por todas partes pruebas de esta transformación. Durante la década de 1790 existía la obsesión por construir canales, que había tenido sus altibajos. Ahora las carreteras conectaban las ciudades inglesas. El algodón se hilaba en fábricas urbanas. Tal era la demanda de lana que se cercaron inmensas extensiones de terreno y los campesinos dejaron de cultivar sus tierras para hacer sitio a las ovejas. Las fundiciones de acero y los hornos de carbón escupían llamas por doquier. Habían surgido los contornos del sistema fabril. Como dijo más tarde el historiador inglés T. S. Ashton, «los cañones de las chimeneas se elevaron por encima de los antiguos chapiteles».

Así pues, cuando la siguiente generación de economistas acometió la tarea de «corregir los errores» de Smith, fue imposible que pasara por alto los efectos de las numerosas tecnologías nuevas, sobre todo teniendo en cuenta la ventaja que les daba el análisis de la fábrica de alfileres de Smith.

O eso es al menos lo que cabría esperar. Lo que ocurrió a continuación es la clave de toda la historia.

La década de 1790 fue una mala época para los optimistas. Smith murió en 1790, pensando aún que la caída de la Bastilla era una señal esperanzadora. Pero la revolución francesa se desbordó, desencadenando una batalla entre Inglaterra y Francia que iba a durar un cuarto de siglo. Sus escaramuzas se extendieron hasta los últimos confines de la tierra. En Inglaterra, el entusiasmo que había despertado la economía política decayó. En los círculos gobernantes llegó a considerarse que las ideas de Adam Smith subvertían peligrosamente el orden establecido.

La guerra trajo privación y la privación trajo malestar social. Las guerras de Inglaterra con Francia comenzaron en 1792 y continuaron casi ininterrumpidamente hasta 1799, año en que Napoleón llegó al poder. Éste produjo su propia revolución, al menos en comparación con el resto de Europa. Los campos de batalla se extendían ya desde Egipto y Siria hasta Suiza, Italia y Holanda. Napoleón los expandió. En 1803, estaba preparándose para invadir Inglaterra con un ejército de 100.000 soldados franceses. Repelido por la marina británica, poco a poco puso su mira en Rusia.

Mientras tanto, la población inglesa había comenzado a crecer misteriosamente. Tras casi doscientos años de relativa estabilidad, se duplicó alcanzando, según las estimaciones, la cifra de diez millones de personas en los veinte años comprendidos entre 1780 y 1800 y provocando nuevos tipos de crisis. Una nación que siempre se había bastado sola para alimentarse se convirtió en importadora de cereales. Los precios del pan se dispararon hasta niveles insólitos. A continuación, se prohibió la importación de cereales para garantizar a los agricultores británicos los elevados precios necesarios para dedicar más tierras a la labranza. La pobreza y la miseria aumentaron espectacularmente, sobre todo en las populosas ciudades. Había motines y disturbios y llamadas a la revolución. La crisis militar provocó un pánico financiero o, más bien, una serie de pánicos.

En 1800, no había aparecido ningún gran tratado de economía en el cuarto de siglo transcurrido desde que Smith dejó la pluma. Había, sin embargo, multitud de analistas de las ideas de Smith a ambos lados del Canal de la Mancha. Hoy los llamaríamos filósofos políticos, eruditos y divulgadores. Eran desde hombres pragmáticos como Benjamín Franklin y Edmund Burke hasta reformistas como William Godwin, cuyos escritos sobre los males del Estado y la perfectibilidad del hombre tuvieron muchos seguidores en Inglaterra. Ninguno fue más optimista que el Marqués de Condorcet (1743–1794), destacado matemático y filósofo francés que había entrado en la política y se había convertido en presidente de la asamblea legislativa durante las primeras fases de la revolución francesa.

Condorcet era un analista riguroso, pero la revolución estaba alcanzando su fase de terror y se le estaba agotando el tiempo. Expuso sus ideas en un libro escrito a toda prisa y titulado *Esbozo para un cuadro histórico de los progresos del espíritu humano* (*Esquisse d'un tableau historique des progrès de l'esprit humaine*). Era muy consciente de que la población de Francia y la de Inglaterra estaban creciendo rápidamente, pero eso no le preocupaba especialmente. Hizo hincapié en la capacidad de transformación de la ciencia. «No sólo se mantendrá a más personas con la misma cantidad de tierra –afirma– sino que, además, todo el mundo tendrá que trabajar menos, producirá más y satisfará más plenamente sus deseos.» Aumentará incluso la esperanza de vida. El crecimiento de la población, sostenía, no tardaría mucho en disminuir con el aumento de la riqueza.

Pero esas alentadoras afirmaciones sobre la tendencia a progresar cayeron en saco roto. No contribuyó a ello el hecho de que Condorcet, poco después de terminar su panegírico al progreso científico, fuera asesinado por los revolucionarios en Francia, envenenado en su celda. Incluso el propio Adam Smith fue puesto en tela de juicio con el tiempo. Cuando Napoleón fue derrotado finalmente en Waterloo en 1815, casi la mitad de los habitantes de Inglaterra y de Europa no había conocido nunca la paz y la mayoría había padecido hambre y enfermedades.

Fue en estas circunstancias que David Ricardo y T. R. Malthus se convirtieron en destacados y sobrios analistas del cambio de la situación, en contacto con las tendencias más tenebrosas de la historia.

Malthus fue el que contó la historia más sencilla, al menos al principio, y fue el primero en comenzar. Nacido en 1766, tenía diez años cuando se publicó La riqueza de las naciones. Sus ideas se formaron en los desayunos con su acomodado padre en los que discutían sobre el alentador optimismo de Godwin y Condorcet, con los cuales su padre estaba de acuerdo. Ya en 1798 imprimió el tono al debate con su primera obra publicada: *Ensayo sobre el principio de la población tal como afecta a la futura mejora de la sociedad, con observaciones sobre las especulaciones* (*An Essay on the Principle of Population, As It Affects the Future Improvement of Society, with Remarks on the Speculations*) de Godwin, Condorcet y otros autores.

El año en el que se publicaron estas opiniones Inglaterra estaba atravesando un periodo de malestar social que bordeó el pánico. El cercado de las tierras de propiedad privada estaba acelerándose en el campo, los campesinos estaban dejando de cultivar sus tierras para hacer sitio a las ovejas. La ciudad de Londres, en la que habitaban 200.000 personas en tiempos de Shakespeare, tenía 900.000 habitantes en 1800. La mayoría de los nuevos residentes eran terriblemente pobres.

No es de extrañar, pues, que Malthus reaccionara con un hiriente desprecio a los diversos divulgadores de las doctrinas de Adam Smith. Con el *Ensayo...*, Malthus se distanció radicalmente del simple periodismo (se había licenciado unos años antes en matemáticas en la Universidad de Cambridge con las máximas calificaciones). Su argumento central, del que depende el resto, se expone en una famosa tabla que compara la tasa de crecimiento geométrica con la aritmética.

Para que su lógica sea inevitable sólo se necesitan dos poderosos supuestos, dice: en primer lugar, «que la pasión entre los sexos es necesaria»; en segundo lugar, que la fecundidad «seguirá siendo casi como hoy», independientemente de que cambie lo demás (Condorcet y muchos de los demás discípulos de Smith habían predicho que la tasa de natalidad disminuiría conforme aumentara la riqueza).

Año	1	25	50	75	100	125	150	175	200	225
Población	1	2	4	8	16	32	64	128	256	512
Existencias de alimentos	1	2	3	4	5	6	7	8	9	10

Éste es el modelo básico de Malthus. Sus consecuencias son tan contundentes como el cálculo elemental de William Harvey de la cantidad de sangre bombeada en una hora. Basándose en su lógica, «la capacidad de la población» sería rápidamente mayor que «la capacidad de la tierra para producir alimentos para el hombre»; así, sin condiciones, añadidos o peros. Creía firmemente en la inutilidad de toda reforma. «Ninguna supuesta igualdad, ninguna reglamentación agraria, por muy radical que sea» podrían evitar la catástrofe, ni siquiera retrasarla cien años. La agradable visión de Condorcet de una sociedad en la que todos sus miembros tenían comida y tiempo de sobra era una imposibilidad lógica. Malthus añadió unos años más tarde muchos matices en la segunda edición de su *Ensayo...*, pero mantuvo el énfasis en la la importancia de la carga biológica. Se convirtió en Malthus, *el de la Población*, el padre de la demografía.

Y aunque moderó algo sus ideas durante los años siguientes, nunca dejó de despreciar a los que creían que era posible mejorar la situación social. «Un escritor podrá decirme que cree que el hombre puede acabar convirtiéndose en un avestruz –escribe–. Pero antes de pretender convencer de su opinión a cualquier persona razonable, tendrá que demostrar que el cuello de los hombres se ha alargado gradualmente; que sus labios se han endurecido y se han vuelto más prominentes; que sus piernas y sus pies están cambiando día a día de forma; y que su pelo está comenzando a transformarse en plumas.»

David Ricardo abordó el tema aproximadamente en la misma época, pero desde un ángulo diferente, desde la perspectiva de la política bancaria y la financiación de las guerras. Sus progenitores, judíos sefardíes, habían sido expulsados de España a finales del siglo xv, se habían trasladado primero a Italia, después a los Países Bajos y finalmente a Inglaterra a mediados del siglo xviii, no mucho antes de que él naciera en 1772. Siguiendo los pasos de su padre, Ricardo se ganó la vida como corredor de bolsa y, más tarde, como operador en el mercado de títulos del Estado. Y en 1798, año en que Malthus publicó su *Ensayo...*, se llevó a su mujer y a sus hijos a Bath para recuperarse de la muerte de otro hijo. Allí sacó en préstamo un ejemplar de La riqueza de las naciones en una biblioteca. A medida que lo leía con un entusiasmo cada vez mayor, también fue convenciéndose de que el optimismo de Smith acabaría resultando infundado.

Mientras que Malthus había centrado la atención principalmente en la explosión demográfica, Ricardo se fijó en un aspecto diferente del conflicto. Viendo trepar los trigales por las colinas, Ricardo llegó a la conclusión de que el verdadero problema tenía que ser el permanente conflicto entre las tres clases económicas que había identificado Adam Smith: la tierra, el trabajo y el capital. No eran los agricultores los que se harían ricos, ya que dedicarían a la labranza tierras cada vez peores. Entregarían todos sus beneficios en forma de salarios a los trabajadores. Éstos gastarían, a su vez, todo lo que ganaran en alimentos. Los únicos que se enriquecerían serían los terratenientes. La sociedad acabaría estancándose.

Poco después escribió la primera de una serie de cartas a un periódico sobre las causas de la inflación en tiempos de guerra. James Mill le presentó a Malthus y los dos se hicieron miembros de un grupo que se reunía periódicamente en Londres para hablar de cuestiones económicas.

Ricardo y Malthus habían descubierto el principio de los rendimientos decrecientes, la idea de que hay un momento a partir del cual cada incremento del esfuerzo genera una producción menor. El primer saco de fertilizante aumenta mucho el rendimiento, pero el décimo lo único que hace es quemar la cosecha. Lo mismo ocurre con la simiente o con el agua o con el tiempo que se dedica a quitar las malas hierbas. Hay un momento a partir del cual no es posible obtener más alargando una hora la jornada laboral o poniendo a otro trabajador a trabajar el campo o añadiendo otra fila de semillas u otra herramienta u otra dosis de abono.

Recuérdese que la agricultura y la minería eran las actividades económicas predominantes en aquella época. Era una gran idea. El impulso para aplicarla universalmente era aún mayor. Tenía un enorme atractivo intuitivo. Los dos hombres creían que la humanidad siempre se toparía con sus límites y se quedaría sin comida, según Malthus, y sin tierra para producir alimentos, según Ricardo. De cualquiera de las dos formas, la principal tendencia de la historia de la humanidad sería la caída de la mayor parte de la especie humana en la pobreza, caída de la que no habría escapatoria posible.

Ricardo era muy consciente de la existencia de una nueva y ascendente clase de capitalistas industriales. Se dio cuenta de que esta clase estaba peleándose con los terratenientes y los trabajadores por abrirse paso. Pero estaba cada vez más convencido de que la industrialización sería un fenómeno efímero. La tasa de beneficios de las industrias manufactureras tenía que seguir la tendencia de la tasa de beneficios de la agricultura. La revolución en ciernes de los bienes industriales se extinguiría porque nadie estaría dispuesto a invertir en productos para los que no habría mercado. La acumulación cesaría. Este estado de cosas, en el que la producción agrícola llegaba a su máximo y la evolución económica tocaba techo iba a conocerse con el nombre de estado estacionario. Para Ricardo, no se podía evitar, sólo retrasar.

En 1813, Malthus y Ricardo mantuvieron correspondencia acerca de las consecuencias de los elevados aranceles sobre los cereales importados que tenían por objeto proteger los beneficios de los agricultores ingleses y permitir a la isla seguir autoabasteciéndose. Malthus creía que la protección era necesaria, incluso deseable, para el mantenimiento de las instituciones inglesas. Ricardo defendía el libre comercio porque creía que podía retrasar algo más lo inevitable, lo suficiente, quizá, para que sus nietos vivieran antes de que llegara el desastre. Los dos pensadores se hicieron amigos, rivales, cada uno de ellos comentarista de los trabajos del otro. Cuando acabaron las guerras, publicaron tratados rivales de economía política, Ricardo en 1817 y Malthus cuatro años más tarde.

Fue la obra de Ricardo la que se convirtió en el primer verdadero libro de texto de economía en el sentido moderno.

Principios de economía política y tributación (*Principles of Political Economy and Taxation*) se diferencia, ya desde la primera frase, de La riqueza de las naciones. Mientras que Smith había tratado de explicar el *crecimiento* de la riqueza, Ricardo decía que la tarea del economista debía ser explicar su *distribución* entre las tres grandes clases de la sociedad: los trabajadores, los capitalistas y los terratenientes. En su obra aparecen algunas frases como «la ciencia de la economía política» y «las leyes de la economía política», pero no en la de Smith.

Por lo demás, la arquitectura del libro es muy parecida a la de La riqueza de las naciones. Como ha señalado el historiador del pensamiento Denis P. O'Brien, Ricardo utilizó sorprendentemente muy pocas fuentes, aparte de Smith; su estilo natural era la crítica. El análisis de la fábrica de alfileres de Smith se reduce a una sola línea en el capítulo dedicado a los salarios, y es para desecharlo. Es cierto que los precios de los bienes manufacturados tienden a bajar, dice Ricardo, porque los conocimientos son cada vez mayores.[1] A continuación añade que no importa, ya que los precios de los alimentos y del trabajo están subiendo.

La esencia del método de Ricardo era imaginar que toda la economía era como una gigantesca explotación agrícola que producía un único producto –«trigo», que significa cualquier tipo de producto agrícola– con trabajo y tierra. Se suponía que no existía nada más, ni siquiera la fábrica de alfileres. La idea era identificar las relaciones entre unos cuantos agregados económicos y llegar a conclusiones generales. Por ejemplo,

> Así pues, tomando la imperfecta base anterior como punto de partida de mis cálculos, parece que cuando el trigo estuviera a 20 £ por arroba, todos los ingresos netos del país pertenecerían a los terratenientes, pues en ese caso para producir 36 arrobas sería necesaria la misma cantidad de trabajo que era necesaria para producir 180, puesto que 20 £ : 4 £ = 180 : 36. En ese caso, el agricultor que produjera 180 arrobas (si hubiera alguno, pues el capital nuevo y el antiguo empleados en la tierra estarían tan unidos que no se podrían distinguir) vendería las

	180	arrobas a 20 £ cada una, o sea, …..	3.600 £
el valor de	144	{ arrobas pagadas al terrateniente en concepto de renta sería la diferencia entre 36 y 180 arrobas }	2.880
	36 arrobas		720
el valor de	36 arrobas para diez agricultores……		720 £

> por lo que no quedaría nada para beneficios.

«Si…, entonces…»: las escuetas cadenas de razonamiento de Ricardo se reconocen fácilmente hoy como un primer modelo económico. Los economistas los han llamado desde entonces «modelos del trigo». «Mi objetivo ha sido simplificar la cuestión», decía. Sus silogismos convencieron mucho más que el «principio de la población» de Malthus en los círculos profesionales, a pesar de que su amigo era mucho más conocido para el público inglés por el nombre de Malthus,

---

[1] «El precio natural de todas las mercancías, salvo los productos agrícolas y el trabajo, tiene tendencia a bajar, conforme aumentan la riqueza y la población, pues aunque, por una parte, su valor real aumenta debido a la subida del precio natural de la materia prima de la que están hechos, este aumento viene contrarrestado con creces por las mejoras de la maquinaria, de la división y la distribución del trabajo y por el aumento de la destreza, tanto científica como manual, de los productores.»

el de la Población. Los modelos del trigo eran fáciles de calcular y, por lo tanto, inmejorables para la discusión; un gran avance con respecto a las «máquinas imaginarias» de Smith, en el sentido de que sus magnitudes podían medirse y contrastarse con el mundo real. Parecía que contenían todas las variables relevantes, y estaban pensados para predecir expresamente el futuro rumbo de los acontecimientos, no sólo para ilustrar sus tendencias.

Ricardo y Malthus –o al menos sus seguidores más entusiastas– se sintieron como si se hubieran vislumbrado las leyes newtonianas. «Confieso que todas estas verdades me parecen tan demostrables como cualquier verdad de la geometría y lo único que me asombra es haber tardado tanto en verlas», escribe Ricardo a un amigo. Según Malthus, el cálculo diferencial demostraría ser una herramienta indispensable, pues en los problemas económicos siempre hay «un punto en el que un determinado efecto es máximo, mientras que en cualquiera de los dos lados de ese punto disminuye gradualmente», que es precisamente el fin para el que se había inventado el cálculo diferencial.

Los nuevos modelos produjeron ideas que no eran obvias intuitivamente. La más evidente se encontraba en la teoría del comercio exterior. El principio de la ventaja comparativa sostenía que a las naciones les valía la pena aprovechar al máximo sus condiciones geográficas y climatológicas específicas por medio de la especialización y el comercio. Hubo interminables discusiones sobre el vino y la lana. Los economistas siempre ganaban.

Este deseo de precisión y certeza era coherente con el clima reinante a principios del siglo XIX. Esa certeza no había formado parte de las ambiciones de Smith. Una de las cosas que hace de La riqueza de las naciones una obra maestra es que tolera un cierto grado de ambigüedad: por ejemplo, el conflicto entre la mano invisible y la fábrica de alfileres o la sensación de que, gracias a la ciencia, el crecimiento no se topaba con unos límites lógicos fijos. Pero Ricardo tenía amigos que hacían geología en Escocia y química en París. Malthus había estudiado matemáticas. El enfoque literario no era para ellos. En un momento dado, Ricardo le escribe a su amigo diciéndole:

> La economía política en la que usted piensa es una investigación de la naturaleza y las causas de la riqueza: yo creo que debería llamarse una investigación de las leyes que determinan la división del producto de la industria entre las clases que concurren en su formación. No es posible formular ninguna ley que respete las cantidades, pero es posible formular una ley razonablemente correcta que respete las proporciones. Cada día estoy más satisfecho de que la primera investigación sea vana y escurridiza y de que la segunda sea el único verdadero objeto de la ciencia.

Las ventajas de la abstracción eran reales. Pero los primeros economistas pagaron un alto precio por la fuerza de sus nuevas convicciones sobre los rendimientos decrecientes.

Los legos en la materia se quejaban de que Ricardo y sus seguidores no parecían sentir la necesidad de verificar sus premisas, de que para ellos era suficiente la coherencia interna de sus razonamientos; de que dejaban simplemente de lado los hechos incómodos. Las conclusiones lógicas a partir de premisas verosímiles se consideraban correctas, independientemente de lo que dijeran los datos. Esta tendencia a la certeza prematura iba a calificarse más tarde de vicio ricardiano. Pero a pesar de lo justificadas que estaban esas críticas, a menudo no entendían una cuestión más profunda: la intensa satisfacción que causa la coherencia interna, la sensación de que esos métodos formales eran el camino que llevaba al futuro.

En esos años surgieron asociaciones profesionales por todas partes. Los botánicos formaron una en 1788, los cirujanos otra en 1800, los geólogos otra en 1820, los astrónomos otra en 1820, los estadísticos otra en 1834. Los nuevos «eruditos» de la economía gozaban de un gran apoyo de la opinión pública. En 1821, se organizó en Londres un club de economía política con la aspiración de convertirse en sociedad científica.[2] En 1825, se creó en Oxford la primera cátedra universitaria de economía.

A ello le siguió un aluvión de libros, folletos y artículos de revista. El entusiasmo se extendió a la sociedad culta. Maria Edgeworth, conocida novelista, le decía a su hermana en una carta: «ahora está de moda entre las damas pseudointelectuales hablar de economía política». Al terminar la guerra, Ricardo había amasado una cómoda fortuna. En 1819, entró en la política como «*el* representante de *la* ciencia».

Casi como si fuera algo que se le hubiera ocurrido más tarde, Ricardo añadió un capítulo sobre la maquinaria a la tercera edición de sus *Principios...* de 1823. Es un capítulo equívoco y confuso. Las mejoras de la tecnología y de la agricultura pueden frenar durante un tiempo la «gravitación» de los beneficios hacia el estado estacionario, dice. Pero cualquier tendencia hacia unos costes decrecientes será limitada y débil. Lo único que harán los nuevos inventos será aumentar la población. Cualquier mejora del nivel de vida de la gente ordinaria será, en el mejor de los casos, temporal. «La opinión de las clases trabajadoras de que el empleo de maqui-

---

[2] Desde la primera reunión, se consideró que Malthus estaba en un error. El artículo que presentó en ese acto se titulaba «¿Puede haber una superabundancia general de mercancías?» («Can There Be a General Glut of Commodities?») Su respuesta –¡Sí!– se consideró incorrecta y se rechazó.

naria es perjudicial para sus intereses no se basa en prejuicios o errores sino que es acorde con los principios correctos de la economía política...»

Un amigo que tenía en el Parlamento se preguntaba de qué planeta había llegado Ricardo recientemente.

Tan poderosa era la lógica de los nuevos instrumentos –el modelo del trigo de Ricardo, la tabla de Malthus que comparaba la tasa de crecimiento geométrica con la aritmética– que los economistas perdieron el interés por las tendencias que podían compensar estos efectos, a pesar de las pruebas que había por doquier. Lo que no podían describir fácilmente por medio de sus nuevas demostraciones casi geométricas, ahora lo dejaban deliberadamente de lado. Es decir, lo consideraban «exógeno», aunque a comienzos del siglo XIX no eligieron exactamente esta palabra para describir la curiosa retracción que experimentó entonces el ámbito de la disciplina.

Por extraño que parezca, el tema de la especialización desapareció simplemente de la economía con la llegada de Ricardo y Malthus, a pesar de que Adam Smith había comenzado su obra con él. La expresión «división del trabajo» sólo aparece tres veces en los *Principios de economía política* de Ricardo y, en ese caso, únicamente para descartar su importancia para el argumento del libro y sólo una vez en la primera edición del *Ensayo...* de Malthus (y siete veces más, sin trascendencia alguna, en la sexta).

El economista Paul Krugman escribió hace unos años una sencilla parábola para explicar este «vacío» que se produce algunas veces cuando los científicos adoptan por primera vez métodos formales. Su parábola estaba relacionada con la desaparición de algunos detalles de los mapas de África que se trazaron durante unas décadas clave del siglo XVIII.

Los propios mapas no eran una novedad por aquel entonces, decía Krugman en un librito titulado *Development, Geography, and Economic Theory.*[3] Los mercaderes árabes habían ido delimitando los contornos de su costa mediterránea desde el siglo XII. Y desde el momento en que los portugueses habían comenzado a navegar hacia el sur, en el siglo XV, los mapas de África estaban más o menos completos. Mostraban no sólo la línea costera sino también una descripción razonablemente completa de los principales detalles del interior del continente: por ejemplo, la posición relativa de Tombuctú o la presencia de un enorme río que corría de oeste a este varios cientos de kilómetros al norte de la costa del golfo de Benin.

---

[3] La tradución al castellano ha sido publicada por Antoni Bosch, editor bajo el título de *Desarrollo, geografía y teoría económica.* (N. del E.)

El problema era que los viejos mapas no eran totalmente fiables. Las distancias no eran reales. Ni todos los detalles que se mostraban del interior del continente. A veces la cabecera del Nilo comenzaba en un gigantesco lago. En otros casos, se indicaban los dominios de una tribu de hombres tuertos o de un pueblo que tenía la boca en el estómago.

Pero a principios del siglo XVIII, los mapas que se publicaban comenzaron a vaciarse. Estaban empezando a aparecer nuevos métodos cartográficos científicos, métodos para medir la latitud y, poco después, la longitud. Hasta entonces, los cartógrafos se habían conformado con consultar a los que se adentraban en el interior del continente y con incorporar a los mapas los detalles que sus informantes les describían. Ahora elevaron el listón de lo que se consideraban datos fiables. «Ahora sólo podían incluirse las características del paisaje que hubieran sido visitadas por informantes fiables equipados con sextantes y compases», decía Krugman. Y así los viejos y detallados mapas fueron sustituidos durante un tiempo por el concepto de «África más oscura».

Ese periodo no duró mucho. A comienzos del siglo XIX, los métodos formales de medición permitieron incluir los detalles con una certeza y una precisión imposibles de otra forma (trazar el mapa del nacimiento del río Nilo fue uno de los objetivos de la expedición en la que se extravió el médico misionero David Livingstone en 1866 y fue «encontrado» por Henry Stanley, periodista del *New York Herald*). Pero durante unas décadas había habido «un largo periodo en el que la mejora de la técnica había provocado, en realidad, una cierta pérdida de conocimientos».[4]

Algo de este tipo le ocurría de vez en cuando a la economía, según Krugman. «La economía sigue, comprensible e inevitablemente, la línea de la menor resistencia matemática», señala, el equivalente del primer trazado del mapa de un continente partiendo de su costa. Como los rendimientos decrecientes universales eran intuitivamente atractivos y fáciles de expresar en términos matemáticos, los economistas centraron la atención en sus consecuencias. Dejaron de lado las fuerzas compensatorias que eran mucho menos fáciles de describir.

Así pues, Ricardo y Malthus, preocupados por la escasez y guiados por rudimentarios modelos cuya gran ventaja residía en que podían formularse de forma explícita, obligaron a la corriente económica dominante a dar un gran rodeo. La siguiente parte de esta historia –siete capítulos en total– cuenta a continuación cómo

---

[4] Para evidencia de este fascinante flujo y reflujo de conocimientos véase *Afrika auf Karten des 12. bis 18. Jahrhunderts*, hermosa colección de setenta y siete mapas antiguos procedentes de la colección de la Staatsbibliothek de Berlín, editados por Egon Klemp y publicados en Leipzig en 1968.

hicieron los economistas este largo viaje, los distintos artificios que desarrollaron por el camino y cómo empezaron a recuperar, por fin, el norte a finales de la década de 1970.

6   EL RÍO SUBTERRÁNEO

La idea de que la escasez permanente era el sino inevitable de la humanidad no convenció a muchas personas durante mucho tiempo a principios del siglo XIX, al menos fuera del pequeño círculo integrado por los miembros del Club de Economía Política. Incluso en su caso, el distanciamiento de la ortodoxia del agotamiento inevitable de los recursos pronto se convirtió en normal. El debate sobre lo que cabía esperar en el futuro se amplió de nuevo. Charles Dickens, el novelista, y Ralph Waldo Emerson, el ensayista, pronto se convirtieron en intérpretes de la economía de habla inglesa en mucha mayor medida que David Ricardo o T. R. Malthus.

Es cierto que la propia Inglaterra pareció estar al borde de una revolución durante unos cuantos tensos años después de que Napoleón fuera derrotado finalmente en 1815. Pero a partir de entonces se instaló una paz general y duradera. Inglaterra y el Continente entraron en un periodo inequívoco de creciente prosperidad. Se construyeron ferrocarriles, se hicieron canales, se botaron barcos de vapor, se tendieron cables telegráficos. En 1830, Inglaterra estaba autoabasteciéndose de nuevo.

Unos cuantos destacados economistas continuaron trabajando en la tradición de la economía de la fábrica de alfileres. Ya no eran optimistas visionarios como Condorcet y Godwin sino estudiosos empíricos bastante prácticos con una cierta inclinación hacia la historia. Entre ellos se encontraban Charles Babbage, que sostenía en *La economía de las máquinas y las manufacturas* (*Economy of Machinery and Manufactures*, 1833) que el hecho más destacado del nuevo siglo no era la competencia sino la industrialización. O los ingenieros franceses Augustine Cournot y Jules Dupuit, que casi inventaron la microeconomía matemática en la década de

1830 desarrollando cada uno por separado un análisis económico de los monopolios, las carreteras y los puentes. Un economista escocés, J. R. McCulloch, fue el que expuso con mayor claridad el problema de Ricardo y de sus discípulos: «Establece como un principio general o, más bien, como un axioma, que suponiendo que la tecnología agrícola no variará, el trabajo adicional empleado en la tierra generará, en términos generales, menos rendimientos. Pero aunque esta proposición sea indudablemente cierta, es al mismo tiempo bastante cierto que la tecnología agrícola jamás permanece estancada ni un solo momento...». Las peores tierras en aquella época, decía McCulloch, rendían más de lo que habían rendido las mejores doscientos años antes.

Pero estos disidentes nunca consiguieron izar el estandarte de la especialización y el crecimiento del conocimiento y convertirlo en un tema central en economía. En lugar de eso, el prestigio de la corriente económica dominante –la economía de la mano invisible– aumentó ininterrumpidamente, a pesar de que sus alarmantes predicciones no se cumplían; éste es, sin duda, uno de los ejemplos más interesantes de disonancia cognitiva. Ricardo y Malthus eran «científicos» y eso era bueno; Adam Smith era «literario» y eso no lo era.

El Club de Economía Política floreció, pues, en Londres. Aparecieron revistas bancarias, precursoras de las revistas actuales de economía. La British Association for the Advancement of Science creó su Sección F para la economía y la estadística. Las revistas de divulgación encontraron enormes audiencias, entre ellas *Economist*, revista londinense fundada en 1843 para defender las nuevas doctrinas del libre comercio. Los economistas heterodoxos como Babbage y McCulloch fueron marginados. Y en 1840, la fascinación por la industrialización y sus consiguientes costes decrecientes –por los «rendimientos crecientes» como describirían el fenómeno los economistas– se había convertido en un tema mucho más circunscrito. El análisis económico de la fábrica de alfileres se había transformado en un «río subterráneo», como lo describió Kenneth Arrow mucho más tarde, «que salía a la superficie sólo cada cierto número de décadas».

En ese momento entró en escena un periodista radical metido a filósofo de la economía llamado Karl Marx. Era un economista heterodoxo al que la comunidad de economistas no pudo ignorar.

Se ha dicho y se ha hecho tanto durante años en nombre de Karl Marx que probablemente la mejor manera de comprender el papel que ha desempeñado en la historia sea imaginarlo como un líder religioso cuyos seguidores a menudo portaban armas. Casi contemporáneo de Mary Baker Eddy, quince años más joven que Brigham Young, criado él mismo en un ambiente muy religioso, nació en 1818 en el seno de una distinguida familia de rabinos en la vieja ciudad alemana de

Traer. Su padre había renunciado al judaísmo para convertirse en discípulo de Voltaire y Rousseau y el propio Marx tuvo escarceos con el antisemitismo durante toda su vida. Sin embargo, sus obras tienen una poderosa dimensión profética. Consiguió, como ha señalado Frank Manuel, historiador y biógrafo de Marx, «la conversión asombrosamente rápida de millones de seres humanos a un nuevo credo espiritual mundial».

Sin embargo, al principio Karl Marx era economista. Era un intelectual por naturaleza que había estudiado en las universidades de Bonn y Berlín antes de trasladarse en 1843 a París, donde conoció a Friedrich Engels, hijo de un adinerado fabricante textil que se convirtió rápidamente en el mejor amigo de Marx. Juntos escribieron el *Manifiesto Comunista*, con el que comenzó la carrera de Marx como líder político. Expulsado de la ciudad, se trasladó a Bruselas no sin antes firmar un contrato para escribir una obra en dos volúmenes que iba a titularse *Crítica de la política y la economía política*. En 1849, Marx y su familia recalaron finalmente en Londres. Allí, en el Museo Británico al que acudía diariamente, leyó a los economistas clásicos, entre ellos a Adam Smith. Para lo que aquí nos proponemos, la manera de entender a Marx el economista es como un atento estudioso de David Ricardo, aunque ansioso por poner patas arriba al maestro. A Marx le encantaba Ricardo por su precisión, sus aspiraciones científicas, sus demostraciones axiomáticas. Era un estudioso de Ricardo en todos los sentidos, menos en uno. Marx tomó el crecimiento continuado como punto de partida en lugar de negar su existencia.

Por lo demás, Marx aceptó incondicionalmente la idea de Ricardo de la lucha a tres bandas por la supremacía. Abrazó también la lógica del empobrecimiento, aunque con un giro inesperado. Siguiendo la tradición continental, rebautizó los conocidos «factores de producción» con el nombre de «clases». Así, en lugar de «tierra», había terratenientes, aristócratas del orden feudal. En lugar de «capital», había burguesía. Marx sostenía que esta nueva clase estaba desplazando a los aristócratas en el curso de una revolución capitalista casi invisible cuyos inicios atribuía a acontecimientos que habían ocurrido doscientos o trescientos años antes. Y en lugar de «trabajo», había el desventurado «proletariado».

Ya en el *Manifiesto Comunista* había resumido la situación más sucintamente que cualquier libro de texto de economía similar de la época:

> La burguesía, durante su reinado de apenas cien años, ha creado fuerzas productivas más grandes y más colosales que todas las generaciones anteriores. El sometimiento de las fuerzas de la naturaleza al hombre, la maquinaria, la aplicación de la química a la industria y la agricultura, la navegación a vapor, el ferrocarril, el telégrafo eléctrico, el desbroce de continentes enteros para el cultivo, la cana-

lización de los ríos, poblaciones enteras que han surgido como por arte de magia; ¿qué siglo anterior tuvo siquiera el presentimiento de que esas fuerzas productivas dormían en el regazo del trabajo social?

La tecnología era el genio de la ascendente clase capitalista. La burguesía continuaría extrayendo todos los beneficios posibles del sistema imperante. Sus miembros estaban condicionados psicológicamente a hacerlo. Al final serían ellos y no los terratenientes los que se quedarían con todo. Sin embargo, en ese momento el proletariado se alzaría y vencería. Sus miembros expropiarían «los medios de producción» por medio de una revolución política y a partir de entonces todo estaría arreglado.

Era en este punto de la argumentación en el que Marx comenzaba realmente a divagar. ¿Cómo sería la vida después de la revolución? Después de la revolución, decía Marx en un famoso aparte, la división del trabajo casi desaparecería y el hombre podría pescar por la mañana, cazar por la tarde, criar ganado por la noche «o criticar la cena», exactamente como desea, «sin llegar a convertirse nunca en cazador, pescador, pastor o crítico». Si eso parece una descripción de la jubilación de la clase media que vive hoy en las democracias industriales, es, desde luego, una casualidad.

Durante los treinta y cinco años siguientes, Marx produjo un continuo torrente de artículos de periódico, folletos, ensayos y, por supuesto, los tres volúmenes de *El capital* (*Das Kapital*). Sus discrepancias fundamentales con los economistas ingleses fueron siendo cada vez más confusas. Ricardo creía que el crecimiento se detendría debido a la escasez de recursos naturales. Marx creía que continuaría debido al crecimiento del conocimiento. Eso es casi todo lo que parece que tienen en común.

No es éste el lugar para profundizar en las aportaciones de Marx. Algunas de las reformas políticas que propuso en el *Manifiesto* no parecen especialmente chocantes hoy: las escuelas públicas, el banco central, el impuesto progresivo sobre la renta, la nacionalización de las industrias clave. Otras resultaron ser terribles ideas: la ausencia de propiedad privada de la tierra y del derecho a heredar. Dio al mundo el término «capitalismo», que comenzó a utilizarse en la década de 1860. Me parece que el uso de la palabra «revolución» para referirse a un cambio de la división del trabajo también se debe a él. En su ingente obra, hay diseminadas numerosas y perspicaces ideas.

En sus momentos de mayor lucidez, Marx trató de redefinir la economía como una «historia crítica de la tecnología». Desgraciadamente, en una nota a pie de página de *El capital*. Por lo demás, su lenguaje es oscuro y a veces absurdo. Muchos de sus argumentos detallados son principios que, como había afirmado Smith cien años antes, «pueden facilitar las cosas únicamente a los que viven cerca del horno». Sin embargo, el problema de Marx en todas y cada una de las páginas es el crecimiento económico. El problema que heredó de Ricardo, la distribución entre las clases, sobre el que tanta tinta se ha vertido, tiene siempre una importancia secundaria.

La imagen que queda de Marx es, pues, la que describió su yerno, Paul Lafargue, la del pintor en una historia de Balzac que se sabía que Marx admiraba («La obra maestra desconocida»): «Un pintor de talento trata una y otra vez de pintar el cuadro que había imaginado; toca y retoca su lienzo incesantemente; para producir al final nada más que una masa informe de colores que a su ojo predispuesto le parece, no obstante, una reproducción perfecta de la realidad que tiene en su cabeza».

En 1848, hacía tiempo que la economía clásica debería haberse reformulado. No era simplemente la amenaza que representaba para su autoridad el que la pusieran en cuestión desde fuera, como Marx. Tampoco era el populacho de las calles de París y de otras capitales europeas una razón suficiente para generar la remodelación necesaria. Las contradicciones internas eran cada vez más numerosas e inequívocas para los propios economistas. Ya no era posible hacer creer que Ricardo había dicho la última palabra sobre la producción manufacturera.

En esas circunstancias, un economista inglés llamado John Stuart Mill emprendió la tarea de reformular la visión que había sido tan convincente en La riqueza de las naciones, teniendo en cuenta, por supuesto, las diversas «mejoras científicas» que había realizado Ricardo. El padre de Mill, James, había sido gran amigo de Ricardo. La tarea de su hijo iba a ser conciliar los resultados sumamente visibles de la revolución industrial y la lógica intuitivamente evidente de los rendimientos decrecientes.

Mill, al igual que Smith y Marx, tomó el crecimiento como punto de partida en sus *Principios de economía política* (*Principles of Political Economy*, 1848). No obstante, según Mill, Ricardo había sido el «mayor economista político» de Gran Bretaña y su «teoría pura» era básicamente ricardiana. «Los verdaderos límites de la producción» dependían de «la cantidad limitada y la productividad limitada de la tierra», decía Mill. Pero también identificó una tendencia hacia los «rendimientos crecientes», entendidos como un aumento de los beneficios en algunas industrias gracias a los costes decrecientes.[1] Contrapuso esta tendencia a la

---

[1] Adam Smith había ocultado una distinción similar entre rendimientos crecientes y decrecientes en su «Digresión sobre las variaciones del valor de la plata durante los cuatro últimos siglos». Ricardo, en su capítulo sobre los salarios, también había señalado discretamente el efec-

«ley general» de los rendimientos decrecientes en la agricultura. A continuación, adoptó una posición intermedia. Los rendimientos decrecientes seguían siendo «el principio más importante» de la economía, decía Mill en el capítulo 12. Pero en el 13 resulta que la desaceleración prevista del crecimiento podía ser paralizada o controlada temporalmente por «todo aquello que aumente el poder general de la humanidad sobre la naturaleza».

Así pues, Mill no dejó totalmente de lado el progreso técnico, pero tampoco trató de explicarlo, no al menos en términos económicos. Supuso simplemente que continuaría habiendo progreso técnico al menos durante algún tiempo más y, aparte de eso, no volvió a mencionarlo. El pasaje crucial está oculto en las «observaciones preliminares» con las que comienza al libro: «mientras la situación económica de las naciones dependa del estado de los conocimientos físicos, es un tema que corresponde estudiar a las ciencias físicas y las artes que en ellas se basan. La economía política sólo se ocupa de las causas psicológicas e institucionales del crecimiento».

Ahí comienza formalmente la postura tradicional de los economistas de considerar que el crecimiento no es de su incumbencia, que es exógeno. La división del trabajo casi ha desaparecido. Se ha convertido únicamente en un aspecto de lo que el autor considera que es «un principio más fundamental», el principio de la «cooperación». Existe cooperación siempre que los trabajadores se ayudan unos a otros a realizar sus tareas, ya sean simples o complejas. Es un principio quizá demasiado general para que sea útil. En el lugar que ocupaba la especialización hay una caja negra que Mill llama «productividad». Todo irá bien, afirma Mill, mientras la productividad aumente. El crecimiento de los conocimientos tecnológicos se habían convertido en una fuerza en economía, pero la productividad era una fuerza *exógena*. «No es de mi incumbencia», dijo el economista.

Mill tomó otra idea de Adam Smith y le dio un tratamiento moderno, la idea del «estado estacionario»: un país que había logrado finalmente «todas las riquezas que la naturaleza de sus leyes y sus instituciones le permite adquirir». Holanda hacía tiempo que se ponía como un posible ejemplo de una nación que se había hecho todo lo rica que podía ser. Parecía que mejoraba un poco con la misma frecuencia con que parecía que empeoraba un poco, por lo que permanecía más o

---

to del crecimiento del conocimiento. En el caso de la mayoría de los bienes, afirma, el coste creciente de las materias primas cada vez más escasas sería «contrarrestado con creces por las mejoras de la maquinaria, de la división y la distribución del trabajo y por el aumento de la destreza, tanto científica como manual, de los productores». Pero en el capítulo 20 titulado «Del valor y las riquezas», Ricardo dice que los conocimientos podrían aumentar la riqueza, pero que, aún así, no mejorarían la situación del trabajador, ya que el valor dependía únicamente del trabajo.

menos igual cada año que pasaba; ni se enriquecía ni se empobrecía. Ricardo, como siempre, precisó más el concepto. El estado estacionario (él no utilizó el término) representaba que se había llegado a un punto en el que quedaban exactamente las suficientes posibilidades de obtener beneficios como para que mereciera la pena seguir acumulando. Si se permitía que las rentas de la tierra aumentaran pasado ese punto, comenzaría el inevitable declive, lo cual era una sombría perspectiva. Sin embargo, con Mill la llegada del estado estacionario iba a desearse en lugar de temerse. Todo el mundo tendría suficiente dinero. Todo el mundo podría relajarse y disfrutar de la belleza de la naturaleza y de las artes.

Esas concepciones de la «edad adulta» de la sociedad les resultaron fáciles a los teóricos a mediados del siglo XIX. ¡Había tantas cosas en la naturaleza que parecían seguir la pauta de una curva en forma de «S»! Una lenta gestación que dejaba paso a rápidas alteraciones en la juventud, seguida de una edad adulta larga y sin apenas cambios y del declive y, finalmente, la muerte; esa parecía que era una pauta casi universal en los seres vivos. La idea de que la productividad dejaría de crecer algún día arraigó profundamente en la economía con Mill. El concepto de estado estacionario –un supuesto estado de adultez en el que las economías de todas las naciones, de todas las formas y dimensiones, convergerían relativamente deprisa– iba a continuar apareciendo en forma matemática durante más de cien años.

Los economistas estaban contentos de tener los *Principios...* de Mill. El libro era una oportuna réplica al *Manifiesto Comunista*. Daba una buena explicación de sentido común de las razones por las que la revolución industrial no significaba que Ricardo estuviera en un error: los rendimientos crecientes habían vencido a los rendimientos decrecientes, pero sólo durante un tiempo. Los rendimientos decrecientes acabarían triunfando. Restaba importancia al problema de la población y al salario de subsistencia, en particular. Y a pesar de que estaba escrito en un inglés categórico y claro, hacía una buena descripción del carácter matemático subyacente del sistema ricardiano e incluso lo ampliaba algo.

«Afortunadamente –afirmaba Mill–, no hay nada en las leyes del valor que el presente autor o cualquier otro futuro tenga que esclarecer; la teoría del tema está completa.» No es de extrañar, pues, que Mill perdiera interés por la cuestión. Acabó convirtiéndose en el santo patrón del liberalismo victoriano, feminista, ecologista y socialdemócrata que se adelantó al menos cien años a su tiempo. Sólo revisó su obra una vez, en 1852 (otros la actualizaron un total de siete veces en su vida). Pensaba que había hecho todo lo necesario.

Pero resulta que la economía estaba a punto de dar su segundo gran salto en el grado de abstracción teórica y expresión matemática (Ricardo y Malthus dieron, por supuesto, el primero). Ya en la década de 1830, era creciente el interés de los ingenieros franceses por la claridad del razonamiento matemático. En la década de 1840, se había extendido a Alemania. En la década de 1860, estaba en plena ebullición en toda Europa. Los *Principios de economía* política continuaron siendo la Biblia de la religión civil en el imperio británico hasta bien entrada la década de 1880 e incluso después, pero John Stuart Mill quedó obsoleto inmediatamente como economista; fue un teórico literario en los albores de la economía matemática.

La nueva economía tiene su origen en el reconocimiento de que los precios de las cosas son necesariamente subjetivos, de que surgen de la relación entre los bienes y las necesidades humanas. Desde Smith, los economistas pensaban que el valor debía ser inherente a los propios bienes. Parecía guardar alguna relación con la cantidad de trabajo necesaria para producirlo y distribuirlo. Pero esta idea planteaba paradojas irresolubles. Por ejemplo, ¿por qué eran caros los diamantes y, en cambio, el agua era barata? En esta nueva teoría psicológica, los diamantes eran caros, no porque los hombres los extrajeran de la tierra sino que los hombres los extraían de la tierra porque sabían que podían venderse a un buen precio.

La verdadera clave era la idea de que lo que importaba no era la cantidad total de bienes sino el incremento adicional. Éste es el método que acabaría denominándose marginalismo. El nombre que fueron adoptando gradualmente los economistas para referirse a la escurridiza cualidad de dar placer fue «utilidad». La utilidad era una manera de generalizar el principio de los rendimientos decrecientes. De ahí a suponer que era posible hacer que todas las mercancías sirvieran para muchos fines, que todas las necesidades indiferenciadas pueden ser satisfechas por multitud de mercancías rivales, no había más que un paso.

¿Otro poco de helado o un cigarrillo? ¿Un cigarrillo o ahorrar ese dinero para comprar una camisa nueva? ¿U otra perla de la sarta? Los consumidores se asegurarían de que el último dólar gastado en un bien cualquiera fuera igual al último dólar gastado en cualquier otro. Era esta tendencia a ajustar el último gasto, por mínimo que fuera, para conseguir la máxima utilidad total posible la que convertía el ejercicio en un problema de maximización –en un problema exactamente del mismo tipo que el que los astrónomos, los arquitectos y los ingenieros estaban acostumbrados a resolver como un problema de «estática», que era como se llamaba entonces la rama de la física que se ocupa de las fuerzas y de las masas en equilibrio– e hizo posible la aplicación del cálculo diferencial a todas las actividades de la vida diaria. He aquí cómo lo expuso entusiasmado William Stanley Jevons en 1871: «La naturaleza de la riqueza y el valor se explica por la consideración de cantidades indefinidamente pequeñas de placer y dolor, de la misma manera que la teoría de la estática se basa en la desigualdad de cantidades indefinidamente pequeñas de energía». A esta misma idea llegaron casi al mismo tiempo pensadores de toda Europa: Hermann Heinrich Gossen en Alemania, Carl Menger en Viena, Léon Walras en Lausana.

Todos los chicos que hayan estudiado alguna vez álgebra en secundaria habrán experimentado el placer que se siente con este tipo de cosas: cómo una atenta reflexión puede traducir los embarullados detalles de un problema verbal al breve y preciso lenguaje de un sistema de ecuaciones matemáticas. La nueva forma de describir el problema con el cálculo diferencial como una cuestión de optimización sujeta a una restricción pronto dejó obsoleto el modelo verbal del trigo. A los economistas literarios no les gustó, desde luego, que se les marginara. Por ejemplo, Mill dijo de Jevons que «es un hombre que posee una cierta capacidad, pero me parece que tiene obsesión por [...] una notación que implica la existencia en los datos de una precisión mayor de la que admite la cuestión». Pero fue Jevons quien se impuso, con argumentos como éste: «La relación de intercambio entre dos mercancías cualesquiera es la inversa del cociente entre los gradientes [marginales] finales de utilidad de las cantidades de mercancía de que puede disponerse para consumo una vez realizado el intercambio».

El economista francés Walras –»el Ricardo de la era del cálculo», como se le ha llamado– es quien más explotó las posibilidades del marginalismo. Nació en 1834 y se preparó concienzudamente para entrar en la Escuela Politécnica, leyendo a Descartes, Newton, Lagrange y Cournot. Fracasó dos veces en su intento de entrar en la alta escuela francesa, pero durmió durante décadas con un ejemplar de *Elementos de estadística* (*Eléments de statique*) de Louis Poinsot al lado de la cama y tras dar un día de 1858 un electrizante paseo con su padre (que también era un economista aficionado), Walras decidió hacer por la economía lo que los ingenieros ya habían hecho por algunos intrincados sistemas físicos, es decir, construir un modelo de equilibrio económico general a partir de las variables interdependientes relevantes.

Los marginalistas ingleses, incluido Jevons, se conformaron con hablar del mercado de dos bienes. Walras quería hablar de todo a la vez. Sostenía que su método para describir la interdependencia del «sistema de intercambio» podía resolver, al menos en principio, un número infinito de ecuaciones simultáneas, con un número igual de incógnitas. Cámbiese un solo precio o una sola restricción presupuestaria o una sola función de utilidad y se podrán rastrear las repercusiones en todo el sistema, es decir, más o menos lo que esperaba conseguir Quesnay con su *tableau économique* (y, en realidad, Marx con sus laboriosos cálculos de la «plusvalía»). Este programa de formulación de la interdependencia «general» de los precios y las cantidades fue considerado inviable por la mayoría de los economistas ingleses, demasiado ambicioso para la fase de desarrollo en la que se encontraba la economía en ese momento. «Si uno quiere cosechar rápidamente, debe plantar zanahorias y lechugas. Si tiene la ambición de plantar robles, debe ser capaz de decirse a sí mismo: mis nietos me agradecerán esta sombra», replicó Walras.

Los marginalistas pensaban que estaban alejándose de Ricardo y, en cierto sentido, así era, pues ya no necesitaban su desacreditada teoría del valor-trabajo con su vana distinción entre valor y riqueza. Ahora tenían la utilidad subjetiva con la que trabajar. Sin embargo, en un sentido más profundo estaban aceptando a Ricardo más que nunca, pues las matemáticas de su sistema dependían crucialmente del supuesto de los rendimientos decrecientes. En el fondo, el análisis matemático de la optimización individual sólo describía la mano invisible de la competencia perfecta, que seguía comparándose habitualmente con la ley de la gravedad. A veces el concepto de equilibrio se ilustraba con maquetas en las que el agua fluía hasta que alcanzaba un nivel uniforme. En estas demostraciones, los rendimientos crecientes eran tan improbables como que el agua corriera cuesta arriba.

Los economistas se tomaron realmente en serio las consecuencias que sus modelos tenían para la política económica. Parecía más evidente que nunca que la escasez paralizaría tarde o temprano todo crecimiento económico. Jevons se hizo famoso en Inglaterra durante la década de 1860 por explicar por qué el inminente agotamiento de las minas británicas de carbón probablemente significaría el fin del aumento de su riqueza y de su poder (cuatro años más tarde se descubrió petróleo en Pensilvania). Y tras la muerte de Jevons en 1882, se descubrió que su despacho estaba lleno hasta los topes de pilas de papel usado. Poco después, Inglaterra también iba a quedarse sin papel. Jevons no había querido verse sorprendido sin papel.

7   ECONOMÍAS EXTERNAS Y OTROS AJUSTES

Hacia 1890, Inglaterra se parecía poco a la nación que había estado a punto de hundirse en su guerra con Napoleón setenta y cinco años antes. Las lúgubres certezas de Ricardo y Malthus parecía que se habían quedado muy lejos. Lo mismo sucedía con las discusiones entre Marx y Mill. El reino insular era mucho más próspero que su antigua rival Francia, aunque recientemente había aparecido una nueva potencia unificada, Alemania, y Estados Unidos estaba comenzando a destacar.

Había por todas partes gigantescas fábricas; no sólo fábricas de tinturas, acerías y plantas de conservas cárnicas sino también grandes y nuevos sistemas de ferrocarriles, barcos de vapor, telefonía y alumbrado eléctrico. Las nuevas industrias coqueteaban todas ellas con convertirse en monopolios. Los dueños de las fábricas eran más ricos que antes. La mayor sorpresa fue la aparición de una nueva y gran clase media. Barrios enteros de Londres aún vivían, desde luego, en una extrema pobreza, pero era una pobreza distinta a la de hacía cien años. Los pobres tenían más cobijo, calor, luz, comida y ropa, no menos, gracias aparentemente a la aparición de nuevas industrias.

Era el fenómeno que hoy llamamos crecimiento económico. En 1890, el término aún no había entrado en la lengua. En esa época, los economistas hablaban de aumentos del dividendo nacional neto. Los fieles seguidores de Ricardo pensaban que estos aumentos eran transitorios, que pronto se invertirían. Otros creían que eran permanentes, fruto de una revolución industrial imprevista. Una cosa estaba clara para los mejores economistas. El enfoque de John Stuart Mill de considerar que el crecimiento no era de su incumbencia, que era exógeno, no era acorde con los hechos. Iba a ser necesario dar una explicación económica a ese crecimiento.

Así, en 1890, se ofreció de nuevo un economista magistral a explicar cómo había ocurrido la industrialización en los cien años anteriores. Esta vez no fue un caballero filósofo quien asumió el reto sino Alfred Marshall, profesor de economía política en la Universidad de Cambridge. Lo consiguió en un grado sorprendente. Al explicar la coexistencia de la especialización y la competencia en el mundo moderno, Marshall refabricó tan ingeniosamente las lentes bifocales de Adam Smith que ya no se podía ver la línea de separación.

Sólo hizo falta un poco de prestidigitación. No se puede comprender lo que le ocurrió a la economía en el siglo XX sin saber algo sobre los rendimientos crecientes *externos*, sobre las «externalidades», como se bautizó en seguida el invento de Marshall.

La innovación más evidente en los *Principios de economía* (*Principles of Economics*) de Marhsall fue el vocabulario de la oferta y la demanda y los diagramas que lo sustentaban. Se hace raro pensar que estos conceptos económicos, los más conocidos de todos, requirieran una presentación, pero Mill apenas los mencionó y los primeros marginalistas habían estado demasiado atareados en entender el significado de utilidad como para dedicar mucho tiempo a formular el concepto que daba unidad a su visión. Fue en las manos de Marshall que las fuerzas contrapuestas se convirtieron en un modelo universal que ofrecía respuesta a todas las preguntas, grandes y pequeñas.

¿Dependía el precio del coste de producción? ¿O de las ansias de la persona que pagaba el precio? Según Marshall, de las dos cosas. La oferta y la demanda, la producción y el consumo, la utilidad obtenida y el coste de producción, todo era importante en diferente grado en cada momento; y no era más fácil saber cuál era más importante, que decidir cuál de las dos hojas de las tijeras era la que cortaba. Los pequeños diagramas de curvas de oferta y de demanda que se cortaban aclaraban la naturaleza de la relación mejor que las palabras y más fácilmente que los símbolos matemáticos. «La argumentación del texto nunca depende de ellos», afirmaba Marshall y, si fuera necesario, se podría prescindir de ellos por completo, «pero la experiencia parece demostrar que permiten comprender mejor muchos principios importantes que sin su ayuda; y que hay muchos problemas de teoría pura que nadie que haya aprendido a utilizar diagramas estará dispuesto a abordar de ninguna otra forma».

La autoridad de Marshall se debía en parte a su brillante intuición económica y, en parte, a la sobria elegancia de su prosa («La economía política o economía es el estudio de la humanidad en sus quehaceres cotidianos», comienza diciendo el libro). Pero su decisión de adoptar un enfoque literario y diagramático en lugar de matemático acarreó un importante sacrificio intelectual. El análisis económico de su obra no iba a ser el grandioso proyecto que había imaginado Walras: demostrar que en un sistema de equilibrio *general* el precio del té dependía de todo lo que había bajo el sol, de los salarios de China, del volumen de cosecha de Assam, del precio del carbón de Singapur y del café de Brasil, de la demanda de Birmingham. Marshall adoptó una estrategia intermedia, un método que denominó equilibrio *parcial*, que examinaba únicamente un par de cosas de cada vez. Eso era lo máximo que podían hacer los pequeños diagramas de oferta y demanda que aparecían en las notas a pie de página: mostrar la interdependencia de mercados *concretos*: de té y de café o de té y de limones. El secreto era suponer simplemente que todo lo demás se mantenía más o menos constante, decía Marshall, *ceteris paribus* en latín.

La obra que Marshall llamaba su «libro de curvas» quizá se quedara a medio camino, pero para resaltar que se encontraba en un plano analítico superior al de lo que se había hecho antes, llamó a su materia *Economía* en lugar de *Economía política*, pues bajo los diagramas Marshall había construido los *Principios* sobre el álgebra, no sobre la geometría. Sabía muy bien que sus diagramas no satisfacían las aspiraciones más elevadas de los economistas de un análisis enteramente matemático de la cuestión. Cuando el gran matemático Lagrange había sustituido las demostraciones geométricas de los *Principios* de Isaac Newton cien años antes por su propia *Mecánica analítica* (*Mécanique analytique*), había escrito orgulloso en el prólogo: «En esta obra no hay figuras, sólo operaciones algebraicas». Siguiendo a Lagrange, Walras también había soñado con sustituir el engorroso diagrama (el *tableau économique*) de Quesnay por un modelo de toda la economía formulado como un sistema de ecuaciones. Marshall comprendía la superioridad de un enfoque estrictamente matemático, por lo que en la nota 21 de su apéndice matemático esbozó un puñado de ecuaciones para describir un modelo global totalmente interdependiente, enfoque que señaló que ofrecía una «visión a vista de pájaro» del conjunto de la economía. «Toda mi vida la he dedicado y la dedicaré a presentar de la forma más realista que pueda mi nota 21», le dijo a un amigo. Pero en los *Principios*... expuso esmeradamente sus argumentos con palabras y los apoyó con geometría. El álgebra quedó oculta en el apéndice.

Tampoco se le escapó a Marshall –y a otros muchos que estaban escribiendo en esa época– que las matemáticas parecían dar una respuesta a una cuestión que había preocupado a los economistas desde que Ricardo negó que pudiera existir: una explicación sistemática de las razones por las que la gente recibía lo que recibía en una economía competitiva. ¿Cómo conseguían los propietarios de maquinaria sus altos sombreros de seda? ¿Por qué costaba tanto la tierra agrícola y el suelo urbano mucho más y, en cambio, la tierra desértica costaba poco o nada? ¿Por qué ganaban más los maquinistas ferroviarios que los médicos? ¿Cómo distribuía la mano invisible el producto total entre los productores?

Esta respuesta también dependía aparentemente de la contribución que cada uno hacía «en el margen» al trabajo del otro. Para uno de los contemporáneos de Marshall, el economista estadounidense y evangelista John Bates Clark, el marginalismo prometía nada menos que «una ley científica de los salarios». El mercado funcionaba como una gigantesca calculadora que daba al capital y al trabajo exactamente la proporción que podía aportar cada uno a la eficiencia interdependiente del otro. La aparición de monopolios y sindicatos no hacía más que reforzar el efecto. «El trabajo es robado por el capital de la misma forma que el capital es robado por el trabajo y sólo puede ser así, pues los rendimientos de cada agente se fijan exactamente de la misma manera.» Por otra parte, esta cadena de razonamiento podía expresarse más claramente en términos matemáticos que con palabras (con las que, en honor a la verdad, no estaba demasiado clara), dado que el cálculo estaba convirtiéndose rápidamente en la lengua franca para hablar del crecimiento relativo de diferentes cantidades hasta alcanzar un máximo. El economista sueco Knut Wicksell expresó la misma idea de esta forma en 1890: «Si la producción total se interpreta como una función real (continua) de los factores intervinientes [...] la eficiencia exige claramente que cada factor se emplee de manera que la pérdida de una pequeña parte de él reduzca la producción resultante exactamente en la misma proporción de la producción que ese factor recibe».

Esta descripción matemática de la relación entre los factores y la producción total —elegante manera de describir el rendimiento de una cantidad dada de ingredientes (los «factores intervinientes»), como en una receta— acabó conociéndose con el nombre de función de producción. Había numerosos supuestos ocultos en estas matemáticas, supuestos que iban a a analizarse pormenorizadamente con los años, a medida que las funciones de producción fueron cobrando mayor presencia en el análisis económico. Para los fines de nuestra historia, ninguno es más interesante que el supuesto de que un aumento de todos los factores en una cuantía dada aumentaría la producción en la misma proporción. Esa relación tan sencilla —se señaló inmediatamente— había sido bautizada 150 años antes por el gran matemático suizo Leonhard Euler de una manera muy general con el nombre de «lineal» u «homogénea de grado uno». El teorema de Euler hoy forma parte del juego de herramientas habitual de los economistas, de un pulcro programa matemático cuyo efecto secundario, que pasó en gran medida desapercibido, fue eliminar limpiamente los posibles casos de rendimientos crecientes y decrecientes. Duplicar la producción siempre que se duplicaban los factores significaba suponer que generalmente había rendimientos *constantes* de escala. La doctrina resultante pronto se denominó teoría de la productividad marginal.

Hoy en día, los capítulos sobre los costes y las empresas en los mercados competitivos constituyen el núcleo de cualquier libro de introducción a la economía. Ahí es donde se aprende que en un mundo de empresas competitivas se dice que el producto marginal de cada factor es igual al precio que tiene en el mercado. Se supone que una empresa contrata a otro trabajador o compra otra tonelada de acero para producir, únicamente, en la medida en que espere cubrir su coste y aumentar su beneficio. En condiciones de competencia perfecta, cada factor percibe su producto marginal y todo funciona perfectamente: al final no sobra nada. Un destacado economista victoriano profundamente interesado en el nuevo formalismo (Francis Ysidro Edgeworth, autor de *Psíquica matemática* [*Mathematical Psychics*]) se quejó de que la teoría de la productividad marginal no dejaba sitio a los empresarios.

Marshall, pese a su insistencia en la importancia del rigor lógico, mantuvo al respecto una postura ambivalente durante muchos años. Por una parte, prefería sistemáticamente el uso de los nuevos métodos matemáticos (refiriéndose a John Stuart Mill, le dijo a un amigo: «Coincido con usted en que es literario y, por lo tanto, está lleno de errores. Pero creo que él y Ricardo encierran la semilla de la verdad»). Pero también temía que el poder del razonamiento más abstracto indujera a error a los investigadores. «Las limitaciones [del método matemático] son pasadas por alto tan a menudo –dice– especialmente por los que lo enfocan desde un punto de vista abstracto, que existe un claro riesgo de convertirlo en el método definitivo.» En marzo de 1901 expuso su filosofía en una carta a su amigo y antiguo alumno Arthur Bowley:

1   Utilizar las matemáticas como un lenguaje abreviado más que como una máquina de investigación;
2   Llevar el razonamiento hasta el final;
3   Traducirlas al inglés;
4   Ilustrarlas por medio de ejemplos que sean importantes en la vida real;
5   Quemar las matemáticas;
6   Si no se consigue seguir el paso (4), quemar el (3).

Esto último lo he hecho frecuentemente.

Un incumplimiento de la regla (4) que exasperaba especialmente a Marshall era la forma en que un pensador tan excelente como el matemático francés Augustin Cournot se había dejado seducir por su álgebra. En 1838, Cournot había formulado el primer argumento de que los costes decrecientes/rendimientos crecientes podían desembocar en un monopolio. Apenas había intentado describir las fuerzas opuestas que podían impedir ese resultado. En una nota a pie de página, Marshall se quejó de los que «siguen sus matemáticas temerariamente, pero al parecer sin darse cuenta de que sus premisas llevan inevitablemente a la conclusión de que la empresa que consiga una buena ventaja inicial se hará con el monopolio de todo el negocio de su industria en su distrito».

Era la paradoja de la fábrica de alfileres. El río subterráneo había salido de nuevo a la superficie. Esas «externalidades» iban a ser necesarias para contenerlo.

Los costes decrecientes eran incluso más evidentes para Marshall de lo que lo habían sido para Mill. Era difícil conciliar el aumento que habían experimentado los niveles de vida durante la mayor parte del siglo, incluso el de los pobres, con la lógica de hierro de los rendimientos decrecientes. Gracias al marginalismo, los economistas tenían una forma más precisa de explicar el significado del enigma. Había rendimientos crecientes siempre que el coste *marginal* de cada nuevo artículo –el coste de cada alfiler– era menor que el coste *medio* de todos los alfileres. Dado el complejo sistema de ecuaciones que describía el sistema marshalliano, todo debería ser tarde o temprano *más* caro de producir, no menos, o de lo contrario, la empresa que tuviera los costes de producción más bajos se quedaría con todo el mercado, por ejemplo, de alfileres. ¿Qué estaba, pues, ocurriendo?

Para abordar la cuestión de los rendimientos crecientes, Marshall decidió que debía haber *dos* fuentes de costes decrecientes, *dos* tipos de rendimientos crecientes. Ambos estaban relacionados con la escala de producción, es decir, con las dimensiones del mercado. Las «economías internas», como llamaba Marshall al primer tipo, eran sencillamente el conocido análisis económico de la fábrica de alfileres. «Dependían del tamaño de las empresas que se dedicaban a producir, de su organización y de la eficiencia de su dirección». Las «economías externas», el segundo tipo, dependían, decía, del «desarrollo general de la industria» en su conjunto. Las economías internas resultaban bastante familiares a los lectores de Marshall, pero las economías externas o externalidades, como en seguida se llamaron, eran un avance, un «descubrimiento» económico. Son quizá el aspecto más importante que diferencia su explicación de la de Mill, ya que, como veremos, eran el mecanismo que hacía que la «productividad» fuera interna al sistema.

La descripción de las economías internas de Marshall cuyos beneficios eran capturados por las empresas tiene algo de poético.

> Un hombre capaz, ayudado quizá por algún golpe de suerte, se consolida en su sector, trabaja denodadamente y vive austeramente, su propio capital crece rápidamente y el crédito que le permite pedir prestado más capital crece aún más deprisa; se rodea de subordinados que poseen un celo y una capacidad mayores

de lo normal; a medida que su negocio mejora, ellos mejoran con él, confían en él y él confía en ellos y cada uno de ellos se dedica con energía exactamente al trabajo para el que está especialmente dotado, de manera que no se despilfarra ninguna gran capacidad en tareas fáciles y no se encomienda ninguna tarea difícil a manos poco hábiles. En correspondencia con estas continuas economías de capacidad, el crecimiento de su negocio trae consigo similares economías de máquinas especializadas y plantas de todo tipo; cada proceso que se mejora es adoptado inmediatamente y se emplea para realizar nuevas mejoras; el éxito trae el crédito y el crédito trae el éxito; el crédito y el éxito ayudan a conservar a los antiguos clientes y a conseguir otros nuevos; el aumento de su negocio le da grandes ventajas en las compras; sus productos se hacen propaganda unos a otros, por lo que disminuyen las dificultades para darles salida. El crecimiento de la escala de su negocio aumenta rápidamente sus ventajas sobre sus competidores y reduce el precio al que puede permitirse vender.

Estas fuentes de costes decrecientes son precisamente las ventajas que designamos hoy con el nombre «economías de escala». Significan que los costes generales y los costes fijos de capital se reparten entre una cantidad cada vez mayor de producción y, por lo tanto, dan lugar a rendimientos crecientes. La descripción de Marshall de la ascensión de una gran empresa recuerda la historia de Rockefeller, de Carnegie, de Gillette o de Nobel en su época o de Bill Gates en la nuestra. Su capítulo sobre la tendencia a la automatización («la maquinaria asume tarde o temprano todo el trabajo monótono») podría haberse escrito ayer. Tendrían que pasar otros veinticinco años para que la mayoría de los economistas reflexionaran sobre la «producción en serie»; otros veinte años más para que apareciera la siguiente palabra de moda, «I+D»; y aún más para que las técnicas modernas de gestión, por ejemplo, las de Wal-Mart, también se consideraran sin lugar a dudas como una fuente de economías internas. Pero todas estas ideas están presentes aquí, implícitas en la descripción de Marshall de las «máquinas especializadas» y los «procesos que van perfeccionándose».

¿Por qué un empresario favorecido con rendimientos crecientes –por ejemplo, un fabricante de alfileres– no domina su mercado por completo? Podría dominarlo, dice Marshall, al menos durante un tiempo. Él y quizás unos pocos más podrían hacerse con todo su sector industrial.

Luego existían algunas actividades modernas que parecían tender de forma natural al monopolio por el tipo de tecnologías que empleaban. Un buen ejemplo de estos «monopolios naturales» eran los ferrocarriles, ya que los costes de construcción eran tan grandes que una única empresa normalmente podía dar servicio a todo el mercado con menos costes que dos o más (los propietarios de los primeros ferrocarriles a menudo aprendieron esta lección a base de cometer errores, construyendo líneas paralelas y yendo pronto a la quiebra). De hecho, en el sector moderno del transporte «la ley de los rendimientos crecientes actúa casi sin encontrar resistencia», dice Marshall. En las industrias en las que fuera improbable que se mantuviera la competencia, sería necesaria la intervención del Estado para imponer disciplina. Pero la industria de los alfileres no necesitaría, desde luego, una intervención permanente. Para eso estaba, al fin y al cabo, la mano invisible.

En las industrias que normalmente eran competitivas, es decir, en la mayoría de ellas, decía Marshall, había poderosas fuerzas contrarias a los rendimientos crecientes. Una de ellas era la mortalidad. El fundador de la fábrica de alfileres acabaría jubilándose; sin un buen director que lo sucediera, la empresa probablemente sería destruida por las mismas fuerzas que permitieron que ascendiera.

Pero para garantizar en términos generales que la competencia se mantuviera en su sistema, Marshall incorporó por si acaso una serie de ventajas de las que todos podrían beneficiarse libremente y las llamó rendimientos crecientes *externos*. Esos rendimientos se derivaban de la *escala* de la industria. A veces los denominó «efectos de vecindad». Pero esta segunda fuente de costes decrecientes acabó llamándose por un nombre más breve, «externalidades», y también se denominaron «efectos de difusión». Las economías externas eran beneficios (o costes) que surgían sin que ningún dinero cambiara de manos. Se obtenían simplemente con levantarse por la mañana.

De nuevo la serena prosa victoriana:

> Cuando un sector industrial ha elegido un lugar para localizarse, es probable que se quede en él durante mucho tiempo, tan grandes son las ventajas que tiene para las personas del mismo oficio cualificado el estar cerca las unas de las otras. Los misterios del oficio dejan de serlo, porque se respiran, por así decirlo, en el ambiente, y los niños aprenden muchos de ellos inconscientemente. Se aprecia, como debe ser, el trabajo bien hecho y en seguida se discuten los méritos de los inventos y de las mejoras de la maquinaria, de los procesos y de la organización general del negocio; si uno pone en práctica una nueva idea, ésta es adoptada por otros, que le añaden sus sugerencias, y se convierte así en una fuente de nuevas ideas. Y surgen industrias complementarias en las cercanías que le proveen de útiles y materias primas, organizan su tráfico y contribuyen de muchas formas a economizar sus materias primas.

Marshall no indagó en profundidad en las causas exactas por las que este proceso de difusión podía contribuir a reducir el poder de un monopolista, aunque, como hombre inmensamente práctico que era, tenía, desde luego, sus ideas. Presumiblemente, si uno quisiera conocer los secretos de un rival, podría comprar su producto y desmontarlo para ver cómo funcionaba o contratar a su ayudante o visitar su fábrica y memorizar en secreto sus planes. Podría aprovechar las oportunidades creadas por el competidor, buscando deliberadamente fallos en sus planes empresariales. Pensando seriamente en ello se daría con sustitutos: grapas en el caso de los alfileres, ferrocarriles en el de los canales. O podría simplemente leer los periódicos y las revistas especializadas. Marshall se conformó con constatar que las buenas ideas de unos serían asumidas y aprovechadas por otros, pues «las mejoras más importantes del método raras veces permanecen mucho tiempo en secreto cuando han pasado de la fase experimental». Estos «efectos de vecindad» tenían menos que ver con la proximidad espacial que con la escala. No dependían de la propia empresa sino del «desarrollo general de la industria». Cuanto mayor fuera la vecindad virtual, más economías externas habría para todos. Es posible que se estuviera refiriendo a la industria algodonera que conocía bien, pero igualmente habría podido ser una descripción de la siderurgia, la industria naval o la banca o, puestos, de Silicon Valley.

El concepto de externalidad tuvo un éxito inmediato, pues los efectos secundarios no pagados podían observarse en todas partes sin mayores dificultades. Unas veces eran buenos y otras malos. Los secretos difíciles de guardar parecían externalidades de poca importancia, si se comparaban con otras externalidades bien visibles. Una presa impide que se inunden las tierras agrícolas independientemente de que los agricultores la paguen o no. Esa es una externalidad buena. Pero también reduce las capturas de los pescadores. Esa es una externalidad mala, una «*dese*conomía externa». Un agricultor adquiere abejas para polinizar su huerto y de esa forma poliniza también los árboles de su vecino. La presencia de una empresa cervecera en una ciudad obliga a contratar más policía. El vendedor de tabaco hace que se disparen las facturas de la tintorería de los no fumadores y obliga a levantar un ala más en el hospital local. Pero la escuela que enseña latín también forma a trabajadores que serán más productivos. Qué cómodo era tener un término que englobara todos estos beneficios y costes que no se reflejaban en el precio.

En los años posteriores a la Segunda Guerra Mundial fueron los *costes* que no se reflejan en el precio los que ocuparon el centro del escenario. Las externalidades negativas, como el agotamiento de los recursos, la contaminación y la congestión, acabaron conociéndose con el nombre de «el problema de los bienes comunales», es decir, las externalidades que entran en juego cuando un recurso valioso es de todo el mundo y de nadie en concreto, por ejemplo, unos pastizales de los que todo el mundo tiene razones para llevarse la mayor cantidad posible de forraje para sus animales y nadie tiene razones para crear más pastizales desbrozando la tierra, ya que, si lo hace, serán otros los que se llevarán las ganancias. En esa época se pasó en gran medida por alto el papel que desempeñaban en el sistema de Marshall las externalidades positivas, es decir, los *beneficios* a los que podía acceder todo el mundo y que garantizaban que siempre habría alguien suficientemente listo, dispuesto y capaz para disputar un negocio, gracias a ese «algo» que se respiraba en el ambiente.

Lo importante es que las externalidades eran los efectos secundarios *no pagados* de la actividad económica. No se reflejaban en el precio. No tenían que tenerse en cuenta en el difícil cálculo de la productividad marginal; de hecho, *no podían* tenerse en cuenta. No eran factores. No requerían ninguna retribución. No desempeñaban ningún papel en la geometría del precio, por lo que no requerían ninguna descripción. Es posible que esta característica tan cómoda del análisis de Marshall no fuera evidente para la mayoría de sus lectores, pero la comprendió, desde luego, el propio matemático. Las externalidades dejaban intacto el sistema de Marshall. Eran un ingenioso recurso para conciliar los rendimientos crecientes con el supuesto de la competencia perfecta basada en la mano invisible y permitir de esta manera que las matemáticas cuadraran.

Marshall reconoció que había algunos cabos sueltos en su análisis. En un momento dado, recuerda a John Stuart Mill: «El conocimiento es nuestra máquina de producción más potente; nos permite dominar la naturaleza y obligarla a satisfacer nuestros deseos». En otro, afirma: «La distinción entre la propiedad pública y privada del conocimiento y de la organización tiene una importancia creciente; de alguna manera, más importancia que la distinción entre la propiedad pública y privada de las cosas materiales; y es, en parte, por esa razón que a veces resulta preferible considerar la organización como algo aparte, como un agente de producción distinto». Se comprometió a un examen exhaustivo en «una fase muy posterior de nuestra investigación». Pero en las notas a pie de página y en las acotaciones de Marshall quedaron pistas ocultas y visiones fugaces de muchos problemas potencialmente difíciles.

En las conclusiones del apartado de los *Principios...* dedicado a los factores de producción, Marshall resumió el conflicto entre los rendimientos crecientes y los rendimientos decrecientes, entre la mano invisible y la fábrica de alfileres, con otra poderosa analogía. Esas empresas, dice, son como los grandes árboles de un bosque. «Tarde o temprano, la edad afecta a todos.»

> Pero aquí podemos extraer una lección de los árboles jóvenes del bosque en su lucha por abrirse paso bajo la sombra entumecedora de sus rivales más viejos. Muchos sucumben en el camino y sólo unos pocos sobreviven; esos pocos son más fuertes cada año que pasa, reciben una cantidad mayor de la luz y aire a

medida que crecen y, al final, sobrepasan a sus vecinos y parece como si crecieran indefinidamente y fueran cada vez más fuertes. Pero no es así. Un árbol puede durar más tiempo en plena lozanía y crecer más que otro, pero tarde o temprano la edad afecta a todos. Aunque los más altos tengan mayor acceso que sus rivales a la luz y al aire, poco a poco van perdiendo vitalidad; y uno tras otro van dejando paso a otros árboles, que, aunque menos poderosos, tienen a su favor el vigor de la juventud.

El concepto de externalidades penetró sin problemas en la literatura. Una vez más, los principales profesionales de la economía consideraron que ésta estaba casi completa. Tan rigurosa era su lógica que su tratamiento del sistema del análisis marginal se comparaba normalmente con los logros de la astronomía clásica o con la tabla de pesos atómicos de la química. En 1908, Marshall dejó la cátedra. Nunca terminó el segundo volumen, nunca volvió al tema del conocimiento como agente de producción, nunca desterró por completo sus dudas sobre la teoría de la productividad marginal, aunque sí llegó a una conclusión sobre el papel de las matemáticas. «Antes de que haya pasado otra generación, probablemente se habrá dejado de poner en duda su dominio en ese limitado, pero importante, campo de la investigación económica para el que es adecuado.» Murió en 1924.

Y cuando los economistas se congregaron dos años más tarde en la Universidad de Chicago para conmemorar el 150º aniversario de la publicación de La riqueza de las naciones, fue el análisis marginalista del valor y la distribución de Marshall el que celebraron implícitamente, no la contribución de Smith. Y por lo que se refiere a sus ideas sobre el reparto del producto nacional entre el capital, el trabajo y la tierra, un prometedor profesor de Chicago llamado Paul Douglas dijo que quizá fuera mejor pasar por encima de ellas en un «discreto silencio» en favor de temas como la división del trabajo, «en los que su talento realista le permitió jugar con ventaja».

A pesar del clima de autocomplacencia reinante en la década de 1920, algunos economistas jóvenes reconocieron que en el sistema marshalliano –en concreto, en su tratamiento de los rendimientos decrecientes– había algo que no era totalmente correcto. En primer lugar, el aparente regalo de las «economías externas» resultó ser algo así como un caballo de Troya. A. C. Pigou, economista cuidadosamente seleccionado para ocupar la cátedra de Marshall en Cambridge, ahora sostenía que las externalidades estaban tan extendidas y eran tan importantes que el Estado debería subvencionar las industrias que mostraran costes decrecientes (las empresas manufactureras) y gravar las que tuvieran costes crecientes (la agricultura y la minería), lo cual constituía una invitación directa a que el Estado gestionara la economía. ¿Podía ser eso realmente lo que había querido decir Adam Smith? Tenía que haber una incoherencia en alguna parte.

Durante la segunda mitad de la década de 1920 hubo, pues, una controversia considerable sobre «las leyes del rendimiento» en las revistas de economía de ambos lados del Atlántico. En Cambridge, John Clapham, profesor de historia económica, se quejó de que su colega más teórico no hubiera puesto ejemplos concretos de rendimientos crecientes externos. Sin efectos que pudieran verse y medirse claramente, ¿no era la categoría una mera «caja económica vacía»? En Chicago, el economista Frank Knight afirmó que, por coherencia lógica, la economía externa de una persona debe convertirse en la economía interna de otra. Y Piero Sraffa, elegante refugiado de la Italia fascista que se había trasladado a Cambridge para estudiar con John Maynard Keynes, señaló que los costes de casi *todos* los bienes de consumo manufacturados estaban bajando. ¿Se debería acaso a las economías externas? En realidad, los rendimientos crecientes son la «única zona de sombra que rompe la armonía del conjunto», dice Sraffa.

Fue un curioso personaje llamado Allyn Young el que casi da en el clavo. Este economista nacido en Ohio apenas se recuerda hoy, pero en la década de 1920 era considerado uno de los principales economistas del mundo. Nacido en 1876, siete años antes que John Maynard Keynes y Joseph Schumpeter, Young cogió la nueva ola del marginalismo en la cresta y subido a ella alcanzó el éxito, a pesar de que proclamara las limitaciones de los nuevos métodos. Durante los primeros años del nuevo siglo, fue un profesor itinerante que, de universidad en universidad, enseñaba la nueva economía allá donde iba. Estando en Stanford, contrató a un desgreñado joven iconoclasta llamado Thorstein Veblen, un refugiado procedente de la Universidad de Chicago. En Cornell, enseñó a Frank Knight; en la Universidad de Michigan, a Edgard Chamberlin; más tarde, los dos iban a situarse en los polos opuestos del debate permanente sobre la naturaleza de la competencia.

En 1920, Young fue llamado a Harvard. Durante ese periodo, se desplazaba habitualmente de Cambridge a Manhattan para asesorar a Ben Strong, gobernador del Banco de la Reserva Federal de Nueva York, que en aquella época también era presidente del Fed. Y cuando, mientras estaba en Harvard, la London School of Economics lo contrató en 1926, se convirtió en el primer estadounidense en ser invitado a enseñar en Inglaterra y, por si fuera poco, en el profesor de economía mejor pagado del Reino Unido. Nada más llegar, fue elegido presidente de la sección F de economía y estadística de la British Association. A su discurso presidencial, que pronunció en Edimburgo, lo tituló «Los rendimientos crecientes y el progreso económico» («Increasing Returns and Economic Progress»). Corría el año 1928.

De entrada, Young confesó a su audiencia que no tenía nada que decir sobre los «atractivos pero muy técnicos» debates en los que estaban enzarzados por entonces los economistas de Cambridge. La geometría y la elegante álgebra de la teoría de la productividad marginal no estaban hechas para él. Quería hablar de la división del trabajo, de ese antiguo tema de Adam Smith, concretamente, de su máxima de que la capacidad de especialización estaba limitada por la extensión del mercado. «Siempre he pensado que ese teorema es una de las generalizaciones más esclarecedoras y fructíferas que pueden encontrarse en toda la literatura económica.» Sin embargo, el principio casi se había olvidado.

¿Por qué? Tal vez, aventuró Young, porque el propio Smith cometió de alguna manera un error cuando, al describir la especialización en la fábrica de alfileres, afirmó que consistía enteramente en la subdivisión de las tareas de siempre. ¿No consistiría la división del trabajo más bien en la utilización del conocimiento adquirido para realizar tareas nuevas y diferentes? Tal vez los fabricantes de alfileres encontraran nuevas aplicaciones para sus alfileres. Tal vez crearan herramientas y troqueles que resultaran útiles a los que se dedicaban a fabricar otros tipos de bienes. Nadie fabricaría un martillo para clavar un solo clavo, dijo Young. Pero, quizá, si encontrara una utilidad a esa herramienta, como clavar muchos clavos, podría a continuación vendérsela a otros para fines distintos. Tal vez otros fabricantes de otras industrias aportaran nuevas máquinas a los fabricantes de alfileres. De esta forma, las propias industrias podrían diferenciarse, en cuyo caso «la progresiva división y especialización de las industrias constituye una parte esencial del proceso por el que se realizan los rendimientos crecientes». La escala era el aspecto crucial.

Young aclaró sus observaciones con tres grandes ejemplos de la década de 1920. Supuso que sus oyentes los conocían por la prensa. Uno era el éxito de Henry Ford en la producción de automóviles, que se concretaba en la gran nueva planta de River Rouge (Dearborn). Otro era el osado intento de Lenin de transformar la atrasada economía de la Unión Soviética en una economía moderna, intento que se conoce con el nombre de Nueva Política Económica. El tercero era el éxito de Estados Unidos que había conseguido superar a Gran Bretaña como potencia económica. En todos los casos, existía una relación entre la escala y la especialización que explicaba el éxito o el fracaso, según Young.

Henry Ford pudo poner en práctica decididamente la producción en serie porque el mercado potencial de sus vehículos producidos de esta forma era enorme. En cambio, Lenin tuvo dificultades para llevar a cabo una transformación de la industria soviética «a la manera de Aladino», no porque no existiera un gran mercado potencial (Rusia era enorme) sino porque no tuvo totalmente en cuenta los costes de crear las industrias complementarias necesarias y de inculcar nuevos hábitos. Y la creciente superioridad económica de Estados Unidos se debía a su enorme mercado interior. Ni siquiera el elevado volumen de comercio existente en el seno de la Commonwealth británica podía superar las ventajas de la proximidad geográfica, de las excelentes redes de transporte y de la gran población de que disfrutaban los fabricantes estadounidenses.

Desgraciadamente, Young no fue capaz de hacer algo más que expresar con palabras lo que pensaba, palabras algo difíciles, además. Por ejemplo, mantuvo el término austríaco «métodos indirectos», que significaba especialización basada en el uso de máquinas, para describir la creciente división del trabajo. Habló de cambio cualitativo, desequilibrio, creciente complejidad, «causación acumulativa», palabras todas ellas en clave para referirse a procesos que aún no se entendían perfectamente. Todavía hoy, la gente que sabe a qué se refería, que ha analizado minuciosamente la lógica de su discurso, tiene dificultades para separar el trigo de la paja.

«Los rendimientos crecientes y el progreso económico» provocó una oleada de admiración en el mundo de la economía. Se alejaba rotundamente del saber convencional de la época. Convenció a un puñado de economistas jóvenes de que reconsideraran sus convicciones, entre ellos a su ayudante en Londres, un joven húngaro emigrado de nombre Nicholas Kaldor. Pero, aparte de eso, tuvo poca repercusión. Fue otro ejemplo del río subterráneo al que alude Kenneth Arrow, que ocasionalmente asoma a la superficie creando el consiguiente revuelo, para desaparecer de nuevo. No era que Young estuviera equivocado; era que su discurso era literario, aunque parecía indicar en ese momento que la economía estaba tomando nuevos derroteros y aumentando su grado de abstracción y generalidad.

El discurso de Edimburgo fue la última oportunidad de Young de influir en la opinión de los economistas. Habiendo decidido regresar a Harvard, murió de gripe en la epidemia de 1929 a los cincuenta y tres años. En octubre, las bolsas se hundieron en todo el mundo poniendo fin a la gran expansión de la década de 1920.

8 LA REVOLUCIÓN KEYNESIANA Y EL MOVIMIENTO MODERNO

Retrospectivamente, es bastante fácil distinguir el cambio de rumbo de la ciencia económica en el siglo xx. En 1930, Inglaterra era su centro mundial, como lo había sido durante 150 años. Los europeos acudían en masa a Londres deseosos de analizar la Gran Depresión. Allí se encontraban con la incomprensión de los avejentados guardianes de la tradición marshalliana. Las principales autoridades en el mundo de la economía, principalmente profesores universitarios de Oxbridge, estaban enzarzadas en una controversia sobre los rendimientos crecientes y decrecientes que era difícil de entender. Los políticos estaban atrapados en una maraña de viejas discusiones sobre la conveniencia del libre comercio y del *laissez faire*. La propia disciplina parecía que casi había dejado de avanzar, mientras el paro superaba el 25 por ciento en el Reino Unido y en otras democracias industriales.

En 1945, la ciencia económica estaba floreciendo de nuevo, optimista, con numerosas ramificaciones, efervescente; su centro de gravedad estaba en Estados Unidos. Antes del cambio de rumbo, los economistas escribían en un estilo literario, raras veces aportaban cifras y proponían teorías. Después, escribían usando matemáticas, pensaban en términos probabilísticos, lo medían todo. Y en lugar de proponer teorías, construían modelos.

¿Qué es lo que había ocurrido? La Gran Depresión, por supuesto. Y John Maynard Keynes. La historia, tal como se cuenta habitualmente, es que se produjo una «revolución keynesiana» a partir de 1935 aproximadamente, justo a tiempo de desvelar los misterios de las fuerzas que habían provocado la recesión mundial sin precedentes y habían salvado el capitalismo industrial del sino de la planificación central.

Keynes había descubierto la «macroeconomía», se decía. Era un mundo extraño en el que la oferta no era necesariamente igual a la demanda, ahorrar no era necesariamente bueno y pedir préstamos no era necesariamente malo, un mundo tan distinto del mundo cotidiano de la «microeconomía», del ahorro y la comparación de los precios, como distinto era, según se decía, el mundo de Einstein del mundo de Newton.

Al mismo tiempo, la flor y nata de una generación de científicos, encabezada por el propio Albert Einsten, se había visto obligada por los nazis a abandonar Europa. Estos refugiados se establecieron en su mayoría en Estados Unidos, provocando un desplazamiento del centro de gravedad de muchos campos de investigación hacia el Nuevo Mundo, incluido el de la economía. Allí, el programa keynesiano sirvió de base a la gran prosperidad que disfrutó el mundo después de la Segunda Guerra Mundial y de la victoria final de Occidente sobre las naciones que habían elegido el comunismo.

Y algo de eso ocurrió, desde luego. Pero ya en los años veinte y principios de los treinta una gran oleada de pensamiento científico nuevo estaba barriendo la ciencia económica, haciendo crecer la ambición de los economistas y poniendo nuevos instrumentos en sus manos. Llamémosla programa moderno, una determinación compartida de sustituir las ambigüedades del razonamiento verbal por métodos más rigurosos. Los fundadores de este movimiento habían nacido a comienzos del siglo XX. Estaban imbuidos del optimismo general sobre las posibilidades de la ciencia que era característico de esa época.

Algunos querían introducir el pensamiento estadístico en la teoría económica con el fin de analizar los datos extraídos del mundo real. Otros estaban más interesados en problemas prácticos de planificación. Y aún había otros que estaban decididos a construir un sistema puramente formal de análisis matemático de las interacciones humanas, a partir de un puñado de axiomas básicos. Y algunos imaginaban una ciencia del comportamiento estratégico. El sello distintivo de todos estos ámbitos de investigación era la preferencia por los métodos matemáticos y la lógica formal: el movimiento moderno había surgido en oposición a la vieja tradición literaria de la economía. El entusiasmo que todos compartían después de 1945 estaba relacionado tanto con la construcción de los instrumentos necesarios para estos nuevos fines como con la «economía keynesiana», más familiar.

Una de las convicciones compartidas por todos los modernistas serios tardó mucho en desarrollarse. Era la convicción de que la división de la disciplina en microeconomía y macroeconomía, tal como la definió Keynes, por útil que pudiera ser al principio, a la larga sería inaceptable. En otras palabras, el primer cometido del proyecto científico era construir los cimientos para comprender los fenómenos macroeconómicos, como el hecho de que los precios no fueran flexibles, basándose en una explicación del comportamiento microeconómico de los individuos. El análisis económico, para ser convincente, tendría que ofrecer una explicación unificada de la conducta económica que empezara por abajo y llegara hasta arriba.

A excepción del erudito John von Neumann (que actualmente es posible que sea tan recordado por sus trabajos sobre la teoría de los juegos como por sus aportaciones a las matemáticas de la mecánica cuántica y a las ciencias de la computación), los pioneros del programa moderno de la economía apenas son recordados fuera del ámbito de la ciencia económica. Nadie personifica mejor el nuevo estilo que Francis Plumpton Ramsey, un prodigio más conocido por el nombre de Frank, que en la década de 1920 estaba revolucionando Cambridge (Inglaterra).

El grado de agitación que había entre los jóvenes de Cambridge en aquella época puede deducirse de una carta que el veinteañero escribió a su amigo Wittgenstein en 1923 (y que Peter Newman, estudioso de Ramsey, ha rescatado):

> No me he dedicado mucho a reconstruir las matemáticas, debido en parte a que he estado leyendo diversas cosas, un poco de relatividad y un poco de Kant y Frege [...] Pero no estoy haciendo absolutamente nada y la mayor parte de mis energías me las ha absorbido desde enero una desdichada pasión por una mujer casada, que me tiene tan trastornado que casi he recurrido al psicoanálisis, y probablemente me habría ido en Navidad a vivir nueve meses a Viena para someterme a un análisis de no haber sido porque de repente me encontré mejor hace quince días; desde entonces estoy contento y he trabajado bastante. Creo que he resuelto todos los problemas sobre los números enteros finitos, salvo los que están relacionados con el axioma de la eficiencia, pero puede muy bien que esté equivocado.

Ramsey nació en 1903, el mismo año que Von Neumann. Era, pues, veinte años más joven que su amigo y tutor John Maynard Keynes. A principios de la década de 1920, estaba claro que Ramsey estaba mucho mejor dotado desde el punto de vista matemático que su tutor para los retos que se avecinaban. Sólo publicó tres artículos de economía, se dice que los tres de gran importancia. El más relevante para nuestra historia, «Una teoría matemática del ahorro» («A Mathematical Theory of Saving»), apareció en *Economic Journal* en 1928, en las páginas inmediatamente posteriores al discurso presidencial de Allyn Young, «Los rendimientos crecientes y el progreso económico».

Quizá nunca haya estado más clara la diferencia entre una gran aportación dentro de la corriente dominante y un clásico oculto. Mientras que Young evitó totalmente las matemáticas, Ramsey recurrió al cálculo de variaciones, raras veces utilizado y algo intimidatorio, para averiguar qué parte de la renta debía ahorrar un país para obtener la máxima satisfacción posible a lo largo del tiempo. Utilizando un modelo en el que el trabajo y el capital generaban conjuntamente una corriente de producción («mermelada», por utilizar la famosa expresión de John Maynard Keynes), parte de la cual se consumía («mermelada hoy») y parte se ahorraba («mermelada mañana») para alcanzar el estado estacionario de «máxima felicidad», Ramsey propuso una respuesta algo complicada, pero precisa, en términos matemáticos: un planificador prudente debería vincular el consumo de mermelada al tipo de interés: consumir más cuando bajara el tipo de interés, menos cuando subiera.

Si hubiera vivido más tiempo, Ramsey podría haberse convertido en uno de los grandes economistas del siglo xx, pues aunque «Una teoría matemática del ahorro» no fue rescatada del olvido hasta la década de 1950 por Robert Solow, fue el inglés Ramsey y no el estadounidense Allyn Young, cuyos métodos e ideas fueron aceptados y llevados al Nuevo Mundo, quien formó parte del movimiento moderno. Pero Ramsey murió en 1930 a los veintiséis años de una ictericia que se le complicó, apenas un año después de que Young sucumbiera a la gripe.

El programa moderno de economía hizo su insólito aterrizaje en Estados Unidos durante la década de 1930, en lo alto de las laderas de las Montañas Rocosas. Alfred Cowles, adinerado corredor de bolsa de Cincinnati, estaba asombrado de que los expertos en predicciones no hubieran previsto la crisis bursátil de octubre de 1929, y no digamos la depresión posterior, más profunda y más persistente que las que había habido hasta entonces. Creyendo que alguien en alguna parte tenía que estar en el camino correcto, Cowles decidió buscar a los mejores estudiosos de la siguiente generación. Su búsqueda lo llevó hasta Irving Fisher, su antiguo profesor en Yale.

La importancia de Alfred Cowles para la economía es principalmente simbólica. Radica en lo que era: un adinerado profesional que no dudó en recurrir a los expertos en busca de asesoramiento. Su abuelo había fundado el *Chicago Tribune*; estaba conectado con la fortuna de la cosechadora McCormick; tenía mucho dinero: estaba interesado en financiar investigaciones que fueran prometedoras. Simbolizaba el creciente reconocimiento de la mayoría de los expertos financieros de que el sistema económico del siglo xx había alcanzado un grado de complejidad que no podían comprender con los métodos conocidos, basados en la intuición y una investigación propia de aficionados. Cowles destaca por recurrir, no a los aficionados que poblaban el paisaje a principios de los años treinta, sino a los universitarios especializados en la investigación económica.

Fisher puso a Cowles en contacto con un grupo de pensadores europeos y estadounidenses que estaban organizando por entonces una nueva asociación internacional dedicada a mejorar la relación de la teoría económica con la estadística y las matemáticas, la Econometric Society, como se llamaría. Más tarde, la palabra «econometría» llegó a tener una connotación muy concreta: era un enfoque deliberadamente empírico de la economía que mezclaba la teoría con la medición y las técnicas estadísticas. Por aquel entonces, significaba poco más que «moderno». El nuevo grupo iba a tener dos tipos de miembros: una asociación relativamente grande de miembros ordinarios y un grupo muy selecto de miembros numerarios (*fellows*) elegidos por otros miembros numerarios; este segundo grupo iba a estar constituido por los economistas de los economistas. La asociación iba a ser meritocrática, rigurosa e intensa.

El primer grupo de veintinueve miembros numerarios estaba integrado principalmente por hombres ya famosos que habían organizado la asociación: los estadounidenses Fisher, Wesley Clair Mitchell y Harold Hotelling, el noruego Ragnar Frisch, el holandés Jan Tinbergen, el austriaco Joseph Schumpeter, el inglés John Maynard Keynes, el francés Jacques Rueff y, aunque nadie sabía si estaba vivo o muerto, el ruso Nikolai Kondratieff (murió seis años más tarde en un campo de trabajos forzados soviético). No estaba el húngaro Von Neumann, que aún se pensaba que sólo era físico, aunque ya había comenzado a dedicarse seriamente a la economía. Fuera de la siguiente selección, que fue la primera verdadera elección, quedaron algunos cuyos nombres iban a resultar muy familiares a los economistas: John Hicks, Piero Sraffa, Friedrich von Hayek, Oskar Morgenstern y Wassily Leontief. Sraffa, profundamente ofendido, pidió que le devolvieran todas las cuotas de socio que había pagado.

Cowles aceptó financiar la nueva revista de la asociación, *Econometrica*.[1] Creó una organización, la Comisión Cowles, para fomentar también el nuevo tipo de investigación. Para gestionarla, contrató a Charles Roos, profesor de la Universidad de Cornell que estaba harto de ser director de investigación de la National Recovery Administration y lo instaló en Colorado College, cerca del rancho de vacaciones de Cowles. Y durante los años siguientes, la Comisión Cowles reunió todos los veranos a destacados economistas matemáticos de todo el mundo en una escuela de verano. La manifestación más visible del estilo moderno formal de la economía echó, pues, raíces en la década de 1930 a la sombra de Pikes's Peak.

Durante varios años, hubo un continuo flujo de destacados pensadores que pasaban un tiempo en Cambridge (EE UU) o en Nueva York e iban después en

---

[1] En 1933, también apareció una segunda revista que ponía énfasis en los métodos formales, la Review of Economics Studies, publicada por un grupo de jóvenes economistas británicos y estadounidenses en Londres. El movimiento moderno en economía iba a tener muchas fuentes.

tropel a Colorado para asistir a este campamento de verano intelectual. Allí, y en los seminarios y los comedores de las grandes universidades, tuvieron lugar animadas conversaciones sobre cómo sería la economía en los años venideros. Hablaban de política económica; del entusiasmo que estaban despertando los avances de las matemáticas y de la física que se estaban realizando en Europa; de las relaciones entre las ciencias; de lo que hacía falta para crear una economía verdaderamente científica. Pero cualquiera que fuera el tema del que hablaran durante el almuerzo en Colorado, después de la cena a veces tenían que dejar de hablar y dedicarse a escuchar, pues los economistas de la Comisión Cowles, como casi toda la gente en el mundo industrial de la década de 1930, escuchaban la radio. Era la radio la que traía las noticias procedentes de la tormentosa Europa así como la música de Nueva York. Y, al menos en la Comisión Cowles, casi todo el mundo comprendía que la historia de la radio constituía una asombrosa demostración del poder del método axiomático para producir cosas buenas. Este maravilloso invento era el resultado de aplicar un par de ecuaciones matemáticas.

Para comprender por qué la historia de la electricidad pudo ser no sólo interesante sino también importante para los economistas que integraban el movimiento moderno, basta recordar que la física del electromagnetismo tenía pocos años más que su propia ciencia. En la época en que Adam Smith escribió La riqueza de las naciones, en el siglo XVIII, el fenómeno del electromagnetismo aún era un absoluto misterio; la conexión de la electricidad con el magnetismo todavía no se había observado. Benjamín Franklin –casi contemporáneo de Smith– lanzaba alegremente en plena tormenta cometas de las que pendían botellas de Leyden.

Pero Franklin describió sus experimentos en una serie de artículos reunidos y publicados en 1751 con el título de *Experimentos y observaciones sobre la electricidad* (*Experiments and Observations on Electricity*). En ese libro acuñó muchos de los términos que aún se utilizan en la actualidad: batería, conductor, condensador, carga, descarga, electricista, etc. Y poco después, el estudio teórico de la electricidad se fundía con la investigación aplicada. Se había convertido en una disciplina con su propia comunidad de investigadores. Y a partir de 1820, la comprensión de estos fenómenos evolucionó a pasos agigantados gracias a una generación de científicos experimentales que trabajaban principalmente en el laboratorio.

En Londres, Humphrey Davy formuló el campo de la electroquímica. Su alumno Michael Faraday construyó un generador rudimentario, que llamó magneto, para transformar la energía mecánica en electricidad. Unas décadas más tarde, había inventores por todas partes, desarrollando generadores más sofisticados, lámparas de arco para faros, bombillas, centrales eléctricas, líneas de transmisión, y todo lo demás. Al mismo tiempo, los físicos académicos fueron describiendo aspectos básicos de la electricidad. De ahí surgieron las leyes de la fuerza eléctrica y magnética de Coulomb, la ley de Ampere, la ley de la inducción de Faraday, la ley de la resistencia de Ohm, extraídas todas ellas de diversos experimentos, cada una independientemente de las demás. Entretanto, los inventores continuaban descubriendo aplicaciones prácticas de la electricidad.

En 1864, un físico escocés llamado James Clerk Maxwell tuvo una de las ideas más notables en la historia de la ciencia. Tres años antes, había diseñado un modelo mecánico de lo que llamó campo electromagnético, un tablero de madera al que sujetaba una serie de ruedas giratorias y ruedas de transmisión para representar las fuerzas físicas. Poco después, dejaba a un lado el modelo físico que había construido para comprobar su propia teoría y resumía sus resultados en unas cuantas ecuaciones sencillas que describían las relaciones fundamentales entre la luz, la electricidad y el magnetismo. ¡Eso sí es parsimonia científica! Las ecuaciones de Maxwell no sólo unificaron todas las leyes anteriormente dispares. Fueron mucho más allá, sugiriendo la existencia de todo un espectro de energía, imposible de detectar en su mayor parte por los sentidos del hombre. Durante los años siguientes, los físicos debatieron sobre la existencia real de esta radiación, muchos criticando el enfoque axiomático y las nuevas y elaboradas matemáticas que lo sustentaban.

El debate experimentó un brusco cambio con la confirmación de los hallazgos de Maxwell. En 1888, un joven estudiante alemán de doctorado, Heinrich Hertz, empapado en las teorías de Maxwell, ideó un ingenioso experimento. Colocó en un extremo de una habitación un par de pernos de cobre conectados cada uno a una bobina de inducción y separados por un espacio tal que podían saltar chispas; lo llamó «oscilador eléctrico». En el otro extremo de la habitación colocó un receptor en forma de bucle, una antena con dos pernos similares de cobre también un poco separados. Cuando saltaban chispas en el oscilador (el transmisor), también saltaban chispas como por arte de magia en el receptor situado en el otro extremo de la habitación exactamente de la forma y *a la velocidad* (la de la luz) que implicaban las ecuaciones de Maxwell. Hertz había demostrado para satisfacción de casi todos los conocedores del tema, la existencia de las ondas electromagnéticas que había predicho Maxwell. Éstas eran similares al calor y a la luz, pero totalmente invisibles a simple vista. Una vez medida la longitud de estas ondas, Hertz había obtenido «una victoria experimental tan decisiva como la más decisiva de ellas en la historia de la ciencia», como la describió más tarde el historiador C. C. Gillispie. Un misterioso continente de energía había sido descubierto por un físico con el coraje necesario para abandonar su tablero de madera lleno de ruedas de metal en favor de las matemáticas y había sido confirmado por un físico experimental que aplicó su lógica.

Las ecuaciones de Maxwell abrieron muchos caminos: la teoría de la relatividad y la mecánica cuántica, por un lado, y una cornucopia de aplicaciones prácticas, por otro. Se desarrolló la telegrafía sin hilos y, posteriormente, la radio. Se descubrieron los rayos X, se desarrolló la teoría cuántica, la división del átomo, se inventaron los transistores y los semiconductores. Maxwell, Hertz y otros físicos estaban forzando a los que querían ser inventores y científicos industriales a depender más de los conocimientos científicos.

Mientras las abstracciones de la ciencia estaban demostrando que tenían aplicaciones prácticas, las matemáticas puras también estaban haciendo inesperadas aportaciones. Por ejemplo, los matemáticos que se encontraban en la vanguardia de su disciplina a principios de los años veinte investigando la solución de ecuaciones con un número infinito de incógnitas, estaban trabajando en lo que llamaban la teoría de los «espacios» funcionales, incluido el espacio con un número infinito de dimensiones, un caso bastante claro de la abstracción por la abstracción. Fue entonces, en 1927, cuando el joven John von Neumann demostró que precisamente ese formalismo podía ser el instrumento correcto para resolver las aparentes contradicciones de las dos teorías empíricas opuestas de la mecánica cuántica recién descubierta: la ecuación de onda de Schrödinger y la mecánica matricial de Heisenberg. Von Neumann lo llamó espacio de Hilbert en honor a su maestro, el gran matemático alemán David Hilbert. Entre sus otras innumerables aportaciones a comienzos del siglo xx, Hilbert había desarrollado el concepto de esos espacios aprovechando la interesante conexión entre la geometría y el álgebra que se había reconocido desde el siglo xvii, cuando Descartes planteó por primera vez la representación gráfica de las ecuaciones. No tardaría mucho en resultar útil a los economistas.

En la década de 1920, las escuelas de ingeniería de todo el mundo estaban creando departamentos de ciencia básica y de matemáticas y los profesores estaban comenzando a trabajar regularmente como consultores para la industria. Sin embargo, los inventos no se transmitían de arriba abajo, en un proceso lineal. Thomas Edison y otros como él siguieron valiéndose de sus conocimientos de lo que Edison llamaba «ciencia básica» para lograr notables resultados. Pero con Maxwell, la *teoría* se adelantó finalmente a la *práctica*, al menos en física, gracias al enfoque axiomático.

No es de extrañar, pues, que los jóvenes economistas que trazaron los planes del programa moderno en las décadas de 1920 y 1930 confiaran en seguir este ejemplo. La misma pasión que había llevado a Frank Ramsey a leer sobre la teoría de la relatividad, el psicoanálisis y la teoría de los números enteros impulsó a algunos de sus más brillantes contemporáneos a adoptar el enfoque axiomático. La idea era seguir los pasos del gran Euclides, que había formulado los axiomas de la geometría. Se trataba de comenzar con unos cuantos postulados básicos considerados verdaderos y, por tanto, sin necesidad de ser demostrados. Añadir algunas definiciones. Basarse en ellas demostrando que cada nuevo teorema es el resultado lógico de una proposición demostrada anteriormente, haciendo constantes comprobaciones para asegurarse de que los hechos descritos por el modelo se corresponden con la realidad, hasta que todos los hechos importantes de un campo de investigación se hubieran establecido de forma axiomática lógica. Se suponía que a partir de ese momento comenzarían a obtenerse nuevos descubrimientos, como había ocurrido en el caso de William Harvey y James Clerk Maxwell. En 1892, Irving Fisher construyó una máquina hidráulica con bombas, flotadores, tubos y ruedas para explicar el principio del equilibrio general en economía: la interdependencia de cada hecho con todos los demás. La verdad es que a finales de la década de 1920, eso parecía cuanto menos pintoresco.[2] La economía, al menos la de vanguardia, estaba comenzando a escribirse enteramente en matemáticas. Los economistas también habían tirado a la basura el tablero de madera.

La escuela de verano de Cowles no era más que una cabeza de playa. En Europa, se tenía la sensación de que se estaba agotando el tiempo. La gran emigración de intelectuales a Estados Unidos había comenzado, primero de la Rusia soviética en la década de 1920 y después de la Alemania nazi en la de 1930 y de los países que posteriormente fue conquistando. Algunos de los refugiados europeos interesados en las ciencias sociales fueron a centros de investigación como el Rockefeller Institute (hoy Rockefeller University) en Manhattan y el famoso y nuevo Institute for Advanced Study de Princeton, que acogió tanto a Einstein como a Von Neumann. Se suponía que en dichos lugares, estos gigantes iban a realizar sus investigaciones libres de los enredos del mundo real, como las obligaciones docentes. Pero la inmensa mayoría de los emigrantes fueron a departamentos de economía de diferentes universidades (la New School for Social Research de Nueva York, fundada por un grupo de profesores que abandonaron en 1919 la Universidad de Columbia, se convirtió en un hogar para muchos). La economía estaba profesionalizándose. Los economistas cada vez escribían más únicamente para otros economistas, en revistas cada vez más especializadas. El movimiento moderno estaba a punto de nacer.

Sin embargo, antes de que las matemáticas se convirtieran en la lengua franca de la economía, un economista inglés iba a escribir un último capítulo en una prosa impresionante e inimitable.

---

[2] En 1925, Fisher todavía construyó una segunda versión de su modelo, aunque principalmente con fines retóricos.

Todavía hoy, John Maynard Keynes ocupa un lugar tan importante que es difícil imaginar que hubiera una época en la que no fuera el economista más famoso del siglo xx. Pero en 1929 Keynes no era más que uno entre muchos y no era considerado en modo alguno como el más profundo o el mejor. Era una autoridad en temas monetarios en la City (que es como se conoce el distrito financiero de Londres). Gracias a haber trabajado en la función pública, a menudo solicitaban su opinión sobre política económica. Pero en Cambridge era más conocido por gestionar las finanzas de su universidad que por su docencia.

No es que Keynes pasara desapercibido; eso nunca. En primer lugar, era (al igual que su amigo Frank Ramsey) el brillante hijo de un profesor de Cambridge: el padre de Keynes era economista y colega de Alfred Marshall; su jovial madre era hija de un conocido pastor. Tras estudiar matemáticas y a los clásicos en Eton, el joven Maynard se convirtió en el alumno más brillante de Marshall. Al igual que muchos licenciados de Cambridge en aquella época, quedó fascinado por el filósofo G. E. Moore, entró en la sociedad secreta conocida con el nombre de los Apóstoles y dedicó una gran cantidad de sus energías a asuntos homosexuales. Keynes nunca se licenció en economía sino que hizo directamente oposiciones a la administración pública.

Trabajó en la oficina de la India y para el Tesoro durante la Primera Guerra Mundial y formó parte de la delegación británica en la Conferencia de Paz celebrada en París en 1919. *Las consecuencias económicas de la paz* (*The Economic Consequences of the Peace*), su enconada denuncia de los términos del tratado, lo hicieron famoso a los treinta y seis años, y durante los veinticinco años siguientes estuvo en el centro de los asuntos públicos ingleses. Se integró en el grupo literario conocido con el nombre de grupo de Bloomsbury, escribió un tratado de probabilidad y en 1925 contrajo matrimonio con la bailarina rusa Lydia Lopokova en una boda de sociedad. Tenía talento para la especulación y amasó una gran fortuna, la perdió y pronto volvió a recuperarla. Fue también asesor del Tesoro. Y por si eso fuera poco, alto como era y elegantemente vestido, destacaba allá donde iba.

A pesar de todo eso, cuando se aproximaba a los cincuenta años, Keynes estaba eclipsado por los líderes de su generación de economistas. Su *Tratado sobre el dinero* (*Treatise on Money*) publicado en 1930 se había recibido con indiferencia. Arthur Cecil Pigou, seis años mayor que él, era «el profesor» en Cambridge, el único «profesor» indiscutido permitido en el sistema inglés. Los colegas más jóvenes, entre los que se encontraban Dennis Robertson y Hubert Henderson, eran más conocidos que él. El flamante austriaco Joseph Schumpeter estaba enseñando en Londres; otro austriaco, que llegó más tarde, Friedrich von Hayek, se convirtió en el centro de atención. A principios de la década de 1930, Keynes no era más que otro economista. Sin embargo, diez años más tarde, eran muchos los que opinaban que había resuelto el misterio del ciclo económico.

El capitalismo había padecido pánicos bancarios periódicamente al menos desde 1837, pero el que comenzó el Martes Negro de octubre de 1929 fue con mucho el peor de todos. Se perdieron fortunas y se declararon quiebras, pero lo más alarmante de todo fue la subutilización de los recursos. El paro aumentó hasta afectar a cerca de un 25 por ciento de la población activa en Estados Unidos y Europa. El propio volumen de producción disminuyó un tercio durante la década de 1930; su valor monetario se redujo a la mitad. Y apenas se hicieron nuevas inversiones. Los efectos se dejaron sentir en todo el mundo. El crítico Edmund Wilson lo comparó con un terremoto. La propia ciencia económica se encontraba en estado de sitio. ¿Era éste el hundimiento del capitalismo que Marx había predicho?

La crisis catapultó a Keynes. Al principio, Keynes sólo tenía en su cabeza una visión preanalítica a la que llamó «la gran cosa vaga», una convicción que parecía que contradecía lo que le habían enseñado cuando estudiaba en la universidad. Poco a poco, esa idea fue cobrando claridad hasta convertirse en un libro, *Teoría general de la ocupación, el interés y el dinero* (*The General Theory of Employment, Interest and Money*), que presentó capítulo por capítulo a un grupo de acólitos de Cambridge, conocido entre sus miembros por el nombre de «el Circo» y, más tarde, a un entusiasmado seminario de colegas y alumnos realizado a medio camino entre Cambridge y Londres. En el centro de la *Teoría general...* estaba la idea de que podía haber una superabundancia general, es decir, la posibilidad de que, los consumidores no estuvieran dispuestos a comprar todo lo que se había producido y de que ello acabara en una depresión que durara indefinidamente hasta que se *hiciera* algo. En otras palabras, la tendencia de la mano invisible a corregir el desequilibrio podía fallar.

En realidad, Malthus ya había prevenido 120 años antes precisamente contra esta posibilidad en la primera reunión del *Political Economy Club*, pero había sido descartada por los seguidores de Ricardo, que creían que la oferta creaba automáticamente su propia demanda. Pero Malthus tenía razón y Ricardo no, decía Keynes. La petulante complacencia del análisis económico no tenía razón de ser. Las economías industriales modernas tenían tendencia a estancarse con elevados niveles de paro. La gran amenaza era una insuficiencia de la demanda agregada, no de que hubiera un exceso de acumulación.

La solución estaba implícita en el diagnóstico: el Estado debía suplir la falta de demanda agregada, endeudándose para gastar el dinero que no tenía. Si el Estado podía «activar la maquinaria», empujar la economía hacia el pleno empleo, en seguida lo alcanzaría por sí sola (en otras palabras, decía Keynes, «tenemos un problema con la magneto [generador] [como en un automóvil]. ¿Cómo podemos volver a arrancar en ese caso?»). Pero mientras que el debate público continuó usando analogías caseras, los economistas iban a crear un vocabulario nuevo y complicado con el que debatir entre ellos las causas de la crisis y la depresión posterior.

El franco reconocimiento de que no siempre se podía depender del mercado para hacer las cosas bien trastocaba por completo el saber establecido. Planteaba la posibilidad de que existieran «equilibrios múltiples». En lugar del mejor equilibrio posible, único, general y fiable de la oferta y la demanda que se suponía que la mano invisible producía, también era posible un equilibrio con un elevado paro. La economía podía «quedarse atascada», lejos de su equilibrio de pleno empleo. Se identificaba un nuevo mecanismo para explicar esta posibilidad: la rigidez de los salarios, o sea, una situación en la que los empresarios y los trabajadores no estaban dispuestos a ajustar los salarios. Los factores psicológicos cobraron importancia por primera vez y se hablaba de la «preferencia por la liquidez» y de la «propensión al consumo», que se rebautizaría con el nombre de «función de consumo». En medio de la chispeante prosa, en lugar de los habituales diagramas, había en la *Teoría general...* unas cuantas ecuaciones diseminadas, justo las suficientes para ofrecer a los lectores de Keynes un nuevo estilo de argumentación. Pero en el libro coexistían otras muchas líneas argumentales, no todas mutuamente coherentes; aunque tenía unas cuantas ecuaciones, era más literario que otra cosa.

Se dijo que con este libro Keynes había inventado la macroeconomía, que había comenzado a desvelar los secretos del funcionamiento de la economía en su conjunto, especialmente las patologías que afectaban a todo el sistema: el paro, el subempleo e incluso el propio ciclo económico. En Europa, otros economistas habían estado trabajando en la misma línea: el economista polaco Michal Kalecki, el noruego Frisch, el holandés Tinbergen. Pero fue Keynes el que causó más impresión. Incluso su máximo rival, «el profesor» Pigou, acabó coincidiendo con él: «Que yo sepa, nadie antes que [él] había reunido todos los factores relevantes, reales y monetarios, en un único sistema formal, con el que poder investigar de una forma coherente su interdependencia».

Keynes era, además, un magnífico publicista de sus propias ideas. Ahí estaba el portentoso título que escogió para su libro, «La teoría *general*», quizá para recordar al lector a Albert Eistein, cuya teoría general de la relatividad había revolucionado la física doce años antes (¡por no hablar del hábito de Keynes de coleccionar primeras ediciones y manuscritos de Isaac Newton!). También estaba su famosa carta a George Bernard Shaw: «Creo que estoy escribiendo un libro de teoría económica que revolucionará en gran medida –supongo que no inmediatamente, pero sí en los próximos diez años– la forma en que se analizan en el mundo los problemas económicos».

A lo que Keynes *no* se refirió en la *Teoría general...*, ni siquiera de pasada, fue a la controversia que había mantenido ocupada a la Universidad de Cambridge durante la década anterior aproximadamente, a saber, el conflicto entre los rendimientos crecientes y los rendimientos decrecientes y la contribución de los primeros al crecimiento económico. No había nada sobre externalidades en el libro, nada sobre si los rendimientos crecientes continuarían venciendo a los rendimientos decrecientes clásicos. Para Keynes, la depresión parecía que tenía poco que ver con los presentimientos de un agotamiento de los recursos que tanto habían preocupado a Ricardo. Keynes no temía que los rendimientos decrecientes se hubieran adueñado de la economía. La depresión no se debía a la falta de capacidad productiva sino a todo lo contrario. El problema no era el crecimiento económico; era cómo estabilizar el ciclo económico.

En realidad, Keynes había expuesto sus ideas sobre el crecimiento unos años antes en una charla que tituló «Las posibilidades económicas de nuestros nietos» («Economic Possibilities for Our Grandchildren»). En su versión impresa, el ensayo es básicamente una formulación literaria del modelo del ahorro óptimo de su alumno y buen amigo Frank Ramsey. Aventuraba que la humanidad sólo tardaría otros cien años aproximadamente en alcanzar su estado estacionario. Lo que le preocupaba era la posibilidad de que antes de que la economía alcanzara su destino final, se saliera de la carretera y se fuera a la cuneta.

Pues eran tiempos difíciles. En 1936, el paro aún era de casi un 25 por ciento en Inglaterra. En la Unión Soviética, estaban comenzando las purgas. En medio del estado de confusión de la Gran Depresión, Keynes comprendió que la gente quería que se tomaran medidas. Lorie Tarshis, economista canadiense y uno de los primeros conversos que escribió el primer libro de texto keynesiano, lo describió de esta forma: «Lo que Keynes ofrecía era esperanza, la esperanza de que pudiera restablecerse la paz y mantenerse sin el apoyo de campos de concentración, ejecuciones y brutales interrogatorios. En esos años, muchos de nosotros pensábamos que siguiendo a Keynes [...] podríamos convertirnos cada uno de nosotros en un médico para el mundo entero».

Con la aparición de *La Teoría general...*, los economistas de vanguardia se dividieron en dos grandes grupos. Algunos se convirtieron en keynesianos, interesados por la política económica. Otros siguieron siendo modernos o fueron atraídos por el movimiento modernizador. Claro que muy pocos eran sólo lo uno o lo otro; casi todos actuaban movidos por una mezcla de motivos. Las diferencias estaban relacionadas, no tanto con su posición política, liberal o conservadora, como con la forma de enfocar los problemas y las posibilidades del momento. Era ante todo una cuestión de estrategias de investigación diferentes, que se debían a temperamentos, expectativas y ambiciones diferentes.

En *El cuadrante de Pasteur: ciencia básica e innovación tecnológica* (*Pasteur's Quadrant: Basic Science and Technological Innovation*), el politólogo Donald Stokes hizo una distinción entre dos motivos muy diferentes que llevaban a los científicos a investigar —las consideraciones prácticas y la búsqueda del conocimiento fundamental— y dibujó una matriz que se parecía a la de la figura de abajo. La casilla superior izquierda la llamó así en honor a Niels Bohr, el físico danés de cuya búsqueda, durante su juventud, de un modelo de la estructura atómica decía que era «un puro viaje de descubrimiento» realizado sin pensar en sus aplicaciones prácticas. La casilla inferior derecha seguía la tradición del gran inventor estadounidense Thomas Edison, una «investigación guiada únicamente por objetivos aplicados, que no pretendía comprender de manera general los fenómenos de un campo científico». El cuadrante inferior izquierdo no estaba realmente vacío, decía Stokes; correspondía a los observadores atentos que sentían una gran curiosidad por fenómenos concretos. Podría corresponder fácilmente tanto a los muchos ornitólogos que contribuyeron con sus observaciones sobre las distintas especies de aves a que pudiera publicarse un libro como la *Peterson's Guide to the Birds of North America*, como al legendario astrónomo Tycho Brahe, que fue anotando los datos que necesitó Johannes Kepler para demostrar que las órbitas de los planetas eran elípticas.

La investigación está inspirada por

		¿Consideraciones prácticas?	
		No	Sí
Búsqueda del conocimiento fundamental	Sí	Ciencia básica pura (Bohr)	Ciencia básica pura enfocada al uso (Pasteur)
	No		Ciencia pura aplicada (Edison)

Para Stokes el mayor rendimiento de la inversión social en ciencia parecía que provenía del *cuarto* cuadrante, de la casilla superior derecha a la que llamó «investigación básica enfocada al uso», es decir, de los trabajos que tratan de expandir las fronteras del conocimiento en conexión con un problema acuciante. A esta casilla la llamó así en honor a Louis Pasteur, el progenitor de la teoría de los gérmenes que desarrolló también muchas tecnologías fundamentales de la salud pública. Pero Stokes añadía enseguida que el proceso no era en absoluto lineal. La investigación básica teórica más pura a veces producía rápidamente resultados muy prácticos y viceversa, y en toda ciencia había muchos más tonos y voces que en cualquier sinfonía. No existía un enfoque «correcto», salvo escuchar a los propios científicos.

Para Stokes, John Maynard Keynes pertenece, al menos en lo que se refiere a su «gran» obra, al cuadrante de Pasteur. Sin embargo, para nuestros fines probablemente sea Paul Samuelson (a quien conoceremos en el siguiente capítulo) el mejor ejemplo en economía de la investigación básica enfocada al uso, mientras que Keynes (y más tarde Milton Friedman) quizá encaje mejor en la viva tradición de la investigación económica aplicada. Es decir, a Keynes le interesaba más obtener resultados prácticos que comprender de forma más general la economía.

La tradición keynesiana atrajo inmediatamente a los economistas interesados en las aplicaciones prácticas que estaban decididos a conseguir que la economía *funcionara* de nuevo. Normalmente (pero no siempre), tenían firmes convicciones políticas. Se consideraban, desde luego, investigadores económicos. Sin embargo, lo que los movía principalmente era el objetivo de utilizar, domar y canalizar las poderosas fuerzas del ciclo económico en beneficio de la humanidad, como si fueran *ingenieros* con inclinaciones científicas (si eran estadounidenses), o diagnosticar, prescribir y curar sus males como si fueran *médicos* (si eran británicos). Es decir, los economistas que seguían la tradición keynesiana compartían una filosofía de investigación práctica, clínica y orientada hacia la acción. Para ellos la economía era ante todo un conocimiento *útil*.

Los modernistas, por el contrario, eran mucho más propensos en privado a comparar su empresa con la nueva física cuántica o con la naciente biología molecular. Pensaban que la tarea de comprender el mundo económico era un fin en sí mismo y, a veces, sobre todo cuando eran economistas matemáticos, no más práctica que la creación de *belleza*, palabra que se emplea frecuentemente en matemáticas. No ponían el acento en la relevancia sino en el rigor, no porque no les interesaran los problemas del mundo, sino porque estaban convencidos de que, para que el conocimiento que creaban fuera realmente fiable, sería necesario contar con unos fundamentos profundos y sólidos. En las décadas de 1930, 1940 y 1950, era más probable que estuvieran relacionados con la Comisión Cowles y con la RAND Corporation que, por ejemplo, con la Brookings Institution o con el National Bureau of Economic Research.

En Estados Unidos, los economistas ingenieros/médicos interesados en la política económica no tardaron mucho en dividirse en dos grupos, los keynesianos y los antikeynesianos (en Cambridge, Inglaterra, se estableció un tercer grupo de keynesianos radicales, para los que Karl Marx se convirtió poco a poco en una figura persuasiva; pero fueron quedando cada vez más aislados). Los keynesianos estadounidenses eran, por lo general, ligeramente de centro-izquierda; se quedaron con el estandarte. Los antikeynesianos estadounidenses se reinterpretaron como monetaristas. Los keynesianos eran partidarios de la adopción de medidas que tendían a depender de la intervención del Estado; los monetaristas eran partidarios, por lo general, del *laissez faire* y trataban de limitar la discrecionalidad de los gobiernos por medio de diversas reglas. Sin embargo, los keynesianos y los monetaristas, por mucho que discreparan sobre los distintos mecanismos a aplicar, coincidían en que estas cuestiones eran urgentes y en que había que hacer algo. No así los modernos, que estudiaban cuestiones que se consideraban más abstrusas. Finalmente, los economistas del movimiento moderno, orientados hacia la ciencia básica, crecieron hasta experimentar también el mismo tipo de división política. Sus miembros se escindieron entonces en dos escuelas, la de Agua Salada y la de Agua Dulce, llamadas así por las regiones del país en las que se encontraban sus principales centros de investigación, junto al mar o junto a los grandes lagos. Y toda la controversia tenía su origen, en cierto sentido, en Keynes, cuyo descubrimiento de la paradoja de la frugalidad había desencadenado un debate que duró setenta y cinco años.

Como clínico, John Maynard Keynes era soberbio. Entendía de mercados. Entendía de política. Entendía de psicología. Como detective económico, no tenía rival, salvo, quizá, Sherlock Holmes. Sin embargo, como economista científico tenía algo de charlatán. Estaba más próximo a un médico que dependiera de su intuición para hacer un diagnóstico inspirado[3] que de un teórico decidido a formular su análisis en términos rigurosos para asegurarse de estar en lo cierto; era un hombre con prisas, más interesado en convencer a los políticos de que actuaran que de resolver las dudas de sus colegas economistas. En su vocación por llegar a la audiencia más amplia posible, Keynes había hecho una caricatura de la ortodoxia marshalliana. Declarándose contrario a «los clásicos», había exagerado la originalidad de su obra. Había roto los lazos con el resto de la disciplina (por

---

[3] En un maravilloso momento de falsa humildad, Keynes dice al final de la Teoría general...: «Si los economistas pudieran conseguir que se pensara de ellos que son personas competentes y humildes como los dentistas, sería espléndido». De hecho, la macroeconomía de Keynes probablemente tiene más en común con el psicoanálisis de Sigmund Freud: es un brillante mapa mental, de un territorio, por lo demás, misterioso.

ejemplo, no había más que un diagrama marshalliano en todo el libro). Ahora había que reconstruir estos lazos.

En 1937, a Keynes le salió un intérprete, un líder que, entendiendo el movimiento modernizador, estaba dispuesto a traducir las ideas keynesianas a unos términos que tanto los clásicos como los modernos comprendieran, y tenía la capacidad para hacerlo. John Hicks era todo lo que no era Keynes: modesto (al menos a primera vista), formado en Oxford, residente en Londres, matemático y, sobre todo, joven. A los cincuenta y tres años, Keynes era, al igual que su rival Joseph Schumpeter, un eminente edwardiano; Hicks, a los treinta y tres años, era hijo del nuevo siglo (su año de nacimiento, 1904, lo colocó, junto con Von Neumann y Ramsey, entre los miembros más viejos de la generación integrante del movimiento moderno). Era profesor de la London School of Economics y autor de *Valor y capital* (*Value and Capital*), un análisis matemático pionero de los modelos de equilibrio general que iban a aparecer en 1939; la versión más convincente, hasta ese momento, de esta visión global en la que Marshall había soñado y Walras había descrito. Hicks había llegado, además, a las mismas conclusiones que Keynes, más o menos independientemente, a saber, que los mercados podían realmente «quedarse atascados».

Casi sin pensarlo, Hicks escribió un artículo titulado «Mr. Keynes y los clásicos» («Mr. Keynes and the Classics»). Con un par de diagramas marshallianos y un par de ecuaciones algebraicas, Hicks reformuló el mensaje verbal de Keynes en un sencillo modelo que relacionaba la renta, el interés, el ahorro y la inversión: la «oferta agregada» de bienes y la «demanda agregada» de bienes, en forma de dinero. De repente, se hizo la luz entre los economistas (ese año Roy Harrod y James Meade presentaron en las mismas reuniones de la Econometric Society modelos parecidos, pero el de Hicks ganó facilmente). El mensaje de Keynes, traducido a términos familiares y expresado con variables que podían medirse y comunicarse y quizá incluso manipularse, se extendió como un reguero de pólvora entre los jóvenes. «Los economistas penetraron más fácilmente en la espesura de la prosa de Keynes –diría más tarde el propio Paul Samuelson–. De hecho, hay razones para creer que el propio Keynes no entendió realmente su análisis hasta que aparecieron los modelos matemáticos.»

Así pues, la tarea de tender el puente entre los dos bandos, los clásicos de la generación más vieja y los nuevos keynesianos ingleses radicales de la nueva, recayó en Hicks. En 1935, se trasladó de Londres a Cambridge. Su intento de mediación no prosperó; la brecha entre los jóvenes aspirantes a revolucionarios y los conservadores de la tradición marshalliana era demasiado grande y, además, ninguna de las dos facciones de la orgullosa y vieja universidad estaba muy interesada en el estilo analítico del movimiento moderno, del que Hicks era un excelente ejemplo. Así pues, en 1937 Hicks recogió sus bártulos y abandonó Cambridge camino de Manchester, donde pasó la guerra dedicado a la docencia, mientras en Estados Unidos era leído atentamente por los estudiantes de doctorado.

Ese mismo año Keynes sufrió un ataque al corazón, que lo dejó debilitado y algo desconectado. Aunque continuó asesorando en materia de finanzas internacionales y política económica al más alto nivel hasta su muerte en 1946, el liderazgo científico ya había pasado a la siguiente generación. En Alemania, en Italia y en otros países, hacía tiempo que había comenzado el éxodo. El futuro de la economía se encontraba en Estados Unidos; su pasado en Inglaterra, aunque Hicks (que se trasladó a Oxford después de la guerra) siguió teniendo influencia debido a su enorme claridad y a su insistencia.

En una cuestión fue Hicks especialmente firme. En el nuevo análisis de equilibrio general del que había sido pionero, los rendimientos crecientes no tenían cabida, al menos no con el tipo de análisis que se practicaba entonces. La fábrica de alfileres estaba fuera de las fronteras. Su tratado *Valor y capital* se basaba en el supuesto de la competencia perfecta. Si se abandonara, decía Hicks, «se pondría en peligro la mayor parte de la teoría del equilibrio general».

9 «LAS MATEMÁTICAS SON UN LENGUAJE»

A finales de la década de 1930, el centro de gravedad de la ciencia económica se desplazó de Inglaterra a Estados Unidos. Ninguna barcaza ceremonial transportó los textos sagrados. No apareció ningún anuncio en los periódicos. Sin embargo, con la llegada de innumerables refugiados europeos, los debates sobre las fronteras de la disciplina que habían tenido lugar principalmente en Londres, Viena y Berlín se trasladaron al Nuevo Mundo: el núcleo de la revolución keynesiana se desplazó a Cambridge (EE UU) y el programa, más difuso, del movimiento moderno se trasladó, breve pero simbólicamente, a las Montañas Rocosas. Durante los diez años siguientes, las dos tradiciones, la ingeniería económica y la ciencia económica, se mezclaron y se fundieron hasta llegar a ser difíciles de distinguir.

Ningún economista personificó mejor que Paul Samuelson *tanto* la revolución keynesiana *como* el movimiento moderno, así como el conflicto entre los medios y los fines que latía en el fondo de esa división. Samuelson sólo tenía veinte años cuando llegó a la Universidad de Harvard, en el otoño de 1935, para estudiar el doctorado, recién graduado en economía en la Universidad de Chicago.

Durante los diez años siguientes, Samuelson codificó una gran parte del nuevo enfoque axiomático en un manual matemático llamado *Fundamentos del análisis económico* (*Foundations of Economic Analysis*). A continuación, presentó el nuevo enfoque a los estudiantes de primer curso de carrera en su influyente libro de texto titulado *Economía* (*Economics*), que ponía el énfasis en la aportación keynesiana con su distinción entre microeconomía y macroeconomía. Con este enfoque en dos niveles –*Fundamentos...* para los economistas académicos y *Economía* para el resto– los libros de Samuelson suplantaron rápidamente a los *Principios de economía* de Alfred Marshall y se convirtieron en la presentación convencional de la economía académica. El público no tardaría mucho en conocerla simplemente por el nombre de «la nueva economía». Siempre desde el punto de vista teórico, y a menudo también desde el punto de vista práctico, suponía una enorme mejora con respecto a la antigua.

Sin embargo, para los propósitos de nuestra historia, lo que ocurrió a continuación tuvo menos que ver con lo que se ganó que con lo que se perdió. Se produjo de nuevo otro vacío en la ciencia económica, al cambiar el movimiento moderno y la revolución keynesiana las ideas de los economistas sobre qué cuestiones de su programa a largo plazo eran más acuciantes y tenían respuesta, pues el motivo por el que Samuelson había ido de Chicago a Harvard no tenía nada que ver con la economía matemática ni con la macroeconomía keynesiana. Éstas aún estaban por llegar. A pesar de la depresión, en Estados Unidos, a principios de la década de 1930, los temas más apasionantes de la teoría económica seguían estando relacionados con los rendimientos crecientes.

El hombre por el que Samuelson fue a Harvard es Edward Chamberlin. Su dominio del tema del crecimiento económico parecía más prometedor que el de todos los demás, gracias a una doctrina a la que le puso el nombre de competencia monopolística. En Inglaterra, una joven mujer llamada Joan Robinson había desarrollado una doctrina parecida. La llamó competencia imperfecta. Pero era Chamberlin el que más sabía sobre el fenómeno que había sido el sello distintivo de los locos años veinte: la continua aparición de nuevos productos y nuevos métodos. Al fin y al cabo, era imposible salir a la calle sin ver las marcas de los nuevos productos: automóviles Chevrolet, frigoríficos Kelvinator, programas de radio RCA, Standard Oil, Quaker Oats, cuchillas de afeitar Gillette. ¿Qué hacían tantas cosas nuevas en un mundo de rendimientos decrecientes y competencia perfecta?

Pero antes de conocer a Chamberlin, debemos volver al itinerante profesor Allyn Young, el hombre que conocimos en Edimburgo hablando de los rendimientos crecientes y el progreso. La historia de la competencia monopolística nos lleva de nuevo a él. Ya en 1908, Young se había fijado en la importancia de las marcas registradas, las marcas comerciales y la publicidad en la era moderna. «Un ingenioso aparato, combinado con excelencia y publicidad, puede tener mucho valor. Por ejemplo, un comprador de ostras pueden pensar que cuando compra ostras de una determinada "marca" (registrada), compra ostras y algo más; en otras palabras, no compra meramente una ostra como la que venden los demás sino una determinada calidad que, desde luego, no podría conseguir en ninguna otra parte. Es meramente ese "algo más" lo que es un monopolio.» Las marcas registradas daban el control, no de las ostras, sino del nombre comercial. Éste era propiedad del vendedor; nadie más podía utilizarlo.

Ésta es una de las primeras veces que aparece con especial claridad en la literatura económica la idea de la propiedad intelectual en su sentido plenamente moderno. Se podría argumentar que no hay aquí nada que no estuviera implícito en Marshall (tampoco es muy diferente de lo que puede encontrarse en unos términos menos precisos en los libros de Thorstein Veblen –*La teoría de la clase ociosa* [*The Theory of the Leisure Class*], *Los ingenieros y el sistema de precios* [*The Engineers and the Price System*]– pintoresco crítico del análisis económico, que vivió entre 1857 y 1929, y cuyas ideas han llegado a una amplia audiencia a través de las obras de John Kenneth Galbraith). En la siguiente edición, Young centró su atención en los «gastos comerciales», que eran la partida presupuestaria en la que normalmente se contabilizaban estos costes: «Dicho de una forma muy general pero más o menos precisa, se incurre en estos gastos, no por producir las cosas que quiere la gente, sino por inducirla a querer las cosas que el empresario vende».

Los gastos comerciales sólo eran relevantes en las empresas cuya producción era suficientemente grande o estaba suficientemente protegida de la competencia de sustitutos cercanos como para poder elegir el precio de venta de sus productos; pongamos, por ejemplo, la fábrica de alfileres. En un mercado de alfileres perfectamente competitivo, ninguna empresa podía influir en su precio de mercado. Cada una podía vender todos los alfileres que produjera al precio de mercado, ni a un céntimo más, pues si intentara subir su precio, sus competidores se quedarían con el negocio. Los alfileres no podían tener «gastos comerciales» si la mano invisible funcionaba realmente.

Pero supongamos que la fábrica de alfileres no se enfrenta a un precio de mercado. Aquí tal vez sea útil recordar la taxonomía de los costes que habían identificado los economistas para analizar estas cuestiones: el núcleo central de los capítulos sobre la producción que contiene cualquier libro de texto elemental. En primer lugar, están los *costes fijos* de entrar en el negocio de la fabricación de alfileres. Éstos están relacionados con el tiempo que se tarda en montar el negocio, con la compra y puesta en funcionamiento de las máquinas etc., todo ello antes de poder vender el primer alfiler; en otras palabras, son los gastos mínimos para comenzar a producir (el *coste de oportunidad* es lo que perdemos por dejar de hacer otras cosas). Los *costes variables* son los que aumentan y disminuyen con el número de alfileres que se producen: el coste del trabajo y de las materias primas. Los *costes medios* son lo que su nombre implica, los costes totales (la suma de los costes fijos y los costes variables) divididos por el número total de alfileres que se han producido. El *coste marginal* es el coste de producir el alfiler más reciente, el alfiler adicional.

Al principio, el fabricante vende todos los alfileres que puede fabricar al precio que la gente está dispuesta a pagar por ellos. Otros pueden entrar en el mercado, pero el primer fabricante de alfileres lleva una buena ventaja. Es probable que al principio no tenga mucha influencia en el precio de mercado de los alfileres. Sin embargo, a medida que vende más alfileres, comienza a realizar economías internas. Compra alambre en grandes cantidades al precio más bajo posible, invierte en nueva maquinaria para fabricar mayores cantidades de alfileres, contrata ingenieros para inventar métodos aún más eficientes para fabricar alfileres, compra publicidad, contrata vendedores, participa en concursos (¡Medalla de Oro, Exposición de Alfileres de París!), soborna a burócratas (para que certifiquen que sus alfileres cumplen las normas *oficiales*), firma contratos con minoristas para que expongan sus alfileres en los expositores de sus tiendas. Finalmente, tras una larga serie de batallas, consigue expulsar del mercado a casi todos los demás fabricantes de alfileres. Lo interesante es saber qué ocurre después.

Chamberlin nació y se crió en la ciudad de Iowa (Iowa), lo cual significa que sabía mucho más de ferrocarriles que de alfileres. Eso jugó a su favor, pues los ferrocarriles estaban sustituyendo rápidamente la fábrica de alfileres en la imaginación de los economistas como ejemplo de rendimientos crecientes. Para Adam Smith, los ríos y los puertos eran los determinantes fundamentales del tamaño que podía llegar a alcanzar el mercado. Sin embargo, a principios del siglo XX los ferrocarriles estaban cambiando el paisaje, cuando no reorganizándolo por completo, conectando los viejos mercados que habían surgido a lo largo de las vías navegables y creando otros nuevos. Con los ferrocarriles, el que llegaba primero tenía una ventaja fundamental. Incluso cuando había competencia, la ventaja de los ferrocarriles sobre el transporte por ríos y canales era tan grande que las empresas ferroviarias podían fijar los precios que quisieran. Los rendimientos crecientes por los que las empresas de alfileres tenían que luchar se obtenían casi automáticamente en los ferrocarriles.

En otras palabras, los ferrocarriles eran un monopolio natural. Un monopolista es aquel cuyos bienes (aún) no tienen sustitutivos cercanos. Él *pone* el precio, lo fija al nivel que cree le permitirá obtener más beneficios, en lugar de tener que *aceptar* el precio que exige un mercado competitivo. Está libre, al menos de momento, de la disciplina de la mano invisible. Aunque es probable que el precio del monopolista baje –piénsese en los alfileres– generalmente ofrecerá menos producto del que quiere la gente y a un precio más alto que si pudieran entrar otros fabricantes en el mercado. Se irá pronto a casa los viernes y se tomará unas largas vacaciones. Como dice el refrán, la principal recompensa del monopolio es una vida tranquila.

No tardó mucho en reconocerse que el problema práctico al que se enfrentaban las empresas de ferrocarriles era cómo extraer el máximo beneficio con una única vía. Para ello había que cobrar precios distintos a los diferentes clientes, emplear la *discriminación* de precios, que es como se llamó rápidamente esta práctica. Hoy en día damos por sentado que la persona que se sienta a nuestro lado en un avión puede haber pagado por el billete mucho más o mucho menos que nosotros. Sin embargo, en aquella época fue algo asombroso darse cuenta de que si los ferrocarriles cobraban solamente el precio medio, todos los usuarios potenciales para los que un viaje valiera menos que este precio medio se quedarían en casa. Y los ferrocarriles dejarían de ganar de no cobrar los precios aún más altos que muchos usuarios estaban *dispuestos* a pagar. El cobre y el carbón eran los ejemplos que solían ponerse: las empresas del cobre, cuyo valor era mucho mayor y su volumen menor que los del carbón, seguro que estaban dispuestos a pagar más por utilizar el ferrocarril que las empresas del carbón.

De lo que se dio cuenta Chamberlin era de que *cualquier* vendedor que tuviera principalmente para él todo un mercado podría vender, no al precio de mercado, que sólo cubriría su coste marginal de producción, sino a cualquier combinación de cantidad y precio que creyera que le permitiría obtener los máximos beneficios posibles. Si los clientes pensaban que *tenían* que tener un determinado producto, pagarían más. De los ferrocarriles a los bienes cuyas diferencias eran inventadas en gran medida por sus fabricantes no había más que un paso: por ejemplo, la pasta dentífrica o el tabaco o los automóviles. El éxito en la diferenciación –por medio de las características intrínsecas, de la marca, de la publicidad, de la localización– era la esencia del éxito comercial.

Chamberlin se convenció de que casi siempre había un cierto grado de monopolio, ya que las empresas o bien dominaban el mercado de su producto, o bien compartían su dominio con unas cuantas grandes rivales con las que normalmente conseguían ponerse de acuerdo para repartirse el mercado, al menos durante largos periodos de tiempo. Tal vez el propietario de la fábrica de alfileres se pareciera al propietario de ferrocarriles más de lo que se suponía. Los costes medios decrecientes son, al fin al cabo, la verdadera definición de los rendimientos crecientes.

Llamó a su enfoque *competencia monopolística*. A muchos, la oposición de las dos palabras les parecía un inmenso error. ¿No era la expresión una contradicción *in terminis*, un oxímoron? Sin embargo, ninguna de las dos fuerzas excluía a la otra, decía Chamberlin, y casi siempre eran necesarias ambas para explicar de una manera inteligible los precios. El «algo extra» en un producto diferenciado satisfactoriamente era el monopolio; su utilidad como mercancía también ayudaba a fijar su precio. En Inglaterra, Joan Robinson desarrolló lo que parecía ser más o menos el mismo análisis en su libro *El análisis económico de la competencia imperfecta* (*The Economics of Imperfect Competition*). Sin embargo, las teorías eran muy diferentes. Robinson trató de mantenerse lo más fiel posible al análisis económico de Marshall. Chamberlin estaba interesado en el propio producto como variable manipulable. Sostenía, además, que para que una empresa siempre pudiera cubrir sus costes fijos era *necesario* un cierto grado de monopolio. De lo contrario, la mano invisible de la competencia reduciría a cero el margen entre el coste de producción y el precio de venta.

La oposición al nuevo modelo fue feroz. Cuando Chamberlin trató de analizar el oligopolio, es decir las industrias en las que sólo hay unos cuantos grandes competidores, por medio de la competencia monopolística en el *Quarterly Journal of Economics* en 1929, el director (Frank Taussig, profesor de la Universidad de Harvard) prohibió el término alegando que la teoría había demostrado que no podía existir una industria con unos cuantos vendedores solamente. Frank Knight, otro gran alumno de Allyn Young, inventó un complicado modelo para explicar por qué también la competencia entre vendedores de ostras o, puestos así, entre los concesionarios de Buick era perfecta después de todo. Acabó en la Universidad de Chicago, desarrollando el significado de competencia perfecta. Y Nicholas Kaldor, que había sido el último ayudante de Allyn Young en la London School of Economics, propuso que se tratara el estudio de todos los rendimientos crecientes/economías de escala dentro del apartado de la «indivisibilidad», introduciendo aún más confusión en el tema.

¿Qué era exactamente la indivisibilidad? Era algo así como un *bloque*, como una especie de cuello de botella: una mercancía que no podía tener menos que un determinado tamaño. Un puente que cruzaba de un lado de un río al otro. Los *dos* raíles necesarios para tender una vía de una ciudad a otra, no sólo uno. El desplazamiento que había que hacer a una tienda para comprar lo mismo una golosina que un montón de comestibles. El olfato para los negocios necesario para crear una empresa dominante. En suma, todo lo que permitía tener una posición de monopolio, por efímera que fuera. Un puntal crucial de la competencia perfecta era el supuesto de que había un número infinito de dueños de todas las mercancías comerciadas; de esa manera ninguno podía influir en el precio de mercado de nada. No había rendimientos crecientes que plantearan problemas; de hecho, las empresas no eran necesarias para organizar la producción; el libre juego de las fuerzas económicas reinaba a sus anchas. A mediados de la década de 1950, este debate había degenerado en una discusión sobre la divisibilidad del trabajo humano. ¿Eran lo mismo cien medios hombres que cien hombres enteros? ¿Cien hombres hormiga que un peón? No es de extrañar que el debate sobre la importancia de las indivisibilidades acabara por languidecer. ¡Pero nos encontraremos de nuevo con este escurridizo concepto!

Desgraciadamente para Chamberlin, su libro sobre la competencia monopolística apareció en el peor momento posible. La nueva álgebra estaba barriendo en el mundo de la economía; él ofrecía geometría. El paro era del 25 por ciento en el otoño de 1935; él ofrecía ideas sobre la publicidad. Como dijo Joan Robinson, a nadie le interesaban los determinantes del precio del té. Robinson al menos se entregó al análisis keynesiano; Chamberlin, en cambio, no hizo ninguna recomendación creíble para acabar con la Gran Depresión.

El río subterráneo había aflorado de nuevo a la superficie, y esta vez a la vista de todos. Pero las circunstancias eran demasiado graves en 1933 como para que a alguien le importara.

La persona que más influyó en Paul Samuelson cuando llegó a Harvard no fue Chamberlin sino un refugiado que huía de la revolución rusa de nombre Wassily Leontief y un físico matemático llamado Edwin Bidwell Wilson. Leontief (nacido en 1906) sólo era nueve años mayor que Samuelson, pero se había criado en San Petersburgo y había estudiado en Berlín. Allí, en un artículo titulado «El balance de la economía rusa», había creado el modelo más manejable hasta la fecha del flujo circular de bienes y servicios. Lo llamó tabla *input-output*. También había estado pendiente del entusiasmo despertado por las últimas técnicas matemáticas, los nuevos descubrimientos de la mecánica cuántica y los instrumentos que estaban desarrollándose para resolver ecuaciones con un elevadísimo número de variables.

Wilson era una figura aún más imponente, un protegido del gran termodinamicista de Yale, Willard Gibbs y, a los cincuenta y seis años, un hombre decidido a conseguir que los economistas siguieran la senda científica. Para Wilson eso significaba, entre otras cosas, un nuevo nivel de rigor matemático en la descripción de los fenómenos económicos. Al igual que casi todos los demás modernos, sostenía que las matemáticas, al hacer hincapié en la coherencia de la explicación, revisándola concienzudamente en busca de interrupciones o lagunas en las cadenas de razonamiento, obligarían a los teóricos a pensar con claridad. A finales de la década de 1920, Wilson trató de convencer en un momento dado a la American Association for the Advancement of Science de que hiciera campaña para que científicos de otros campos ayudaran temporalmente a «dotar a la economía de una base sólida».

Paul Samuelson, hijo de un farmacéutico, nació en 1915 en Gary (Indiana) y creció en Chicago. Se licenció en la Universidad de Chicago en 1935, después de haber recibido todas las distinciones posibles. Recibió una beca del Social Science Research Council recién creado para hacer el doctorado y eligió Harvard frente a Columbia. Llegó a Cambridge (EE UU) esperando encontrar una iglesia blanca en un prado comunal. En lugar de eso, descubrió una ciudad industrial sucia y pequeña separada de Boston por el río Charles, una ciudad que albergaba, no obstante, el centro de enseñanza más importante de América del Norte.

(Cambridge es un interesante lugar. Después de la llegada del *Arbella* en 1630 para fundar la Massachussets Bay Colony y establecer Boston y otros tres asentamientos, la pequeña comunidad de disidentes religiosos establecida junto al río Charles tuvo durante mucho tiempo la proporción de población culta más alta del mundo. La mayoría había estudiado en la Universidad de Cambridge. En 1636, fundaron el Harvard College y dos años más tarde cambiaron el nombre de su pequeño asentamiento de Newtown por el de Cambridge. La comunidad religiosa de Plymouth –la antigua colonia situada a sesenta millas al sur– no tenía esas pretensiones. Los vínculos emocionales e intelectuales entre el Cambridge del Nuevo Mundo y el viejo Cambridge siguieron siendo bastante estrechos incluso después. Harvard estaba a punto de conmemorar su tricentésimo aniversario cuando llegó Samuelson.)

El termodinamicista Wilson daba un seminario sobre economía matemática ese otoño de 1935, fruto de su intento de reformar la disciplina. Sólo se matricularon cuatro alumnos: Abram Bergson, Sydney Alexander, Joseph Schumpeter y Samuelson. Samuelson comenzó inmediatamente a traducir a las matemáticas la economía que había traído consigo de Chicago. «Un estudiante que sólo estudiara una ciencia tendría menos probabilidades de reconocer qué pertenece a la lógica y no a la naturaleza de las cosas», recordaría más tarde. «Uno de los momentos más gozosos de mi vida fue cuando la presentación que hizo E. B. Wilson de la termodinámica gibbsiana me llevó a deducir una verdad eterna que era independiente de que se aplicara a la física o a la economía.»

¿Qué verdad era esa? Nada era más triste que escuchar a un economista o a un ingeniero jubilado tratando de forzar analogías entre la física y la economía, decía Samuelson. Pero resultaba que partiendo de una máxima conocida con el nombre de principio de Le Chatelier, que en un nivel básico podría considerarse que simplemente dice «estrújese un globo y su volumen se contraerá», era posible desarrollar una formulación matemática que valiera tanto para una empresa maximizadora de los beneficios que estuviera tratando de decidir los factores que iba a comprar como para el globo. «La presión y el volumen o, lo que es lo mismo, la temperatura absoluta y la entropía, tienen entre sí la misma relación conjugada o dual que el salario y el trabajo o que la renta de la tierra y las hectáreas de tierra.» Además, gracias a la generalidad de las matemáticas, ¡la formulación serviría igual de bien para un problema que tuviera noventa y nueve variables que para uno que tuviera dos! Resultaba que el principio de Le Chatelier tenía multitud de aplicaciones económicas, todas aquellas que tuvieran que formularse en términos de un máximo: una «magia negra» matemática que permitía encontrar soluciones precisas a problemas complejos.

De repente, Samuelson se encontró trabajando en un amplio frente, utilizando el cálculo diferencial para hallar los valores máximos o mínimos de variables de uno u otro tipo en el análisis económico de la producción, la conducta del consumidor, el comercio internacional, la hacienda pública y el análisis de la renta, buscando las similitudes formales que había detrás de cada uno de estos problemas, de una forma muy parecida a como Marshall había unificado cincuenta años antes las distintas teorías del beneficio, el interés y la renta en una única teoría general de la optimización individual. «Era como un pescador de truchas en un arroyo canadiense virginal –iba a decir Samuelson recordando esos años–. Sólo había que lanzar la caña y el pez saltaba directo al anzuelo.» Mandaba artículos a las revistas; los editores se los devolvían con el siguiente comentario: «Acórtelo y hágalo menos matemático». Era imposible hacer las dos cosas, decía en broma, y ninguna de las dos era óptima. La calidad de los artículos que rechazaban los editores era, diría más tarde, «si acaso, algo mejor que la del resto».

En estas circunstancias, Samuelson tardó en darse cuenta de la importancia de la *Teoría general...* de Keynes. De hecho, no le causó buena impresión cuando llegaron los primeros ejemplares de la *Teoría general...* a principios de 1936.

> Mi rebelión contra sus pretensiones habría sido total de no haber sido porque me di cuenta de que no entendía en absoluto de qué iba y eso me hacía sentirme incómodo. Y creo que no desvelo ningún secreto si afirmo solemnemente –basándome en una profunda reflexión personal– que en Cambridge (EE UU) nadie supo realmente de qué iba durante un periodo de entre 12 y 18 meses después de su publicación. Entonces aparecieron los primeros modelos matemáticos y poco a poco fue comprendiéndose, en medio de una enorme resistencia, que el concepto de demanda efectiva –de poder adquisitivo agregado, ejercido voluntariamente o no– de Keynes no era una moda pasajera sino que formaba parte del futuro.

Fue Alvin Hansen quien acometió la pesada tarea de explicar las consecuencias de la tesis keynesiana. Su seminario de política fiscal de Harvard se convirtió en el semillero de la nueva macroeconomía estadounidense. Como ha recordado Samuelson, no es muy improbable que el economista de cincuenta años nacido en Dakota del Sur fuera un revolucionario. Pero en un momento en el que los bancos de Cambridge estaban cobrando 3/8 de un punto porcentual por sus préstamos, los estudiantes de doctorado como Samuelson no podían convencerlos de que se molestaran en aceptar depósitos. La Reserva Federal había suavizado la política monetaria, pero Estados Unidos era un ejemplo casi perfecto de trampa de la liquidez. Los alumnos de Hansen comprendían la inutilidad de «empujar una cuerda».

Ante la inminencia de la guerra, Samuelson se propuso reunir sus artículos en una tesis. Su plan era demostrar la unidad subyacente del enfoque moderno y la teoría keynesiana, crear una «teoría general de las teorías generales», como la describió cuarenta y cinco años más tarde. Ya había llegado a la conclusión de que tanto él como los distintos europeos estaban descortezando el mismo árbol. Su objetivo era el mismo que el de Hicks: una formulación de equilibrio general totalmente dinámica de todas las entidades del universo económico. Su tesis titulada Fundamentos de economía analítica (Foundations of Analytical Economics) fue escrita febrilmente entre mediados de 1940 y enero de 1941, cuando la guerra ya estaba muy cerca. La deuda de la tesis con el movimiento moderno era evidente en el título elegido por Samuelson. Los clásicos escribían sobre los principios. Los modernos buscaban los fundamentos. Siete años más tarde, la tesis apareció en forma de libro con el título de *Fundamentos del análisis económico* (*Foundations of Economic Analysis*).

No hace falta leer atentamente los *Fundamentos...* para ver que es un manifiesto. «Las matemáticas son un lenguaje», declara en el frontispicio, cita procedente de Willard Gibbs (las cinco palabras del discurso más largo que, según se decía, había pronunciado nunca el físico). Mientras que Marshall había dejado las matemáticas para el apéndice, ahora Samuelson escribió páginas y páginas de ecuaciones («he llegado a la conclusión de que la máxima de Marshall de que "parece dudoso que haya alguien que disfrute leyendo largas traducciones de doctrinas económicas a matemáticas que él no ha hecho" debe invertirse por completo», dice en la introducción). Y mientras que Marshall había aparcado la búsqueda del equilibrio general en favor del método de analizar una cosa de cada vez y suponer que todo lo demás se mantenía constante, ahora Samuelson volvía a la idea de la interdependencia, al menos en principio.

Pero en lugar de la serie de ecuaciones sin estructurar, sin enumerar y quizá insolubles que había concebido Walras, Samuelson creó un sistema muy influido por la nueva macroeconomía. Identificó las mismas pocas variables fundamentales que Keynes –el ahorro, la inversión, el consumo, el gasto público– y formuló la relación entre ellas. Ya no bastaba con decir que todo dependía de todo lo demás. Ahora era necesario dividir el mundo económico en subsistemas y demostrar la interdependencia de las grandes categorías de gasto.

Retrospectivamente, es evidente que el propio Samuelson no pertenecía totalmente ni al programa moderno ni a la revolución keynesiana. Estaba a caballo entre los dos y el conflicto entre ellos nunca se resolvió en su caso. Hasta 1944 no fue elegido miembro numerario de la Econometric Society y para entonces estaba claro que se hallaba en la vanguardia de la disciplina.[1] Siguió siendo durante

---

[1] Un líder en todos los campos *excepto* en el programa estadístico y de construcción de instrumentos empíricos que acabó conociéndose con el nombre de econometría.

toda su vida un papel situado a medio camino, mediando continuamente entre lo viejo y lo nuevo, entre los elevados objetivos científicos y las acuciantes cuestiones técnicas. Receloso de las modas pasajeras, insistía en la durabilidad de los progresos que se habían realizado. Era por encima de todo un hombre de un entusiasmo contagioso.

Mucho antes de que aparecieran en 1947, los *Fundamentos...* habían comenzado a convertir a los líderes de la siguiente generación de economistas al nuevo estilo de hacer economía en el lenguaje de las matemáticas. Su influencia en ellos difícilmente podría haber sido mayor. «Ahí tenías justo delante de los ojos a un estudiante de doctorado de veintitantos años reorganizando toda la economía en cuatro o cinco capítulos ¡y que se quitaran de en medio Marshall, Hicks, Friedman y todos los demás!», diría Robert Lucas muchos años más tarde, describiendo el tono seguro de sí mismo y entusiasmado del libro. Lucas recogió en una brillante metáfora el efecto que produjeron los *Fundamentos...* y el entusiasmo de su autor en la generación de estudiantes de economía de todo el mundo posterior a la Segunda Guerra Mundial: «Samuelson fue la Julia Child de la economía, enseñándote de alguna manera lo esencial y dándote al mismo tiempo la sensación de que ibas a convertirte en un experto en una compleja cultura». Aunque en lugar de familiarizarse con la cocina francesa, los economistas aprendieron a expresarse en términos matemáticos.

Tras terminar la tesis en 1941, Samuelson recogió sus bártulos y se mudó río abajo al MIT o *Tech*, como se llamaba en aquella época. Harvard había sido reacio a ascenderlo rápidamente, quizá incluso más por resentimiento profesional a sus veleidades matemáticas que por el antisemitismo que seguía existiendo en las universidades estadounidenses en vísperas de la Segunda Guerra Mundial. El MIT le hizo una oferta mejor, que Harvard no igualó. Pasó la guerra en los laboratorios Lincoln, el brazo de investigación militar del MIT, compilando tablas de balística. Tenía poca relación con el grupo de Cowles. Al final de la guerra, se le prestó a la Secretaría de Ciencias para colaborar en la redacción, junto con algunos otros, del famoso manifiesto de Vannevar Bush, *La ciencia, la frontera sin fin* (*Science, the Endless Frontier*). El resultado, afirma Samuelson, fue «muy superior a [sus] expectativas más ingenuas: una National Science Foundation (que incluía las ciencias sociales) y unos National Institutes of Health mucho mayores, en lugar del plan propuesto de dar a cada condado de Estados Unidos una subvención para investigación calculada en función de su población».

Después vendrían varios triunfos de Samuelson: la síntesis general de las doctrinas económicas que presidió, las dieciocho ediciones de su libro de texto universitario, su papel de asesor informal del Presidente John Kennedy, su Premio

Nobel en 1970, su profundo interés por el funcionamiento de los mercados financieros, que culminó en el notable éxito financiero de la Commodities Corporation, fundada por sus alumnos, en las que fue fundador e inversor durante muchos años.

Tras su marcha al MIT, estalló en Harvard una serie de batallas que costaron a la antiquísima universidad su liderazgo en economía. Seguía habiendo resistencia a las matemáticas. Aunque la editorial Harvard University Press se vio obligada por un acuerdo previo a publicar los *Fundamentos...*, ya que la tesis de Samuelson había recibido el premio del departamento de economía a la mejor tesis, el presidente Harold Burbank ordenó que se destruyeran las planchas laboriosamente hechas a mano (con sus miles de ecuaciones) después de hacer una única tirada de 1.500 ejemplares. Eso significó que no fue posible hacer ninguna revisión durante los treinta y cinco años siguientes. Además, la Veritas Society, grupo de alumnos dedicado a oponerse a las influencias keynesianas, también abanderó una caza de brujas contra el departamento. La legendaria autocomplacencia de Harvard también tuvo su parte de culpa.

Atrás quedó también en Harvard Edward Chamberlin. Ahora era atacado desde los dos extremos del espectro: algunos lo atacaban por no introducir las matemáticas en su disciplina; otros por alejarse de la idea de la competencia perfecta. Las cuestiones que había planteado se relegaron a los cursos de organización industrial o se desterraron a las escuelas de administración de empresas, donde las barreras a la salida y la entrada y la diferenciación estratégica se convirtieron en temas candentes. Y Chamberlin y Robinson, en lugar de hacer frente común, convirtieron sus ideas en rivales, peleándose entre sí y con el resto de la comunidad de economistas. Chamberlin murió en 1967 y Robinson en 1983 sin que ninguno de los dos hubiera ejercido mucha influencia, al menos no en el movimiento moderno.

Debe mencionarse otra figura que atravesó el paisaje en las décadas de 1930 y 1940. El nombre de Joseph Schumpeter se ha convertido en una especie de palabra clave de las teorías no matemáticas de los rendimientos crecientes, los nuevos bienes monopolísticos y el crecimiento económico, tanto más que Edward Chamberlin. Como muestra del arte de crear frases, el término «creación destructiva» es casi tan famoso como el de «la mano invisible». Sin embargo, siendo joven en Viena, Schumpeter había estado a la vanguardia del programa moderno. Su primer artículo, «Sobre los métodos matemáticos en la economía teórica» (1906), había sido un contundente alegato en favor de las ecuaciones de equilibrio general de Leon Walras.

La temprana fama de Schumpeter se debió a un libro, *Teoría del desarrollo económico* (*Theory of Economic Development*), publicado en alemán en 1912, a los veintinueve años. Incluso entonces había centrado la atención en el cambio tecnológico como esencia del crecimiento y en el empresario como su agente principal. «Es […] el productor el que inicia por regla general el cambio económico y, si es necesario, los consumidores son educados por él; son enseñados, por así decirlo, a querer nuevas cosas.» Ésta era, al fin y al cabo, la era de McCormick, Rockefeller, Bayer, Edison, Swift, Carnegie, Duke y Alfred Nobel. Años más tarde, los historiadores económicos seguían estudiando ejemplos prácticos de las principales tesis de Schumpeter. La historia del auge de los ferrocarriles acabó siendo el ejemplo clásico.

Los ferrocarriles se convirtieron en el sistema de transporte dominante de las economías industriales en el siglo XIX en sustitución de los canales, no sólo porque eran superiores desde el punto de vista tecnológico, que lo eran claramente, sino también porque los propietarios de los canales se lo pusieron en bandeja. Éstos conspiraban habitualmente para mantener altos los precios del transporte y, de esa forma, brindaron a los ferrocarriles una oportunidad de oro, ya que no sólo eran más baratos de construir y gestionar que los canales sino que, además, no se congelaban en invierno. Los dueños de los ferrocarriles fueron, pues, recibidos como salvadores, que liberaron a los transportistas del «dominio insolente» de los propietarios de los canales. Los dueños de los ferrocarriles financiaron, a su vez, avances en la tecnología del vapor y la metalurgia, los cuales permitieron realizar otros muchos avances. La minería del carbón, la fabricación de raíles y la fabricación de máquinas de vapor salieron ganando; los criadores de mulas y los barqueros salieron perdiendo. Ésta era la esencia de lo que Schumpeter llamó más tarde «destrucción creativa». La competencia entre empresas similares de un sector, que era el tipo de competencia que preocupaba a la mayoría de los economistas, era trivial, insistía. Lo importante era la competencia entre las tecnologías viejas y las tecnologías nuevas y rompedoras.

Pero Schumpeter no trató ni siquiera de describir su sistema en términos matemáticos. Apenas ofreció un análisis explícito de los rendimientos crecientes, de los mecanismos que provocaban los cambios con el paso del tiempo, a pesar de que ésta era, al igual que en el caso de Marx, la característica más saliente de su teoría (es decir, era un análisis *dinámico*, que ponía el énfasis en el cambio, en lugar de *estático*, cuyo énfasis estaba en el equilibrio). En eso se parecían a Alfred Marshall, aunque las externalidades y los efectos de vecindad no desempeñaban ningún papel en sus teorías. La mala fortuna de Schumpeter, como la de Keynes y Chamberlin, fue haber nacido en un mal momento: tanto en su caso como en el de Keynes en 1883. Schumpeter admiraba las matemáticas, las enseñaba y entendía para qué servían, pero, como dijo Abram Bergson, no sabía utilizarlas y hacer con ellas cosas nuevas (nunca hizo tampoco econometría, aunque fue fundador y uno de los primeros presidentes de la Econometric Society). «A veces me siento como debió sentirse Moisés cuando contempló la tierra prometida y supo que no se le permitiría entrar», dijo quejándose a un amigo.

Schumpeter llegó a Cambridge (EE UU) para enseñar en 1932, justo en un momento en el que la atención estaba dirigiéndose rápidamente hacia su rival Keynes; este giro de los acontecimientos lo contrarió mucho. Perdió credibilidad al opinar que la Gran Depresión era el resultado de un ciclo de cincuenta años de excesiva ciencia y que, por lo tanto, el crecimiento pronto se reanudaría. Su colega Leontief lo sustituyó en 1935 como profesor del curso de economía matemática. Cuando se publicó finalmente el estudio de los ciclos económicos de dos volúmenes de Schumpeter en 1939, difícilmente podría haber parecido menos relevante, dada la importancia de las nuevas ideas de Keynes. Los estudiosos decían que «Shumpy» se había quedado irremediablemente anticuado, «que sabía decir "utilidad marginal" en 17 lenguas», pero nada más. Y lo que es peor aún, se sospechaba que simpatizaba con los alemanes.

Marginado, decepcionado, resentido, Schumpeter pasó los años de la guerra en Cambridge, desconectado de otros centros de enseñanza, huérfano en el festín del progreso matemático. Se decidió a escribir una sombría meditación sobre la importancia de Karl Marx. *Capitalismo, socialismo y democracia* (*Capitalism, Socialism, and Democracy*) es en su mayor parte un libro difícil, verboso y tedioso, preocupado por la historia del socialismo europeo. ¿Puede sobrevivir el capitalismo? «No, no creo que pueda.» «[L]os empresarios y los capitalistas –de hecho, todo el estrato que acepta el sistema de vida burgués– acabarán dejando de funcionar.»

Sin embargo, el capítulo titulado «La destrucción creativa» es un clásico en la tradición del río subterráneo, pues Schumpeter, al reiterar los temas de su libro de 1912, dio con muchos de los mecanismos fundamentales mediante los cuales tiene lugar el crecimiento económico: la aparición de nuevos bienes, nuevos mercados, nuevos métodos de producción y de transporte, nuevas formas de organización industrial, normalmente en grupos y normalmente como brotes repentinos de actividad, que salpican largos periodos de relativa calma y mejoran espectacularmente los niveles de vida. No tener en cuenta este tipo de cambio en economía es como representar «Hamlet sin el príncipe danés», decía. Sin embargo, los libros de texto que enseñaban las nuevas doctrinas del marginalismo dejaban casi totalmente de lado el crecimiento del conocimiento. Por lo que se refería al viejo temor, ahora acentuado por la escasez provocada por la guerra, de que la especie humana se quedara pronto sin alimentos y recursos naturales, Schumpeter decía: «Una de las predicciones más seguras es que en un futuro calculable viviremos en un *embarras de richesse* tanto de alimentos como de materias primas, que provocará tal aumento de la producción total que no sabremos qué hacer con ella».

Al presentar su teoría del crecimiento en un libro literario, inconexo y algo grandilocuente, Schumpeter casi garantizó que sería dejado de lado por los economistas jóvenes que se sentían atraídos por la *Teoría general* orientada hacia la acción y por la promesa de los métodos formales del movimiento moderno. *Capitalismo, socialismo y democracia* encontró una respetuosa audiencia en los ejecutivos de empresa, los responsables de la política económica y los intelectuales. Los economistas literarios acudieron en su ayuda. Pero mientras la fama de Schumpeter iba en ascenso entre los legos, su influencia era cada vez menor. Publicó un librito sobre rudimentos de matemáticas para economistas y estadísticos («De arrastrarse a gatear», decían en broma sus alumnos). Ayudó a fundar el Research Center for Entrepreneurial Studies en Harvard. Inició una descomunal historia del pensamiento económico y murió en 1950. Como Chamberlin y Robinson, se convirtió en otro teórico literario que fue barrido del mapa.

Años más tarde, cuando ya era difícil imaginar otra forma de alabar a un hombre que había recibido casi todas las distinciones que sus contemporáneos tenían para dar, los admiradores de Paul Samuelson concibieron una más, una especialmente grata: un banquete cuyo centro de mesa era un plato de venganza, servido, como decía el viejo aforismo, bien frío. Harvard University Press se ofreció a publicar finalmente, con grandes ceremonias, una segunda edición de los *Fundamentos...* en su tricentésimo quinto aniversario para corregir de alguna manera la indignidad de haber destruido las planchas en los albores de la era de la economía matemática. Sus ecuaciones se realizaron ahora por ordenador y sus planchas se imprimieron por láser. Una nueva introducción dio a Samuelson la oportunidad de pasar revista a todos los avances que había experimentado la economía matemática desde 1947.

En un momento dado, se refiere al vacío que se produjo después de que aparecieran los *Fundamentos...* y el grupo de Cowles se hubiera puesto a trabajar. «Más puede ser menos. En la década de 1950, una gran parte de la economía matemática ganó en elegancia con respecto al pobre [...] Edward Chamberlin. Pero las prendas buenas a veces sólo se consigue que queden bien cortando algunos brazos y piernas.» La siguiente oleada de técnicas matemáticas había logrado notables avances, afirmaba. «Pero alejaron a los economistas de los fenómenos de los rendimientos crecientes de escala y [...] de la tecnología, que se encuentran en el fondo de los problemas del oligopolio y de muchos objetivos maximizadores del mundo real.»

Era Samuelson en estado puro: honrado, poco dado a los sentimentalismos, impenetrable («las victorias fáciles sobre los adversarios equivocados de una ciencia no son tales victorias, al menos no siempre») y entonando lo más cercano a lo que podía llegar de un mea culpa. Era posible que Chamberlin tuviera razón, pero había elegido el lenguaje equivocado para decirlo. Quien explicara la «competencia monopolística» tendría que hacerlo empleando el lenguaje de las matemáticas.

10 Cuando la alta tecnología llegó a la economía

Con la entrada de Estados Unidos en la Segunda Guerra Mundial en 1941, la economía técnica fue llamada a filas y totalmente reorganizada. En muchos centros de todo el país, equipos de economistas se arremangaron y se pusieron a trabajar.

En Cambridge (EE UU), Paul Samuelson estudió el control por radar y matemático de los incendios para los laboratorios Lincoln del MIT, dedicando su tiempo libre a revisar su tesis con vistas a su publicación. En Washington, Simon Kuznets y Robert Nathan desarrollaron la contabilidad nacional. En la Universidad de Columbia de Nueva York, el Grupo de Investigación Estadística se dedicó a las matemáticas de las probabilidades, inventando, entre otras cosas, mejores formas de encontrar las granadas sin estallar entre las bombas y los proyectiles. La búsqueda en Princeton de una máquina de sumar que fuera mejor llevó a crear el ordenador central.

Pero fue el drama de la misión de guerra que se desarrolló en la Universidad de Chicago el que atrajo la atención de la comunidad de economistas. La Comisión Cowles se había trasladado del alejado Colorado Springs en 1939 a Chicago y se había reorganizado convirtiéndose en una fundación. Compartía los despachos con el Departamento de Economía. Con el estallido de la guerra, recibió una nueva misión del gobierno: crear un modelo econométrico de la economía de Estados Unidos que funcionara.

Durante los diez años siguientes, el futuro de la economía se fue configurando en gran medida en la Fundación Cowles. Y fue allí donde comenzaron a diferenciarse los distintos campos de la economía: la macroeconomía keynesiana, la econometría, la economía matemática y la teoría de juegos. El partido estaba jugándose en cierto sentido en otro campo, es decir, en ese momento casi todo el mundo estaba pendiente de lo que decían los ingenieros keynesianos de Cambridge (EE UU) sobre los problemas de la financiación de la guerra. La buena noticia fue que el grupo de Cowles, de mentalidad científica, llevó a cabo la investigación más profunda que se había realizado hasta entonces de la lógica de la mano invisible.

La mala noticia fue que la fábrica de alfileres se puso de nuevo entre paréntesis o se dejó de lado. La significación de los rendimientos crecientes se volvió aun más confusa.

Los «Doce del patíbulo» que se reunieron en Chicago se parecían, al menos un poco, a los de la película de ese mismo nombre, con la salvedad de que los reclutas de Jacob Marschak estaban especializados en estadística, economía, filosofía, matemáticas y estrategia y no en actividades delictivas y estaban quietos en lugar de avanzar detrás de las líneas enemigas. «Jascha» fue otro de los padres del movimiento moderno. Refugiado menchevique de la revolución rusa (y antiguo periodista económico para el *Frankfurter Zeitung*), había estado con Von Neumann en Berlín antes de la guerra. Había estado enseñando en la New School for Social Research de Nueva York antes de aceptar el trabajo de la Fundación Cowles. En otras palabras, tenía una visión muy amplia de los acontecimientos y se aprovechó de lo mal que estaba el mercado académico para reunir un notable equipo.

Allí estaban el estadístico Trygve Haavelmo, que había huído de la guerra y había sido prestado por la embajada noruega; Leo Hurwicz, abogado y matemático procedente de Polonia; el economista en ciernes de la medición económica Lawrence Klein, el alumno más brillante de Samuelson, atraído a Chicago a pesar del deseo de su maestro de que se fuera al Banco de la Reserva Federal de Nueva York; Tjalling Koopmans, físico holandés reconvertido en economista. Herbert Simon, psicólogo, era un visitante frecuente, al igual que el teórico monetario Don Patinkin. Von Neumann se pasaba por allí cuando cambiaba de tren en su camino de Princeton a Los Álamos para trabajar en la bomba atómica. El economista Simon Kuznets acudía a describir el modelo de contabilidad social que estaba construyendo. Oscar Lange, que enseñaba matemáticas en Chicago, desapareció de vez en cuando en años posteriores, sólo para aparecer en primera plana reuniéndose con Stalin. Por la tarde, el equipo escribía sátiras. Calle abajo, en las pistas de *squash* situadas debajo del estadio de fútbol, los físicos estaban trabajando a las órdenes de Enrico Fermi para construir una pila atómica. Algunos miembros de los dos equipos quedaban en los comedores para comparar sus notas.

La innovación más característica de la Comisión Cowles en Chicago probablemente fuera la idea del propio modelo matemático y su rápido reclutamiento para la causa de la macroeconomía keynesiana. En esa época, las ecuaciones simultáneas se conocían con el nombre de métodos de la Comisión Cowles. Ya no se trataba de la capacidad del álgebra de secundaria para resolver problemas verbales. Pero tampoco se trataba de cadenas de razonamiento del tipo «si, entonces» sino que eran matemáticas como las que se hacían en la frontera científica más distante. El cálculo diferencial parecía servir para aclarar supuestos hasta que dejaban de ser contradictorios, para sustituir palabras cargadas de emoción por términos cuyo significado era inevitablemente claro. «Veíamos el mundo como la solución de un conjunto de ecuaciones y aspirábamos a construir un modelo que funcionara. Imaginábamos que teníamos el bienestar de la sociedad en la palma de la mano», recordaba Klein (y la victoria en la guerra también). Y aunque el problema de distinguir la causa del efecto resultó ser más difícil de lo que habían sospechado los economistas de la Comisión Cowles, el término «modelo» pronto sustituyó al de «hipótesis» en casi todos los centros de investigación. Si uno no tenía un modelo, no tenía derecho a intervenir en el debate.

Luego estaba la econometría. En este caso, la idea era hermanar la estadística y la economía: se había demostrado que los métodos estadísticos habían significado el avance más útil en las matemáticas desde el cálculo diferencial. Los economistas de la Comisión Cowles reconocían que la vida estaba hecha en gran parte de casualidades; es decir, estaba sujeta a errores aleatorios. Cualquier sistema de ecuaciones que describiera un equilibrio estaba sujeto a sucesos aleatorios («perturbaciones estocásticas») que contradecían los supuestos puramente económicos y podían impedir que una variable tomara el rumbo que exigía la teoría. ¿Cómo calibrar mejor la causa y el efecto en un mundo tan complicado? El análisis de la regresión ya tenía una larga historia en estadística para distinguir la causa del efecto, para describir la correlación entre dos variables, en todos los ámbitos, desde la mecánica celeste hasta la herencia humana. Los economistas adaptaron el instrumento al estudio de sus problemas.

La economía matemática fue el tercer campo importante que surgió de la Comisión Cowles. De hecho, condujo al primer logro concreto del equipo: el descubrimiento de una técnica para resolver el «problema del transporte», a saber, cómo encontrar la mejor ruta entre muchos destinos, dados los barcos, las tripulaciones, la carga, las instalaciones portuarias, etc., existentes (en tiempos de paz, se conocía con el nombre de problema del viajante). Se trataba, es cierto, únicamente de problemas de organización, pero en el fondo no eran diferentes de otros problemas económicos; la idea era asignar los recursos escasos de manera que fuera posible transportar la máxima cantidad de material en el menor tiempo posible. Fue Koopmans, físico convertido en economista, quien en 1942 dio con un sistema matemático práctico para tomar estas decisiones. No tardó mucho en observar que era capaz de optimizar cien variables o más. Años más tarde, los estadounidenses se enteraron de que Leonid Kantorovich había hecho el mismo descubrimiento en Leningrado en 1939, trabajando sobre la fabricación de madera para el consorcio de contrachapado de la Unión Soviética. Y en 1947, el matemático George Dantzig, cuando trabajaba para la Fuerza Aérea de Estados Unidos, ideó lo que iba a ser el mejor método de todos para conseguir la máxima producción con la menor cantidad posible de factores y calcular al mismo tiempo las distintas alternativas. Llamó a su técnica el método simplex y dijo de ella que era como «trepar por un rodrigón». Esa figura retórica, familiar por encontrarse en cualquier huerto de aquella época más simple, era en esencia lo que parecían las series de cálculos de Dantzig cuando se imaginaban en tres dimensiones. «El rodrigón» era un polígono sólido geométrico de muchas dimensiones llamado *politopo*. El que resolvía el problema daba vueltas a su alrededor, comprobando cada esquina, girando de esta forma y de la otra, yendo cada vez de un vértice al siguiente, buscando siempre una solución mejor. Pivotar, trepar, pivotar, trepar algo más, hasta que no se podía subir más: *trepar por un rodrigón*.

Los economistas llamaron «programación lineal» a sus nuevas técnicas. ¿Por qué lineal? Porque sus ecuaciones producían formas con líneas rectas en lugar de las curvas que requería el marginalismo de Marshall: rectas, planos e hiperplanos (de la misma forma que una recta se convierte en un plano en dos dimensiones, los planos se convierten en hiperplanos en tres dimensiones o más). Las técnicas lineales eran mucho mejores para describir las elecciones discretas del tipo «esto o eso» de la producción del mundo real y los problemas de logística que el cálculo diferencial, que supone que todo cambia de manera fluida. ¿Por qué programación? Porque «organización» era una palabra demasiado insulsa y «planificación» tenía connotaciones negativas. ¿No era de la planificación de lo que trataba el comunismo? Lo que estaban haciendo *ellos*, los economistas lo llamaban astutamente programación, ya que, de todas formas, todos los planes militares se llamaban programas.

De hecho, el insulso nombre dado a la nueva técnica era engañoso en un sentido aún más sutil. Los nuevos instrumentos entrañaban un espectacular alejamiento del cálculo diferencial. Eran esencialmente geométricos, extraídos de la rama de las matemáticas conocida con el nombre de topología. Desde que Descartes mostró cómo se podían representar ecuaciones gráficamente, se sabía que existía una conexión entre el álgebra y la geometría. Durante un tiempo se llamó simplemente geometría analítica. En el siglo XVIII, la disciplina se transformó poco a poco en topología, cuando el matemático Euler, tras visitar la ciudad báltica de Königsberg, demostró que era imposible recorrer sus siete famosos puentes sin hacer en algún punto el mismo recorrido dos veces. A partir de ese problema, Euler pasó a representar los distintos caminos posibles que podía seguir un caballo en una partida de ajedrez. Las nuevas técnicas se generalizaron para analizar tres dimensiones, para aplicarlas a los sólidos de todas las formas y tamaños, conos, poliedros y demás, y no mucho después, en la forma acostumbrada de los matemáticos, para analizar n dimensiones. A principios del siglo xx, los teóricos habían encontrado la manera de llegar a la abstracción conocida con el nombre de espacio de Hilbert, que tenía infinitas dimensiones, y que adoptó Von Neumann para caracterizar la mecánica cuántica.

Unos años después de que terminara la Segunda Guerra Mundial, se dijo que la programación lineal era tan importante como el descubrimiento de la contabilidad de partida doble en la Edad Media. Finalmente, sirvió de base para aplicaciones que iban desde gestionar la asombrosa complejidad de una refinería moderna de petróleo hasta controlar todas las operaciones de una flota de aviones comerciales, desde las reservas hasta las necesidades de combustible. Para los economistas significó un atajo para llegar a la visión a vista de pájaro de la economía de Marshall, al análisis de todo a la vez con el que había soñado Walras. Leontief, con su tabla *input-output*, había realizado una instantánea muy útil de la economía. Ahora la idea era convertirla en una película, en un modelo dinámico del conjunto de la economía con el que pudieran seguirse los cambios económicos a lo largo de largas cadenas de razonamientos matemáticos hasta llegar a sus repercusiones más sorprendentes y remotas. Tan rápidos fueron los progresos, que la economía había ido mucho más allá de los *Fundamentos...* incluso antes de que apareciera el libro acabado de Samuelson en 1947. Y diez años más tarde, Samuelson, Robert Solow y Robert Dorfman tuvieron que escribir *Programación lineal y análisis económico* (*Linear Programming and Economic Analysis*) para presentar a los estudiantes las nuevas matemáticas.

El cuarto campo de investigación y el más transcendental de todos en Cowles no nació en Chicago sino en Princeton, aunque llegaban regularmente noticias de él en el tren nocturno que venía de Filadelfia. Fue la publicación en 1944 de *La teoría de los juegos y el comportamiento económico* (*The Theory of Games and Economic Behavior*), libro dedicado al principio de que la gente es inteligente y que sus actos que son previsibles y afectan a otros pueden describirse rigurosamente (habría sido mejor llamar a la teoría de los juegos teoría de pensamiento estratégico). John von Neumann había llegado a Princeton en 1930, junto con Einstein, uno de los primeros refugiados intelectuales y uno de los más importantes. Los dos entraron en el Institute for Advanced Study cuando se fundó en 1933. Aunque a Von Neumann siempre le había interesado la economía, aún no se había implicado en ella profundamente.

Un refugiado austriaco llamado Oskar Morgenstern le convenció para que reescribiera un artículo anterior sobre los principios en los que se basan los juegos de salón y lo convirtiera en un libro en toda regla. Así se introdujo el pensamiento estratégico en la economía. Era obvio que algunos juegos tenían mucho en común con las situaciones empresariales, con las estrategias estrictamente individuales, así como con las estrategias que giraban alrededor de la formación de coaliciones. Y si eso hubiera sido todo, *La teoría de los juegos...* habría sido un libro muy pequeño.

Pero eso no era más que el principio. La mayoría de las 600 y pico páginas del libro estaban llenas de las más abstrusas matemáticas. Von Neumann había descubierto la programación lineal por sí mismo en un famoso seminario en Berlín en 1928, quitándole la tiza a Jascha Marschak de las manos y dando vueltas animadamente por la sala, pensando en voz alta, hasta que su amigo detuvo a su pesar la reunión. Con el tiempo, los economistas vieron que las matemáticas que había introducido Von Neumann en su libro eran más profundas y más generales que el «análisis de actividades» que estaba desarrollándose en la Comisión Cowles y absolutamente fundamentales para los problemas económicos. Pero eso no era en absoluto evidente en aquel momento. Treinta años después, los economistas también utilizaban «valores característicos» y «vectores característicos», instrumentos del espacio de Hilbert que Von Neumann había introducido, para representar las variables de sus sistemas. Pero para la mayoría de los economistas que se encontraban en Chicago durante la guerra, es muy posible que las difíciles matemáticas de La teoría de los juegos... fueran un lenguaje muy distinto.

Los cuatro campos de investigación del movimiento moderno estaban presentes en la Comisión Cowles de Chicago, no sólo la construcción de modelos macroeconométricos, que era el encargo inicial al grupo y por el que acabó haciéndose famoso, sino también la macroeconomía keynesiana, la economía matemática y la teoría de juegos. Y como el auge de la Comisión Cowles en Chicago duró doce años, de 1942 a 1954, sus trabajos se refirieron, según el momento, a estos diferentes campos. El único de ellos en el que la Comisión Cowles fue verdaderamente pionera fue en la construcción de modelos. Otros centros hicieron importantes aportaciones en los campos restantes.

Recuérdese que los economistas de la Comisión Cowles aún estaban haciendo las cosas con máquinas de sumar manuales. Los primeros ordenadores electrónicos acababan de inventarse, principalmente en Princeton, bajo el feroz estímulo del procesamiento de datos numéricos necesario para construir la bomba atómica. Von Neumann era quizá el único economista que sabía realmente cuáles eran sus posibilidades. Sin embargo, incluso en aquellos tiempos, era posible imaginar las enormes posibilidades del cálculo barato y casi instantáneo, aunque no se sabía cómo conseguirlo.

En Chicago, había, sin embargo, un quinto campo de investigación, al que se dedicaban economistas que compartían los despachos con la Comisión Cowles, pero no las convicciones. Eran los defensores del statu quo marshalliano. Como cabría esperar, el revuelo del movimiento moderno también estaba galvanizándolos, pero para oponerse a él.

En todas las grandes empresas, ayuda tener un enemigo. El «enemigo» de la Comisión Cowles era, al menos al principio, el National Bureau of Economic Research (NBER). El NBER era uno de los centros de investigación que se habían fundado en la década de 1920, basándose vagamente en un modelo alemán –otro era la Brookings Institution de Washington– para ofrecer asesoramiento relativamente desinteresado a los responsables de la política económica. En ambos casos, la idea era construir una alternativa a la cacofonía de intereses creados y excéntricos extremistas. El enfoque del NBER era totalmente institucional y empírico. Simon Kuznets fue pionero en la creación de la contabilidad nacional. Wassilly Leontief encontró allí su primer refugio en Estados Unidos. Algunos concienzudos estudiosos entraron como investigadores, Solomon Fabricant, Arthur Burns y Geoffrey Moore entre ellos. Pero a mediados de la década de 1930 el fichaje más importante del NBER fue un prometedor economista llamado Milton Friedman.

Friedman era una persona extraordinaria, práctica, llena de inventiva, escéptica, combativa por naturaleza. Nacido en 1912, se licenció en Rutgers, aprendió economía siendo estudiante de doctorado en Chicago (donde conoció a Paul Samuelson, que estaba cursando estudios de grado). Pero las circunstancias económicas obligaron a Friedman a abandonar Chicago en 1935 sin terminar su tesis, por lo que estuvo diez años sin recibir una buena oferta académica. Daba clase a tiempo parcial en la Universidad de Columbia de Nueva York mientras trabajaba en Washington para la National Resources Commission, breve creación del New Deal. En 1937, aceptó una oferta de trabajo en el NBER de Nueva York.

Sin embargo, incluso antes de la guerra, el NBER se encontraba inmerso en un proceso de retirada estratégica, perdiendo a sus figuras más importantes, que estaban marchándose a las universidades. En 1940, Friedman, recién casado (había conocido a su mujer, Rose Director, haciendo el doctorado juntos), abandonó Nueva York para irse a dar clase en la Universidad de Wisconsin. Tras una repulsiva muestra del antisemitismo que aún aquejaba a la mayoría de las universidades estadounidenses, abandonó Madison un año más tarde para trabajar en la Division of Tax Research del Departamento del Tesoro. En 1943, volvió a Columbia, haciendo allí investigación estadística aplicada para el Departamento de Guerra (y finalmente se doctoró en esa universidad en 1946 gracias a los trabajos que había realizado en el NBER durante la década de 1930). En 1945, se unió a George Stigler en la Universidad de Minnesota. Cuando se paralizó el nombramiento de Stigler en la Universidad de Chicago un año más tarde por su oposición excesivamente entusiasta a las medidas de control de los alquileres, el departamento recurrió a su amigo. Fue así como Friedman regresó a Chicago en 1946. Había vuelto a casa.

En Chicago, Friedman descubrió a un importante aliado, un exiliado político de Iowa. Theodore W. Schultz era muy original; hijo de un agricultor de Dakota del Sur, había hecho la tesis en la Universidad de Wisconsin sobre los rendimientos crecientes en la agricultura, más o menos en la misma época en que Allyn Young había dado en Escocia su famosa charla sobre el progreso económico. Schultz, siendo profesor en Iowa State, se había visto envuelto en un escándalo. En un documento de trabajo del departamento, un alumno había afirmado que debían suavizarse las restricciones a las que estaba sometida la producción de oleomargarina, al menos durante la guerra, ya que su producción era menos cara. El grupo de presión de la mantequilla, que estaba haciendo lo imposible para impedir que llegara a las tiendas el sustitutivo más barato, insistió en que se retirara el artículo. La administración capituló y Schultz dimitió. Llegó al Social Science Research Building de Chicago en 1943.

Friedman se convirtió en el líder de la escuela de Chicago, en realidad, de la *segunda* escuela de Chicago, pues pronto sustituyó a sus maestros Frank Knight, Henry Simons, Lloyd Mints y Paul Douglas por una serie de hombres más jóvenes. Para los economistas de la Universidad de Chicago, Alfred Marshall seguía siendo la Biblia. La *Teoría general...* era un dudoso logro. *La teoría de los juegos...* era en sí misma un juego matemático. Y la competencia imperfecta era una engañifa. Al menos esta última fue fácil de desechar. En «Un ensayo sobre la metodología de la economía positiva» («An Essay on Methodology of Positive Economic»), Friedman le dio la espalda a Chamberlin. A continuación, se dispuso lenta y deliberadamente a rebatir y echar por tierra el dogma keynesiano. El eje central de su esfuerzo, un meticuloso estudio empírico titulado *Historia monetaria de los Estados Unidos* (*A Monetary History of the United States*) puso en cuestión la interpretación convencional de la causa de la Gran Depresión. No apareció hasta 1962. A los economistas de la Universidad de Chicago no les era fácil llamarse clásicos. El triunfo de Keynes sobre Marshall había sido excesivo para podérselo permitir. Se llamaron, en su lugar, monetaristas.

La otra única escuela rival que ensombrecía el horizonte de Friedman a principios de la década de 1950 era, desgraciadamente, una escuela que compartía los despachos con su propio departamento, es decir, la Fundación Cowles. Friedman sospechaba que su departamento de economía corría el peligro de ser secuestrado por matemáticos de cuya legitimidad dudaba. En 1998, todavía decía: «Siempre he sido, y lo seguiré siendo, un persistente crítico del [...] enfoque Cowles». Pensaba que sus métodos eran demasiado pretenciosos, antidemocráticos y, como pensaba Marshall, propensos al error.

Los miembros del grupo de Cowles, por su parte, se sentían algo perseguidos por Friedman. Éste interrumpía sus seminarios con largos monólogos. Se oponía a sus nombramientos. Kenneth Arrow fue uno de los jóvenes modernos que pasó un año en Chicago a finales de la década de 1940. Recuerda que Friedman y sus colegas pensaban que todo eso no eran más que bobadas. «Nos sentíamos unidos. Pero también temidos en cierto modo. Era divertido sentirse perseguido [...] pero se nos tomaba en serio, incluso cuando no éramos más que un grupito, cinco o seis personas en Chicago.» Los recién llegados estaban llenos de ideas, exclamaban entusiasmados a cada nueva demostración o contraejemplo y hacían tajantes afirmaciones sobre la importancia de sus trabajos.

A decir verdad, el nuevo estilo matemático que estaba comenzando a dominar el enfoque Cowles tenía un lado poco atractivo. Éste provenía de las matemáticas que estaban haciéndose en las altas esferas de las universidades después de la guerra, al menos en Europa. El misterioso personaje N. Bourbaki, líder del movimiento francés de la axiomatización y autor de una serie de libros extraordinariamente rigurosos, da una buena idea de ello. Resulta que N. Bourbaki no era una persona sino un grupo de matemáticos franceses que escribían complicados libros de texto avanzados y atribuían su autoría a un mítico general jubilado. Su entusiasmo los llevó a volverse unos obsesos del formalismo, obsesión que en las décadas de 1950 y 1960 se extendió incluso a las escuelas de primaria de Estados Unidos en forma de «las nuevas matemáticas»: la teoría de conjuntos en las escuelas de párvulos. El aire galo de pretenciosidad y de superioridad que emanaba de los departamentos de matemáticas de las universidades europeas y estadounidenses dejó a muchos mal sabor de boca y en ningún sitio más que en el Medio Oeste americano.

Además, muchos de los miembros de la escuela de Chicago seguían teniendo dudas acerca de las ventajas de los nuevos métodos de alta tecnología. Una sencilla historia muestra por qué era bastante fácil creer en la eficacia de los viejos métodos. Durante la guerra, se le había encomendado al economista George Stigler la tarea de calcular el coste mínimo anual de una dieta adecuada. Éste es un ejemplo representativo de la clase de problemas prácticos que estudiaban los economistas en esa época, especialmente en el Statistical Research Group. Stigler ideó una dieta basada en la sustitución de algunos alimentos por otros, que eran más nutritivos por dólar. A continuación examinó algunas de las 510 formas posibles de combinar los alimentos seleccionados. Eligió estas posibilidades porque parecía que se encontraban entre todos los extremos imaginables. Al final, no afirmaba que había encontrado la posibilidad más barata, pero daba razones para creer que se había acercado a ella.

Después de la guerra, el problema de la dieta fue una de las primeras pruebas a las que se sometió el nuevo método simplex de programación lineal de George Dantzig. Su enfoque contenía nueve ecuaciones con setenta y siete incógnitas, recuerda Dantzig en su libro *Programación lineal y extensiones* (*Linear Programming and Extensions*). Utilizando calculadoras de mesa manuales, se necesitaron unos 120 días de trabajo para obtener una solución. La solución de Stigler (expresada en dólares de 1945) sólo era 24 centavos más cara que el verdadero mínimo anual de 39,69 dólares. ¿No se había acercado bastante? Stigler regresó a Chicago en 1956.

Pocos podían imaginar hasta qué punto la llegada del ordenador y de los avances de las técnicas matemáticas iban a conferir aplicabilidad a los nuevos métodos. Los cálculos iban a realizarse con sólo pulsar unas cuantas teclas. Poco después, el hombre iba a volar a la luna. Sin embargo, a principios de la década de 1950 todo el mundo sabía en Chicago (al menos en el departamento de economía) que «programación» significaba, en realidad, planificación. Y como recordaría Robert Lucas más tarde, en el Chicago del libre mercado de los años 50, la aversión a cualquier tipo de planificación era muy grande. Estaba claro, además, que los viejos métodos eran bastante buenos.

El conflicto entre la Fundación Cowles y el departamento de economía se avivó lentamente a principios de la década de 1950, agravado por los oscuros inviernos de Chicago. La seguridad del campus empeoró al llenarse los barrios circundantes de trabajadores desplazados que procedían de las zonas rurales sureñas. La Universidad de Chicago se planteó brevemente la posibilidad de trasladarse al campo. Las fricciones causadas por los nombramientos aumentaron («Friedman no lleva cilicios; los da», dijo uno de los que participaron en las discusiones). En 1953, la Fundación Cowles anunció que se trasladaba a Yale.

La flor y nata de una generación de economistas –Tjalling Koopmans, Gerard Debreu, Jacob Marschak, Roy Radner y Martin Beckmann entre los propios profesores de Cowles– iba a abandonar Chicago en los dos años siguientes. Otros que ya lo habían abandonado antes eran Herbert Simon, Lawrence Klein, Harry Markowitz y Kenneth Arrow. Contando los visitantes que ya no iban, no menos de seis futuros Premios Nobel se fueron de Hyde Park, casi tantos como los que se quedaron.

El movimiento moderno había perdido su hogar. La Universidad de Purdue se convirtió durante un tiempo en un centro importante. Poco a poco se le unieron más centros situados en California (que era adonde habían ido Arrow y Marschak), en Pittsburg (Herb Simon), en Rochester (Lionel McKenzie), en Filadelfia (Lawrence Klein), en Nueva York (Harry Markowitz), en Minneapolis (Leo Hurwicz) y, por supuesto, en Yale.

¿Y el MIT? En Cambridge (EE UU), existía una sutil, pero clara, resistencia a los métodos del movimiento moderno. En la década de 1950, había muchos economistas matemáticos en el mercado, pero Paul Samuelson eligió hombres de orientación más práctica, en consonancia con el programa macroeconómico de la revolución keynesiana. La tarea de hacerlos rápidamente operativos dio lugar a un estilo MIT inconfundible, una serie de modelos de equilibrio general de diversos fenómenos: el comportamiento del ahorro, los mercados financieros y monetarios, el crecimiento económico, la deuda pública, el paro y la inflación. Eran modelos «Volkswagen» –por utilizar una evocadora expresión de un estudioso–, motores económicos para pensar, que eran prácticos, sencillos y fáciles de usar: unas cuantas variables clave conectadas de forma sugestiva por el razonamiento económico y elegidas por su relevancia en la política económica. También eran relativamente fáciles de explicar a los responsables de la política económica. La organización conceptual práctica de la economía de Estados Unidos se diseñó en gran medida en el MIT de Cambridge durante los años posteriores a la Segunda Guerra Mundial. El departamento de economía de Harvard, situado en el otro extremo de la pequeña ciudad, luchaba por no quedarse atrás.

El MIT pagó un precio por su influencia en los asuntos prácticos que tardó muchos años en ser evidente. Los alumnos más brillantes seguían acudiendo al campus del MIT, situado en la parte oriental de Cambridge, la más sucia y en la que los olores del refino petroquímico y de la fabricación de jabón se mezclaban de tanto en tanto, cuando el viento iba en la buena dirección, con el olor del chocolate (la producción de dulces ha sido una industria de alta tecnología en Boston desde el siglo XVIII). Pero un día, el economista más brillante que no estaba aún allí decidió irse al otro extremo de la ciudad.

Cuando el MIT y Harvard compitieron ferozmente a principios de los años sesenta por atraer a Kennethy Arrow y éste eligió Harvard, la suerte estaba echada. Es posible que a Arrow le atrajera simplemente la idea de formar parte de una vieja universidad, en la que iba a tener como colegas a historiadores, filósofos y estudiosos de los clásicos en lugar de científicos e ingenieros. O es posible que la idea que se tenía en el MIT de lo que era un análisis económico interesante fuera sencillamente demasiado restrictiva para él (también cabe pensar que habría sido «ineficiente» tener a Samuelson y a Arrow bajo el mismo techo, como iba a aventurar muchos años más tarde su colega Lionel McKenzie; «los dos eran estrellas, pero eran muy diferentes y tendían a hacerse sombra»). En cualquier caso, el MIT continuó dedicándose a enseñar gestión económica moderna y Harvard había encontrado con Arrow un nuevo camino para volver a competir.

Hacia 1954, cuando la Comisión Cowles abandonó Chicago, estaba establecida, pues, la arquitectura del pensamiento económico posterior a la Segunda Guerra

Mundial. Antes de la guerra, los principales centros del pensamiento económico eran la Universidad de Cambridge y la London School of Economics, en Inglaterra, y la Universidad de Harvard, la Universidad de Columbia y la Universidad de Chicago, en Estados Unidos. Ahora se crearon dos polos dominantes, ambos en el Nuevo Mundo: el MIT en Cambridge (EE UU) y Chicago.

Cada departamento tenía un líder. Friedman y Samuelson eran rivales y amigos. Se conocían desde el comienzo mismo de su carrera. Eran temperamentalmente muy diferentes, pero compartían las características de dos personas cuya orientación científica había evolucionado conjuntamente. Ambos estaban comprometidos con lo que hemos venido llamando el punto de vista clínico/técnico. Pero sus departamentos enfocaban los temas económicos desde extremos opuestos. Los keynesianos del MIT, que creían que los problemas macroeconómicos eran reales e importantes, hacían hincapié en la regulación y la política fiscal. Los antikeynesianos de Chicago condenaban este enfoque tildándolo de *fine-tuning*, mientras predicaban la magia del mercado y la probabilidad de que cualquier intento de interferir con el mercado produjera efectos negativos.

Y en las universidades menos famosas del país, como otros tantos guerrilleros en las montañas, trabajaban los modernos.

11 El residuo y sus críticos

Cuando en 1945 terminó de repente la Segunda Guerra Mundial, muchos economistas temieron que con la paz volviera de nuevo el estancamiento de la década de 1930. Al fin y al cabo, Europa y Japón habían quedado reducidos a cenizas. Y en Estados Unidos todas las guerras que había habido desde la Guerra de la Independencia habían ido seguidas de una crisis económica general. La Junta de la Reserva Federal predijo una recesión. El propio Paul Samuelson utilizó las páginas del *New Republic* en 1944 para advertir de la depresión que se avecinaba. Los soldados estadounidenses que se encontraban en el Pacífico decían en broma: «el Golden Gate en el 48, la cola del paro en el 49».

Pero, en lugar de eso, el fin de la Segunda Guerra Mundial trajo consigo una larga expansión sin precedentes en los anales de la historia mundial. Un tesoro sin descubrir de activos líquidos acumulados por los hogares durante los rigores de la guerra alimentó la expansión. El mérito se atribuyó a las medidas keynesianas. Los «pánicos» de los cien años anteriores se convirtieron en «recesiones», en acontecimientos de duración limitada, de pequeñas proporciones y de escasas consecuencias. «Los estabilizadores automáticos» –las retenciones de impuestos y los programas de pensiones– amortiguaban las fluctuaciones. El comercio floreció y aumentó la renta. Se proclamó una «síntesis neoclásica», un corpus de conocimientos sobre los que podía estar de acuerdo el 95 por ciento de los economistas. Cambridge y Chicago se prepararon para un largo periodo de ir resolviendo problemas, un compromiso común desde una perspectiva aplicada pero rigurosa y, por lo demás, un pacto para poder discrepar educadamente.

Las acciones de los economistas subieron ininterrumpidamente en la bolsa de la opinión pública, sobre todo después de que John F. Kennedy fuera elegido presidente en 1960 e invitara a los líderes de la nueva economía a Washington: Samuelson, Solow, James Tobin, Arrow. La guerra fría fue, desde luego, la característica distintiva fundamental del paisaje. Se había lanzado el *Sputnik* y había comenzado la carrera por llegar a la Luna. La competencia entre las democracias industriales y las dictaduras de Rusia y China basadas en un sistema de planificación central era una razón más por la que los servicios de los economistas eran tan valorados. La revista *Time* sacó en su portada a John Maynard Keynes en 1965, diecinueve años después de su muerte, canonizándolo por ser el artífice de la expansión que se había registrado después de la Segunda Guerra Mundial.

Sin embargo, a principios de los años cincuenta seguía existiendo un importante enigma en la ciencia económica: la explicación de la expansión de la economía. Las empresas eran mayores. La competencia parecía menos intensa. Y, sin embargo, la economía estaba creciendo más deprisa que nunca. Era posible que Keynes hubiera resuelto el problema del subconsumo involucrando al Estado. Pero ¿cómo se traducía la disminución del ahorro en crecimiento económico? ¿Qué había ocurrido con la lógica supuestamente inevitable de los rendimientos decrecientes?

Una vez más, alguien iba a tener que reconciliar las contradicciones entre la mano invisible y la fábrica de alfileres, lo supuestamente inevitable con lo francamente inequívoco. Esta vez iba a ser necesario un modelo, un modelo keynesiano, que iba a dar lugar a un concepto nuevo que, poco después, iba a conocerse con el nombre de residuo.

A principios de la década de 1950, la mayor parte de lo que la tradición keynesiana decía sobre la riqueza de las naciones se encontraba en un par de modelos improvisados rápidamente. Ninguno de los dos parecía recoger la esencia del problema. Antes de la guerra, Roy Harrod, economista y colega (además de biógrafo) de Keynes, había tratado de introducir los «instintos animales» de los empresarios en la ecuación (la expresión había sido utilizada por Keynes para describir la psicología que llevaba a las expansiones). El modelo de Harrod sugería que la economía podía crecer indefinidamente y que si se duplicaba la tasa de ahorro, se duplicaría la tasa de crecimiento. Pero el mundo no parecía comportarse de esa forma.

En 1964, un economista llamado Evsey Domar había planteado otra posibilidad más inquietante, a saber, que la economía fuera cada vez más inestable y se tambaleara permanentemente entre una inflación explosiva y un paro prolongado. El modelo de Domar presentaba lo que se conocía con el nombre de filo de la navaja: un pequeño cambio en el comportamiento de los agentes económicos, y el resultado se decantaría rápidamente en una dirección o en la otra (en una idea parecida se basaba la popular novela de George Orwell titulada *1984*). El mundo tampoco se parecía mucho a eso.

Pero entonces un joven que había sido soldado se puso manos a la obra. No era la primera vez que Solow se ofrecía voluntario para una difícil misión. Nacido en Brooklyn en 1924, terminó los estudios secundarios en 1940 y ese mismo otoño entró en Harvard College con una beca. Aunque las ideas de Keynes circulaban entre los estudiantes de doctorado, no le llegaron a Solow durante su primer año de carrera. Eran demasiado nuevas y la economía que se enseñaba en Harvard era demasiado esclerótica en aquella época. En 1942, Solow se alistó en el ejército. Tras pasar tres intensos años como suboficial del servicio de inteligencia en la campaña italiana, regresó a Harvard en el otoño de 1945. Ahí topó con un nuevo maestro, Wassily Leontief, el hombre que diez años antes había enseñado a Paul Samuelson. Leontief convenció a Solow para que estudiara cálculo matemático («Era asombroso que [las matemáticas] fueran tan importantes en esa época. A la gente le apasionaban»).

Volvió a Nueva York, a Columbia, para aprender algo de estadística y después regresó a Harvard a terminar la tesis. En seguida comenzó a impartir un curso sobre ciclos económicos en el MIT. Solow recuerda que sólo más tarde se enteró de que el verdadero nombre de lo que enseñaba era el de Macro. Se había convertido en un soldado hecho y derecho de la revolución. Poco después, colaboraba en un libro que presentaba a otros economistas los misterios de las aplicaciones económicas de las técnicas de programación lineal que se habían desarrollado durante la guerra. Eso lo llevó, de una forma bastante natural, a los modelos de Frank Ramsey y John von Neumann que pretendían mostrar cómo crecían las economías con el paso del tiempo. Se le ocurrió pensar, declaró más tarde Solow, que ninguno de los dos tenía formación económica. El proceso que se observaba no parecía ser el tipo de sencilla expansión que habían imaginado Ramsey o Von Neumann, como tampoco se asemejaba a los mundos de Harrod o de Domar. Solow se propuso, pues, crear su propio modelo.

¿Qué se necesita para construir un buen modelo? George Shackle, comentarista especialmente agudo de los métodos de la economía moderna, ha descrito la experiencia de abandonar el mundo para reducirlo a lo estrictamente esencial. El mundo es «muy complicado, fluido, vivo y, en definitiva, vago». El modelo debe ser riguroso para que sea útil. Los supuestos en que se basa el modelo deben ser suficientemente sencillos y precisos para permitir el juego de la lógica y de las matemáticas, pero no tanto como para eliminar la propia realidad. El creador de modelos trabaja hacia delante y hacia atrás, dice Shackle, preguntándose siempre si otro conjunto algo distinto de supuestos daría un resultado totalmente diferente y quizá más esclarecedor. «El modelo es una obra de arte, compuesta libremente dentro de los límites de una determinada forma artística, a saber, el encaje lógico de las proposiciones. En esta libertad limitada, se parece a cualquier otra forma artística: el soneto, la sinfonía, la creación del ebanista o del arquitecto…»

Siendo Solow economista como era, su innovación básica fue hacer que su modelo de producción dependiera de la sustitución de factores. En el modelo de Domar, no era posible sustituir capital por trabajo en la producción. Las relaciones eran fijas y sólo podía darse un crecimiento continuado en condiciones muy estrictas. Solow sustituyó la relación capital/producción fija de los modelos de Harrod y de Domar por el concepto relativamente nuevo de función de producción variable, cuyas ventajas eran dos. La convención permitía a los productores introducir cambios en los dos sentidos, utilizando capital cuando el trabajo era demasiado caro y viceversa. El modelo ya no planteaba, pues, el problema del filo de la navaja. El nuevo mecanismo también contenía un término determinado fuera del modelo –un parámetro, un «dato dado»– que describía la tasa de cambio técnico.

No hacían falta unas matemáticas complicadas y, en todo caso, no más complicadas que el simple cálculo diferencial. En su lenguaje, una función de producción describe la relación entre factores y productos. A principios de la década de 1950, se habían desarrollado exhaustivamente funciones parecidas para describir la relación entre lo que ahorraban los consumidores y lo que gastaban (funciones de consumo). Solow adoptó una forma que había sido desarrollada en relación con las controversias sobre la teoría de la productividad marginal por el matemático Charles Cobb y el economista Paul Douglas en la década de 1920 para explicar los datos que indicaban que la proporción de la renta que obtenían los trabajadores y la que obtenían los propietarios de capital se habían mantenido notablemente estables con el paso del tiempo, al menos en la economía estadounidense (entre 1899 y 1922, los salarios representaron un 75 por ciento de la producción). Serían más útiles unas funciones mucho más generales, dijo, y se dispuso, con otros, a desarrollarlas. La mayoría de los economistas se contentaron con la versión más sencilla.

Para construir su modelo, Solow mantuvo el supuesto de la competencia perfecta. El capital y el trabajo percibían sus productos marginales y si variaba cualquiera de los dos, había rendimientos decrecientes. Cualquier fracción del crecimiento de la producción que no podía atribuirse a uno de los dos se atribuía al parámetro del «cambio técnico» del modelo, es decir, a A de (t), como lo llamó Solow en la ecuación $Y = A(t)F(K, L)$. La propia ecuación no significaba nada más que lo siguiente: el crecimiento de la producción/renta es una función de la acumulación de trabajo y capital multiplicada por una constante arbitraria que representa la tasa de crecimiento del conocimiento. Los rendimientos crecientes eran una posibilidad, señalaba en una nota, pero no eran necesarios para el análisis.

Finalmente, para que el modelo funcionara, Solow necesitaba un supuesto explícito sobre la tasa a la que se produce el progreso técnico, sobre el parámetro *A* de (*t*) en el modelo. Lo encontró en el calendario, en el sencillo supuesto de que el conocimiento aumentaba continuamente con el paso del tiempo, año tras año. No se analizaba aquí la fábrica de alfileres. Siendo estudiante de doctorado, Solow había estudiado historia económica y había leído la *Historia de las invenciones mecánicas* (*History of Mechanical Inventions*) de A. P. Usher (Usher era un importante historiador económico de Harvard). Había leído algo de historia económica británica. Pero sobre todo había leído lo que decía John Stuart Mill sobre las consecuencias de los rendimientos decrecientes para el estado estacionario. Y al final consideró que había muy pocas razones para discrepar de él. Adoptaría el mismo enfoque. Suponer que el conocimiento crece exógenamente. Suponer que el crecimiento converge gradualmente hacia un estado estacionario, momento en el que cada pequeña cantidad de capital adicional que se acumula compensa exactamente la depreciación y el crecimiento de la población. En ese momento, ha llegado la edad adulta o la felicidad absoluta, o como quiera llamarse, y el crecimiento se detiene.

Ciertamente, los que tenían menos interés en los fundamentos de las cosas eran muy conscientes de que una «revolución de la investigación» estaba reorganizando totalmente el mundo de las empresas en Estados Unidos a mediados de los años cincuenta; algunos agudos periodistas como Leonard Silk y economistas no matemáticos, entre los que se encontraban Theodore Levitt y Sydney Schoeffler, habían llamado la atención sobre esta tendencia en artículos y libros. Más tarde, Solow consideró en su modelo que la tecnología era un bien público, algo bastante parecido a la radioafición. Era el resultado de algo que estaba haciendo el Estado para todo el que quisiera tomarse la molestia de sintonizar. Al economista matemático –el extremo opuesto del meticuloso ebanista, el arquitecto, el poeta– le resultó bastante fácil en 1956 atribuir este crecimiento del conocimiento a fuerzas no económicas subyacentes y suponer que la política económica no tenía muchas posibilidades de influir en él y mucho menos de controlarlo. Lo realmente importante era la manipulación de las variables económicas tradicionales, como la acumulación de capital, la tasa de ahorro o la oferta de trabajo.

El resultado fue una reformulación en términos matemáticos de la postura que había adoptado John Stuart Mill cien años antes: «mientras la situación económica de las naciones dependa del estado de los conocimientos físicos, es un tema que corresponde estudiar a las ciencias físicas y las artes que en ellas se basan. La economía política sólo se ocupa de las causas psicológicas e institucionales del crecimiento». Solow lo expuso de una forma algo distinta: «Se puede imaginar en principio la posibilidad de que la función de producción experimente con el tiempo cambios absolutamente arbitrarios, pero es muy poco probable que éstos permitan extraer conclusiones sistemáticas». El significado era, sin embargo, el mismo. Se suponía que $A(t)$, es decir, el conocimiento, crecía de forma continuada y natural con el paso del tiempo. ¡En este argumento no tenía cabida la historia de los canales o de los ferrocarriles!

«Una contribución a la teoría del crecimiento económico» («A Contribution to the Theory of Economic Growth») apareció –en el *Quarterly Journal of Economics*– más o menos en la misma época en que se puso en órbita alrededor de la Tierra el primer satélite, el *Sputnik* soviético. El modelo de Solow resultó inestimable para analizar las economías de mercado occidentales. Su característica fundamental era que su equilibrio era *general*: sus elementos estaban conectados de tal forma que cuando cambiaba la tasa de crecimiento de la población trabajadora, también cambiaba la relación capital-producto. Ahora el sistema podía ajustarse a cualquier tasa dada de crecimiento de los factores y aproximarse finalmente a un estado estacionario de expansión proporcional. Además, era dinámico, no estático; describía un sistema en movimiento, unos dibujos animados, cuando no una película completa que describía unas cuantas variables fundamentales que cambiaban con el tiempo.

La versión realmente eficaz de la nueva formulación llegó en forma de diagrama, cuyo objetivo era mostrar la senda de crecimiento equilibrado. A Solow se le ocurrió un día cuando llevaba a uno de sus hijos al pediatra. Pidió papel (arrancado de un bloc de recetas) y esbozó su idea. Dos curvas que se cortan representan las ecuaciones fundamentales del modelo: la función de producción y otra que describe la tasa de acumulación de capital. Todas las cuestiones realmente interesantes pueden analizarse fácilmente por medio del capital por trabajador y la producción por trabajador. Supongamos que la inversión *per cápita* aumenta un 1 por ciento. ¿Cómo afectaría ese aumento a la producción? ¿Y al ahorro de los trabajadores? El modelo se convertía en un instrumento muy práctico. «No sé realmente cómo se podría gestionar una economía sin él», dice Solow.

La consecuencia sorprendente del modelo de Solow era que la tasa de ahorro no era realmente importante para la tasa de crecimiento. Los modelos de Harrod y de Domar indicaban que lo único que tenían que hacer los países pobres para acelerar su tasa de crecimiento era duplicar su ahorro subiendo simplemente los impuestos, quizá, por ejemplo, como en la Unión Soviética. El modelo de Solow sugería que el efecto que produciría esa «intensificación del capital» en la *tasa* de crecimiento sería transitorio (aunque produciría un efecto permanente en el *nivel* de producción en el futuro). ¿Cuánto duraría el periodo transitorio? ¿Años? ¿Décadas? No importaba. Esas medidas acabarían generando rendimientos decrecientes, al subir los salarios de los trabajadores en relación con el coste de las nuevas máquinas. Un país no podía conseguir una tasa más alta de crecimiento ahorrando. Eso sólo podían lograrlo el crecimiento de la población y la tasa de cambio tecnológico.

Fue el artículo complementario de 1957 titulado «El cambio técnico y la función de producción agregada» («Technical Change and the Aggregate Production Function») el que resultó más revelador. Cuando Solow aplicó a su modelo los datos del producto nacional bruto de Estados Unidos con el fin de estimar las contribuciones relativas del capital y del cambio técnico al crecimiento desde 1909 hasta 1949, surgió una conclusión sorprendente. El aumento de la cantidad de capital y de trabajo, suponiendo que cada uno recibía su producto marginal, apenas explicaba la mitad del aumento de la producción. Y una vez que se realizaban los oportunos ajustes para tener en cuenta el aumento de la población, los incrementos del capital apenas explicaban una octava parte: lo que había en el modelo no llegaba a explicar el 85 por ciento del aumento de la producción. Era esto lo que denominó residuo, es decir, la proporción del crecimiento que el modelo no explicaba.

Acudir a un residuo con el fin de evidenciar la existencia de fuerzas ocultas era un viejo truco de las ciencias que, por lo demás, resultaba muy útil. En 1846, se descubrió el planeta Neptuno gracias a un residuo en los cálculos de la órbita de Urano; el neutrino fue durante muchos años únicamente un residuo de medición hasta que se confirmó experimentalmente en la década de 1950 la existencia de la partícula subatómica. Paul Samuelson dice que Solow fue como Enrico Fermi, es decir, un teórico imaginativo que también podía hacer que las cosas funcionaran. El supuesto era que A de (t), la tasa de cambio técnico, debía explicar el resto del crecimiento por un aumento de la productividad general.

Aquí estaba la respuesta a la pregunta de por qué la economía continuaba ascendiendo por la montaña de los rendimientos decrecientes. Tenía relativamente poco que ver con el trabajo o con la acumulación de capital. Era «el progreso técnico», el crecimiento del conocimiento medido por el residuo, el que estaba creando la nueva riqueza. Los lectores de Smith, Mill, Marshall y Schumpeter sabían que el cambio técnico era real, importante y muy diferente en su carácter fundamental de los factores convencionales del trabajo y el capital. El modelo de Solow expresó esa idea en un lenguaje matemático moderno y, aunque la fuente de los rendimientos crecientes se encontraba fuera del modelo, estaba separada de los demás factores de tal manera que era posible medir la contribución del conocimiento a la productividad. Los dos artículos constituyeron conjuntamente un triunfo retórico de primera magnitud.

Podría decirse –de hecho, se dijo– que lo que hizo Solow fue meramente traducir a Mill al lenguaje del cálculo (en esa época el cálculo representó un gran paso adelante en Estados Unidos). O podría decirse con idéntica justicia (aunque casi nadie lo dijo en ese momento) que el residuo era una prueba contundente, extraída de un modelo, de que Schumpeter tenía razón después de todo. La tecnología era con mucho la fuente más importante de crecimiento. Los sindicatos podían olvidar las advertencias de Ricardo contra la nueva maquinaria. Podían dejar de preocuparse y aprender a amar la cornucopia de nuevas innovaciones.

La economía keynesiana, en general, y el modelo de Solow, en particular, se convirtieron en los planes de acción para la guerra fría. La tecnología iba a ser el motor dominante de crecimiento y se repartieron las responsabilidades entre el sector público y el privado. El Estado estabilizó el ciclo económico y financió las universidades. El capital y el trabajo hicieron las paces y acordaron repartirse los beneficios del crecimiento.

Una vez encajado el crecimiento en el sistema keynesiano, Solow pareció perder interés por él. Se dedicó de nuevo a estudiar los problemas que parecían más acuciantes a finales de los años cincuenta y principios de los sesenta: competir con éxito con la Unión Soviética y reducir las fluctuaciones del ciclo económico. Solow y Paul Samuelson no tardaron mucho en interesarse por lo que llamaron curva de Phillips, una regularidad empírica señalada por un economista neozelandés, A. W. Phillips, que parecía indicar que existía una disyuntiva entre el paro y la inflación. Durante los quince años siguientes, el núcleo central del pensamiento macroeconómico se dedicó a indagar si era posible manipular esta disyuntiva para lograr mejores resultados económicos. ¿Podía un poco más de inflación significar un poco menos de paro? En la década de 1960, los economistas estaban profundamente interesados en las posibilidades de ir ajustando la economía de un país.

En 1962, Solow escribió la parte del informe del Consejo de Asesores Económicos que se ocupaba del crecimiento económico óptimo. El informe estableció las condiciones necesarias para la reducción de impuestos que llevó a cabo Kennedy en 1964 y que se dijo tenían por objeto eliminar los obstáculos que impedían el crecimiento. Solow continuó desempeñando un papel importante entre bastidores como amigo del cambio técnico, convenciendo a los sindicatos de que les interesaba adoptar las nuevas técnicas, incluso cuando el resultado más inmediato y visible fuera la pérdida de empleo.

La república de la ciencia económica es amplia. El consenso es difícil, y había muchos economistas que pensaban que el modelo de Solow, en el que la variable exógena de la tecnología hacía casi todo el trabajo, no había resuelto el misterio del crecimiento. El residuo era «la medida de nuestra ignorancia», según Moses

Abramovitz, profesor de Stanford. «Ponerle nombre no es explicar», declaró Zvi Griliches, económetra de Chicago (poco después, el residuo se rebautizó con el nombre de productividad total de los factores).

Los keynesianos de Cambridge (Inglaterra) estaban especialmente ofendidos. Rechazaban la idea de la función de producción agregada («una parábola que no puede explicar nada salvo a sí misma», dijo Joan Robinson resoplando). Los schumpterianos también estaban enfadados. En sus últimos días, Schumpeter se había instalado en el Center for Entrepreneurial Studies de la Harvard Business School. Allí se mantuvo la tradición después de su muerte, produciendo en su momento al gran historiador de la empresa Alfred Chandler, entre otros. En Chicago, Theodore Schultz estudiaba afanosamente el concepto de capacidad y educación que llamó capital humano. En 1965, los económetras habían dado su respuesta. Griliches (que fue alumno de Schultz) y Dale Jorgenson de la Universidad de California en Berkeley anunciaron un programa para «endogeneizar» el cambio técnico, es decir, para explicarlo en términos estrictamente económicos y hacer desaparecer, pues, el residuo. Y, naturalmente, los economistas matemáticos construyeron una versión «de alta tecnología» del modelo de Solow con la que experimentar.

Pero el intento más interesante de ir más allá del modelo de Solow se llevó a cabo en la RAND Corporation. Creada después de la guerra por la fuerza aérea de Estados Unidos en Santa Mónica (California) como una «universidad sin estudiantes», la *Research and Development* Corporation tenía por objeto conseguir que algunos de los científicos e ingenieros mejores y más brillantes se dedicaran a estudiar problemas de defensa. Y durante un tiempo atrajo a algunas de las cabezas pensantes más profundas de aquella generación.

A mediados de la década de 1950, las disciplinas de la planificación desarrolladas durante la Segunda Guerra Mundial hacían furor en el Pentágono y en las escuelas de ingeniería: el «análisis de sistemas» y la «dinámica de sistemas». Entre los economistas de RAND (y entre no pocas de las personas dedicadas a la I+D) había cundido el temor de que una administración pública demasiado intervencionista eliminaría la competencia y reprimiría los métodos más heterodoxos de enfocar los problemas científicos y técnicos, que les parecían muy prometedores. La masiva planificación en que incurría el programa Atlas de misiles balísticos intercontinentales forzó la situación. Fue entonces cuando los economistas de RAND se dejaron oír. «Sencillamente nos falta la perspicacia necesaria para saber qué seremos capaces de aprender y de saber –advirtieron Richard Nelson y Burton Klein, unos meses después de que los soviéticos dejaran atónitos a los estadounidenses al derrotarlos en el espacio con el *Sputnik*–. Necesitamos *más* competencia, más redudancia y más "confusión", no menos.»

Una persona que acudía frecuentemente a RAND por aquellas fechas era Kenneth Arrow. Incluso entonces, con poco más de treinta años, era evidente que era uno de los mejores economistas de su generación. Nacido en 1921, nueve años más joven que Friedman, seis años más joven que Samuelson, tres años mayor que Solow, era quizá al que más había afectado la Gran Depresión. Su padre, que había sido un próspero hombre de negocios de Brooklyn, se había arruinado con la crisis. Por esa razón, Arrow estudió en el City College gratuito de Nueva York, graduándose en 1940 y planteándose durante un tiempo hacer carrera como actuario acabó aceptando una beca en la Universidad de Columbia, donde estudió estadística matemática con Harold Hotelling. «Me di cuenta de que había encontrado mi nicho», iba a recordar más tarde.

Y tanto que lo encontró. La tesis de Arrow, retrasada por cuatro años de servicio militar durante la guerra (y, según sus palabras, por un persistente temor a no estar a la altura de lo esperado), creó casi de la nada el campo de investigación que hoy se conoce con el nombre de elección social, que es el estudio formal de las posibilidades que plantean las instituciones del sistema democrático de votación (había comenzado investigando el control de las grandes empresas por parte de los accionistas) y de algunas de sus paradojas. Después vinieron, en Cowles, algunas demostraciones de la existencia del equilibrio competitivo, que dieron solución a un espinoso problema, confirmando la coherencia interna de la intuición de Walras de considerarlo todo a la vez. A principios de los años cincuenta, nadie entendía la lógica de la mano invisible mejor que Arrow, que procedió a inventar una teoría formal de la incertidumbre, que resultó ser de gran importancia. Cuando comenzó a acudir habitualmente a RAND, estaba estudiando una serie de problemas en los que las dos partes de un acuerdo poseen grados de información muy diferentes.

Los primeros informes de los estrategas de la fuerza aérea que se encontraban en RAND llevaron a Arrow a estudiar los aspectos económicos de la investigación y el desarrollo militares, pues ¿qué había más incierto que el proceso de descubrimiento? De ahí el entusiasmo de los investigadores de RAND por investiagr un mismo tema desde diversas perspectivas. El riesgo era, desde luego, fundamental en la carrera armamentística. Pero Arrow llegó a la conclusión de que otros dos atributos poco corrientes afectan también la producción de conocimiento. En primer lugar, resulta difícil mantener el seccreto de los nuevos conocimientos. No son «apropriables», es decir, la persona que los crea y financia no puede suponer que vaya a ser la única en beneficiarse de ellos. Muy pronto otros los copiarán. En segundo lugar, no se puede comprar solamente un poquito de conocimiento. El nuevo conocimiento es *indivisible*, en el sentido de que exige un cierto coste fijo antes de poder disfrutar de sus beneficios. Además, la necesidad de conocimiento en una determinada situación es independiente de su escala. Hay que pagarlos íntegramente, al margen de que se tenga intención de utilizarlos poco o mucho.

En aquellos tiempos, el uso de la palabra «indivisible» estaba rodeado de una cierta confusión. Recuérdese que en la tradición de la economía pública se tenía por un bien indivisible a aquél al que podía acceder libremente tdo el mundo. La defensa nacional era indivisible. Lo mismo ocurría con la protección policial o con la señal de un faro o con una emisión de radio. Sin embargo, para Edward Chamberlin y otros autores que trabajaban en la teoría de la producción, el significado era algo distinto. Un bien indivisible era aquel que o estaba presente o no lo estaba. Era como un bloque. No se podía comprar un poco; había que pagarlo todo antes de poder usarlo aunque sólo fuera una vez. No se podía tener la mitad de un nuevo conocimiento, de la misma manera que no se le podía encontrar uso a la mitad de un puente. Y también en este caso, una vez que se tenía, no existía un límite obvio al número de veces que podía utilizarse. Y era esta cualidad de la indivisibilidad, decía Arrow, lo que implicaba que la inversión en conocimiento «obedece la ley de los rendimientos crecientes».

En el mundo real, había muchas formas prácticas de sortear el problema de la apropiabilidad: las patentes, el secreto, etc. (aunque con las patentes los mercados tendían a ser demasiado pequeños). Pero la «indivisibilidad» del conocimiento –el coste fijo que entrañaba– era un problema más difícil, al menos para el economista teórico. Significaba que el que primero que conseguía algún conocimiento –por ejemplo, sobre la fabricación de alfileres– podía utilizarlo para bajar sus precios, hacer más alfileres, acumular más conocimiento, bajar aún más los precios y, finalmente, a través de la lógica de los rendimientos crecientes, hacerse con su mercado.

Esperando encontrar algo concreto que decir sobre la acumulación de conocimientos, Arrow construyó un modelo del conocimiento acumulado por medio de la experiencia. Sabía que la práctica, la experiencia y la investigación eran muy diferentes; eligió la experiencia porque era la más fácil de describir de las tres, ya que la I+D requería el gasto de dinero y la práctica llevaba tiempo, mientras que el conocimiento basado en la experiencia era un efecto colateral de un proceso de producción que tenía su propia razón de ser. Lo llamó aprendizaje basado en la experiencia (*learning by doing*).

Para abordar la indivisibilidad, Arrow había recurrido, pues, a las «externalidades», exactamente igual que Alfred Marshall setenta y cinco años antes. Con el aprendizaje basado en la experiencia, el conocimiento adquirido podía concebirse como un subproducto accidental de la producción, no muy diferente de cualquier otra externalidad no pagada, por ejemplo, la luz de un faro o una emisión de radio. El mundo parecía funcionar de esta forma. Al fin y al cabo, las empresas navales y aeronáuticas habían constatado que la producción anual por trabajador había aumentado continuamente durante quince años sin ninguna inversión adicional (este efecto se había denominado efecto Horndal, ya que se había observado en una acería sueca de ese nombre).

Para que el modelo funcionara, Arrow tomó prestada una convención teórica poco conocida denominada expectativas racionales. Es decir, supuso simplemente que todo el mundo sabía *inmediatamente* todo lo que había que saber, tan pronto como era sabido por otros. El efecto fue introducir en el modelo el equivalente de la emisión de radio de Solow. Era un atajo, pero tomar atajos era lo que hacían los creadores de modelos. En lugar de explicar algunas conductas astutas y previsoras que utilizaban los fabricantes de acero para aprovechar las externalidades de Horndal, afirmaba simplemente que conseguían averiguar lo que sus vecinos sabían. Tal vez los fabricantes abrían simplemente la ventana y entraba el nuevo conocimiento, ese mágico «algo que se respira en el ambiente». Y exactamente igual que en el sistema de Marshall, en el modelo de Arrow los rendimientos crecientes externos hacían que todo cuadrara. Las externalidades aumentaban con la escala a medida que crecía la industria. Garantizaban que ninguna empresa podría emplear su propio conocimiento para crear un monopolio.

Arrow presentó su peculiar análisis económico del conocimiento en una reunión celebrada en Minneapolis en 1960. En 1962, le siguió el modelo del aprendizaje basado en la experiencia. Para entonces, Arrow se había ido a trabajar al Consejo de Asesores Económicos de Kennedy. Durante unos años, algunos economistas se mostraron muy entusiasmados. Por fin, los rendimientos crecientes se convertían en respetables gracias a su formalización. Otros trataron sin mucho éxito de descifrar los detalles de la difusión del conocimiento, especialmente Richard Nelson y Edmund Phelps.

Y es que las matemáticas eran demasiado complicadas. El modelo de Arrow no tenía las cualidades que hacen de un modelo la llave de nuevos descubrimientos. Era inestable. Bastaban unos pequeños cambios para echarlo por tierra. El modelo del aprendizaje basado en la experiencia no se convirtió, pues, en un elemento importante de la caja de herramientas de los economistas, sino que pasó a formar parte del río subterráneo de las teorías sobre las externalidades y los rendimientos crecientes. A finales de los años sesenta, se había apagado el entusiasmo por las externalidades.

Eso no impidió a la siguiente generación de consultores de empresas tratar de convertir «la curva de aprendizaje» (como acabó llamándose a la «experiencia») en la panacea para las empresas. Durante un tiempo, en el momento de apogeo del Boston Consulting Group, la cuota de mercado lo era todo, ya que se suponía que llevaba directamente a los rendimientos crecientes. Pero aun así, resultaba difícil aumentar la rentabilidad, pues los efectos de difusión eran muy reales: era difícil quedarse con las ganancias.

Una parte, al menos, del artículo de Arrow se convirtió en un elemento habitual del paisaje de los libros de texto de economía. En ellos se explicaban las tres razones por las que no se podía contar con que una economía de libre empresa produjera suficientes conocimientos fundamentales. El conocimiento no era apropiable. Era indivisible, lo cual significaba que generaba rendimientos crecientes. Y su producción era intrínsecamente incierta. Ante esos fallos habituales del mercado, el Estado tenía que intervenir. La National Science Foundation tenía, al menos, unos sólidos fundamentos teóricos.

En estas circunstancias, el último y, en muchos aspectos, el más interesante intento de ir más allá del modelo de Solow fue el proyecto llevado a cabo por algunos economistas jóvenes que eran alumnos suyos en el MIT. No era que hubiera algún error en el modelo de Solow: lo que ocurría sencillamente era que no resultaba satisfactorio desde el punto de vista intelectual que todo lo que era realmente importante, toda la palabrería de Schumpeter, ocurriera fuera del modelo. Este intento, llevado a cabo a mediados de los años sesenta, trató de comprender el papel que desempeñaban el crecimiento del conocimiento y la competencia monopolística.

A principios de la década de 1960, los estudiantes más brillantes de todo el mundo acudían al MIT. El MIT era consciente de haberse convertido en la estrella de la ciencia económica, destacando por igual el desinterés personal y el espíritu cívico. Los profesores de economía almorzaban juntos diariamente en la *Stammtisch*, una gran mesa reservada habitualmente para ellos en el club de profesores. Samuelson declinó ir a Washington para poder continuar dirigiendo la educación de sus estudiantes; Solow aceptó un puesto de alto nivel poco visible en el Consejo de Asesores Económicos, pero volvía corriendo a casa todas las semanas a dar sus clases. El profesorado joven más brillante reaparecía en Cambridge (EE UU) año tras año para enseñar. En el MIT, aún se maravillan de aquellos años dorados, en los que un torrente interminable de hombres y mujeres jóvenes pasaba todos los años por el Instituto para enseñar o para aprender.

Entre ellos se encontraba en 1964 el joven profesor Karl Shell. Siendo estudiante de doctorado en Stanford, había sido iniciado por Arrow en los misterios de la teoría del crecimiento. De hecho, su tesis, basada en el modelo de aprendizaje por la experiencia de Arrow, era un modelo en el que el conocimiento tecnológico, financiado por el Estado, iba acumulándose, generando rendimientos crecientes. Shell también confrontó el problema del crecimiento con el deseo de introducir la tecnología *en* el modelo en lugar de dejarla fuera.

Una nueva técnica, procedente del lugar menos pensado, la Unión Soviética, estaba despertando un gran entusiasmo. Una poderosa escuela de topología matemática había florecido en Moscú desde la década de 1920, apoyada por el vivo interés del gobierno por toda aplicación práctica, desde la investigación armamentística hasta el control de los procesos industriales. Esos rusos, al ser matemáticos y, por lo tanto, internacionalistas, también mantenían contacto con Occidente, en la medida en que podían. Y a principios de la década de 1960 no se hablaba de otra cosa que del «principio del máximo» de Pontryagin, descrito en su *Teoría matemática de los procesos óptimos* (*Mathematical Theory of Optimal Processes*) publicada en ruso en 1961 y traducida al inglés un año más tarde. El principio del máximo era una nueva y poderosa manera de conectar la vieja álgebra del cálculo de variaciones con la nueva topología. Paul Samuelson estaba al corriente de lo que ocurría en Rusia a través de los amigos que tenía en la importante comunidad de refugiados de Boston y de las visitas discretas de algún que otro desertor (ya en 1945 se había enterado, por ejemplo, de los trabajos de Leonid Kantorovich sobre programación lineal). Si bien, comentó un día Samuelson en la *Stammtisch* durante el almuerzo, al parecer muchos de los académicos del círculo que rodeaba al legendario matemático ciego (Pontryagin) estaban volviéndose antisemitas, la técnica descrita en el libro era real y útil. Podía adaptarse a la economía. Entre sus otros atractivos, podía servir, si caía en buenas manos, para abordar la cuestión de los rendimientos crecientes y conseguir, así, que tanto el análisis matemático como el económico cuadraran.

En 1964, otro de los alumnos preferidos de Arrow, Hirofumi Uzawa, se trasladó de Stanford a Chicago. El seminario sobre crecimiento que Uzawa había venido dirigiendo se trasladó con él. Al contratar a Uzawa Chicago estaba indicando su disposición a competir en la construcción de modelos de crecimiento. Su amigo Shell ya estaba en el MIT. El esfuerzo conjunto podía producir un modelo satisfactorio del cambio técnico. La leyenda de las inacabables reuniones entre ellos –y las eufóricas sesiones en el bar bebiendo cerveza en que acababan– fue creciendo. Uzawa y Shell, financiados por la National Science Foundation, convocaron en Chicago, al verano siguiente, a una docena de sus mejores alumnos, entre ellos a varios del MIT.

Fue un verano fantástico. Los jóvenes eran ambiciosos. Las posibilidades parecían infinitas. Camino de Chicago, el grupo de Cambridge (EE UU) –George Akerlof, Joseph Stiglitz, William Nordhaus, Eytan Sheshinski, Mrinal Datta-Chaudhuri, Giorgio La Malfa– pasaron unos días en la casa que tenían los padres de Stiglitz en Gary (Indiana). Al acabar, se retiraron a la casa familiar de Akerlof situada en el lago Squam de New Hampshire. Durante el mes que transcurrió entre esos dos momentos, hablaron sin parar de la teoría del crecimiento. «Amistades y rivalidades se intensificaron al calor de Chicago», como dijo Shell con delicadeza muchos años más tarde. Se creía que estaban a punto de crear una teoría dinámica del cambio histórico. «Pensábamos que estábamos en contacto con los secretos del universo», recordaba Sheshinski. El mismo tipo de entusiasmo que suscitaba esta posibilidad entre los jóvenes economistas fue también provocado en otros economistas por la lectura del notable libro de Thomas Kuhn, *La estructura de las revoluciones científicas* (*The Structure of Scientific Revolutions*) que había aparecido tres años antes. El tema del crecimiento del conocimiento estaba en la mente de muchos a mediados de la década de 1960.

Aún hoy, existen muchas discrepancias sobre lo que ocurrió a continuación. Al término de la reunión de Chicago, algunos miembros del grupo de Chicago viajaron a la Universidad de Stanford, donde estaba celebrándose un seminario de un mes de duración sobre el crecimiento óptimo en el Center for Advanced Research in Behavioral Science. La conferencia había sido organizada por Kenneth Arrow y a ella asistieron muchas de las figuras más importantes en este campo, entre ellas Frank Hahn, Lionel McKenzie, Tjalling Koopmans y Carl Christian von Weizsäcker. La reunión resultó ser la culminación de una serie de conferencias dedicadas a lo que había sido hasta entonces el tema más candente en la economía matemática: ¿podía acelerarse el crecimiento económico por medio de la política económica? Los investigadores se habían reunido anteriormente en Cambridge (Inglaterra) en julio de 1963 y unos cuantos meses más tarde en el Vaticano y, en el verano de 1964, en Rochester (Nueva York). Estaban demostrándose y refutándose apasionantes nuevos teoremas sobre la existencia de «autopistas» (rutas por las que las economías podían pasar rápidamente a niveles más altos de desarrollo industrial por medio de la inversión en la industria pesada). Estaban proponiéndose «reglas de oro» de acumulación de capital (¿cuánto ahorrar y cuánto consumir?). Se presentaron numerosos modelos macroeconómicos del cambio técnico.

¿Qué ocurrió en el verano de 1965? Los mayores convencieron a los más jóvenes de que desistieran de sus ambiciones. Las matemáticas necesarias eran demasiado complicadas. Las cuestiones podían ser interesantes, pero los modelos no eran fáciles de manejar y ni siquiera de comprender. No tenían un buen comportamiento desde el punto de vista matemático; dependiendo del punto de partida, había tantas probabilidades de que resultaran en un crecimiento explosivo como de que acabaran en una gran contracción, a modo de agujero negro, en lugar de poseer la estabilidad fiable que caracterizaba al modelo de Solow. Les intentaron convencer de que lo que necesitaba la ciencia económica para avanzar era centrarse en el aquí y el ahora. Para algunos de los que participaron en los debates intelectuales de ese verano, el recuerdo sigue siendo un tema doloroso y sólo se puede hablar de ello con mucha delicadeza y tacto.

Los artículos que habían escrito los profesores del MIT ese verano fueron compilados y publicados por Shell con el título de *Ensayos sobre la teoría del crecimiento óptimo* (*Essays on the Theory of Optimal Economic Growth*). El libro apareció sin mayores alaracas en 1967. Había en él poco que indicara que las cuestiones técnicas con las que habían estado lidiando los jóvenes economistas eran más o menos las mismas que las que abordó ese mismo año, de una forma estrictamente literaria, John Kenneth Galbraith en *El nuevo estado industrial* (*The New Industrial State*). Shell rehizo el modelo de su tesis para la *American Economic Review* en 1966 y para la publicación especial de la conferencia. Sheshinski publicó una nota en la misma revista. Nordhaus, que había desarrollado un modelo de competencia monopolística para su tesis del MIT, lo retiró en el último minuto. Otros teóricos jóvenes del crecimiento captaron el mensaje. James Mirrlees se dedicó al tema de la tributación óptima. Edmund Phelps volvió a la macroeconomía. Uzawa se sumergió en la política radical en Japón y abandonó casi por completo la economía durante muchos años.

Así pues, los jóvenes reorientaron sus esfuerzos hacia la construcción de modelos simples y de sus aplicaciones prácticas y perdieron el interés por la teoría del crecimiento, o la olvidaron por completo, en un momento en el que la economía mundial estaba creciendo a pasos agigantados. Los brillantes jóvenes profesores del MIT que habían convergido durante el caluroso verano de 1965 en Chicago pasaron a dedicarse a otros temas con gran éxito. Pero la misión que los había llevado al campus universitario de Hyde Park fue abandonada finalmente por todos menos por Shell. Su esfuerzo habría resultado infructuoso. La principal línea de avance se encontraba en otro sitio.

El propio Solow dio la extremaunción a la teoría del crecimiento en 1969. En una serie de conferencias pronunciadas en la Universidad de Warwick, se refirió con mucho cuidado a lo que pensaba que se había conseguido. El residuo era un concepto útil, pero era un naranja a la que se le había extraído casi todo el zumo. La gente continuaría desarrollando versiones más elaboradas del modelo con matemáticas más complicadas; así era como avanzaban los economistas. Pero no esperaba de ellas ideas útiles que permitieran comprender mejor el funcionamiento de las economías reales.

Los modelos como el suyo no permitían hacer directamente recomendaciones de política económica, dijo Solow. «Pero tampoco son un juego. Son más bien ejercicios de reconocimiento. Si se quiere saber cómo es el mundo de ahí fuera, está bien mandar dos o tres colegas con armamento ligero a inspeccionar el terreno y ver si es habitable. Si resulta que merece la pena establecerse, eso requiere una operación mucho mayor», consistente en la tediosa labor de construir un gran modelo econométrico y reunir una montaña de datos. La teoría no tenía nada más que ofrecer.

En esos términos se expresaba habitualmente la gente del MIT para dejar claro su compromiso con el arte de lo práctico y su convicción de que las características del nuevo mapa ya estaban bastante bien establecidas. Cuando el veterano periodista económico italiano Arrigo Levi llamó a Lester Thurow, ascendente y joven figura del MIT, en 1969, Thurow declaró lo que se había convertido para entonces en la versión oficial. «No hay nuevos descubrimientos –le dijo al periodista italiano–. Ya se han hecho todos los grandes descubrimientos.»

12 LA HOJA DE CÁLCULO DE INFINITAS DIMENSIONES

Fue en 1969 cuando la ciencia económica consiguió su máxima puntuación en estima popular. Europa, Japón y Estados Unidos estaban disfrutando de la expansión económica más larga que se recordaba, el colofón de veinticinco asombrosos años de crecimiento desde la Segunda Guerra Mundial. El ciclo económico parecía que se había domesticado, cuando no eliminado por completo, después de 150 años durante los cuales había amenazado periódicamente con provocar el hundimiento económico. Los estadounidenses, además, acababan de poner el pie en la luna.

Así que, tras muchas deliberaciones, las autoridades suecas crearon un nuevo Premio Nobel de economía, que se añadiría a los Premios Nobel originales de física, química, medicina, literatura y paz. El motivo era, en particular, conmemorar la fundación, trescientos años antes, del primer banco central del mundo y, en general, reconocer la mayoría de edad de la ciencia económica o quizás acelerar su madurez real, de una forma muy parecida a como un famoso premio del Almirantazgo del Reino Unido había dado a luz en el siglo XVIII al cronómetro marino y había instaurado la era moderna de la navegación. ¿Cuál era la verdadera razón del nuevo Nobel? Apenas importaba. La marca más respetada del mundo se amplió por primera, y quizá por última, vez.

Al fin y al cabo, se decía, la invención del banco central había sido de extraordinaria importancia, muy imitada y, en última instancia, indispensable. Los economistas tenían cada vez más claro cómo funcionaba un banco central (y cómo no funcionaba a veces), expandiendo el crédito, impidiendo los pánicos bancarios, alterando los incentivos para invertir. El resultado había sido un crecimiento más rápido y fiable, en general, y un aumento de la estabilidad. La ciencia económica parecía que estaba siguiendo el mismo modelo de avance científico que la física (piénsese en Maxwell) o que la medicina en siglos anteriores: pasando de la observación y de pequeños logros al éxito en la manipulación y al establecimiento de los fundamentos teóricos sólidos de una ciencia próspera.

No importaba que siguieran existiendo algunas diferencias de opinión. Lo que el público veía era, en Cambridge (EE UU) a los keynesianos y en Chicago a los defensores de la vieja ortodoxia marshalliana, que ahora se conocían con el nombre de monetaristas. En Cambridge (Inglaterra), estaban los críticos que se habían quedado rezagados y que acabaron conociéndose con el nombre de «crits». Esto era la economía, tal como la recuerdan en su imaginación los miembros de una cierta generación, un mundo alegre y ordenado.

Sin embargo, bastaron unos pocos años para que reinara el caos, tanto dentro como fuera de la ciencia económica. Dentro de la comunidad de los economistas, se iniciaron los debates entre los defensores keynesianos de la gestión macroeconómica activa y sus críticos escépticos, y surgieron enormes diferencias de opinión entre los progresistas y los conservadores. Y pronto estas diferencias políticas de opinión se convirtieron en diferencias científicas: ¿sobre qué exactamente había que construir modelos y cómo? ¿Qué orientación teórica explicaba mejor los complicados datos históricos? Entre bastidores seguían las encarnizadas discusiones sobre la importancia para la disciplina de la economía, de la incertidumbre, la información y las expectativas.

A mediados de la década de 1970, los teóricos se hallaban enzarzados en poco menos que una guerra civil. En el centro de la discusión se encontraba la cuestión de qué modelos eran preferibles. Para los teóricos de ambos bandos comenzó a resultar difícil comunicarse. Los economistas de mayor edad abandonaron el escenario con amargas denuncias. La población civil opinó libremente sobre «la crisis de la ciencia económica» (aunque es improbable que ningún economista que no fuera un extremista empleara jamás ese término). «Probablemente las únicas personas que piensan que la ciencia económica merece un Premio Nobel sean los propios economistas», dijo Robert Samuelson, respetado comentarista económico de la revista *Newsweek* (y sin relación alguna con Paul).

De lo que la opinión pública no se daba cuenta y una gran parte de los economistas no comprendió fue que el motivo de los debates eran principalmente los nuevos instrumentos matemáticos empleados para abordar conocidos problemas económicos. Los economistas jóvenes recurrieron a la ciencia espacial en busca de técnicas matemáticas con las que describir de una forma más realista los procesos mediante los cuales los individuos toman decisiones a lo largo del tiempo. La llegada del ordenador barato estaba comenzando a dejarse sentir.

Sin embargo, al final, ninguno de los nuevos instrumentos resultó más valioso que la teoría del equilibrio general basada en axiomas, que la propia disciplina había creado.

Recordemos por un momento los comienzos de esta teoría y su difícil parto: nos situamos en la Comisión Cowles a principios de la década de 1950, en vísperas de su divorcio con la Universidad de Chicago. Ningún incidente recoge mejor el clima reinante que la defensa oral que hizo de su tesis Harry Markowitz, en 1952, a los veinticinco años. Markowitz había estado investigando los motivos de la diversificación de activos financieros, bajo la dirección de Jacob Marschak. Se proponía analizar los problemas a los que se enfrentaban los inversores en el proceso de decidir una cartera de valores. Utilizando técnicas de programación lineal, dio con un nuevo y riguroso método para evaluar la disyuntiva entre el riesgo y rentabilidad, para seleccionar una cartera «eficiente», diríamos hoy. El problema se parecía en muchos aspectos al problema de la dieta que había resuelto George Dantzig con tan satisfactoria precisión, pero más complicado.

En el tribunal de tesis de Markowitz estaba Milton Friedman. Poco después de que el doctorando comenzara su defensa, Friedman dijo: «Harry, no veo que las matemáticas contengan ningún error, pero tengo un problema. Ésta no es una tesis de economía y no podemos darle un doctorado en economía por una tesis que no es de economía. No son matemáticas, no es economía, ni siquiera es administración de empresas».[1] Ésta es, desde luego, una reacción bastante frecuente ante la aparición de nuevos conocimientos. El dogma es el dogma, dondequiera que sea. Pero ese día en Hyde Park, Marschak se impuso sobre Friedman; Markowitz obtuvo su doctorado. De hecho, unos treinta y ocho años más tarde, recibió el Premio Nobel de economía por el campo de investigación que inició con su tesis.

Pero Friedman tenía razón en una cosa. El campo de investigación de Markowitz necesitaba un nuevo nombre. Hoy lo llamamos economía financiera. Pero la aplicación a los problemas de inversión no era más que una de las múltiples posibilidades que ofrecían los nuevos instrumentos de planificación. La economía financiera no era más que una parte de toda una segunda oleada de entusiasmo investigador que estaba despertándose en la Comisión Cowles y que comenzó varios años después de que formalizara la revolución keynesiana durante la guerra. A principios de la década de 1950, el entusiasmo que reinaba en la Comisón Cowles era de nuevo palpable.

---

[1] El incidente está descrito por Peter Bernstein en *Capital Ideas: The Improbable Origins of Modern Wall Street*.

Nadie intuyó mejor las nuevas posibilidades que el sabio Kenneth Arrow. Como siempre sucede con los genios, las fuentes del genio de Arrow son misteriosas. Un trabajo de verano como actuario le permitió tener un conocimiento práctico del cálculo de probabilidades. La quiebra de su padre en la Gran Depresión le permitió apreciar mejor la incertidumbre. Y, además, tenía la ventaja de haber leído *La teoría de los juegos...* de Von Neumann a los veintitrés años.

El entusiasmo por las nuevas matemáticas estaba adueñándose de los teóricos jóvenes recién llegados a la Comisión. Arrow llegó a la Comisión Cowles como profesor de la Universidad de Chicago en el curso 1948–1949. En unas memorias da una idea del clima en el que estaban comenzando a construirse las ciencias sociales. Había ido a escuchar a Franco Modigliani debatir sobre el control de los alquileres. Mientras estaba escuchando, se le ocurrió que si se considerara a los diferentes tipos de vivienda como mercancías distintas, la mayoría de los consumidores comprarían una cantidad cero de la mayoría de los tipos. ¿Qué significaba entonces hablar de una asignación óptima de la vivienda? Arrow estuvo dándole vueltas a lo que parecía un acertijo hasta que en un seminario que daba Paul Samuelson, cuando estaba a punto de preguntar al ponente su opinión, «se dio cuenta, al mirar el diagrama que estaba explicando, de que el teorema del hiperplano separador contenía la respuesta».

Esos hiperplanos separadores, concepto fundamental de la teoría de los conjuntos convexos, iban a resolver muchísimos problemas teóricos al grupo de Cowles, una vez que Arrow consiguió darles una interpretación económica. Por decirlo discretamente, estamos hablando totalmente de oídas. ¿Qué era exactamente un hiperplano? Un plano que existía en tres dimensiones o más. ¿Qué separaban los hiperplanos? Una curva de indiferencia de una curva de transformación. La intersección producía una línea recta; la pendiente de esa recta podía interpretarse como un precio relativo.

Los economistas estaban constatando que podían explotar una propiedad de la geometría conocida con el nombre de dualidad, que significaba que todos los problemas formulados como un programa lineal estaban estrechamente relacionados con un segundo problema llamado dual. Eso es lo que había previsto Paul Samuelson. Cualquier problema económico podía resolverse desde cualquiera de los dos extremos: resuélvase el problema de precios y se obtendrá también la solución del problema de la asignación. Los hiperplanos también desempeñaron un papel importante a la hora de hacer los cálculos del método simplex de programación lineal de Dantzig, separando las soluciones viables de las que no lo eran. Un programa típico contiene desigualdades que establecen que los recursos utilizados en el programa no pueden ser mayores de los que hay. Cualquier recurso del que haya poca demanda debe tener un precio sombra nulo. Si se conocen los precios sombra positivos, sus desigualdades se convierten en ecuaciones y pueden resolverse por medio de los métodos convencionales. ¿Está suficientemente claro? Si no lo está, matricúlese el lector en un curso de introducción a la economía matemática en una universidad cercana. La alta tecnología había llegado a la economía. El «libro de curvas» de Marshall se había convertido en un atlas de *formas*.

Arrow llegó a la conclusión de que Von Neumann tenía razón. El cálculo diferencial no era tan versátil como la teoría de conjuntos/topología. Había cosas que no se podían hacer con el cálculo diferencial o que sólo se podían hacer más laboriosamente que con métodos topológicos. Se iba a ganar mucho en generalidad y sencillez utilizando un grado mayor de abstracción matemática. Poco después de que Arrow abandonara Chicago, llegó un elegante joven francés de nombre Gerard Debreu. Éste arribó, por su cuenta, a muchas de las mismas conclusiones.

En 1951, tanto Arrow como Debreu publicaron trabajos por separado (e, independientemente, también Lionel McKenzie) que mostraban cómo podían utilizarse la teoría de los juegos y el análisis convexo para saber cuándo las ecuaciones que describían una economía tenían una solución, resolviendo así uno de los enigmas más profundos de la nueva ciencia económica. A partir de entonces, iba a haber desigualdades en lugar de ecuaciones, espacios en lugar de puntos en una recta, fronteras de posibilidades de producción en lugar de diagramas geométricos de oferta y demanda. El «trepar por el rodrigón» –y las exigencias prácticas de la organización de la intendencia de los ejércitos– había llevado a un país de las maravillas matemático situado por encima de las nubes.

¿Era realmente necesario todo este nuevo instrumental? Había, naturalmente, multitud de escépticos, y no sólo los relativamente pocos economistas literarios importantes que quedaban. Los economistas matemáticos también estaban divididos. Koopmans señaló que en la física se habían puesto las mismas objeciones a los nuevos métodos veinte años antes, cuando los teóricos cuánticos habían recurrido por primera vez a la teoría de conjuntos para describir el «estado» de un átomo. Ni él ni los demás economistas matemáticos se amilanaron en su esfuerzo. Los números negativos también habían parecido en el mejor de los casos un formalismo vacío cuando fueron descubiertos por los matemáticos y los lógicos en los primeros siglos después de Cristo. Durante cientos de años, fueron un tema objeto de burla y de duda entre los matemáticos. Después, en el siglo XIII, en un problema sobre dinero, Leonardo Fibonacci los interpretó como una pérdida. Los lógicos indios llegaron a las mismas conclusiones. Los números negativos nos han acompañado desde entonces.

En 1953, Arrow demostró que las nuevas matemáticas podían ser útiles al dar a la teoría de conjuntos una sólida aplicación económica. Los agentes y los economistas sabían redactar desde hacía siglos un contrato de opciones, es decir, añadir a una mercancía física una descripción de la fecha, lugar y las circunstancias precisas en las que tendría lugar su entrega (por ejemplo, en el caso de una helada). Ya en la década de 1930, John Hicks había fechado todas las mercancías en su análisis, de manera que el trigo entregado en mayo podía tener un precio distinto del trigo entregado en agosto (la redacción de contratos de futuros era, después de todo, una práctica bastante habitual entre los agricultores). Ahora Arrow llevó el análisis un paso más allá.

En un artículo de siete páginas escrito para una conferencia organizada en París, generalizó la idea del mercado de opciones para incluir todo lo que hay en la economía y también en todas las situaciones imaginables. Es decir, utilizando los nuevos instrumentos de la teoría de conjuntos y la topología, escribió un modelo en el que existía la misma mercancía física para todas y cada una de las cosas como en un mercado de futuros, añadiendo a la definición física de cada mercancía una definición añadida del «estado del mundo» en el que podría disponerse de ella. Era una descripción tan precisa que definiría totalmente no sólo las tenencias iniciales de bienes sino también todas las posibilidades tecnológicas. La incertidumbre se convirtió de esta manera en una concepción estadística, en una cuestión de saber cuál era la probabilidad de que hubiera surgido una determinada posibilidad en el lugar y el momento indicados.

El nuevo instrumento conceptual acabó conociéndose con el nombre de formulación «contingente de los estados». Permitía a los economistas imaginar un mundo en el que había un mercado de todos los tipos imaginables de mercancías o activos en todas las situaciones concebibles. «El mercado completo», lo llamó Arrow. Resultó que la nueva formulación podía incluir perfectamente hasta las externalidades. Ya no tenían que describirse simplemente como «algo que se respiraba en el ambiente». Podían describirse como «mercancías que pasan de una persona a otra, pero para las que no existe un mercado adecuado», lo cual significa, como señaló más tarde Ronald Coase, que los derechos de propiedad sobre las mercancías (o el derecho a estar libre de ellas) no estaban totalmente definidos.

En esta formulación de los «derechos contingentes» estaba implícita la idea de una especie de seguro universal contra cualquier riesgo imaginable. El valor de una póliza de seguro de vida en caso de muerte, por contraposición a un año de buena salud. Un quintal de trigo si llovía mucho en agosto, el mismo quintal si no llovía mucho. Una acción ordinaria si la empresa obtenía los beneficios que se había propuesto, la misma acción si obtenía mejores resultados o peores. La idea de Arrow había transformado la teoría del equilibrio general en una teoría de la incertidumbre, en una teoría de un mundo en el que se asignaba una probabilidad a todo lo que *podía* ocurrir y se trataba como si pudiera ocurrir. Podían redactarse contratos contingentes reales para esos bienes si se establecía un mercado, y los compradores y los vendedores con sus diferentes estimaciones de las probabilidades podían comerciarlos. De hecho, los diferentes agentes habían estado haciendo precisamente eso durante siglos en los mercados de cereales y de seguros. Pero para esas abstracciones, iban a necesitarse poderosos instrumentos matemáticos, incluso el espacio de Hilbert. Estaban aquí los inicios de una profunda comprensión teórica de una práctica conocida.

Los años de la década de 1950 fueron años de rápidos progresos en la economía matemática. La caja de herramientas continuó aumentando. Antes de la guerra, no contenía casi nada más que cálculo diferencial y álgebra matricial. Ahora, según Gerard Debreu, contenía, además, el análisis convexo, la teoría de conjuntos, la topología general y la topología algebraica, la teoría de la medida, la teoría del espacio vectorial de infinitas dimensiones, el análisis global y el análisis no estándar, y ahí no acababa en absoluto toda la lista. En 1959, Debreu publicó *Theory of Value: An Axiomatic Analysis of Economic Equilibrium*,[2] que, en seguida, se convirtió en la versión estándar de la nueva economía topológica, en el modelo más conciso y más compacto de la economía desde el *Tableau économique* de Quesnay, y mucho más general.

Codificado e instalado en ordenadores, el modelo contingente de los estados de Arrow y Debreu se convirtió en una hoja de cálculo, años antes de que se inventaran las hojas de cálculo elementales. Al fin y al cabo, una hoja de cálculo no es más que un montón de ecuaciones codificadas en un ordenador para describir relaciones entre números dispuestos en filas y columnas. El concepto de Arrow y Debreu no era, sin embargo, una hoja de cálculo normal; gracias a la teoría de conjuntos y a las matemáticas de la convexidad, era una hoja de cálculo con un número infinito de dimensiones, con vectores en lugar de columnas y filas, capaz de describir, al menos en teoría, todas las posibilidades en todos los mercados de todas las mercancías del mundo.

El modelo estaba aguardando a que se le pusiera a trabajar para cualquier fin que se les ocurriera a los economistas imaginativos. Poco después, Herbert Scarf, matemático que había comenzado a trabajar con Arrow en RAND, aprendió suficientes matemáticas para mostrar cómo podían combinarse los pasos de las propias demostraciones con la contabilidad nacional para realizar cálculos de interdependencia en el mundo real. Bajo la tutela de Scarf, que era entonces profesor de economía en Yale, una generación de jóvenes economistas refinó los métodos

---

[2] Publicado por Antoni Bosch, editor bajo el título de *Teoría del valor: un análisis axiomático del equilibrio económico*. (N. del E.)

del equilibrio general computable para averiguar cómo podía afectar cualquier cambio de política al conjunto del sistema económico.

Todo esto tenía lugar lejos, muy lejos de las primeras planas de los periódicos o, en realidad, de los seminarios de los principales economistas keynesianos. Años más tarde, cuando los economistas discutieran entre ellos sobre quién había sido el mayor economista del siglo xx –¿Keynes? ¿Schumpeter? ¿Von Neumann? ¿Samuelson? ¿Friedman?– la respuesta ganadora casi siempre entre los principales economistas sería Kenneth Arrow.

13 Los economistas recurren a la ciencia espacial y se inventa el verbo «modelizar»

Las inversiones del movimiento moderno en la fabricación de herramientas de análisis comenzaron a dar sus frutos en la década de 1970. Pertrechados con las abstracciones de la teoría de juegos y la hoja de cálculo de infinitas dimensiones, los economistas aspirantes a científicos comenzaron a retar a los técnicos, tanto keynesianos como monetaristas. Los modernos pretendían dar a cuestiones conocidas –principalmente a la inflación y a la competencia monopolística– un tratamiento más realista de lo que permitían las viejas técnicas, y acabaron ganando la batalla. A finales de la década, la conocida dicotomía keynesiano/monetarista casi había desaparecido, al menos entre los que se encontraban en la vanguardia de la disciplina. Fue sustituida por una nueva distinción entre macroeconomía de Agua Dulce y macroeconomía de Agua Salada. Muchos de los argumentos eran conocidos. Sin embargo, ahora se formulaban en un lenguaje diferente.

El punto de partida del debate fue la inflación. A finales de la década de 1960, el análisis económico no se enfrentaba a ningún problema más importante. Samuelson y Solow habían propuesto una solución técnica en su artículo sobre la curva de Phillips: un poco de paro podía ayudar a reducir la inflación. Un poco de inflación podía reducir el paro. La curva de Phillips dominaba la macroeconomía. El problema era que dicha disyuntiva no parecía funcionar. El paro aumentaba, pero la inflación no era más baja que antes. Los economistas coincidían en que el factor fundamental era que ahora la gente *esperaba* la inflación. Se había dado cuenta de lo que estaba haciendo el gobierno.

Los economistas siempre habían sabido que las predicciones normalmente afectan los propios resultados económicos que predicen. Si la gente espera que suban los precios, adelanta sus compras y espera a vender hasta que éstos suben, haciendo así que los precios experimenten esa subida esperada y que acaben cayendo en picado cuando hay demasiadas personas que hacen lo mismo. Los inversores y los productores se comportan de una manera aún más complicada. De esas desviaciones del equilibrio era sencillamente de lo que hablaba, en cierto sentido, la teoría de Keynes. Desde la década de 1930, los economistas habían tratado, pues, de integrar las expectativas, aunque de forma mecánica, en sus análisis formales.

La explicación que solía encontrarse en los libros de texto de que el mero paso del tiempo necesario para introducir un producto en el mercado hacía que los precios de mercado fluctuaran se llamó teorema de la telaraña, por el aspecto que tenía su análisis gráfico. El ejemplo clásico acabó siendo el ciclo de los precios interdependientes del trigo y el cerdo. Más tarde, en 1935, el joven Ronald Coase (y R. F. Fowler) demostró que el ciclo de la cría del cerdo en Inglaterra duraba cuatro años en lugar de los dos que predecía el teorema de la telaraña. ¿Por qué? Quizá porque los ganaderos trataban de tener en cuenta toda la información adicional de la que podían disponer –las importaciones de beicon y los cambios de la demanda– sabiendo que cuanto más exactas fueran sus predicciones, mayores serían sus beneficios. El razonamiento era un presagio del supuesto, de carácter psicológico, que iba a conocerse con el nombre de expectativas *racionales*.

A finales de la década de 1950, la telaraña se había adoptado en una versión más sofisticada llamada expectativas *adaptables*. Los seres humanos seguían dejándose influir por el pasado. Sin embargo, ahora se suponía que tenían en cuenta los errores que habían cometido, pero sólo después de haberlos cometido. Aprendían por la experiencia, pero aparte de eso, no tenían imaginación. La mayoría de los modelos keynesianos se basaban en el supuesto de las expectativas adaptables, no porque los keynesianos creyeran necesariamente en la caricatura psicológica del *homo economicus* como un animal de costumbres, fácil de engañar (aunque algunos, desde luego, lo creían), sino porque era práctico. Los economistas pioneros de las décadas de 1940 y 1950 construyeron sus modelos con instrumentos matemáticos difíciles de manejar que habían sido inventados para controlar las plantas químicas, fabricar contrachapado y construir transmisores y receptores de radio. No es de extrañar que acabaran describiendo a las personas como si no opusieran resistencia a las medidas que pretendían controlarlas.

Los economistas de la escuela de Chicago, por el contrario, con pocas ínfulas matemáticas que los estorbaran, seguían suponiendo que «todo hombre llevaba dentro un pequeño escocés». Pensaban que los hombres y las mujeres eran agentes astutos que pensaban en el futuro y eran capaces de informarse y de tener en cuenta las opiniones de otros (incluidas las de aquellos cuya aspiración era manipularlos). Sin embargo, para que los modelos poblados de multitud de escoceses fueran manejables, se necesitaban técnicas de modelización más sofisticadas.

El hombre que resolvió el problema fue Robert Lucas. Lucas había estudiado historia en la Universidad de Chicago durante la década de 1950, aunque un día llegó a la conclusión de que quería hacer economía. Para compensar el tiempo perdido, en vísperas de comenzar sus estudios de doctorado Lucas leyó los *Fundamentos...* de Paul Samuelson durante el verano. Estudiándolos detenidamente, descubrió que en el primer día de clase se había convertido en «un economista técnico tan bueno como cualquiera de los profesores de Chicago».

A partir de entonces, las discusiones de Milton Friedman sobre la teoría de los precios en clase se volvieron doblemente apasionantes, en primer lugar por la enorme calidad de las clases: fue «lo mejor de toda mi vida», diría más tarde Lucas; y, en segundo lugar, porque después de cada clase, Lucas se iba corriendo a casa a traducir lo que había dicho Friedman a las matemáticas que había aprendido en Samuelson. «Sabía que nunca sería capaz de pensar tan deprisa como Friedman, pero también sabía que si desarrollaba un método fiable y sistemático para enfocar los problemas económicos, llegaría a buen puerto.»

«Me encantaron los *Fundamentos...*», recordaría Lucas muchos años más tarde. «Como tantos otros de mi generación, internalicé su idea de que si no podía formular en términos matemáticos un problema de teoría económica, no sabía lo que hacía. Llegué a la conclusión de que el análisis matemático no es una de las diferentes formas de hacer teoría económica. Es la única. La teoría económica *es* análisis matemático. Todo lo demás no son más que dibujos y palabrería.»

El recurso del que se valió Lucas para resolver su problema fue el supuesto de las expectativas racionales, la visión condensada y perfecta del futuro que había utilizado Kenneth Arrow para que las externalidades funcionaran en su modelo del aprendizaje basado en la experiencia. Lucas, al igual que Arrow, no quería prestar atención a los detalles de cómo ocurría; suponía simplemente que se corría la voz. El supuesto de las expectativas racionales es simplemente un atajo, explicaba. «[D]escribe el resultado de un proceso mucho más complicado. Pero no describe el proceso mental real que sigue la gente para tratar de averiguar el futuro. Nuestra conducta es adaptable. Probamos un tipo de conducta. Si tiene éxito, lo repetimos. Si no, probamos alguna otra cosa. Las expectativas racionales describen la situación cuando lo hemos hecho bien.» Era el estado del futuro perfecto al que se acababa llegando.

Lucas se puso entonces a buscar instrumentos matemáticos que le permitieran modelizar cambios en las expectativas, es decir, modelizar las decisiones de los individuos de tal manera que cada una de ellas dependiera de las que se hubieran tomado antes y que, además pudieran verse afectadas por acontecimientos esporádicos imprevistos («perturbaciones estocásticas», en el lenguaje de los estadísticos). Buscó un libro de Richard Bellman, *Programación dinámica* (*Dynamic Programming*) publicado en 1957.[1] Bellman era un matemático que trabajaba en la RAND Corporation, un científico espacial, en el sentido literal del término. Había inventado un conjunto de técnicas para optimizar las decisiones cuando había que tomar un gran número sucesivo de éstas en medio de circunstancias cambiantes: por ejemplo, si se quería mandar un misil a la atmósfera superior y alcanzar un blanco que daba vueltas alrededor de la tierra o incluso viajar a la luna. Según Bellman, en el fondo de muchas actividades menos exóticas se producían los mismos tipos de procesos de decisión: por ejemplo, en los sistemas de puja en el bridge o en la apuesta inicial, las subidas y la apuesta final en el póquer, con sus oportunidades especialmente interesantes para hacer faroles. Lucas confiaba en que esos mismos métodos también pudieran utilizarse para saber cuándo hay que dejar de gastar o de ahorrar, para saber cuándo hay que reducir las existencias o vender acciones y comprar bonos. Todo lo que necesitaba una expresión formal de las relaciones entre el presente y el futuro era un candidato a mejorar gracias a la ciencia espacial.

Los nuevos métodos se bautizaron con el nombre de programación *dinámica*, ya que la palabra «dinámica» connotaba historia y cambio. También se llamaron métodos *recursivos*, porque la misma estructura general del problema se repetía una y otra vez. Las matemáticas subyacentes eran mucho más complicadas que trepar simplemente por un rodrigón (aunque la regla básica, tal como la describía Bellman, era aparentemente simple: «hazlo lo mejor posible a partir del punto en el que te encuentres»). ¿Qué diferencia había entre el control óptimo y la programación dinámica? Era en gran medida una cuestión de tiempo. Como la programación dinámica permitía hacer constantes revisiones para obtener el mejor resultado posible, no había que planificar todo el itinerario antes de comenzar, como ocurría con el cálculo de variaciones de Ramsey o incluso con la programación lineal. Se podía improvisar, tener en cuenta cosas que no se sabían, adaptarse a los avatares imprevistos que ocurrían inevitablemente por el camino.

¿Cómo formular en términos económicos el problema? Fue tratando de describir el comportamiento inversor como Lucas se dio cuenta de que la hoja de cálculo de infinitas dimensiones era el marco ideal para describir los distintos resul-

---

[1] El libro de Bellman, *El ojo del huracán: una autobiografía* (*Eye of the Hurricane: An Autobiography*), publicado en 1984, contiene una fascinante visión de la vida de un matemático genial (que también fue un agudo observador) que trabajó a caballo entre la alta ciencia y la ingeniería durante la Segunda Guerra Mundial.

tados posibles. Lucas y su amigo Edward C. Prescott trabajaron día y noche para dominar las nuevas matemáticas y el instrumento de los derechos contingentes del modelo de Arrow y Debreu. Una vez entendidos perfectamente, el resultado resultó ser electrizante para los macroeconomistas. Las nuevas técnicas podían convertir a *todo el mundo* en un optimizador dentro del modelo, no sólo al planificador del sistema. Las empresas, en lugar de actuar como si pensaran que los precios vigentes iban a mantenerse indefinidamente, calculaban y volvían a calcular constantemente el valor de sus inversiones en función de sus expectativas racionales sobre los precios futuros. Es decir, se comportaban como si fueran dirigidas por personas de carne y hueso. Lucas y Prescott habían creado un modelo de un mundo descentralizado y extraordinariamente incierto. Dieron a su artículo el título de «Inversión en condiciones de incertidumbre» («Investment Under Uncertainty»).

Ésta era la «nueva macroeconomía clásica». «Clásica» porque suponía que todo hombre llevaba dentro un escocés; «macro» porque contenía una teoría del ciclo económico; y «nueva» porque era muy diferente del dogma *neo*clásico que habían adoptado tanto los keynesianos como los monetaristas. Esta notable transformación se propagó por la atmósfera superior de la economía en la década de 1970. Olivier Blanchard, que la vivió siendo joven, la explicó más tarde de esta forma: «Si la gente y las empresas tenían expectativas racionales, era un error concebir la política económica como el control de un sistema complicado, pero pasivo. Lo correcto era concebirla, más bien, como un juego entre sus responsables y la economía. El instrumento correcto no era, pues, el control óptimo sino la teoría de juegos».

La década de 1970 fue testigo de una cascada de grandes avances: algunos conceptos que eran familiares desde hacía tiempo para las autoridades de los bancos centrales (al menos para las *mejores*) ahora fueron objeto de formulación matemática. La credibilidad se convirtió en una consideración fundamental; la reputación, la transparencia y la independencia acabaron considerándose elementos cruciales de la política económica. Gracias a la riqueza matemática de la hoja de cálculo de infinitas dimensiones, la vieja distinción literaria entre el corto plazo y el largo plazo dejó paso a una distinción entre los resultados esperados y los resultados imprevistos. El equilibrio significaba ahora cualquier cosa que ocurriera a continuación.

Casi simultáneamente, otros economistas estaban aprendiendo a introducir en sus modelos, no las expectativas, sino diferentes grados de información. La figura fundamental en este caso fue un joven economista matemático llamado George Akerlof. Akerlof, nacido en 1940, apareció en el MIT en el otoño de 1962, recién salido de Yale College y absolutamente entusiasmado con las matemáticas. Durante el primer año, dedicó la mayor parte de sus energías de más a un curso de topología algebraica. En el MIT, todo el mundo aprendía teoría del crecimiento en esa época, por lo que se convirtió en alumno de Solow. Entre sus compañeros se encontraban Joseph Stiglitz, William Nordhaus y Eytan Sheshinski, los chicos que fueron a Chicago.

Pero las cuestiones de la teoría del crecimiento no interesaban a Akerlof. Los trabajos que había hecho en Chicago demostraron de manera concluyente la estabilidad de algo llamado modelo *putty-clay* (literalmente, «arcilla-masilla»), que le «habían dicho que era uno de los temas candentes en el crecimiento económico». La distinción entre la relación capital-trabajo fija de los bienes de inversión y la variable (la arcilla y la masilla) no le parecía nada importante. Quería saber cómo funcionaban realmente los mercados de verdad. Se doctoró en el MIT en 1966 y se fue a trabajar a la Universidad de California en Berkeley.

No tardó mucho tiempo en decidirse a estudiar las grandes variaciones anuales de la venta de automóviles nuevos. Tal vez las causas de la volatilidad de este mercado, cualesquiera que fuesen, ayudaran a esclarecer las causas de la volatilidad de los salarios y los precios, así como la mecánica del ciclo económico. Akerlof observó que una razón importante por la que la gente compraba tantos automóviles nuevos era que desconfiaba de los motivos de los vendedores de coches usados. «Si quiere venderlo, probablemente será porque es un cacharro, y yo no quiero comprar un cacharro.» Los economistas habían comenzado a llamarlo problema de «información asimétrica», porque una de las partes normalmente sabía algo que la otra desconocía. Resultó que esas consideraciones no eran nada nuevo, pero Akerlof no lo sabía en aquel momento.

El mecanismo que identificó Akerlof se llama hoy selección adversa. Tal vez se temiera que el mercado de automóviles usados disminuyese y que incluso se hundiera. Akerlof pronto se dio cuenta de que esta situación no ocurría solamente con los coches. La selección adversa podía existir en *cualquier* mercado en el que fuera difícil valorar la calidad, por ejemplo, en los mercados de préstamos o de seguros. Demostró el resultado a su entera satisfacción (descartando al mismo tiempo las abstrusas demostraciones topológicas que eran sus preferidas en favor de métodos más convencionales), mandó el artículo y se fue un año a la India confiando en descubrir de primera mano por qué el país era tan pobre. Entretanto, el artículo sobre la venta de automóviles nuevos fue rechazado varias veces por ser demasiado banal para publicarlo o, en el caso del evaluador del *Journal of Political Economy* de la Universidad de Chicago, porque estaba obviamente mal. *¿Obviamente?* Desde luego, contestó el evaluador; si el artículo estuviera bien, el análisis económico sería diferente de lo que era. «El mercado de "cacharros"»

(«The Market for "Lemons"») apareció finalmente en 1970 en el *Quarterly Journal of Economics*. Tuvo un éxito inmediato y, poco después, el análisis económico era diferente de lo que había sido hasta entonces.

El estudio de los automóviles usados resultó ser el comienzo del camino de vuelta a la competencia monopolística. Apenas un año más tarde, un joven estudiante de doctorado de Harvard llamado Michael Spence demostró una de las formas en que los vendedores podían salir del aprieto que había descrito Akerlof. Si eran estudiantes a punto de entrar en el mercado de trabajo, podían invertir en estudios superiores. Spence llamó conducta de señalización a la adopción de algún procedimiento costoso para mostrar la calidad. Su modelo era tan riguroso como el de los «cacharros» y tenía aun más aplicaciones. Más tarde se dijo que «la señalización en el mercado» («Market Signaling» había desencadenado otras mil tesis, pues resultaba útil siempre que hubiera diferencias de información entre los compradores: en el mercado de trabajo, en los mercados financieros, en los mercados de bienes duraderos de consumo, de productos farmacéuticos, etc. Había aquí una manera de describir formalmente el intrincado proceso que Edward Chamberlin había llamado treinta años antes diferenciación del producto: todo, desde la publicidad hasta el diseño.

Un tercer joven economista participó en la caza. Mientras que Spence había explicado la señalización, Joseph Stiglitz ahora identificaba los mecanismos de *selección*, en los que se obtenía información valiosa de diversas formas: por ejemplo, mediante la estratagema que utilizaban las compañías de seguros para dividir a los clientes en clases de riesgo al ofrecer pólizas con diferentes deducibles. Stiglitz extendió en seguida su análisis a las finanzas para explicar el racionamiento del crédito, a los mercados de trabajo para explicar los salarios elevados (de eficiencia) pensados para disuadir a los trabajadores de vaguear.

El irrefrenable modo de hacer investigación de Stiglitz era casi exactamente el polo opuesto del de Spence. Había llegado al MIT recién salido de una agitada presidencia del consejo estudiantil de Amherst College (había hecho campaña a favor de la supresión de sus asociaciones estudiantiles, se había manifestado en Washington con Martin Luther King), pero un año antes de la fecha en la que le correspondía graduarse por su edad. Famoso por su brillantez, estaba decidido a causar impresión. Al final del primer año, estaba compilando el primer volumen de los *Collected Papers* de Paul Samuelson. Stiglitz escribió una larga monografía que tuvo que dividir en pequeños artículos antes de que alguno de ellos pudiera ver la luz del día. Pronunció una legendaria conferencia de ocho horas en Japón. La controversia lo acompañó como el oso a la miel. Los trabajos de Stiglitz parecían tratar de todo lo que fuera apasionante: del crecimiento, el equilibrio general, la hacienda pública, las finanzas de las empresas, la teoría de la empresa en condiciones de incertidumbre, los mercados inexistentes, la economía comparativa y la economía de la información, que fue en lo que tuvo más éxito.

Las nuevas técnicas provocaron grandes batallas, especialmente las aplicaciones de Lucas de la hoja de cálculo de infinitas dimensiones. Pero poco a poco triunfaron los modernos. Cualquiera que fuese el enfoque –las expectativas racionales o la información asimétrica, la macroeconomía o la microeconomía– los avances que se habían logrado en la comprensión de los problemas tradicionales de la economía con los nuevos métodos eran sencillamente demasiado grandes como para no prestarles atención.

Eso no significaba, sin embargo, que existiera absoluta unanimidad sobre los métodos modernos; nada más lejos de la realidad. De la misma forma que los que adoptaron en la década de 1930 la nueva interpretación de la economía como una técnica aplicada se habían dividido en keynesianos y monetaristas, así los modernos se dividieron en dos campos: durante un tiempo se llamaron nuevos clásicos y nuevos keynesianos. Las nuevas divisiones eran un vivo reflejo de las antiguas.

Los nuevos clásicos llevaban ventaja. Al fin y al cabo, habían sido pioneros en el desarrollo de los métodos nuevos. Hacían hincapié en la utilidad del supuesto de la competencia perfecta, en la probabilidad de algunos tipos de fallo del Estado, en la posibilidad de que se hubiera exagerado el problema del paro involuntario. Durante un tiempo, pareció como si esas posturas políticas estuvieran implícitas de alguna manera en los instrumentos.

Pero los keynesianos se pusieron entonces a trabajar. Adoptaron los nuevos métodos. Construyeron modelos de equilibrio general, partieron del supuesto de las expectativas racionales y aprendieron a utilizar la hoja de cálculo de infinitas dimensiones, con sus relaciones explícitas entre el presente y el futuro. Pronto empezaron a subrayar la misma variedad de imperfecciones, fricciones y asimetrías que habían identificado sus predecesores; naturalmente, las soluciones que preferían normalmente entrañaban algún tipo de regulación. La curva de Phillips volvió a la escena, debidamente modificada para tener en cuenta las expectativas y las perturbaciones imprevistas. Éstos eran los *nuevos* keynesianos.

Y en un momento dado, un bromista acuñó la distinción entre la macroeconomía de Agua Dulce y la macroeconomía de Agua Salada. La macroeconomía de Agua Dulce predominaba en Chicago, Minnesota, Rochester, Carnegie Mellon, es decir, en las universidades del interior situadas al lado de ríos y lagos; la macroeconomía de Agua Salada era la moda imperante en las universidades costeras, en el MIT, Harvard, Yale, Princeton, Stanford, Berkeley y otros lugares situados entre medias. La comunidad de economistas en seguida adoptó los términos como un símbolo para indicar lo mucho que los métodos del movimiento moderno habían cambiado la vieja forma de hacer las cosas. Las viejas doctrinas keynesianas y monetaristas dejaron de contar con seguidores entre los jóvenes.

Muchos años más tarde, Akerlof situó los orígenes de los nuevos métodos en los primeros días de la teoría del crecimiento. Los primeros teóricos del crecimiento, encabezados por Robert Solow, habían construido los primeros modelos que se alejaban levemente de las normas de la competencia perfecta. Hasta principios de los años sesenta, recordaba Akerlof, los teóricos raras veces construyeron modelos cuyo fin fuera describir instituciones únicas o las características de mercados concretos. Chamberlin era una notable excepción. Pero aunque la competencia monopolística se enseñaba a los estudiantes de doctorado e incluso a algunos estudiantes de licenciatura, era como una excursión al campo, para los que disponían de uno o dos días libres.

Esos modelos «especiales» intentaban describir las características del mundo que eran sencillamente demasiado difíciles de describir o incluso de entender muy claramente: las generaciones de capital, el capital humano, el aprendizaje basado en la experiencia, su propio modelo de bienes *putty* y *clay*. Pero estos primeros modelos de crecimiento económico habían sembrado la semilla de la revolución. Según Akerlof, la información asimétrica fue casi inevitablemente uno de los primeros frutos de los veteranos de la Patrulla perdida. Podría haber citado igualmente los progresos realizados en la economía financiera o la macroeconomía de Agua Dulce. Sin embargo, considerados en conjunto, el resultado era innegable. Gracias a los nuevos métodos –la teoría de juegos, la teoría de conjuntos, la ciencia espacial y todo lo demás– la teoría económica estaba aprendiendo a decir muchas más cosas sobre el mundo real.

Fue en el verano de 1969, recordaba Akerlof, cuando oyó por primera vez el verbo «modelizar».

Durante todo ese tiempo, los suecos estuvieron concediendo sus nuevos Premios Nobel, guiando al público y a la prensa hacia el futuro a través de lo que equivalía a una utilización juiciosa de un espejo retrovisor. El comité del Nobel había comenzado a escribir una versión popular de la historia reciente del pensamiento económico. El nuevo premio fue aceptado poco a poco por una amplia mayoría.

El primer galardón se concedió en 1969 a Ragnar Frisch y Jan Tinbergen, los planificadores que en 1930 habían tenido mucho peso en la fundación de la Econometric Society, economistas que en Estados Unidos eran absolutamente desconocidos para el público en general. El siguiente fue a parar a Paul Samuelson cuando tenía cuarenta y cinco años, el tercero a Simon Kuznets por la contabilidad nacional, el cuarto a Sir John Hicks y Kenneth Arrow y el quinto a Wassily Leontief por su tabla *input-output*. Después de eso, los suecos se relajaron lo suficiente como para dar el premio a uno de los suyos, Gunnar Myrdal, junto con el gran economista austriaco Friedereich von Hayek, que representaban los polos opuestos de una única tradición. Al año siguiente fue para los creadores de los instrumentos de la programación lineal en economía, Tjalling Koopmans y Leonid Kantorovich.

Sólo entonces, en 1976, se fijaron los suecos en Milton Friedman, el hombre que veinticinco años antes había echado a Koopmans de la ciudad. Otros quince años más tarde, también concedieron el premio a Harry Markowitz, alumno de Koopmans. Inexplicablemente, incluso misteriosamente, esperaron hasta 1987 para reconocer la aportación de Solow, ocultando con su tardanza el importante frente de avance que había abierto este autor. No fue hasta 1994 cuando los suecos concedieron finalmente un premio a John Nash (y a John Harsanyi y Reinhard Selten), el primero de los premios (pero no el último) que reconoció la importancia para la economía de una rama de la teoría de juegos que había comenzado casi cincuenta años antes.[2] A finales de la década de 1970, los modernos habían triunfado absolutamente en las principales universidades. En la década de 1990, también habían ganado en Estocolmo.

Las nuevas técnicas también significaron, como siempre, la aparición de un cierto vacío al resolver los economistas primero los problemas fáciles. En esta ocasión, paradójicamente, fue la teoría del crecimiento la que fue dejada de lado. El hecho de que quedara eclipsada en las décadas de 1970 y 1980 resulta doblemente raro, ya que una gran parte de la confusión reinante en la economía mundial tenía que ver con el crecimiento: la desaceleración de la productividad, la elevada inflación, la ascensión de los «tigres» asiáticos, el resurgimiento de Europa, etc. Pero en lo que pensaban los economistas era en los ciclos económicos y en la eficacia de la política económica; además, consideraban que las principales cuestiones de la teoría del crecimiento estaban casi resueltas.

El modelo de Solow de las fuentes de crecimiento tenía, como el mapa de África, unos contornos bien delimitados y pocos detalles en el interior; la mayor parte de lo que tenía más interés se había dejado fuera deliberadamente. Pero si en grandes zonas del pensamiento económico moderno seguía poniendo «aquí hay tigres», era de esperar que los economistas jóvenes se aventuraran pronto en las zonas desconocidas, organizando sus propias expediciones cartográficas.

---

[2] Incluso entonces el comité tuvo que contrarrestar los esfuerzos de un disidente que trató de sabotear la concesión del premio en una reunión de la Real Academia Sueca de Ciencias el día de la votación, episodio que se describe en el libro de Sylvia Nasar, *Una mente prodigiosa* (*A Biography of John Forbes Nash, Jr., Winner of the Nobel Prize in Economics, 1994*).

Segunda parte

14 Nuevas desviaciones

Las líneas divisorias raras veces son obvias. Una pequeña elevación, una cima que es, por lo demás, común y corriente, unos arroyos que habrían desaguado en una dirección y que, de pronto, fluyen en otra. No sólo un arroyo sino muchos, que aparentemente no guardan relación alguna entre sí y que, a pesar de eso, acaban confluyendo hasta convertirse en unos ríos imponentes. En la historia de la política económica, la década de 1970 fue una línea divisoria casi tan clara como la de 1930; puede que incluso más. Pero no lo pareció en ese momento.

La confusión mundial reinante en la economía durante esa década fue una crisis muy diferente a la de la Gran Depresión: una inflación de dos dígitos, no un estancamiento; un declive relativo; mucho vértigo, pero poca desesperación. En las democracias industriales, había una sensación general de que las cosas estaban girando sin control. A algunos observadores les parecía que las economías totalitarias estaban avanzando; otros pensaban que estaban quedándose aún más rezagadas. La disparidad norte-sur parecía agrandarse. La mayoría de los países del Tercer Mundo perdieron la esperanza de dar alcance algún día al resto. Sólo un puñado de naciones –Japón y los «tigres» asiáticos de Taiwán, Corea, Hong Kong y Singapur– parecía que habían llegado a dominar los secretos del crecimiento.

Los cientos de estudiantes que se matricularon a mediados de la década de 1970 en los programas de doctorado de economía en pos de misterios a los que dar respuesta y de problemas que resolver eran en cierta forma hijos de una crisis, tanto como los estudiantes que habían escogido estudiar economía en la década de 1930. Había muchas cosas que preocupaban en la década 1970: la inflación, el paro, la escasez de recursos, la desaceleración de la productividad. El clima reinante lo recogía de alguna manera el título de una canción de Led Zeppelin (que más tarde se convirtió en el título de una película de sus conciertos y, finalmente, de una comedia sobre esos años), *Aturdido y confuso* (*Dazed and Confused*). Entretanto, los recuerdos de la Gran Depresión estaban desvaneciéndose. Las recesiones que había habido desde la Segunda Guerra Mundial habían sido suaves. Prevenirlas ya no parecía una tarea ingente.

De hecho, el problema más acuciante era de nuevo el mismo que en el nacimiento de la economía moderna, hacía trescientos años. ¿Por qué estaban creciendo unos países mucho más deprisa que otros? ¿Por qué se había desacelerado el crecimiento en algunos? Los jóvenes no llegaban, por supuesto, a clase y se encontraban con esa pregunta escrita en la pizarra. Sólo más tarde fue paulatinamente quedando claro que el problema más interesante en ese momento no era la estabilización de la economía sino el crecimiento. En la década de 1970, el país que más deprisa estaba creciendo en todo el mundo era Japón. El ataque japonés contra la industria automovilística estadounidense estaba comenzando a ser evidente. ¿Cómo podía reducirse tan deprisa una ventaja industrial tan grande? ¿Cómo conseguía el pequeño país insular esas enormes tasas de crecimiento? ¿Cuál era el secreto de su éxito?

Por aquella época, un estudiante de doctorado del MIT, de veinticuatro años, llamado Paul Krugman se encontró un día escuchando a un empresario californiano manifestar su sospecha de que Japón estaba utilizando su enorme y protegido mercado interior como campo de prácticas en el que prepararse para conquistar los mercados mundiales. Corría el año 1978. Primero habían sido las cámaras y las motocicletas. Ahora los fabricantes japoneses estaban dominando el sector de los automóviles. Las industrias estadounidenses de televisores, de videos y de otros electrodomésticos se encontraban en estado de sitio. Ahora los californianos más avezados se daban cuenta de que el gran objetivo siguiente iba a ser los semiconductores, un invento estadounidense que apenas tenía veinte años. El mecanismo era el mismo en todos los casos. Se realizaban enormes inversiones en los procesos de producción más recientes. Las grandes series de producción para los mercados interiores cubrían los costes fijos. A medida que mejoraban las técnicas de producción, el objetivo eran los mercados de exportación, en los que se vendía a unos precios algo más bajos.

Cuando Krugman oyó al empresario californiano ese día, se repitió mentalmente la teoría del comercio internacional que le habían enseñado. Era la teoría clásica, consagrada en los libros de texto desde los tiempos de Ricardo, según la cual existían diferencias entre las formas naturales de especialización de los países, basadas en sus diferencias en recursos naturales. Se podía contar con las fuerzas automáticas de la competencia perfecta y los rendimientos constantes de escala para lograr la correcta distribución entre ellos. Portugal exportaba vino, Inglaterra lana, Estados Unidos madera, etc. El comercio entre los países compensaba la distribución desigual de los recursos productivos –tanto de la tierra como de las personas– y el desarrollo se repartía de una manera uniforme en todo el mundo.

De vez en cuando había casos que se alejaban de la norma, entendía Krugman, pero se resolvían como siempre, es decir, a posteriori. La teoría del comercio había sido codificada por los teóricos en la década de 1930 y formalizada en la de 1940 por Paul Samuelson en el teorema de Samuelson-Stolper. Pocos apóstoles del comercio habían adaptado y ampliado mejor este modelo clásico que Jagdish Bhagwati, alumno de Samuelson y maestro de Krugman. No es de extrañar que cuando llegó Krugman a la puerta de Bhagwati, existiera la impresión general de que ya se había hecho casi todo el trabajo interesante.

El empresario no parecía entender el principio de la ventaja comparativa, pensaba Krugman. Tampoco compartía la visión «homeostática» del mundo de los economistas, la convicción de que las fuerzas automáticas de mercado restablecían inevitablemente una forma «natural» de comercio y especialización. El ejecutivo no tenía un modelo coherente propio, sino únicamente la firme convicción de que lo que ocurría en el mundo en el que él se movía era muy diferente de lo que decían las doctrinas económicas que les estaban enseñando a Krugman y a sus compañeros en la universidad.

Krugman era, desde cualquier punto de vista, un joven muy interesante. Se había criado en Long Island y se había emocionado siendo niño con la Trilogía de la Fundación (Foundation Trilogy) de Isaac Asimov, con sus astutos y heroicos psicohistoriadores, que eran científicos sociales matemáticos que podían manejar los destinos de imperios galácticos con unas cuantas ecuaciones bien escogidas. Hizo los estudios de licenciatura en Yale, donde trabajó para su profesor William Nordhaus sobre el mercado mundial de la energía (en un proyecto de econometría realizado en verano, ¡constató que la gente reduciría el consumo de petróleo si subiera el precio!) Tras licenciarse en Yale, se trasladó en el otoño de 1975 al MIT, donde había estudiado Nordhaus.

El MIT seguía siendo con mucho el mejor lugar del mundo para estudiar economía, gracias a la calidad y al compromiso de su profesorado con la docencia (es posible que siga siéndolo, pero no por un margen tan amplio), por lo que una enorme proporción de los nuevos estudiantes más prometedores que entraban en la disciplina imploraba recibir una oferta de admisión de este centro. Naturalmente, todos los admitidos estaban deseosos de destacar. En un momento dado, Krugman escribió en broma un trabajo de economía sobre el comercio interestelar en el que se planteaba en cuánto había que ajustar los tipos de interés para tener en cuenta la relatividad general.

Aprender a hacer modelitos matemáticos fue fácil para Krugman. Parecía que tenía habilidad para postular los tipos de supuestos simplificadores que permitían que sus modelos fueran manejables, sin caer en la banalidad. Aprendió las técnicas matemáticas más recientes. Los instrumentos matemáticos despertaban en aquella época un enorme entusiasmo. Escribió un trabajo sobre los ataques especulativos contra las monedas que resultó ser un precursor de una nueva teoría de la determinación de los tipos de cambio. No se molestó ni siquiera en incluirlo en su tesis, que reflejaba las modas dominantes en aquella época: expandir las teorías keynesianas convencionales por nuevos caminos con modelos del comercio internacional basados en las expectativas racionales. Sin embargo, Krugman abandonó el doctorado (en junio de 1977) sin rumbo alguno y volvió a Yale a enseñar. «No estaba ni siquiera seguro de que me gustara realmente la investigación», recuerda.

Pero ¿y si el empresario tuviera razón? Durante años, muchos políticos y algunos economistas —desde los tiempos de Alexander Hamilton e incluso antes— habían defendido la protección de las industrias nacientes basándose en el argumento de que tener cuota de mercado daba por sí sola grandes ventajas, fruto de la magia de los rendimientos crecientes. En 1961, un estudiante del MIT llamado Staffan Burenstam Linder había formulado una hipótesis sobre la existencia de un «efecto del mercado interior», según la cual los países podían beneficiarse de un embargo comercial o de prohibir las importaciones para penetrar en mercados en los que la demanda interior seguía siendo alta. Linder estaba pensando en Volvo, que había entrado en el sector automovilístico durante la Segunda Guerra Mundial, cuando estaba prohibida en Suecia la importación de la mayoría de los automóviles. Volvo, habiendo aprendido a fabricar coches durante los pocos años en los que estuvo protegida de la competencia extranjera, acabó dominando el mercado escandinavo y en la década de 1960 estaba comenzando a aprender a vender sus automóviles en el extranjero, incluso en Estados Unidos.

La entrada de Suecia en el mercado estadounidense era una anomalía, reconocía Linder. En el universo ricardiano, no se suponía que pudiera ocurrir. La teoría clásica predecía que el grado de especialización de los países sería cada vez mayor: los automóviles se fabricarían en Inglaterra, los trenes en Alemania, los aviones en Estados Unidos y, si se produjera algún efecto del mercado interior como en el caso de Volvo, éste sería débil y desaparecería rápidamente. Sin embargo, señalaba Linder, los países industriales tendían a aumentar simultáneamente sus exportaciones en todos los sectores y comerciaban principalmente unos con otros. Estados Unidos mandaba automóviles Ford y aviones Boeing a Alemania,

Alemania mandaba aviones Fokker y automóviles Volkswagen a Estados Unidos. Este hecho se conocería poco después con el nombre de «el enigma del comercio intrasectorial».

¿Y si los japoneses estaban haciendo exactamente lo mismo que habían hecho los suecos, pero en mayor escala?, se preguntaba Krugman. Supongamos que estuvieran recurriendo a medidas proteccionistas para proteger no sólo los automóviles sino una combinación de productos que cambiaba continuamente: motosierras un año, cortacéspedes y motores fueraborda el siguiente, hasta lograr las ventajas de la escala en su mercado interior y después poder vender a costes más bajos en el extranjero. Un país de hábiles manipuladores –llamémoslos comerciantes estratégicos– podría utilizar al Estado en beneficio propio, aprobando leyes y coordinando los esfuerzos de las empresas para lograr efectos que, de lo contrario, sólo podrían producirse, si acaso, por casualidad. Primero serían las motocicletas. A continuación, los automóviles. Luego, los aviones. Después, los ordenadores. Otros países podrían verse expulsados de estos mercados. Una vez expulsados, podría resultarles imposible volver.

Pero lo que a un empresario le parecía razonable era absurdo para un economista debidamente formado o, más bien, una posibilidad casi imposible de imaginar. Sin un modelo del proceso que describía el empresario, era imposible imaginar sistemáticamente un efecto de ese tipo y mucho menos calcular seriamente su magnitud.

Da la casualidad de que a mediados de la década de 1970 muchos economistas de Cambridge (EE UU) se habían planteado este tipo de interrogantes, pero estaban trabajando en otra parte del mapa. A principios de la década de 1970, había resurgido de repente la subdisciplina conocida con el nombre de organización industrial, gracias a los nuevos modelos de señalización y de selección desarrollados por Akerlof, Spence, Stiglitz y otros. La actividad era frenética en el campo de la organización industrial. Los juicios antimonopolio del gobierno de Estados Unidos contra IBM y AT&T seguían avanzando. Se habían creado las revistas de economía de Bell y RAND, que ponían el acento en la economía aplicada. Una nueva generación de jóvenes teóricos de los juegos (David Kreps, Paul Milgrom, John Roberts y Robert Wilson, en particular) había creado nuevos instrumentos, basándose en una serie de abstracciones desarrolladas por teóricos en las décadas de 1950 y 1960 (por John Nash, John Harsanyi, Reinhard Selten, Robert Aumann y otros).

¿Cómo podía una sola empresa llegar a dominar un mercado? Ésta era una de las preguntas que estaban formulándose en lenguaje formal con un creciente éxito. ¿Por qué realizaban las empresas unas actividades y no otras? ¿Cómo se gestionaban y se financiaban? ¿Cuándo preferían una organización jerárquica y cuándo no? Y en el fondo de todo ello estaban los problemas de los rendimientos crecientes. Los nuevos modelos mostraban que las empresas podían obtener rendimientos crecientes ampliando la variedad de sus productos, bruñendo su marca o utilizando otras muchas fórmulas para bloquear a la competencia. A los economistas jóvenes se les seguía enseñando que la competencia monopolística era un callejón sin salida, al menos como teoría global, pero podía tener, después de todo, algunas aplicaciones concretas. El problema de la fábrica de alfileres volvió a cobrar vida de repente.

Fue en uno de esos modelos de competencia monopolística en el que Krugman encontró la clave del problema. Avinash Dixit y Joseph Stiglitz lo habían desarrollado aproximadamente un año antes con un propósito muy distinto: para averiguar si la «proliferación de productos» era perjudicial para la economía. Según una teoría popular en esa época, la proliferación de «marcas» era, en parte, la culpable de la inflación. Los autores se preguntaban si podía utilizarse el exceso de variedad como estrategia. ¿Habían introducido los gigantescos oligopolios de la industria agroalimentaria aquel ingente número de variedades en los supermercados con la esperanza de expulsar a los competidores del mercado? Eso significaba encontrar la manera de decir algo sobre la variedad óptima.

El problema de la variedad había sido planteado cincuenta años antes por Harold Hotelling, profesor de la Universidad de Columbia, desde el punto de vista de la localización espacial: por ejemplo, por qué tres estaciones de servicio que venden exactamente lo mismo están situadas en una misma intersección. Dixit y Stiglitz cambiaron algo el problema. La competencia era entre varios productos monopolísticos, cada uno algo distinto de los demás: cereales de desayuno y su distribución en los expositores de las tiendas en lugar de estaciones de servicio. Partieron de un consumidor al que le gustaba la variedad, caracterizando su función de utilidad con una técnica matemática conocida con el nombre de «separabilidad aditiva» de manera que el consumidor encajara perfectamente en el mundo de Arrow y Debreu (¡de nuevo los hiperplanos separadores!). «Joe y yo sabíamos que estábamos haciendo algo nuevo al construir un modelo de equilibrio general manejable con competencia imperfecta, pero no nos dimos cuenta de que tendría tantas aplicaciones; evidentemente, si nos hubiéramos dado cuenta, ¡habríamos escrito nosotros mismos todos esos artículos que vinieron después!», recordaba Dixit más tarde.

Éste era el «hermoso modelito» de productos diferenciados que Krugman pensaba que podía adaptar a su problema (se había enterado de su existencia en un curso de competencia monopolística que impartía Robert Solow). Como suele ocurrir, resultó que otros muchos habían desarrollado modelos parecidos más o menos por la misma época.[1] Sin embargo, para muchas aplicaciones, incluida la aplicación en la que estaba pensando Krugman, la formulación de Dixit y Stiglitz era la más útil, otro de esos modelos «utilitarios» económicos y fáciles de utilizar que eran el sello distintivo del MIT.[2]

En estas circunstancias, en enero de 1978 Krugman fue a ver a su tutor en el MIT, Rudiger Dornbusch, destacada autoridad en economía internacional. Casi sin haberlo pensado, le contó su conversación con el empresario y le dijo que no sabía si merecería la pena tratar de construir un modelo de comercio monopolísticamente competitivo. Dornbusch se mostró inmediatamente entusiasmado con la idea. Krugman se fue a casa a trabajar.

Krugman estaba a punto de sumarse a larga lista de los que habían defendido durante doscientos años que los rendimientos crecientes, o los costes decrecientes, significaban que el Estado tenía un papel que desempeñar en la política comercial: John Rae, Friederich List, John Stuart Mill, Frank Graham, Staffan Linder. Hoy resulta extraño pensar que todavía a mediados de la década de 1970 los economistas siguieran utilizando versiones matemáticas del modelo del trigo, un bien único. Pero no existían los instrumentos necesarios para hacer otra cosa, por lo que era así como se hacía economía.

Sin embargo, Krugman, a diferencia de los que le habían precedido, tenía acceso a una amplia variedad de nuevos instrumentos conceptuales. Cuando comenzó a estudiar seriamente el problema, las dificultades empezaron a resolverse. Algunos bienes del modelo eran productos patentados, como los aviones, sin sustitutivos inmediatos. Sus fabricantes podían fijar su precio monopolísticamente (dentro de unos límites razonables). Otros eran como el trigo: muchos vendedores, muchos compradores, sustitutivos perfectos. Su nivel de precios venía determinado por la oferta y la demanda sin más. De repente, pareció que estaba absolutamente claro por dónde había que seguir. Se quedó toda la noche trabajando con gran entusiasmo. «Unas pocas horas más tarde supe que tenía la llave de toda mi carrera en la mano», diría más tarde en un ensayo autobiográfico titulado «Episodios de mi carrera» («Incidents from My Career»).

Y poco después, utilizando la lógica económica como es debido, había demostrado que no sólo una empresa sino también todo un país podían conservar cier-

---

[1] Kelvin Lancaster en 1975, Michael Spence en 1976, Dixit y Stiglitz en 1977, Steve Salop en 1979.

[2] Para un lúcido análisis de las ventajas del modelo de Dixit y Stiglitz, véase *The Spatial Economy: Cities, Regions, and International Trade* de Masahisa Fujita, Paul Krugman y Anthony J.

tas ventajas, y acabar con la competencia. «De repente me di cuenta de hasta qué punto la metodología de la economía crea puntos ciegos. Simplemente no vemos lo que no podemos modelizar.»

Se habían abierto nuevas y espectaculares perspectivas. Utilizando los nuevos modelos, Krugman había demostrado que los rendimientos crecientes y el equilibrio general podían coexistir. Si un país conseguía una ventaja en la producción en serie de un bien complejo del que no había sustitutivos cercanos –por ejemplo, automóviles o aviones o chips de silicio– podía conservarla. La especialización reducía los costes por unidad. Con lo que a los demás podía resultarles imposible competir en este mercado.

Eso significaba que no era necesario contar con los mercados para que «las cosas funcionaran». Las perturbaciones podían aumentar con el tiempo en lugar de que el mercado hiciera volver las cosas a la «normalidad». En el lenguaje de la teoría, podía haber equilibrios múltiples: este resultado era muy subversivo, ya que socavaba los teoremas del bienestar y significaba que el Estado tenía un papel que desempeñar. Aparentemente, *había* realmente circunstancias en las que el ministerio de comercio podía echar una mano. En la situación existente a finales de la década de 1970, su modelo contaba una historia que podía ser explosiva. El principio de las diferencias geográficas, de la ventaja comparativa, ya no era la única explicación posible de las pautas de especialización internacional. A veces la propia historia –que un país fuera el primero en desarrollar un sector– podía ser la causa.

Desgraciadamente, el modelo tenía demasiados cabos sueltos para que resultara convincente en esa época. Por ejemplo, los economistas normalmente querían un único resultado, no muchos. Si el modelo proporcionaba muchos resultados posibles, querían saber con más o menos exactitud cuáles eran. El año siguiente de Krugman fue, pues, profundamente frustrante. Las revistas rechazaron su artículo. Los colegas de mayor edad lo ignoraron o lo menospreciaron. A diferencia de las teorías más recientes de la pujante literatura de las expectativas racionales, su modelo era casi vergonzosamente de baja tecnología. Yale le denegó una beca de investigación. Las dificultades continuaron. Su modelito estaba incompleto.

Pero en la primavera de 1979, estando sentado en el aeropuerto de Boston camino de Mineapolis donde iba a dar un seminario, vislumbró una forma de integrar los principios enfrentados de la competencia monopolística y la ventaja comparativa, un truco analítico que resultaba claro con un ingenioso mecanismo gráfico. Más tarde diría que lo que le ocurrió esa tarde era característico de un determinado proceso. «Una vaga idea que se ha acariciado de vez en cuando, a veces durante varios años seguidos, hasta que al final surge algo que hace que se levante la niebla y quede al descubierto un modelo casi totalmente desarrollado.» En este caso, lo que quedó al descubierto fueron los rendimientos crecientes de escala en varias industrias que participaban en los mercados internacionales. La sospecha del ejecutivo sobre Japón –primero los cortacéspedes, luego los automóviles, después los semiconductores– formaba parte de una historia coherente. «Evidentemente, los países no son empresas, no pueden ser expulsados de un sector. Pero tal vez sí pueden ser expulsados de *algunos* sectores y perturbaciones temporales *pueden* producir, en realidad, efectos permanentes en el comercio.»

En julio, Krugman llevó su modelo al primer Summer Institute del National Bureau of Economic Research (hacía un año solamente que el NBER se había trasladado de Nueva York a Cambridge [EE UU]). El Summer Institute de Cambrige se ha convertido desde entonces en una institución venerable. Entonces era más modesto, pero a él asistían muchos economistas jóvenes deseosos de dejar su impronta.

«Aún sigo pensando, con todo lo que he hecho desde entonces, que la hora y media en la que presenté ese trabajo fueron los mejores 90 minutos de mi vida», diría Krugman muchos años más tarde. «Hay una cursi escena en la película *Quiero ser libre*, en la que la joven Loretta Lynn actúa por primera vez en un bar muy ruidoso y poco a poco todo el mundo va callándose y comenzando a escucharla cantar. Eso es lo que pareció que ocurriera. De repente, lo había conseguido.» Tenía veintiséis años.

El éxito de Krugman en el verano de 1979 le permitió entrar de inmediato en la universidad invisible de personas que estudiaban el comercio internacional en los niveles más altos de la disciplina (normalmente para entrar hacen falta dos trabajos de ese tipo, pero él tenía por ahí otro artículo sobre ataques especulativos sin publicar). En todas las ciudades del mundo hay un hormigueo continuo de seminarios y conferencias; los viajes en avión de unas a otras dan a los participantes la oportunidad de escribir para la siguiente. Nunca se sabe cuándo surgirá algo realmente interesante. Krugman recuerda una de esas conferencias sobre comercio internacional que se celebró por esa época en Milán: «La sala estaba desconchada y los asientos eran tan incómodos que algunos participantes más mayores acabaron con problemas de espalda. El hotel era aceptable, pero espartano. Sin embargo, puedo asegurarles que en ese debate surgieron más ideas interesantes que las que uno puede encontrar en una docena de cumbres del G-7. Espero no olvidar nunca que son los economistas jóvenes en pantalones vaqueros, no los delegados famosos vestidos de traje oscuro de rayadillo, los que tienen realmente cosas interesantes que decir».

Durante el verano de 1980, la gran reunión sobre comercio internacional y finanzas fue un seminario de tres semanas celebrado en la Universidad de Warwick en Inglaterra. Warwick, no muy distante de Oxford, era una universidad de segundo nivel que tenía fama de hacer economía seria. La idea era llevar a las personas más importantes en un determinado campo para que se mezclaran y hermanaran con unos cuantos jóvenes cuidadosamente seleccionados todos los veranos, para discutir las controversias más recientes y para aprender las técnicas más innovadoras. Ese verano había en Warwick una abundante variedad, veintiocho invitados en total: destacados economistas de edad avanzada que seguían trabajando, estudiosos a mitad de su carrera rebosantes de energía compitiendo por pasar al siguiente nivel y unos cuantos jóvenes recién doctorados y con talento que acababan de comenzar, entre los cuales se encontraba Krugman.

Ese año, el tema estrella en Warwick fueron los tipos de cambio. El análisis matemático de la incertidumbre fue otro tema candente: Avinash Dixit y Robert Pindyck habían comenzado a presentar a los economistas del comercio la hoja de cálculo de infinitas dimensiones de Arrow y Debreu. La competencia imperfecta no era el único tema del programa y ni siquiera el más importante. Krugman llevó un trabajo (realizado en colaboración con James Brander) sobre el «*dumping* recíproco». El tamaño del mercado parecía importante en este caso; las circunstancias favorecían al productor de bajo coste en el país más grande.

Esta vez la presentación de Krugman no fue tan bien. Le pusieron las objeciones habituales. Los economistas mayores se mostraron escépticos, críticos. Uno llamó a Krugman y a Brander «los competidores imperfectos». El venerable Charles P. Kindleberger fue el primero en criticar a «los que necesitan modelos formales para entender lo que es obvio intuitivamente». La idea de los rendimientos crecientes en el comercio internacional ya se había discutido hasta la saciedad mucho antes: en su libro de 1953, en el libro de Tinbergen del año anterior, en el artículo de John Williams de 1929 en el que se basaba su análisis. «Recuerdo la alegría en Cambridge (EE UU), cuando Kenneth Arrow convirtió los rendimientos crecientes en algo respetable al formalizarlos. [Pero] [...] confieso que me causa una cierta irritación que Krugman defienda su teoría del comercio internacional como si fuera algo nuevo simplemente porque ofrece una verdad trillada en forma de ecuación.»

Los jóvenes, sin embargo, aquellos a los que les interesaba la formalización, estaban muy intrigados. La lógica y la novedad del enfoque estratificado del comercio de Krugman impresionaron especialmente a uno de los asistentes. Elhanan Helpman tenía en 1980 treinta y cuatro años. Era un líder de la nueva generación, un alumno de Kenneth Arrow en Harvard que tenía fama entre sus compañeros de ser tan escrupuloso como imaginativo. Había nacido en Dzalabad, en la antigua Unión

Soviética. Se había criado en Polonia hasta que su familia emigró a Israel en 1957. Pensaba hacer ingeniería después del servicio militar, pero un encuentro casual con la gruesa versión hebrea del libro de texto de Samuelson en la mesa de otro soldado lo llevó a cambiar de planes («comencé a leerlo y es que sencillamente no pude parar»). Helpman entró en la Universidad de Tel Aviv en 1966, se licenció y a continuación se trasladó a la Universidad de Harvard.

En 1982, Helpman invitó a Krugman a participar en algunas tareas para la realización de un nuevo manual de teoría del comercio internacional. Se estableció una relación de colaboración entre ellos y poco después decidieron escribir juntos un libro. Los trabajos dispersos sobre las pautas del comercio internacional que estaban apareciendo de repente por todas partes encerraban una verdad más profunda y más amplia. Helpman y Krugman se propusieron hacer una exposición sistemática de la teoría de la competencia monopolística aplicada al comercio. La estrategia dio sus frutos cuando apareció su monografía *Estructura del mercado y comercio exterior: rendimientos crecientes, competencia imperfecta y economía internacional* (*Market Structure and Foreign Trade: Increasing Returns, Imperfect Competition, and the International Economy*) en 1985 que fue recibida con grandes elogios. En su reseña del libro, Robert Lucas dijo lo siguiente: «El desarrollo útil de una idea económica depende fundamentalmente de la capacidad para formalizarla de una manera precisa y manejable [...] El libro es un brillante éxito». ¡Era un gran elogio viniendo como venía del reducto de la competencia perfecta que durante treinta años había sido la Universidad de Chicago! Tal es el poder persuasivo de una ecuación que encierra una verdad trillada.

La competencia monopolística arrasó rápidamente y por completo en la teoría del comercio. La «nueva» economía del comercio internacional estaba perfectamente indicada para analizar el mundo de principios de los años ochenta. En lugar de partir de un comercio internacional homogéneo de trigo o de vino y lana, ahora los economistas pensaban que en el comercio internacional había dos grandes niveles: un comercio subyacente de mercancías y servicios caracterizado por la competencia perfecta e impulsado por la ventaja comparativa; y un nivel superior de competencia monopolística, en el que las grandes empresas multinacionales, ayudadas por generosas subvenciones públicas, organizaban periódicamente asaltos a sus mercados, estando el grado de especialización determinado por el tamaño del mercado.

Los dos tipos de comercio producían ganancias. Pero si en el primer nivel las ventajas se debían a la distribución de los recursos naturales, la lógica del nivel superior no era nada más que fruto de la historia: qué país era el que había llegado el primero al sector de los cortacéspedes o de los aviones o de los ordenadores. Quizá eso explicara el éxito de Japón. Puestos así, tal vez explicara el éxito de

Boeing o de IBM. Los nuevos resultados obtenidos difícilmente podrían haber sido más relevantes. Los gobiernos eran presionados constantemente para que adoptaran «una política industrial» y para que practicaran un «comercio estratégico». Aparentemente, la única cuestión era saber si las nuevas políticas que estos modelos sugerían eran fáciles o difíciles de aplicar.

Durante el verano de 1980, mientras los economistas del comercio reunidos en Warwick «descubrían» la competencia monopolística, la atención de la opinión pública estadounidense estaba centrada en el revuelo de una campaña política. Ronald Reagan se presentaba a la presidencia y su rival era Jimmy Carter. Carter era el presidente, pero Reagan tenía una ventaja peculiar. Se decía que estaba a la vanguardia de una revolución. Quizá lo estaba –desde entonces hemos hablado, desde luego, de la revolución de Reagan para referirnos a toda una variedad de actitudes relacionadas con la responsabilidad personal– pero esa no era la revolución con la que se identificaba a Reagan en aquella época. Durante el verano de 1980, la «revolución de la oferta» estaba alcanzando el punto de ebullición; no era en absoluto una verdadera revolución sino, más bien, una insurrección orquestada en los medios de comunicación.

Como hemos visto, no es infrecuente que los legos en una materia metan baza en tiempos de crisis. A veces da incluso sus frutos. Durante la década de 1930, John Maynard Keynes se colocó en el centro del debate sobre las causas de la depresión y aunque probablemente introdujo confusión en algunos aspectos de la cuestión en su intento de atraer la atención, ofreció una teoría según la cual la economía podía «quedarse atascada», una teoría sobre equilibrios múltiples, que podía ser compartida en general por los economistas técnicos. Para como son las personas a las que les gusta ser el centro de atención, Keynes era el colmo de la respetabilidad. La pequeña banda de advenedizos que trataron de secuestrar el debate en la década de 1970 no era nadie comparada con él. La economía de la oferta es el aspecto de finales de los años setenta y principios de los ochenta que ha resultado más confuso para los que siguen los acontecimientos que ocurren en economía, debido sobre todo a la enigmática presencia entre bastidores de un influyente economista, Robert Mundell.

Mucho más visible entre los defensores de la economía de oferta era Jude Wanniski, que había comenzado haciendo periodismo en Las Vegas y que más tarde se convirtió (al igual que el periodista fabulador Hunter S. Thompson) en un articulista del infortunado periódico semanal *National Observer* y, finalmente, en editorialista del *Wall Street Journal*. A principios de la década de 1970, Wanniski percibió un olorcillo del entusiasmo que había en Chicago en esa época y que estaba extendiéndose a todo el debate económico. No se cansó mucho escribiendo.

Primero en un artículo escrito en 1975 para la revista trimestral *Public Interest* y después en un libro publicado en 1978 y titulado *Cómo funciona el mundo: cómo fracasa y prospera la economía* (*The Way the World Works: How Economics Fail–and Suceed*), Wanniski afirmó que algo que llamó «la hipótesis Mundell-Laffer» estaba revolucionando la disciplina.

¿Qué era exactamente la hipótesis Mundell-Laffer? Suponiendo que esta hipótesis existiera fuera de la imaginación de Wanniski, sería justo decir que era una amplia visión del mundo de tipo equilibrio general, en la que todo estaba conectado con todo, especialmente las decisiones de trabajo y ocio. En un sentido mucho más estricto, había encontrado expresión en algo llamado «enfoque monetario de la balanza de pagos», muy debatido en el Seminario de Economía Internacional celebrado en la Universidad de Chicago a principios de la década de 1970 cuando Mundell era profesor allí. Arthur Laffer era un profesor de economía de la empresa, llegado recientemente del programa de doctorado de Stanford, que colaboraba intermitentemente con la administración en Washington y que era muy amigo de Mundell.

Durante unos cuantos apasionantes años, Mundell y su colega Harry Johnson se habían peleado habitualmente con Milton Friedman por la política de tipo de cambio. Friedman sostenía que las monedas debían fluctuar libremente. De esa manera, el banco central podría controlar la oferta monetaria. Mundell y Johnson sostenían que esa política estaba condenada al fracaso, porque el capital se había vuelto móvil. En una economía abierta, la política fiscal y la política monetaria funcionaban de forma muy distinta dependiendo del sistema de tipos de cambio. Friedman ganó la batalla de la política de tipos de cambio. El sistema que había diseñado Keynes en Bretton Woods estaba viniéndose abajo. Los tipos de cambio fluctuantes pronto se convertirían en la norma. Pero Mundell ganó la batalla metodológica (y se perdió casi con la misma rapidez en la letra pequeña). La cuestión era la afición de Friedman por el análisis de tipo equilibrio parcial y su absoluta inutilidad. En el mundo real, *ceteris* nunca se mantenía *paribus* durante mucho tiempo. Ahora Mundell tenía un modelo, un modelo de equilibrio general que mostraba cómo funcionaba todo simultáneamente. Un joven experto en economía internacional (Michael Darby) comparó el revuelo causado por el enfoque monetario de la balanza de pagos con el escándalo que había rodeado al modelo de crecimiento de Robert Solow quince años antes.

En realidad, Mundell había formulado en 1968 su visión mucho más amplia de un mundo interdependiente en términos sencillos en un breve y fascinante manifiesto titulado *El hombre y la economía* (*Man and Economics*). Entre sus ideas se encontraba la siguiente: «La competencia puede adoptar dos formas: la competencia es personal cuando es fácil identificar y distinguir a los competidores;

es impersonal, cuando no lo es». Hertz y Avis, por una parte, el mercado del trigo, por otra. Era Chamberlin en estado puro y casi exactamente lo que había dicho con tanto éxito Krugman en 1979 utilizando la lógica matemática. Pero *El hombre y la economía*, en lugar de formular modelos, estaba escrito en verso libre (ejemplo de estrofa: *Productos, factores / Bienes y factores. / Inventos, patentes, / Obras de actores. / ¡Cielo santo¡*) En una ocasión, Rudiger Dornbusch, alumno de Mundell, dijo en broma: «Llegué un poco tarde a una de sus clases. ¿Quizás me perdí el modelo?».

La confusión sobre las nuevas ideas era lo normal; la confusión entre los distintos campos era habitual. Wanniski nunca llegó, que se sepa, a mencionar *El hombre y la economía* en sus artículos. Los economistas, desde luego, no lo necesitaban. Tampoco Mundell y Laffer escribieron nunca juntos ni un solo artículo. Tampoco intervino ninguno de los dos en los *Meetings* durante esos años. Laffer abandonó Chicago y se fue a trabajar a la Administración. Mundell se volvió más excéntrico y descontento. En 1971, se marchó de la Universidad de Chicago y se dedicó a la docencia en la Universidad de Waterloo en su Canadá natal («por fin Waterloo ha encontrado a su Napoleón», dijo en broma Richard Caves). Lo que era más concreto en la visión de Mundell –el enfoque monetario de la balanza de pagos– fue asumido y desarrollado por otros profesores, especialmente por Jacob Frenkel y Dornbusch. Laffer, dicho sea en su favor, al menos escribió un libro de texto de economía internacional (en colaboración con Marc Miles) en 1982 antes de desaparecer en las tierras de penumbra de la consultoría, justo cuando el entusiasmo despertado por los rendimientos crecientes estaba dejando totalmente obsoleto su libro de texto.

Mundell siguió fuera de la corriente dominante incluso después de que lo contratara la Universidad de Columbia en 1974. Se mantuvo al margen de la teoría económica durante más de diez años, teniendo escarceos con la política económica, pero publicando poco y enseñando menos. Poco a poco fue volviendo a la economía seria. Finalmente, Dornbusch convenció a los suecos de que honraran a su viejo maestro con el Premio Nobel. Pero el premio se le concedió por la aportación que había hecho en la década de 1950; no se aludió a los años de la teoría de oferta. Y la conferencia que pronunció Mundell el día de la entrega del Nobel, una inconexa defensa del patrón oro, convenció a pocos.

Durante un tiempo, sin embargo, los defensores de la economía de oferta dominaron el debate sobre la política económica y durante muchos años después siguieron teniendo una poderosa voz, gracias principalmente a Robert Bartley, jefe de opinión del *Wall Street Journal* («él me enseñó el poder de la injuria», dijo Bertley de Wanniski). A menudo había suficiente verdad en lo que decían como para que pareciera verosímil; nunca la suficiente como para precisarlo. Los defensores de la economía de oferta sostenían que si se bajaran los impuestos, la economía crecería más deprisa, contradiciendo rotundamente el modelo de Solow. Puede que incluso tuvieran razón.

Pero no hicieron ningún intento de integrar sus conclusiones en los modelos minuciosamente elaborados de la teoría dominante. Hicieron caso omiso de casi todo lo que se había dicho antes. Evitaron el lenguaje convencional: la verdadera preocupación de los partidarios de la economía de oferta era el *crecimiento* económico, aunque no lo decían. No sabían hablar de otra cosa que de la oferta, la oferta, la oferta. Mientras la revolución de los rendimientos crecientes cobraba fuerza dentro de la comunidad de economistas en el seminario de la Universidad de Warwick, los defensores de la economía de oferta llevaban a cabo su actividad en los periódicos.

15 «¡Eso es una estupidez!»

En otro lugar, ese verano de 1980, un joven estudiante de nombre Paul Romer se preparaba para volver a la escuela de doctorado. Se había tomado un año libre para acompañar a Kingston (Ontario) a su mujer, médica nacida en Toronto, mientras terminaba su formación como médico residente en el hospital universitario de esa ciudad. Durante ese año, había decidido el tema de su tesis. Iba a construir un nuevo modelo de crecimiento económico. Comenzaría con los costes decrecientes, que habían caracterizado los doscientos últimos años. Pensaba que podrían explicarse por medio del crecimiento del conocimiento, por lo que en su modelo el cambio tecnológico sería interno a su sistema en lugar de exógeno. También describiría un mundo en el que el crecimiento estaba acelerándose, no ralentizándose.

Lo menos que se puede decir de Kingston, ciudad situada en la orilla norte del lago Ontario, en el punto en el que los Grandes Lagos desembocan hacia el este en el río San Lorenzo, es que está muy alejada. Hubo un tiempo en el que fue importante desde el punto de vista militar. Todavía en 1848 se construyó en ella la última torre fortificada para defenderse de la invasión americana. Ahora la ciudad albergaba una de las mejores universidades de Canadá. La Qeen's University era un lugar al que acudían los chicos más brillantes de una gran población. Romer no tenía tiempo para aburrirse.

Por el día asistía a clase para reforzar sus conocimientos de matemáticas y economía. Por la noche trabajaba en el tema que esperaba que se convirtiera en su tesis. En junio recogió los bártulos con su mujer y juntos viajaron en el Volkswagen familiar y en un camión de alquiler todo a lo largo de los Grandes Lagos. Iba a reemprender sus estudios de doctorado, pero en la Universidad de Chicago, donde tres años antes había hecho los estudios de licenciatura.

Romer estaba especialmente preparado para lo que iba a hacer. El verano anterior había terminado los cursos del doctorado de economía en el MIT y había aprobado los exámenes previos al periodo de realización de la tesis. Iba a llevar lo que había aprendido en Cambridge al departamento que era su rival más feroz en todo el planeta. No hay nada como colocarse en los dos bandos de una guerra civil para enterarse de los entresijos de una controversia.

Romer había sido uno de los veintitantos estudiantes de economía que habían llegado al MIT en el otoño de 1977. Hasta ahí no había nada obvio que lo distinguiera, salvo, quizá, las altísimas calificaciones que había obtenido en matemáticas cuando hacía los estudios de licenciatura en Chicago.

Nacido en Colorado en 1955, era el segundo de siete hermanos. Su padre fue durante muchos años agricultor, concesionario de la maquinaria John Deere, propietario de una academia de aviación, constructor, promotor de estaciones de esquí y, finalmente, político. También era un abogado que había estudiado durante un tiempo en la Yale Divinity School. En 1966, cuando Paul tenía once años, Roy Romer se presentó a las elecciones del Senado de Estados Unidos y perdió. Regresó a la política en 1974, cuando Richard Lamm ganó las elecciones a gobernador y nombró a Romer jefe de personal. En 1982, fue elegido tesorero del Estado y, finalmente, en 1986, gobernador del propio estado. Beatrice Romer era un ama de casa dedicada a sus hijos. En una ocasión, cuando Paul volvió a casa enormemente entusiasmado con el papel que iba a hacer en una obra que iba a representarse en la escuela de primaria –le habían dado el papel de árbol– su madre lo cambió a mitad de curso a un centro privado. Quería que le exigieran más.

A partir de entonces, el aprendizaje escolar se convirtió en su modo característico de expresión personal. Estudió los dos últimos años de enseñanza secundaria en la Phillips Exeter Academy, en New Hampshire, pero debido a su actitud rebelde en el primero de esos dos años, obtuvo tan malas notas que pasó su último año en un programa de intercambio en Francia, saltándose la habitual ronda de entrevistas y visitas a centros universitarios previos a solicitar la admisión en alguna universidad para emprender los estudios de licenciatura. De todos los que solicitó, sólo lo aceptó la Universidad de Chicago. Así pues, al igual que el biólogo molecular James D. Watson, Paul Samuelson y Robert Lucas antes que él, Romer se matriculó en la universidad situada en el South Side de Chicago, famosa por su dureza. Entró como estudiante de primer año en el verano de 1973, año del Watergate.

Chicago, con su ilimitado entusiasmo intelectual, pronto deshizo el daño que pudiera haber infligido Exeter a su independencia mental: no había ninguna línea de investigación que estuviera prohibida. Durante la mayor parte de sus años de estudios de licenciatura, Romer pensó ser cosmólogo. Pero a mediados de la década de 1970, el gran auge que había experimentado la ciencia básica después de la Segunda Guerra Mundial estaba perdiendo impulso y las perspectivas de una vida meditando sobre los orígenes del universo parecían menos atractivas. Entonces pensó durante un tiempo hacerse abogado de empresa. Pero un curso sobre la teoría de los precios que hizo a última hora lo llevó a la economía, al menos como paso intermedio para hacer carrera en la abogacía; en esa época, la economía técnica estaba haciendo importantes incursiones en el derecho. El MIT lo admitió en su programa de doctorado. Tras licenciarse en matemáticas en 1977, volvió, pues, al este.

Romer llegó al MIT sin apenas formación reglada previa de economía, quizá el primer caso desde que Robert C. Merton llegó de Caltech ocho años antes. A diferencia de Merton, no brilló. Había aprendido bastante economía de su compañero de habitación en Chicago, David Gordon (que hoy es profesor de economía en Clemson University), bebiendo cerveza, pero en esa época el MIT estaba lleno de brillantes europeos, muchos de los cuales ya habían hecho un máster en economía. Era fácil perderse entre la multitud. Samuelson y Solow estaban enseñando menos que antes. Ahora las colas se formaban en la puerta de los despachos de Stanley Fischer y Rudi Dornbusch, que habían llevado a Cambridge las nuevas enseñanzas de Chicago. Las *Lecturas de macroeconomía* (*Lectures on Macroeconomics*) de Fischer, escritas en colaboración con su colega Olivier Blanchard, eran el libro de texto de macroeconomía avanzada que estaba de moda. En un brillante arranque final de energía dedicado a la economía keynesiana, todo el mundo estaba tratando de integrar las expectativas racionales en los modelos macroeconómicos y, entre ellos, durante un tiempo, Romer y Paul Krugman, que se había doctorado un año antes. Romer andaba con los otros dos economistas de Agua Dulce: Bruce Smith, que había estudiado economía en Minnesota, y David Levine, que venía de UCLA. Tenían largas conversaciones.

Una noche entró un ladrón por la ventana del dormitorio del apartamento de Cambridge en el que vivía Romer. Cuando el asustado estudiante de doctorado salió corriendo por la puerta, se encontró con una joven canadiense que vivía en la puerta de enfrente y que se iba a trabajar poco antes de que amaneciera. Le preguntó si podía dejarle llamar por teléfono a la policía. Virginia Langmuir estaba haciendo un año de residencia en el Massachussets General Hospital. Se enamoraron y se casaron. Romer escribió un trabajo obligatorio de econometría sobre el allanamiento de morada. Hizo los exámenes previos a la tesis en el MIT, los aprobó fácilmente y se preparó para volver con Langmuir a Canadá durante un año.

Después de pasar dos años en el MIT, ya no pensaba en ser abogado. Pero tampoco iba a volver a Cambridge. Los temas que le interesaban cada vez más tenían poca resonancia en el MIT. Durante el segundo año, Solow había dicho ante una audiencia (en otra parte) que «todo el que se dedica hoy a la teoría económica tiene la absoluta certeza de que para un teórico emprendedor la teoría del crecimiento no es un estanque prometedor para pescar [...] Creo que la teoría del crecimiento está acabada, al menos temporalmente». Romer y su mujer decidieron que la seguiría a la Queen's University, pero que cuando volviera a la universidad para hacer la tesis de economía, sería a la Universidad de Chicago.

No había ninguna invitación por parte de esta universidad, ninguna garantía de que lo consiguiera. De hecho, no existía ningún precedente, ningún caso en el que alguien hubiera tomado la comunión en una de las grandes iglesias de la economía y luego se hubiera ido a la otra.

Así pues, se fueron a Canadá. La Queen's University tenía una proporción mayor que la media de buenos departamentos, entre ellos los de economía y ciencias de la computación, que mantenían estrechos lazos (aunque en gran medida invisibles) con los círculos del poder. De los cuarenta y tantos economistas que había, el más destacado era Robert Lipsey, teórico cuya candidatura al Premio Nobel se ha mencionado algunas veces. Pero el profesor que resultó ser más importante allí para Romer se llamaba Russell Davidson, una de esas personas totalmente independientes que surgen con una cierta regularidad en el mundo académico.

Davidson, hijo de un capitán de barco escocés, había estudiado física en la Universidad de Edimburgo y, en 1966, terminó trabajando como ayudante de investigación para el célebre químico Ilya Prigogine, primero en Bélgica y después en la Universidad de Texas. Ante el exceso de físicos que estaba comenzando a haber en la década de 1970, Davidson se reconvirtió en econométra en un solo año en la Universidad de British Columbia –tal era el grado de coincidencia de las matemáticas– y obtuvo un segundo doctorado. En Queen's University, impartía el curso de crecimiento con un libro de lecturas de los trabajos importantes recientes (compilado por Amartya Sen), aprendiéndose primero cada uno de ellos para poder enseñarlos después. «Esto fue inmediatamente después de que la gente hubiera estado trabajando al estilo de Pontryagin. Quería ver qué podía sacar de Richard Bellman, ver qué había en la bolsa de trucos de la caja negra, quería ejercitar mi intuición económica tanto como cualquier otra cosa.»

Un día, Davidson estaba presentando en clase el modelo de crecimiento de Von Neumann. Era el artículo clásico de 1937 en el que Von Neumann empleaba, entre otras cosas, la topología para demostrar por primera vez la existencia de equilibrio en un modelo económico. El artículo de diez páginas, cuyos orígenes se remontaban al seminario celebrado en Berlín en 1928 en el que Von Neumann se había puesto en pie de un salto y había interrumpido a Marschak, resolvía una serie de profundos problemas de la teoría inicial del equilibrio general, mucho antes de que todo el mundo reconociera siquiera que eran problemas. Su importancia no quedó clara hasta que Arrow y Debreu comenzaron a basarse en sus fundamentos alrededor de 1950. Según el historiador del pensamiento Jürg Niehans, «nunca una idea fundamental ha tenido tantas y tan fructíferas ramificaciones».

Sin embargo, la profundidad matemática se había comprado a costa del realismo. En el modelo de Von Neumann (al igual que en el modelo anterior de Gustav Cassel, en el que se basaba), todos los factores y los productos crecían a una tasa constante: un conjunto fijo de bienes «criaba» un grupo cada vez mayor de esos bienes, como por arte de magia. El acero producía más acero, el trigo producía más trigo. Nada cambiaba; la economía simplemente crecía. En un momento de la exposición, Romer exclamó: «Pero ¡eso es una estupidez!». Davidson le respondió suavemente diciendo: «¿Una estupidez? Sí, bueno, quizá, pero vamos a verlo de todas maneras».

Romer había dado momentáneamente una especie de salto en el tiempo. Siendo estudiante de doctorado en el MIT, había aprendido el modelo de crecimiento económico de Solow, en el que el conocimiento exógenamente creciente era una especie de bien público. El modelo de Von Neumman era precisamente la convención que el modelo de Solow y sus predecesores keynesianos pretendían sustituir. En el modelo más antiguo, se suponía que la tecnología no cambiaba en aras de la sencillez: el crecimiento era el producto del capital multiplicado por una constante tecnológica (de ahí el símbolo AK, por el que hoy se conocen los modelos como el de Von Neumann; la letra A es el símbolo que se utiliza generalmente para representar la tecnología y la K es el símbolo habitual del capital). El modelo de Solow era mucho más atractivo que eso. La tasa de cambio tecnológico se fijaba exógenamente, pero al menos se suponía que el conocimiento tecnológico crecía y su magnitud podía calcularse mediante el ingenioso uso de un residuo.

El modelo más antiguo tenía, sin embargo, un estilo retórico diferente y una ambición mucho más general. Fue la primera vez que Romer vislumbró fugazmente el poder del programa moderno. Romer pensaba que el modelo de Solow, a pesar de su gran utilidad, era algo superficial. Después de aprenderlo, mucha gente se paraba y decía: «Déjalo, no se pueden estudiar los grandes problemas con él». En el modelo de Von Neumann, Romer vislumbró de repente que era posible lidiar con las cuestiones más profundas de cómo cambia el mundo con el paso del tiempo. «Nunca lo había visto antes, aunque vi muchos más cuando llegué a Chicago.»

Romer recordó el incidente en una charla que dio mucho más tarde. Reconoció que no había sabido apreciar la sutileza del modelo de Von Neumann. «También está claro que no tuve mucho tacto.» Pero sus trabajos posteriores lo habían convencido de que su dura valoración inicial de la descripción del propio *crecimiento* que se hacía en el trabajo era correcta. «En lugar de un análisis de los nuevos productos, los nuevos procesos, las universidades, los laboratorios privados de investigación, la legislación sobre patentes, la investigación científica –todas las cosas que me parecía entonces y que sigue pareciéndome hoy que se encuentran en el fondo del crecimiento económico– el modelo ofrece alegremente un supuesto matemático atractivo al que no es posible dar una interpretación que tenga sentido.»

Así pues, con la seguridad en sí misma que tiene una persona a los veinticuatro años, Romer decidió construir un modelo de crecimiento económico mejor, cuyo punto de partida iba a basarse en esta intuición. Sería mejor que el de Von Neumann, en el sentido de que incluiría el conocimiento. También sería mejor que el de Solow, en el sentido de que el nuevo conocimiento sería el resultado de decisiones tomadas con un fin determinado dentro del sistema. En el modelo de Solow, nadie invertía nunca en I+D en beneficio propio; todo el mundo se beneficiaba simplemente de las economías externas de la investigación pública. Sería sobre todo contemporáneo, aprovecharía la generalidad matemática de los instrumentos que habían desarrollado los economistas desde la década de 1940, especialmente la hoja de cálculo de infinitas dimensiones.

Años después, Romer dijo del año que pasó en Kingston que había sido un periodo idílico, durante el cual fue comprendiendo poco a poco el problema, emborronando una hoja en blanco tras otra.

> El primer contacto que yo recuerde consistió jugar con algún modelo de la teoría del control y darme cuenta por primera vez de que podía llegar a comprender el crecimiento si introducía algunos rendimientos crecientes. Lo siguiente que recuerdo es uno de estos episodios, lápiz y bloc de notas amarillo. Cuando haces eso, hay muchos altibajos en el proceso, unas veces crees que lo has conseguido realmente, otras crees que estás en un callejón sin salida. Recuerdo que intentaba irme a la cama en un momento en el que estaba teniendo algún éxito, porque es difícil relajarse cuando crees que todo está viniéndose abajo. Tratas de seguir ese ritmo, tratas de dejarlo antes de que pueda venirse abajo de nuevo [...] El momento que buscas es cuando llegas a una especie de punto culminante. No quieres parar cuando las cosas están progresando, cuando has llegado a algo. Recordaba la descripción que hizo alguien de la vida de un poeta: sólo eres poeta en el momento en que acabas la última línea del poema. Hasta entonces, eres un poeta fracasado; después, eres un ex poeta. En esos momentos en que llegaba a un punto culminante, me sentía economista.

Solicitó la admisión en Chicago para hacer el doctorado y fue admitido. Langmuir obtuvo una beca de investigación en el hospital de la Universidad de Chicago.

Retrospectivamente, lo notable del proyecto de Romer es lo poco acorde que era con el clima reinante en la época en la que lo concibió. Aunque el pesimismo general de la década de 1970 nunca llegó al nivel de temor al que llegó durante la Gran Depresión, y mucho menos al nivel de desesperación de las guerras napoleónicas, había en muchas partes una cierta fijación con el fin del mundo. Los modelos populares dominaban la conciencia de la opinión pública: estaban el informe del Club de Roma, la Bomba demográfica, el Fin del capitalismo y otros sombríos escenarios. El pesimismo caló en la propia comunidad de los economistas.

Había como siempre otras voces que seguían la tradición de Godwin y Condorcet, divulgadores entusiastas de las anticuadas ideas derivadas de Adam Smith: el economista Julian Simon y el periodista defensor de la economía de oferta George Gilder, por citar dos de los más atractivos. Pero dentro del mundo de la economía, en las escuelas de doctorado, entre las autoridades de reconocido prestigio, a finales de la década de 1970 había muy poco interés por la teoría del crecimiento.

Fue precisamente entonces cuando Romer adoptó la postura contraria en esta discusión. Pensaba que las condiciones de vida habían mejorado espectacularmente al menos en los doscientos últimos años. ¿Por qué no suponer que se mantendría esa tendencia? En su modelo, el crecimiento continuaría indefinidamente, durante décadas, incluso durante siglos.

«No estaba pensando en buscar pelea con los catastrofistas ni en lo que debía hacer el Estado», diría Romer mucho más tarde, cuando estaba hecho el trabajo. «Sólo quería entender lo que estaba pasando. La economía que había aprendido en el doctorado era en su mayor parte correcta, pero uno de sus supuestos fundamentales era el de los rendimientos decrecientes. Sin embargo, ahí estaba ese fenómeno que parecía ir exactamente en sentido contrario. La cuestión era cómo conciliar la contradicción.»

16 En Hyde Park

Romer no tuvo ninguna dificultad en traducir la economía que había aprendido en el MIT a la lengua del departamento de economía de la Universidad de Chicago cuando llegó en junio de 1980 al Social Sciences Building situado en el campus de Hyde Park. Normalmente, los estudiantes sólo realizan los exámenes generales del departamento cuando han cursado dos años seguidos en Chicago. Robert Lucas los había hecho en enero del primer año. Romer hizo los trámites necesarios para hacerlos tan pronto como llegó. Los aprobó inmediatamente. Fue una manera tan buena como cualquier otra de anunciar su presencia al resto de los estudiantes de doctorado. Se sentía de nuevo en casa.

De hecho, Chicago era el lugar perfecto para el proyecto de Romer. Su dedicación apasionada a la erudición y la investigación pura la llevaba en los genes. Lawrence Kimpton, su sexto presidente, había dicho de la universidad que era un lugar «en el que en principio siempre está permitido plantear la cuestión más difícil posible –a un estudiante, a un profesor o a un colega– y sentirse con derecho a esperar gratitud en lugar de resentimiento por el esfuerzo realizado». Tomarse las ideas en serio era lo que caracterizaba a la universidad, les gustaba decir a los miembros de la Universidad de Chicago.

Romer no llegó, desde luego, sin más y se puso a hablar. Se matriculó en varios cursos avanzados mientras se preparaba para escribir la tesis. Se matriculó en el curso que estaba dando Lucas, un curso para aprender a escribir trabajos: «Llegaba a clase y nos enseñaba lo que había avanzado desde la clase anterior», recuerda Romer. Conectó también con otro gurú de la economía matemática de Chicago en ese momento, José Scheinkman, que daba un curso de matemáticas de la optimización intertemporal, es decir, de la lógica de la elección a lo largo del tiempo. Scheinkman aceptó supervisar la tesis de Romer. Lucas pronto se sumó a su comité.

El departamento de economía de Chicago estaba profundamente dividido en 1980. Hacía veinticinco años desde que se había ido la Comisión Cowles. Y durante todo ese tiempo había dominado en el departamento el enfoque literario de la teoría de los precios, la segunda escuela de Chicago. Pero las presiones, tanto las internas como las procedentes de los demás centros de la disciplina, eran cada vez mayores. A principios de la década de 1980, los miembros del departamento de Chicago estaban de nuevo a punto de tener que hablar dos lenguas. En esta ocasión, se impuso rápidamente el enfoque matemático.

La vieja escuela literaria estaba desintegrándose: Milton Friedman había disfrutado de un enorme éxito en su batalla con Keynes, pasando habitualmente por encima de los demás economistas y dirigiéndose directamente al público en general. *Capitalismo y libertad* (*Capitalism and Freedom*), un notable librito, había vendido decenas de miles de ejemplares desde que se publicó en 1962. Convenció a innumerables jóvenes, incluido el joven Romer, de que conservador no tenía por qué significar tonto. En otros foros, se hizo famoso por las columnas que escribía en la revista *Newsweek* en las que se batió en duelo con Paul Samuelson. Y en 1980, protagonizó, junto con su mujer, una serie de televisión de diez episodios que se emitió en todo el mundo. El libro acompañante, *Libertad para elegir* (*Free to Choose*), se convirtió en un superventas. Más tarde ese mismo año, su amigo Ronald Reagan fue elegido presidente. Pero Friedman había sufrido una operación de *bypass* en 1972, y en 1977 cumplió la promesa que había hecho hacía tiempo a su mujer, Rose, de jubilarse e irse a vivir a California. George Stigler seguía enseñando en la escuela de administración de empresas. Sin embargo, en 1982 estaba preocupado con los acontecimientos que rodearon a su Premio Nobel y preparándose para escribir su autobiografía. En el departamento de economía, los demás pesos pesados de la vieja escuela –D. Gale Johnson, Arnold Harberger y Theodore Schultz– estaban asesorando a los países en vías de industrialización.

Entretanto, aumentó la inclinación hacia las matemáticas. Chicago había contratado a su primer economista matemático de vanguardia en 1971, un doctor por la Universidad de Berkeley de nombre William «Buz» Brock. Brock había traído, a su vez, a Lucas y, ese mismo año, a José Schienkman. De los que hicieron que la economía actual de Chicago sea lo que es, quizá el menos conocido sea Scheinkman, brasileño de origen francés, de contagioso buen humor (tras permanecer veinticinco años en Hyde Park, en 1999 se trasladó a la Universidad de Princeton). Más tarde llegaron Thomas Sargent, que hoy enseña en la Universidad de Nueva

York, y Lars Hansen, que aún sigue en Chicago. Las discrepancias de Lucas y Sargent con los keynesianos eran por entonces lo suficientemente conocidas como para que se hubieran reconocido como una escuela, como la escuela macroeconómica de Agua Dulce. En Chicago –y en Minnesota, Rochester y Pittsburg (Carnegie Mellon)– éstos eran los nuevos clásicos, firmes creyentes en la mano invisible, muy en la línea de la alta tecnología y atractivos para los jóvenes.

El nuevo estilo matemático no convencía, naturalmente, a toda la nueva generación de Chicago. Casi inmediatamente surgió un nuevo grupo dentro del profesorado, los economistas laborales, tanto teóricos como económetras, que estaban más interesados en entender el funcionamiento de mercados concretos que en hacer generalizaciones sobre la conducta de la economía en su conjunto. Encabezados por Gary Becker, Sherwin Rosen, Sam Peltzman y James Heckman, eran economistas que trabajaban siguiendo en mayor medida la vieja tradición marshalliana que Friedman había defendido y que Paul Samuelson (con sus aditamentos keynesianos) había llamado neoclásica. Actualizaban constantemente sus métodos, al igual que Friedman había actualizado el suyo. Pero a pesar de lo esotéricos que se volvieron sus trabajos, expresados ahora en modelos y respaldados con econometría, seguían considerándose economistas dedicados a la teoría aplicada de los precios, en modo alguno economistas literarios, pero tampoco acólitos de alta tecnología del movimiento moderno. Durante un tiempo se dijo en broma que Brock era el topo que había destruido Chicago. A principios de la década de 1980, el departamento apenas se mantenía unido. Agotado por los conflictos entre las facciones, este afable hombre –¡nada menos que un consumado bailarín de claqué!– abandonó Hyde Park en 1981 camino de la Universidad de Wisconsin. Las discrepancias se hicieron más profundas.

La política departamental era menos importante para los estudiantes de doctorado. Su principal preocupación era la técnica. Fue por su tema de tesis por lo que Romer pasó más tiempo con el matemático Ivar Ekeland, experto en análisis convexo que estaba de profesor visitante en el departamento de matemáticas, que con el líder espiritual del departamento de economía (y futuro premio Nobel) Gary Becker. El profesor tradicional de Chicago que más se interesó por el trabajo de Romer fue Sherwin Rosen, teórico de los precios y estudioso de la especialización reclutado hacía poco en la Universidad de Rochester para ser heredero a todos los efectos prácticos de George Stigler (recuérdese que había sido Stigler quien en 1951 había identificado la paradoja de la fábrica de alfileres). Cuando se enteró de que Romer estaba estudiando los rendimientos crecientes, Rosen le habló al joven economista matemático del artículo que había escrito Allyn Young en 1928. Romer dice que recuerda que en ese momento pensó en lo vago que parecía el énfasis de Young en la causación acumulativa.

Si Romer hubiera estado acostumbrado a expresar su economía en términos literarios, podría haber dicho que pensaba describir el crecimiento y mostrar cómo podía acumularse de la misma forma que cualquier otro tipo de capital. Recuérdese la idea intuitiva básica: nuevos productos, nuevos procesos, empresarios, universidades, laboratorios privados de investigación, ley de patentes, investigación científica, todo eso estaba en el fondo del crecimiento económico.

Pero Romer, como todo buen científico, había aprendido a ser profesionalmente modesto e indirecto. «No creo que quisiera afirmar en general que "voy a introducir el conocimiento"», diría más tarde. «Éste es el tipo de cosa por la que te muelen a palos [...] Mucha gente había estudiado los rendimientos crecientes y el crecimiento antes que yo. Simplemente estaba siguiendo un problema a ver adónde me llevaba.»

Adonde lo llevó fue a los tipos de poderosos modelos de equilibrio general que habían aparecido en la década de 1950 para describir la conducta de la gente, las empresas y los gobiernos a lo largo del tiempo; concretamente, a una versión publicada más o menos simultáneamente en 1965 por David Cass y Tjalling Koopmans. El modelo de Cass y Koopmans hacía lo mismo que el de Solow, pero con toda la parafernalia de la optimización intertemporal de la que Lucas había sido pionero. El planificador solitario de Frank Ramsey se había convertido en una industria competitiva o en una economía formada enteramente por astutos escoceses cuidando de sí mismos. En otras palabras, el modelo de Cass y Koopmans era una versión mucho más general y, por esta razón, Romer apenas examinó la de Solow cuando comenzó su investigación; en la década de 1980, el modelo de Solow se parecía más al viejo Ford T que a un Volkswagen. Y mucho menos pensó en consultar a los numerosos economistas literarios que habían abordado anteriormente el problema de los rendimientos crecientes. «Demuestra en cierta forma lo lejos que habíamos llegado. Las cosas que habían sido bastante difíciles de solucionar eran mucho más fáciles de decir en lenguaje matemático», recordaría más tarde. Aquí, como siempre, queremos recordar que hablamos de oídas.

Romer quería un modelo en el que el crecimiento pudiera continuar indefinidamente. No iba a haber ningún estado estacionario en el horizonte. En el modelo de Solow, la economía llegaba inevitablemente a una especie de edad adulta a los cincuenta o cien años y dejaba de crecer por completo. El propio crecimiento no era más que un estadio. En el departamento de clásicas situado un poco más allá, los profesores enseñaban todo tipo de teorías cíclicas, las historias filosóficas de Polibio, San Agustín, Vico, Kant, Condorcet, Hegel y Teilhard de Chardin. A los economistas no se les enseñaba a meterse en esas cuestiones, pero, en realidad, en el modelo de Solow había oculta una visión tácita del futuro a largo plazo de la especie humana: el supuesto de que los países pronto convergerían en un estado estacionario.

Recuérdese que el problema estrictamente empírico que estaba abordando Romer era el hecho cierto de que el crecimiento parecía haberse acelerado durante más de cien años en lugar de ralentizarse, como cabía esperar. Pensaba que eso debía tener que ver con la dinámica interna de la ciencia: cuanto más aprendes, más deprisa aprendes nuevas cosas. Si el conocimiento era la fuente de los rendimientos crecientes, la acumulación de más conocimientos debería significar un crecimiento más rápido, que es lo que había ocurrido, de hecho, en los doscientos últimos años.

Pero no era fácil encontrar una metáfora del mundo que imaginaba y que estaba tratando de recoger, una metáfora en la que se suponía que dentro de mil años la humanidad seguiría descubriendo nuevos misterios. Así pues, para los fines que se proponía, para recordar adónde quería llegar, Romer recurrió de vez en cuando a la visión del crecimiento de la popular serie de televisión *Star Trek*, sobre el futuro lejano, en el que los países prosperaban y desaparecían, pero la especie continuaba innovando y expandiéndose, si no indefinidamente, sí al menos durante un largo periodo de tiempo. El argumento no estaba expresado, por supuesto, en estos coloridos términos, sino en los rendimientos crecientes del conocimiento frente a los rendimientos decrecientes de la tierra, el trabajo y el capital. No podría haber sido más confuso si se hubiera propuesto expresarlo en clave.

Con las matemáticas, Romer en seguida se topó con el problema de la fábrica de alfileres. «Había estado estudiando un modelo del planificador social como el de Ramsey, en el que el planificador maximiza en el contexto de los rendimientos crecientes del conocimiento. Así conseguí un crecimiento que se aceleraba, que es lo que yo quería, pero pensé que ese resultado no podría descentralizarse en un equilibrio competitivo. Había recogido bastante bien el mundo de la forma que me interesaba [un crecimiento que se acelera], pero no parecía coherente con el mercado.»

El problema era que una única empresa se aprovecharía de los rendimientos crecientes del conocimiento para monopolizar sus mercados y destruir el supuesto de la competencia perfecta. Había ocurrido continuamente en los modelos. No había nada que lo impidiera. No tenía ninguna gracia hacer un modelo sobre *eso*, ya que estaba claro que eso no era lo que ocurría normalmente, si es que ocurría alguna vez. «Recuerdo haber tenido una conversación con Lucas en la que me dijo: "Bueno, ¿por qué no utilizas los rendimientos crecientes externos?". Así que ahí es donde aparecieron [los rendimientos crecientes externos] por primera vez, como una estrategia matemática para abordar este molesto hecho de que al final sólo quedaba una gran empresa.»

En el primer modelo de Romer, las externalidades del conocimiento desempeñaban el mismo papel que en el libro de Marshall: garantizar que no era posible apropiarse en exclusiva de la nueva tecnología, ni siquiera cuando era financiada por el sector privado. El «conocimiento del oficio que no puede mantenerse en secreto» de Marshall –sus externalidades beneficiosas– anularían los rendimientos internos crecientes. Romer aún no había leído a Marshall. No sabía ni siquiera el uso que había hecho Arrow de las externalidades en su análisis del aprendizaje basado en la experiencia veinte años antes. En lugar de eso, se fue directo a la frontera matemática y se propuso construir un modelo partiendo de cero.

Había multitud de detalles de los que ocuparse, principalmente matemáticos. Estaba, por ejemplo, la cuestión de *qué* técnica de la ciencia espacial había que adoptar. ¿La de Pontryagin o la de Bellman? Ambas tenían que ver con la descripción del paso del tiempo. Romer había aparecido en Chicago utilizando las técnicas de tiempo continuo como las de Pontryagin, que había aprendido de Russell Davidson. El método era poco indicado para utilizarlo con la hoja de cálculo de infinitas dimensiones de Arrow y Debreu, cuyo uso en macroeconomía estaba popularizando Robert Lucas en esa época. Pero los resultados, esperados e inesperados, no parecían muy importantes para el análisis del crecimiento, por lo que Romer no abandonó la técnica que le resultaba más familiar, las matemáticas al estilo de Pontryagin. Le permitían seguir la evolución de sus variables en el tiempo sin tener que mostrar el tiempo explícitamente.

Otro detalle era el problema de los equilibrios múltiples, que significaba que, como ocurre siempre que hay una retroalimentación positiva, las cosas podían acabar de más de una manera. Las perturbaciones podían resultar irreversibles en lugar volver a la «normalidad» (se trataba, por supuesto, del mismo problema que había resuelto Krugman en el caso del comercio un año antes, pero Romer tampoco sabía eso). Por lo tanto, esos equilibrios múltiples tenían que calcularse laboriosamente. Su representación gráfica se conocía con el nombre de diagrama de fases. El ordenador personal apenas se había inventado; los programas informáticos matemáticos necesarios estaban a años luz. Romer realizó sus diagramas de fases a mano.

La principal cuestión técnica era demostrar la estabilidad del modelo. Éste era el problema del «filo de la navaja» que había derrotado a Shell y Stiglitz y a Arrow quince años antes. Los supuestos eran tales que la utilidad individual podía llegar a no tener límite –podía ser infinita– sólo con cambiar levemente un parámetro, en cuyo caso, el modelo sería inútil; esta propiedad se conocía con el nombre de condición de transversalidad. Las técnicas que empleó para resolver el problema se basaban en las que desarrollaron Lucas y Prescott en su artículo titulado «La inversión en condiciones de incertidumbre» y publicado en 1971. El matemático Ekeland le echó una mano. Lo resolvió a su entera satisfacción y a la de sus maestros, publicando por separado en *Econometrica* un breve artículo sobre los problemas de optimización con infinitas dimensiones. Al final, desarrolló un modelo que se comportaba bien.

Una vez integradas las externalidades en el modelo, Romer tenía un mundo que se parecía mucho al sistema de Marshall, aunque él no lo habría descrito en su época de esa forma. Se mantenía la competencia perfecta. Se mantenía el agotamiento del producto, la condición impuesta por la productividad marginal, el teorema de Euler y todo eso. No quedaba nada para pagar la tecnología. Y, sin embargo, la economía mostraba rendimientos crecientes agregados. Solow había resuelto el problema introduciendo el nuevo conocimiento desde fuera del modelo, como había hecho Mill. Romer fue en sentido contrario, como había hecho Marshall: su acumulación de conocimientos procedía de las nuevas inversiones y, a continuación, se comunicaba al resto por medio de las externalidades. Las externalidades significaban que el crecimiento era endógeno en su sistema, era producido por fuerzas internas a su modelo. Y estas economías externas constituían una fuerte defensa, al menos intuitivamente, contra la posibilidad de que una única empresa se apoderara del mundo, exactamente igual que en el caso de Marshall.

Romer estaba tan absorto en las matemáticas que no tuvo mucho tiempo para pensar en lo que eso significaba. Recuerda que le sorprendió leer, mientras trabajaba como una hormiguita en la Regenstein Library, un editorial que decía que la carrera espacial había sido buena para el crecimiento económico y darse cuenta de que las abstracciones en las que estaba invirtiendo tanto podían tener algún día aplicaciones prácticas.

A finales de 1981, Romer terminó la tesis, lo suficiente, en todo caso, para comenzar a buscar trabajo. Había tardado más de un año en escribir «Equilibrios competitivos dinámicos con externalidades, rendimientos crecientes y crecimiento ilimitado» («Dynamic Competitive Equilibria with Externalities, Increasing Returns and Unbounded Growth»). Para cuando la presentó formalmente, la había reducido a 143 páginas, la mayoría de las cuales contenían unas matemáticas enormemente difíciles.

Se hacía una breve referencia a la literatura histórica («aunque los detalles matemáticos no se han desarrollado antes, las ideas subyacentes de este tipo de modelo son bastante viejas [...] La idea de que el crecimiento es impulsado por algún tipo de rendimiento creciente es, en una forma menos precisa, tan vieja como el ataque contra las ideas de Malthus»). También había un decidido intento de demostrar la relevancia del modelo para el mundo real. Una tabla de los mejores datos de los que podía disponerse (los de Simon Kuznets) mostraba que desde 1841 la tasa de crecimiento de los cuatro principales países industriales del mundo se había acelerado, no ralentizado.

¿Qué tipo de cambio podía considerarse realmente exógeno en su modelo? Romer ponía un ejemplo concreto. Observó que durante un periodo de subida de las temperaturas en la Edad Media, debido probablemente a perturbaciones en la órbita de la Tierra, el límite septentrional del cultivo de cereales en Europa se extendió cien millas al norte, hecho reconocido por los contemporáneos. Como consecuencia, aumentó la productividad de las explotaciones agrícolas. Ese cambio fue exógeno, decía Romer. Ninguna intervención del hombre podría haber producido ese resultado. Pero cuando los rendimientos del trigo cultivado aumentaron continuamente durante esos mismos años, mientras que los rendimientos del trigo salvaje siguieron siendo los mismos, debe interpretarse que ese cambio ocurrió *dentro* del sistema, es decir, endógenamente. Los agricultores plantaron a propósito las mejores variedades y desecharon las peores.

El eje central de la tesis era el propio modelo, treinta concisas páginas de notación formal que presentaban el mundo cuyo funcionamiento había querido describir Romer. Había rendimientos crecientes de escala en la producción agregada, gracias al «bien de capital intangible, el conocimiento», el cual se encontraba integrado, a su vez, en las externalidades relacionadas con el capital. Se proponía un patrón de medida adecuado, establecido en unidades definidas por costes de producción hipotéticos. Romer señalaba y definía meticulosamente algunas circunstancias en las que el mercado fallaba porque los inventores no tenían razones para invertir en cantidad suficiente; cualquier fruto que obtuvieran desaparecería rápidamente a través del mecanismo de las externalidades. Resultaba, pues, que había una subinversión sistemática en nuevo conocimiento. Las demostraciones ocupaban casi la mitad del manuscrito y eran difíciles de seguir salvo para los más diestros en matemáticas. Se puede decir sin temor a equivocarse que pocos, aparte de su comité, leyeron alguna vez la tesis de Romer.

No había, sin embargo, palabrería alguna, ninguna comparación con el modelo de Solow, ninguna llamada de atención sobre la importancia de que el modelo no tuviera ningún estado estacionario, de que la tasa de crecimiento se acelerara con el paso del tiempo. Por lo que se refiere a los instrumentos que había desarrollado, Romer era absolutamente taxativo. En el primer párrafo de su tesis señalaba que las matemáticas que había ideado para calcular los equilibrios ineficientes podrían aplicarse a todos los aspectos del análisis económico, a cualquier situación en la que hubiera un importante fallo del mercado: a la teoría de la empresa, a la fijación del precio de los activos, a las fluctuaciones macroeconómicas, etc., a todos los casos en los que las externalidades pudieran producir resultados subóptimos.

Era una de esas estratagemas que hacían que todo cuadrara y que tan buena acogida habían tenido en Chicago.

Por lo que se refiere a las consecuencias de su modelo para el crecimiento, Romer era, por el contrario, reticente, quizá como cabría esperar, puesto que las consecuencias no parecían muy acordes con las ideas de la escuela de Chicago. Parecía que las subvenciones públicas podían mejorar a veces los resultados económicos. Pero podía ser muy importante saber qué era lo que la subvención fomentaría exactamente, señalaba Romer. No le parecía correcto que pudiera incrementarse la productividad subvencionando la producción, por ejemplo, por medio de contingentes sobre las importaciones. Era más probable que la productividad mejorara si el Estado subvencionaba, por el contrario, la construcción de nuevas plantas con nueva tecnología.

Tuvieron que pasar otros dieciocho meses para que Romer puliera la tesis y la presentara formalmente y tres años más para que se publicara su modelo en una revista. Sin embargo, los que se encontraban investigando en la frontera de la economía, con sólo haber visto su argumentación, cualquiera que fuera la fase de creación en que se encontrara, supieron que el mundo había cambiado. «La gente dice que era formalmente igual que el modelo que había desarrollado Ken Arrow quince años antes», diría George Akerlof muchos años después. «Pero esa crítica carece de validez. Cuando Paul escribió ese artículo, todo el mundo comprendió de alguna manera que las cosas habían cambiado. Fue como ese momento, en *La copa dorada* [novela de Henry James], en el que el marido y la mujer se miran y de repente todo el mundo sabe que ella ha tenido una aventura amorosa. De pronto, todo el mundo *sabía* de alguna manera que había un nuevo territorio de la economía por explorar.»

Mientras se preparaba para abandonar Chicago, Romer hizo el inevitable viaje para buscar empleo en una universidad. Los *Meetings* de diciembre de 1981 fueron en Washington, D. C. (durante muchos años se celebraron entre el día de Navidad y el Año Nuevo). La reagonomía dominaba las sesiones más de moda ese año; en su presentación, el conservador American Enterprise Institute decía vanagloriándose: «El *New York Times* dice de nosotros que somos el espectáculo más apasionante». La fiesta ideológica no se oía más que como un trueno lejano en las habitaciones en las que se realizaban las entrevistas de trabajo. En éstas, la idea es dejar una suficientemente buena impresión en la breve conversación que tiene lugar, como para ser invitado a dar un seminario sobre su tesis.

A Romer le invitaron en varias universidades, Harvard entre ellas, pero no en el MIT. Cambridge (EE UU) es, sin embargo, una ciudad pequeña y Tim Kehoe y Lawrence Summers, jóvenes profesores del MIT, asistieron al seminario que

Romer dio en Harvard. Se quedaron lo suficientemente impresionados como para conseguir el apoyo de Stanley Fischer a una rápida y fructífera campaña organizada para ofrecer a Romer un puesto de profesor en el MIT, algo que no entraba en los cálculos del departamento. También le llegaron otras ofertas de Wisconsin, de Carnegie-Mellon y de la Universidad de Rochester. Esta última le ofreció las mejores condiciones a su mujer, por lo que en junio los Romer hicieron las maletas de nuevo y retrocedieron sobre sus pasos a lo largo de los Grandes Lagos. Para entonces tenían un hijo pequeño.

17 EL GIRO DE 180 GRADOS

La Universidad de Rochester era uno de los lugares a los que los profesores del MIT mandaban a sus vástagos intelectuales cuando en las décadas de 1930, 1940, 1950 y 1960 no podían ser admitidos en Harvard, Yale o Princeton. Tenía un temperamento inflexible e igualitario que en aquellos tiempos no podía encontrarse en casi ninguna de las otras universidades del este centradas en la investigación. No era sorprendente que fuera así. A principios del siglo XIX, Rochester se había convertido en el centro donde se había concentrado una feroz energía, religiosa y laica, que había arrasado el norte del estado de Nueva York tras la apertura del canal Erie. La iglesia mormona comenzó precisamente en el norte del estado de Nueva York. Lo mismo que el movimiento a favor del sufragio de las mujeres, así como John D. Rockefeller, cuyas donaciones iban a ejercer una gran influencia en el desarrollo de la Universidad de Chicago, e Eastman Kodak y, en su momento, una gran parte del resto de la industria óptica y de la imagen, que siguió teniendo una próspera presencia en la ciudad. En suma, Rochester era un buen lugar para un joven teórico interesado en el crecimiento económico.

Romer llegó allí en el verano de 1982. Siendo como era un joven profesor en los inicios de su carrera, se esperaba de él que trabajara simultáneamente en diversos proyectos. Tenía que satisfacer a José Scheinkman, su supervisor de tesis de Chicago, perfeccionando las matemáticas de su tesis, que no había acabado del todo. Se suponía que debía sacar de ella un artículo para publicarlo en una revista. Iba a comenzar a enseñar por primera vez, a dar un curso de dinero y banca. Estaba comenzando a formar una familia con una médica que estaba tan dedicada a su trabajo como él al suyo. En 1984 tuvieron otro hijo, una niña. Sin embargo, tal era la cultura del departamento de economía de Rochester que también le quedaba mucho tiempo para pensar. No tenía, al menos, ninguna presión para lucirse.

Cuanto más pensaba Romer, más se convencía de que el enfoque del problema al que había dedicado los dos últimos años en Chicago le acabaría llevando a un callejón sin salida. Llegó a la conclusión de que las externalidades del conocimiento eran importantes, pero no bastaban. Recogían bastante bien uno de los aspectos de la situación, pero confundían otro.

Así pues, no había pasado ni un año desde que abandonó Chicago cuando el teórico de veintisiete años desechó el modelo de competencia perfecta que había desarrollado tan trabajosamente en su tesis. Comenzó a experimentar, en su lugar, con modelos agregados de competencia monopolística, con el enfoque que se había desarrollado cincuenta años antes en Cambridge (EE UU) y que Chicago tradicionalmente despreciaba. Un giro de 180 grados es algo raro en cualquier investigador y más en uno que acaba de empezar. No se trataba meramente de enfocar las cosas de otra manera. El recién acuñado doctor estaba cambiando de nuevo de bando en la guerra civil de la teoría económica.

El problema del modelo de competencia perfecta, con el añadido de los efectos secundarios de las economías externas no retribuidas, se hallaba en que no describía la realidad, entre otros lugares, del centro de la ciudad de Rochester. Ese «algo que se respira en el ambiente» tenía sentido hasta cierto punto, por difícil que fuera decir qué era exactamente ese «algo». Había, de hecho, cosas que eran obvias en Rochester, en cualquier ciudad, para cualquiera que anduviera por la calle. Por ejemplo, en Rochester uno de los hechos evidentes era que sus empresas continuaban invirtiendo grandes cantidades de dinero en I+D.

Estaba claro que si las empresas tomaban esas caras decisiones era porque esperaban sacar partido a su inversión. Tenían laboratorios, contrataban químicos, empleaban abogados. Los secretos, las patentes, los derechos de reproducción, las marcas y, con bastante frecuencia, la determinación de permanecer en la vanguardia tecnológica eran la clave de la prosperidad de la ciudad. Por esa época hubo en la prensa local una controversia sobre la reticencia de la universidad a admitir a un ejecutivo de Fuji en su escuela de administración de empresas por miedo a que llegara a enterarse de los secretos empresariales de Kodak. En Rochester, aparentemente, había algunas cosas muy importantes que no se difundían o que los dueños de estas ventajas privadas trataban, al menos, por todos los medios de impedir que se difundieran.

En el mundo de la tesis de Romer, en el que no había más que efectos de difusión, no tenía cabida este tipo de actividad deliberada. Si Kodak producía una nueva película de alta velocidad, Fuji lo sabía todo sobre ella al día siguiente. No podía haber incentivos para acumular conocimientos privados en estas circunstancias, ya que nunca ayudarían a su propietario más que a su competidor. Si Romer hubiera previsto, por el contrario, en el modelo de su tesis la posibilidad de que Kodak pudiera mantener en secreto aunque sólo fuera un poco de información, el modelo habría tenido un grave fallo, ya que Kodak tendría rendimientos crecientes y acabaría dominando totalmente su sector. Habría vuelto al mundo de la fábrica de alfileres, en el que el monopolio era el resultado habitual.

En su tesis, Romer había soslayado esta cuestión. En la tesis, si Kodak conseguía algún conocimiento privado, Fuji obtenía parte del beneficio, pero no mucho, lo suficiente para impedir que Kodak se quedara con todo el mercado. La función de producción ocultaba el supuesto de que había un momento a partir del cual Kodak no podía crecer más, ya que tendría costes crecientes en relación con su conocimiento, es decir, el supuesto de que sus posibilidades de crecimiento eran limitadas. Era un atajo. El supuesto era fundamental para introducir los incentivos a la innovación en el modelo y conseguir que, aún así, todo cuadrara.

Romer no se había molestado en hacer con su supuesto de los costes crecientes lo que había hecho en su tesis con el concepto de exogeneidad. No lo había explicado con un ejemplo del mundo real. «No salí realmente al mundo tratando de informarme, de contrastar mis supuestos, de ver si las empresas incurrían en costes crecientes cuando trataban de utilizar los conocimientos que adquirian. La cuestión era que mi razonamiento había tomado un atajo por un lugar lleno de baches. Las matemáticas lo ponían de relieve, y cada vez que volvía al atajo, las matemáticas me ponían una zancadilla. No iban a dejarme en paz. Tenía que retroceder y resolverlo.»

Cuando Romer comenzó a pensar en qué podía consistir exactamente un conocimiento nuevo y valioso en el que mereciera la pena gastar dinero, pronto llegó a la conclusión de que tenía que ser algo así como un nuevo bien, un producto bien diferenciado. Por ejemplo, un tipo de película más rápido, un tipo de película más sensible a la luz que los demás.

Pensaba que en el sector privado la mayoría de los nuevos conocimientos son, al fin y al cabo, fruto de un proceso de prueba y error, de experimentación, de investigación y desarrollo explícitos. La gente que los encarga sabe lo que hace e invierte porque espera obtener un beneficio. Es cierto que los nuevos conocimientos a menudo resultan en beneficio de otros, pero eso no es lo que buscan los inversores cuando acumulan conocimientos. No buscan externalidades sino nuevos productos que poder vender. Tratan de «diferenciar su producto», de *especializarse* en su producción y su venta.

Pero los especialistas sólo pueden esperar beneficios si pueden mantener en secreto durante un tiempo sus descubrimientos o sus procedimientos, o proteger sus nuevos conocimientos con una patente o con derechos de reproducción, o conseguir alguna otra ventaja inimitable de costes en la producción, la distribución o la venta. Tienen que cubrir los costes fijos y, en primer lugar, los costes de entrar en el sector, antes de poder vender algo. Eso significa que tienen que decidir sobre los precios. Tienen que actuar o tratar de actuar, al menos durante un tiempo, como monopolistas.

Era la misma lógica que había llevado a Edward Chamberlin a la competencia monopolística sesenta años antes. Pero Romer no estaba leyendo a Chamberlin. Estaba escribiendo matemáticas de una manera que le permitiera describir el mundo que veía, y en este caso describir verosímilmente por qué los particulares querían invertir en la producción de conocimiento. Uno de los frutos del movimiento moderno era que los investigadores ya no tenían que expresar sus pensamientos en el lenguaje natural. Podían ir directos a las formulaciones matemáticas, que eran mucho más precisas.

Las matemáticas de los costes fijos tenían que ver con las «no convexidades». Los instrumentos del análisis convexo que Romer se había acostumbrado a utilizar en el programa de doctorado de Chicago eran insuficientes en este caso, ya que los costes fijos introducían rigideces; es decir, creaban *indivisibilidades*: de la misma manera que no era posible ganar dinero con medio puente, no se podía vender un nuevo tipo de película fotográfica hasta que estuviera totalmente inventada y desarrollada. De hecho, la no convexidad era una complicada manera de decir indivisibilidad, y la presencia de indivisibilidades indicaba, desde luego, que podía haber rendimientos crecientes. La convexidad describía el conocido caso de los costes crecientes y los rendimientos decrecientes; la no convexidad significaba costes decrecientes y rendimientos crecientes.

El término «convexidad», aparte de su significado habitual –combado hacia fuera como la superficie de una esfera– tenía una importancia especial para la economía. Todo el análisis de la competencia perfecta había acabado basándose en la lógica de los conjuntos convexos, exactamente igual que en el siglo anterior se había basado en el cálculo diferencial: la teoría de conjuntos había triunfado sobre el cálculo al prescindir de algunos de sus supuestos poco realistas sobre la continuidad del mundo económico. El resultado era que la teoría económica utilizaba desigualdades en lugar de ecuaciones, y formulaciones que separaban conjuntos enteros de puntos en lugar de descripciones basadas en la línea recta. El rodrigón de George Dantzig, que se parecía a un cono, era un conjunto convexo. También lo eran todas las demás imágenes muy abstractas, procedentes de la ciencia espacial, que a los economistas les habían resultado tan útiles. La hoja de cálculo de infinitas dimensiones estaba anclada en la convexidad. El teorema del hiperplano separador era un instrumento habitual del análisis convexo. Podía utilizarse para demostrar algo tan grandioso como el equilibrio competitivo o para ilustrar la suposición de que cualquier diferencia que pudiera haber entre los precios de mercado y los precios naturales era eliminada en seguida por los ajustes del precio y de la cantidad. Definir el término «convexo» era bastante fácil: un conjunto es convexo si contiene la línea trazada entre dos puntos cualesquiera del conjunto. Peter Newman, director de *The New Palgrave: A Dictionary of Economics*, lo expresó memorablemente: las pirámides son conjuntos convexos y los *frisbee* no. Las pelotas de golf son conjuntos casi convexos, cuya superficie casi esférica está cubierta por las pequeñas no convexidades que llamamos hoyitos.

Las no convexidades planteaban grandes problemas a los economistas matemáticos, de la misma manera que los monopolios plantean grandes problemas a los estudiosos de la mano invisible. Sin embargo, para los economistas matemáticos era más fácil indicar claramente qué entrañaban las no convexidades para un modelo de equilibrio general que hablar de la competencia monopolística. Mucho después, explicando las controversias a una audiencia lega en la materia, Romer redujo la cuestión a dos dimensiones solamente. Distinguió entre círculos, que eran conjuntos convexos, y círculos *aplastados* o abollados, que eran no convexidades (un corte transversal de un *frisbee* se parecía a un círculo que se había aplastado tanto que se asemejaba a una C).

La forma del círculo aplastado le había obsesionado durante diez o quince años, dijo Romer. Había llegado a representar algo muy importante en economía. Pero si sus oyentes no entendían la conexión entre las cosas y el conocimiento y la forma en que el círculo había llegado a representar lo primero y el círculo aplastado lo segundo, no podía hacérselo entender por medio de las matemáticas, por lo menos no a ese público. «No puedo mostrarles cómo el proceso de destilar [matemáticamente], de esculpir, reduce la complejidad del mundo a dos formas geométricas.» Si pudiera, dijo, al final de la charla podría darle a su audiencia el título de doctor en economía.

Romer fue enterándose poco a poco de la existencia de una abundante literatura sobre costes fijos. Descubrió que muchas personas habían lidiado con el problema durante años, comenzando por una serie de ingenieros franceses del siglo XIX que habían inventado más o menos la microeconomía cincuenta años antes que Alfred Marshall, estudiando sucesivamente desde el punto de vista económico la construcción de carreteras, canales y ferrocarriles. Leyó a Jules Dupuit, ingeniero jefe de París, que a mediados del siglo XIX había llegado a ser un experto en la provisión de todo tipo de bienes públicos –no sólo puentes y carreteras sino también canales, ferrocarriles, sistemas municipales de suministro de agua, servicios de alcantarillado y proyectos de control de las crecidas– y había sido ignorado por Alfred Marshall. ¿Qué diferencia existe entre la decisión de construir un puente y la decisión de construir una fábrica de alfileres? Muy poca. Un poco más allá estaba la propiedad intelectual. «Una vez que empiezas a buscar costes fijos», decía Romer, «empiezas a encontrarlos por todas partes.»

La cuestión es que la «literatura» económica ocupaba un lugar relativamente pequeño en el pensamiento de Romer. No estaba leyendo a Chamberlin y a Schumpeter sino a Rockafellar, no a John D. Rockefeller sino a R. T. Rockafellar el matemático, cuyo libro *Análisis convexo* (*Convex Analysis*) apuntaló la teoría económica moderna. Incluso en esa época todo el mundo quería hablar de los trabajadores del conocimiento y de la propiedad intelectual. Pero a nadie le apetecía mucho estudiar las condiciones de transversalidad en espacios de infinitas dimensiones. Sin embargo, fueron las matemáticas las que al final iban a mostrar la contradicción in terminis.

Por esta época, Romer recordó el comentario de Sherwin Rosen. Retrocedió en el tiempo y leyó la conferencia de Allyn Young, «Rendimientos crecientes y progreso económico». Esta vez le pareció que la argumentación de Young tenía más sentido.

Lo que había dicho Allyn Young tan audazmente a sus oyentes en 1928 era que Adam Smith había cometido un error. Al centrar la atención con tanta obcecación en lo que ocurría *entre* las paredes de la fábrica de alfileres, había pasado por alto la cuestión esencial de la relación de la industria de alfileres con sus vecinos. La subdivisión y la repetición de complejas tareas no era más que una parte de la historia de la división del trabajo, la menos importante. Para la invención de *nuevas* herramientas y maquinaria y *nuevos* materiales y diseños, también era importante la división del trabajo. A menudo esta transformación se describía simplemente con el nombre de «progreso».

De hecho, si se examinara únicamente el caso de una sola empresa o incluso de una sola industria, sería difícil ver la esencia de este proceso evolutivo, decía Young, e ilustraba sus ideas con una breve historia de las artes gráficas. Cuando se concibió la imprenta, sus inventores tuvieron que diseñar y fabricar prensas para sí mismos. Tuvieron que crear tinta especial y formar a sus trabajadores. Tuvieron que buscar clientes para sus libros.

Sin embargo, a medida que el sector de las artes gráficas fue expandiéndose, surgieron empresas que no hacían nada *salvo* fabricar prensas. Esas prensas se vendían a futuros competidores. Los sucesores de los primeros tipógrafos, decía Young, no eran los talleres de impresión especializados de hoy en día sino los proveedores de pasta de papel, los fabricantes de papel, los fabricantes de tinta, los fabricantes (y los diseñadores) de tipos, los litógrafos, los constructores de prensas, etc., por no hablar de los proveedores de acero, de productos químicos, de electricidad, de máquinas-herramienta y de otros muchos bienes intermedios de los que dependían estos fabricantes.

Es cierto que algunas veces el proceso funcionaba en sentido contrario: un editor compraba una empresa papelera para garantizarse un suministro continuo. Pero esa *integración* parecía ser función de la madurez del sector. Una industria joven y en expansión se especializa y se *desintegra*, es decir, los artesanos abandonan las empresas ya establecidas y se montan por su cuenta, suministrando componentes a varias empresas rivales. Hay escisiones, rupturas, nuevas empresas.

La fuerza motriz de estas nuevas empresas normalmente era la búsqueda de *nuevos* mercados. Pero el empresario tenía que tener un nuevo producto. Para eso era necesaria una cierta escala de operaciones, un mercado suficientemente grande para que el negocio floreciera. No tenía sentido hacer un martillo para clavar un solo clavo o llenar una fábrica de plantillas, calibradores, tornos, taladros, prensas y cintas transportadoras construidos especialmente para fabricar cien automóviles.

Pero si el martillo llegaba a utilizarse habitualmente, si podían venderse suficientes automóviles, los costes unitarios bajaban y la especialización comenzaba a dar sus frutos. Eso es lo que significa decir que la división del trabajo –el grado de especialización– está limitada por el tamaño del mercado. El propio Adam Smith ya lo había dicho cuando señaló que un mozo de cuerda necesitaba una ciudad para ganarse la vida y que un panadero necesitaba al menos un pequeño pueblo. Los agricultores que vivían aislados se hacían su propio pan.

Smith había sido tan claro sobre tantas cosas. ¿Por qué no sobre ésta? ¿Por qué no había llevado su observación un paso más allá y había señalado que los rendimientos crecientes/costes decrecientes parecían estar relacionados principalmente con las máquinas, por ejemplo, con las carretillas de dos ruedas para llevar los equipajes o con los hornos de convección? ¿Y por qué no se descubrió en seguida su omisión? El vacío que se produjo cuando Ricardo introdujo métodos formales con su modelo del trigo es bastante fácil de entender. Pero ¿por qué las siguientes generaciones de economistas, John Stuart Mill, en particular (y exceptuando, por supuesto, a Karl Marx), habían sentido *tan poca curiosidad* por los determinantes del torrente de nuevos inventos?

La respuesta, había aventurado Allyn Young, tal vez fuera que a mediados del siglo XIX el progreso económico había sido tan continuo y duradero que parecía sencillamente algo natural. En todo caso, Mill y sus colegas economistas habían dado por sentado este continuo crecimiento del conocimiento. «Si hubieran echado la vista atrás –decía Young– habrían visto que hubo siglos durante los cuales los métodos agrícolas, o los industriales, apenas experimentaron cambios importantes. Pero vivieron en una era en la que los hombres habían girado la cara en una nueva dirección [...] Las mejoras no eran, pues, algo que hubiera que explicar. Eran fenómenos naturales, como la precesión de los equinoccios.»

El análisis económico de las «mejoras» era precisamente lo que Romer estaba tratando por todos los medios de explicar.

Cuando Romer acudió a Marshall, observó que el propio inventor de los rendimientos crecientes externos había dicho en un pasaje clásico que procedían de dos fuentes distintas. Estaban los «conocimientos del oficio que no se podían mantener en secreto». También estaban los «oficios complementarios», cuyo surgimiento dependía de la aparición de «maquinaria muy especializada». Marshall también se refería, en realidad, a la especialización. Pero se refirió tan de pasada a la cuestión fundamental que ésta pasó casi desapercibida.

Alguien tenía que ayudar al panadero y al mozo de cuerda a empezar. La especialización entrañaba inevitablemente un coste fijo, el gasto necesario para poner en marcha una actividad y mantenerla. El panadero primero tenía que arrendar un local y comprar un horno; el mozo de cuerda necesitaba una carretilla para llevar el equipaje. Marshall se extendió mucho sobre la relación entre los costes fijos y los costes variables, es decir, sobre los gastos que aumentaban o no, dependiendo de lo mucho o poco que podían utilizarse unas instalaciones. Pero dijo relativamente poco sobre la introducción de nuevos bienes.

En lugar de eso, habló de las externalidades, de ese «algo que se respira en el ambiente». «Me acuerdo cuando traté de formalizar a Marshall», iba a recordar Romer más tarde.

> La gente me incordiaba diciéndome que no conocía la literatura [...] La verdad es que estoy bastante seguro de que Marshall introdujo las externalidades de la misma forma que yo, para resolver el problema técnico, para asegurarse de que las matemáticas cuadraban. Pero en el libro lo resuelve diciendo «¡Oh! He aquí este problema natural, el conocimiento es importante, es muy difícil de abarcar, estoy observando simplemente el mundo, parece una característica importante, así que integrémoslo». No podías hablar de las externalidades de esa forma sin explicar que estaban resolviendo este problema matemático. Él quería que hubiera rendimientos crecientes, ya que quería que las cosas mejoraran con el tiempo. Pero también quería preservar la competencia entre muchas empresas.

Regresar periódicamente al mundo real en busca de ejemplos relevantes de los fenómenos que estaba describiendo no era «rebajar el nivel intelectual», decía

Romer. Era una parte fundamental del proceso. «Una vez que has montado la maquinaria matemática y que has comprendido cómo funciona, tienes que regresar al mundo real para ver si has comprendido su esencia. A menudo hago un dibujo a mis estudiantes que contiene diferentes niveles. El grado de abstracción más alto está arriba de todo, el contacto más estrecho con el mundo de nuestros sentidos en la parte más baja. El teórico sigue una trayectoria dentro de estos límites. Agrandas el zoom, estás ahí un rato, y vuelves a cerrarlo.»

Para aclarar las cosas, iba a construir un modelo de especialización *sin* externalidades.

El siguiente problema con el que se topó Romer fue el de describir la existencia de una creciente *variedad* de bienes. En algunos aspectos, se trataba del mismo problema con el que se había encontrado Paul Krugman cuando se propuso desarrollar un modelo de la competencia entre diferentes tipos de bienes de alta tecnología en el comercio internacional. Y lo llevó directamente al mismo instrumento: al modelo de competencia monopolística de Dixit y Stiglitz (y al resto de la familia de modelos relacionados con él que le habían enseñado en el doctorado). Había, sin embargo, una diferencia fundamental.

Mientras que Krugman había considerado fija la variedad de bienes, el problema de Romer era describir el origen de los nuevos bienes, pues quería desarrollar un modelo dinámico de crecimiento. Romer reinterpretó, pues, la función de consumo del modelo de Dixit y Stiglitz como una función de producción, para describir un mundo en el que la producción de bienes finales dependía de un gran número de bienes intermedios. Al fin y al cabo, cuando se formulaba el modelo del mercado de nuevos tipos de película fotográfica, éste no era muy diferente del modelo del mercado de cereales de desayuno que ya se encontraban en los expositores de los supermercados. Requería simplemente una motivación diferente (más tarde descubrió que Wilfred Ethier, profesor de la Universidad de Pensilvania, ya había hecho lo mismo para un modelo de comercio).

Con un puñado relativamente pequeño de ecuaciones, Romer trazó una descripción general de una *cornucopia* de la que salían continuamente nuevos bienes. Ninguno de ellos era un sustitutivo perfecto de otro. Había alfileres. Pero había sitio para todos los demás tipos de cierres que podían diseñarse y producirse: grapas, clavitos, clips, botones, remaches, horquillas.

Todas las empresas que querían entrar en el mercado incurrían en el coste fijo inicial de diseñar un nuevo tipo de cierre. Todas las empresas actuaban en ese caso como un pequeño monopolista, fijando los precios de sus cierres muy por encima del coste, confiando en obtener suficientes beneficios para financiar el diseño y ser las primeras en entrar en el negocio. Muchas empresas fracasaban, por supuesto, pero el equilibrio resultante entre las que tenían éxito era un equilibrio en el que cada una de ellas obtenía el beneficio nulo que era el sello distintivo de una industria perfectamente competitiva. Todo esto se expresaba recurriendo al análisis convexo y al no convexo. Era cierto que el análisis no convexo no era atractivo desde el punto de vista pedagógico. «Significaba que no podías darle a la manivela [matemática]» y que salieran resultados claros. Tenía, sin embargo, la ventaja, de que describía un mundo en el que un fabricante de semiconductores podía tener que invertir cientos de millones de dólares en diseño antes de poder fabricar un solo nuevo chip.

De esta forma Romer acabó obteniendo un modelo capaz de describir de una manera general el continuo proceso de especialización, de creciente división del trabajo. Era como una especie de cornucopia, de la que salían continuamente nuevos bienes. Sin embargo, independientemente de que la presentación fuera literaria o matemática, la formulación inicial del problema se parecía más a una descripción de las páginas amarillas que a un texto de economía. Pero las páginas amarillas *eran* en cierto modo de lo que se estaba hablando: tanto en la historia condensada del sector de las artes gráficas de Young como en el modelo de Romer de esa industria. Estaban los listines telefónicos y los periódicos y la literatura barata y las hojas parroquiales, toda la variedad de posibles tareas gráficas y toda la variedad de maquinaria y materias primas necesarias para realizarlas. La frase de Young «una red cada vez más tupida de tareas especializadas» ahora tenía una representación matemática.

Éste es el modelo que más tarde iba a llamarse neoschumpeteriano, un modelo que dependía de la introducción de nuevos bienes para que funcionara. El nuevo modelo distaba de ser perfecto. Había mucho de creación en él, pero no de destrucción. Los viejos bienes nunca desaparecían. La medida de un país era el tamaño de su población, lo cual significaba que un país grande como China debería crecer mucho más deprisa que una pequeña economía cerrada. Pero la cuestión básica estaba clara: la especialización, que significaba nuevos bienes, y los rendimientos crecientes que la acompañaban, eran la clave del aumento de la producción. Era un paso muy grande con respecto a su tesis.

Una vez más, Romer no llegó al tema de la especialización leyendo, por ejemplo, lo que había dicho Schumpeter sobre las diferencias entre una diligencia y un vagón de ferrocarril o entre un sistema de canales y un sistema moderno de autopistas, a pesar de que Schumpeter había escrito cosas sugerentes precisamente sobre eso. De hecho, solamente en las últimas fases del desarrollo de su modelo se le había ocurrido a Romer que él mismo estaba recapitulando en términos matemáticos la progresión desde Alfred Marshall hasta Edward Chamberlin y Joan Robinson que había tardado años en desarrollarse verbalmente a principios de siglo. Esas diferencias de opinión podían resolverse mucho más deprisa y de una forma mucho más completa en el conciso lenguaje de las matemáticas. Su pensamiento se derivaba de la lógica matemática del problema, decía, del modelo de Cass y Koopmans y de una «hoja en blanco».

La decisión de adoptar el enfoque de la competencia monopolística no era una cuestión menor en el área de influencia de Chicago a principios de la década de 1980 (en este sentido, Rochester era en gran medida como un satélite). La vieja guardia de la escuela de Chicago seguía desaprobando ferozmente dicha doctrina. Y durante un tiempo, recordaba Romer, no supo realmente hacia dónde tirar: ¿competencia perfecta o poder de mercado? ¿Chicago o Cambridge? Llegó a la conclusión de que las matemáticas con las que había estado trabajando en Chicago no se ajustaban a los hechos, y punto. «Me di cuenta de que tendría que renunciar a la convexidad para hablar de las cosas que me interesaban.» Dijo adiós a las convenciones de la competencia perfecta y a la mayor parte de la economía de Agua Dulce.

Más tarde recordaría que nunca habría conseguido dar marcha atrás si no hubiera sido por la presencia en Rochester de Lionel McKenzie, el hombre que había creado el departamento de economía de la universidad y que personificaba su estilo; él fue quien lo orientó. McKenzie era un distinguido exponente de la economía matemática de suficiente talla como para que se recurriera a él cuando Stanford necesitó un teórico para sustituir al gran Kenneth Arrow a principios de la década de 1960. Declinó la oferta, prefiriendo dirigir lo que era, en efecto, una escuela para economistas investigadores de primera categoría que en su tiempo había sido una escuela para señoritas. Supervisó o enseñó a una sucesión de estudiantes que en su momento se convertirían en líderes de la profesión: José Scheinkman (más tarde de Chicago y Princeton), Jerry Green (de Harvard), Hugo Sonnenschein (más tarde rector de la Universidad de Chicago). McKenzie recuerda a Romer como un hombre que, al igual que los demás, se había hecho en gran medida a sí mismo. Su papel, decía, fue haberle prestado la ayuda necesaria para que terminara las investigaciones que culminaron en su giro de 180 grados. Dejad de fastidiar a Romer con los antecedentes de su trabajo, les dijo a sus colegas: «No queremos que sólo se dedique a publicar notas».

Romer, estando como estaba al comienzo de su carrera, tenía preocupaciones más acuciantes que la de depurar su nuevo modelo. Estaba, por ejemplo, la tarea de publicar uno o dos artículos de su tesis. El análisis técnico de la cuestión del filo de la navaja –«cuando problemas aparentemente razonables pueden no tener solución»– se convirtió en el artículo de *Econometrica*: «Comerse el pastel, parlotear y saltos: resultados sobre la existencia en problemas de variaciones» («Cake-eating, Chattering and Jumps: Existence Results for Variational Problems»). Eso fue bastante fácil. A continuación, escribió el tema de las externalidades y envió al *Journal of Political Economy* un artículo titulado «Rendimientos crecientes y crecimiento a largo plazo» («Increasing Returns and Long-Run Growth»). Ahí tuvo problemas.

El informe de uno de los evaluadores recomendaba la publicación, el otro recomendaba lo contrario. Algo parecido le había pasado a Paul Krugman unos años antes con su artículo sobre los rendimientos crecientes y el comercio internacional. «No fue con mala intención», recuerda José Scheinkman, que como director de la revista se había recusado a sí mismo en favor de Jim Heckman. «Era una persona que simplemente no entendía. La economía matemática iba por otros derroteros en esa época.» La situación era delicada; el departamento de Chicago, que publicaba y era el dueño del *JPE* (de la misma forma que Harvard es dueño del *Quarterly Journal of Economics* o *QJE*) hacía lo imposible para evitar que pareciera que había favoritismos, y, normalmente, la falta de coincidencia de los informes de los evaluadores era suficiente razón para rechazar un artículo. Sin embargo, en esta ocasión, Heckman se puso de parte de la evaluación positiva. «Pensaba que el artículo debía publicarse», dice. Se publicó, pues, en el *JPE* de octubre de 1986. El artículo sobre las externalidades se conocería con el paso del tiempo con el nombre de Romer '86.

La paradoja era que Romer ya no creía en las conclusiones a las que había llegado en el artículo. Es decir, ya no pensaba que las externalidades fueran un enfoque prometedor para analizar el conocimiento desde el punto de vista económico, por lo que en la versión publicada deslizó una nota para indicar, al menos a los lectores atentos, que había cambiado de opinión. «Ahora está claro que estos cambios de organización no pueden tratarse rigurosamente como externalidades tecnológicas –decía–. Formalmente, el aumento de la especialización abre nuevos mercados e introduce nuevos bienes. Todas las empresas de un sector pueden beneficiarse de la introducción de estos [nuevos] *bienes*, pero son bienes, no externalidades tecnológicas» (la cursiva es mía).

Y con esa frase, desautorizó todo lo que había escrito antes.

18 EL TECLADO, LA CIUDAD Y EL MUNDO

Existe una instantánea intelectual del estado en el que se encontraba la teoría económica en vísperas de su transformación. Se tomó, como era bastante lógico, en los *Meetings* que se celebraron en Dallas en diciembre de 1984. Es un librito que se hizo a partir de una sesión llamada «La historia económica y el economista moderno» («Economic History and the Modern Economist»). Es un autorretrato de grupo que muestra dónde se encontraban los miembros más destacados de la «gran generación» de economistas al final de su carrera, cuando se reunieron en un salón de baile del Dallas Hilton para discutir la relación entre la teoría económica y la historia.

El invierno de 1984 está haciendo historia. Las noticias interesantes ya no son las fábricas de alfileres y la porcelana china de Wedgwood o los ferrocarriles. Apple ha comercializado un «ordenador personal» e IBM lo ha convertido en una palabra muy conocida. Ahora el gigante informático está preparándose para introducir su nuevo sistema «Topview», una ingeniosa idea que va a permitir a los usuarios trabajar con más de un programa a la vez dividiendo la pantalla en «ventanas» separadas. Uno de sus proveedores, una diminuta compañía llamada Microsoft, está apresurándose a desarrollar una alternativa. El Departamento de Defensa de Estados Unidos ha abierto su red informática ARPANET al tráfico internacional; la nueva red se ha denominado Internet. Ante la insistencia del Departamento de Justicia, el monopolio telefónico Bell está disgregándose. La mayoría de sus activos se están repartiendo entre sus accionistas, aunque parte de su patrimonio (su sistema operativo UNIX, por ejemplo) casi está regalándose. Y en el joven campo de la biotecnología, la noticia del descubrimiento de una nueva herramienta química conocida con el nombre de reacción en cadena de la polimerasa está extendiéndose poco a poco. Es una técnica que permite replicar indefinidamente el más mínimo fragmento de ADN. Nadie sabe aún qué aplicaciones se le darán.

También está en marcha una revolución política. China está «saliéndose del Plan» afanosamente; la provincia de Guangdong, siguiendo el ejemplo de la cercana Hong Kong, está sumándose a la economía global. Ronald Reagan ha sido reelegido presidente de Estados Unidos. La guerra fría está entrando en su fase culminante. Se teme una guerra en las más altas instancias de las administraciones. En Londres, agentes de la KGB han recibido instrucciones para que sigan la evolución del precio *spot* que ofrecen los bancos de sangre; los soviéticos temen que si el precio sube bruscamente, eso sea una señal de que Occidente está preparándose para llevar a cabo un ataque por sorpresa. El banco central de Estados Unidos se encuentra en el quinto año de una épica batalla contra la inflación mundial. El poder de la Organización de Países Exportadores de Petróleo (OPEP) sobre los precios del petróleo casi se ha esfumado. La crisis de la deuda del Tercer Mundo está agravándose.

Los distinguidos economistas que se han reunido para la sesión de Dallas no son indiferentes a los acontecimientos que están ocurriendo, pero tampoco han ido allí para hablar de ellos; les interesa principalmente la autoridad de la economía como ciencia. Aquí están dos generaciones de los principales investigadores del crecimiento y del desarrollo. Los creadores del programa moderno en la economía del crecimiento están presentes; también lo están algunos de los que piensan que han sido desplazados por ellos. Preside la sesión el premio Nobel W. Arthur Lewis, profesor de la Universidad de Princeton y autor de un influyente modelo de desarrollo económico. Entre los ponentes, en representación de la teoría, están el también premio Nobel Kenneth Arrow y Robert Solow, que aún no ha sido premiado. En representación de la historia están Paul David y Peter Temin. Donald McCloskey (más tarde Deirdre) y Gavin Wright son los comentaristas; en la audiencia se encuentran los historiadores económicos W. W. Rostov y Charles Kindleberger. Es el «Quién es quién» de la economía del crecimiento.

William Parker, profesor de la Universidad de Yale que ha organizado la sesión, comienza con una denuncia del giro matemático que ha dado la economía. Como decano de los historiadores económicos estadounidenses, lamenta el declive del tipo de economía histórica que había florecido en Inglaterra y Alemania y el correspondiente auge en todo el mundo de la teoría formal y de la econometría que proceden principalmente de Estados Unidos. Los valores que antes se inculcaban –el conocimiento de las instituciones, los conceptos sociales, el celo moral– se han perdido, dice. Los propios economistas no tardarán mucho en quedarse atrás, «remando en una bote por las frías y estancadas aguas de las matemáticas». La vida real –«con su desorden, sus turbulencias, su frescor, su fuerza»– habrán pasado de largo sin que se enteren.

Kenneth Arrow interviene en representación de los teóricos. La historia económica es como la historia del mundo natural tal como la interpreta la geología, dice. Los mecanismos más básicos de la geología se fundamentan en la química y la física. Hoy en día, casi todas las investigaciones en geología se realizan en laboratorio, donde los experimentos permiten comprender rápidamente los fenómenos estudiados. Sin embargo, la geología es un campo floreciente, dice Arrow, porque a la gente le interesan los detalles. Por la misma razón, la historia económica es una fuente de cuestiones interesantes a las que sólo la teoría económica aplicada correctamente puede dar respuesta. Por ejemplo, ¿por qué está organizada la asistencia sanitaria de la forma en que lo está?

Robert Solow tiene una postura intermedia. ¿Le falta algo a la economía? Sí, dice, comenzando por un poco de humildad en forma de ley de Damon Runyon, según la cual «nada en lo que intervengan seres humanos tiene una probabilidad de ocurrir de más de un 75 por ciento» (Runyon es famoso, entre otras cosas, porque el musical *Guys and Dolls* se basó en su obra). Las ciencias de la naturaleza son muy adecuadas para estudiar sistemas complejos, dice Solow, porque pueden aislar, pueden experimentar y pueden hacer observaciones repetidas en condiciones controladas en las que ningún ruido impida oír las fuerzas estudiadas. Las ciencias exactas son buenas para temas como el átomo de hidrógeno o el nervio óptico. Pero en economía la mayoría de los temas son mucho más complejos que ésos. La interrelación entre las instituciones sociales y el comportamiento individual es crucial. La ciencia económica axiomática puede estar abocada al fracaso debido a esta complejidad, dice Solow. No está dispuesto a abandonarla, pero no espera mucho de ella.

Cuando se levanta Paul David para hablar, la audiencia se dispone a prestar atención. David es un historiador económico, quizá el más brillante de la nueva generación. Ningún historiador ha trabajado tanto para dominar la nueva ola de formalización y, sin embargo, David sigue siendo crítico. Comprende tanto las limitaciones como el carácter subversivo de la historia que está a punto de contar.

Su tema es la humilde máquina de escribir; concretamente, lo que ocurrió cuando salió a la venta a lo largo de varios años de la década de 1870 de una serie de talleres de Milwaukee. La máquina de escribir que presenta David no es simplemente una máquina, un manojo de piezas móviles de distintos diseños. Es un producto complejo que conjuga el «hardware» de diferentes máquinas con el «software» de la habilidad mecanográfica de los que la utilizan.

Cuando se introdujo por primera vez la máquina de escribir, un ejército de oficinistas y de copistas empleba la caligrafía. Ahora los estenógrafos y las secretarias iban a convertirse en «mecanógrafos». Pero los mecanógrafos iban a tener que aprender a utilizar las nuevas máquinas de escribir antes de que su uso se generalizara.

Durante un tiempo hubo muchas empresas de máquinas de escribir, dice David, e incluso muchos diseños de teclado que competían entre sí. La habilidad de los mecanógrafos pronto se convirtió en un factor determinante en el triunfo de uno de los diseños. Surgió una gran competencia entre los distintos fabricantes para ofrecer los teclados que tenían las características más demandadas. Las academias de mecanografía y los editores de manuales competían por enseñar a los mecanógrafos las técnicas mecanográficas más recientes y más productivas. Los concursos de velocidad mecanográfica y otras estratagemas comerciales ponían énfasis en distintos atractivos de cada prototipo. Poco a poco, uno de los diseños de teclado comenzó a distanciarse de todos los demás: la configuración, hoy familiar, de cuatro filas de teclas que, pulsándolas, levantan largas palancas que golpean hacia arriba el papel.

Lo curioso aquí es la disposición del teclado QWERTY. ¿Por qué estaban colocadas de esa forma las letras en el teclado? Otros fabricantes ofrecían otros teclados, con otra ordenación de las letras, que sostenían que era mejor, más lógica, en relación con la frecuencia con que se utilizaban las letras. Pero aunque a menudo se afirmaba (y a veces se demostraba) que esa ordenación alternativa permitía mover más deprisa los dedos sobre las teclas, los mecanógrafos que empezaban preferían aprender el sistema QWERTY porque había muchas más máquinas de escribir de ese tipo. Al fin y al cabo, los conocimientos de mecanografía que iban a aprender trabajosamente tenían que ser transferibles de máquina a máquina. El teclado QWERTY llegó a conocerse, pues, poco a poco con el nombre de «el universal». El hecho de que varios fabricantes lo hubieran adoptado había creado un círculo virtuoso. Los demás diseños fueron desapareciendo lentamente.

Esta historia es, desde luego, una versión algo más complicada de la historia de la fábrica de alfileres, es decir, de la competencia monopolística y de los rendimientos crecientes. El diseño QWERTY es lo que hemos acabado llamando estándar «abierto», por oposición al estándar propio, como el sistema operativo Windows para los ordenadores personales. Nadie tiene los derechos de un standard abierto. Cualquiera puede adoptarlo para su uso personal. Pero el efecto de su creciente adopción es el mismo, reforzar la tendencia hacia la estandarización.

Sin embargo, David describe todo esto a sus oyentes como si fuera la primera vez que se habla de este tipo de cuestiones y, en cierto sentido, lo es. Sólo diez años antes, Jeff Rohlfs de Bell Labs había identificado las «externalidades de red» y había afirmado que son un atributo fundamental de las redes de comunicaciones. Rohlfs llamó «efectos arrastre» a los beneficios acumulados de los que disfrutan los consumidores cuando otros utilizan el mismo producto o el mismo servicio o, en realidad, de los beneficios de los que no disfrutan, ya que se estaba refiriendo al desastroso proyecto «Picturephone» de AT&T.

Ahora, en 1984, Paul David habla del «bloqueo» de un estándar *de facto* como consecuencia de «economías de escala sistémicas» (como los costes decrecientes de que una secretaria mecanografíe una carta) y de la «interrelación técnica» (llamada más tarde complementariedad estratégica) entre el «software» de las técnicas mecanográficas a las que todas esas secretarias se han habituado y el «hardware» del propio teclado. Esos resultados son *path dependent* están condicionados por su historia, por el camino seguido, dice, lo que significa que no se pueden sustituir fácilmente. QWERTY prosperó y todos los demás sistemas de teclado fracasaron, aunque algnos quizás fueran mejores.

Y, de hecho, se demostró que existía un sistema mejor, dice David. Había un teclado «ideal», que se había diseñado una vez resueltos ciertos problemas mecánicos y que colocaba las letras DHIATENSOR en la fila del centro. Esta disposición «más sensata» de las teclas permitía a los mecanógrafos escribir el 70 por ciento de las palabras del inglés con las letras de una sola fila. Parecía que iba a permitir escribir a mayor velocidad. Pero para cuando se introdujo, en 1893, el teclado QWERTY ya se conocía con el nombre de «el universal». Y cuando en la década de 1940 un profesor universitario llamado August Dvorak trató de comercializar una versión algo mejorada afirmando que, como el nuevo teclado era más eficiente, compensaría reciclar a los mecanógrafos en dos semanas, sus esfuerzos resultaron baldíos. El estándar QWERTY, afirma David, es un ejemplo de «fallo del mercado». En este caso, de la incapacidad para impedir que un sistema de segunda clase se haga con el mercado.

No es que David no conozca otros casos en los que el mercado «no funciona» o funciona demasiado bien. El profesor de Stanford es uno de los economistas que han mantenido viva la memoria de Allyn Young y de su artículo «Rendimientos crecientes y progreso económico». Lo sabe todo de la historia subterránea de la retroalimentación positiva y sabe que sus colegas en la reunión son sumos sacerdotes del programa moderno y no se dejarán impresionar por una historia más de equilibrios múltiples, es decir, por la existencia de más de un resultado posible (que encima es un resultado «subóptimo») que se obtiene inevitablemente cuando hay rendimientos crecientes. De hecho, David sabe sin duda que el modelo de la competencia monopolística se ideó cincuenta años antes para analizar situaciones exactamente iguales que éstas. Probablemente recuerde incluso un pasaje clave de los *Principios...* de Marshall sobre los equilibrios múltiples, una nota a un apéndice, nada menos. Marshall dejaba entrever las dificultades que tenía para aplicar el concepto de equilibrio cuando había rendimientos crecientes. ¿Qué pasaba con una mercancía que al principio atraía principalmente a los ricos? A cualquiera podría ocurrírsele que a la gente corriente le gustaría ese artículo si se pudiera ofrecer a un precio que estuviera a su alcance. Se idearían nuevos métodos. Otros fabricantes seguirían el ejemplo. Y poco después, «en lugar de venderse semanalmente unos cuantos cientos a tantos chelines, se venden decenas de miles por el mismo número de peniques». El precio podía saltar de un equilibrio estable a otro, decía el eminente economista, al menos en teoría. ¡Saludos al modelo T de Ford!

Pero David está inmerso en una carrera con un colega de Stanford, Brian Arthur, en una carrera para explicar cuáles son las características de los cambios que están ocurriendo fuera de las cuatro paredes del hotel. Tendrán que pasar diez años más para que la gente comience a hablar de una «nueva» economía, pero ya se percibe un gran entusiasmo en el ambiente. No es de extrañar, pues, que David, cuando cuenta su historia, adopte el aire de un mago sacando conejos de la chistera. «Creo que hay muchos más mundos QWERTY en el pasado, en los márgenes mismos del ordenado universo del investigador económico moderno, mundos que aún no percibimos o no comprendemos totalmente, pero cuya influencia, como la de las estrellas oscuras, se extiende y determina las órbitas visibles de los asuntos económicos de la actualidad.» La consecuencia de los rendimientos crecientes era más o menos la misma para Paul David que cincuenta años antes para Pigou, sucesor de Alfred Marshall, o para el economista del comercio internacional Paul Krugman. Los rendimientos crecientes eran una invitación abierta a la intervención del Estado. En este caso, si el consumidor supuestamente soberano podía ser obligado a utilizar un teclado de diseño inferior por los esfuerzos de algún poderoso fabricante que actuara el primero, no se podía contar con la mano invisible para producir automáticamente el mejor resultado posible, en el caso de los teclados o quizá también en el de muchas otras cosas. David está pensando claramente en los programas informáticos. La puerta está abierta a la intervención del Estado para mejorar de alguna manera el resultado. Esa era la moraleja de lo que Krugman pronto llamó QWERTYnomía.

Brian Arthur no es el único rival de Paul David en esta carrera por buscar una explicación. Ward Hanson, joven estudiante de doctorado, ha comenzado a hablar en el campus de Stanford de lo que denomina «huérfanos» y «modas» tecnológicas, víctimas y beneficiarios, respectivamente, de los rendimientos crecientes. Dos grupos de microeconomistas jóvenes situados en costas opuestas están a punto de publicar modelos formales de lo que enseguida comienza a conocerse con el nombre de externalidades de red, que son los beneficios que se derivan del hecho de que otras personas utilicen productos parecidos o compatibles. Con los nuevos modelos de competencia monopolística, Michael Katz y Carl Shapiro (en

Princeton) y Joseph Farrell y Garth Saloner (en Berkeley y Stanford) muestran cómo el tipo de efectos de retroalimentación positivos en los que hace hincapié David puede determinar los resultados de muchos mercados, y no sólo de los de máquinas de escribir. Las «industrias de redes» acabarán abarcando (por ejemplo) las telecomunicaciones, los ordenadores, la banca, la emisión de señales de televisión, las líneas aéreas y los mercados de información. Aquí hay más razones para que David insista en su tesis. Aunque en Dallas sólo menciona el término una vez, «rendimientos crecientes» es una expresión en la punta de la lengua del programa moderno.

Retrospectivamente, las controversias de la sesión de Dallas tienen un sabor a antiguo, como de algo que ya está archivado. El lenguaje es poco elegante. No se hace mención alguna al conocimiento o al problema que plantean los nuevos bienes al análisis convencional. La discusión es forzada. La sesión parece un último hurra. En la discusión de ese día en Dallas falta claramente una mención a la prometedora generación de economistas, los «niños», que hoy tienen cerca de los treinta años o algo más y que están haciendo una revolución lejos de los *Meetings*. Eso no es especialmente sorprendente, pues Paul Krugman, Elhanan Helpman, Paul Romer y el resto están centrados en trabajar entre sí. En la Ecole Nationale des Ponts et Chausseés de Francia, Jean Tirole ha comenzado a escribir *La teoría de la organización industrial* (*The Theory of Industrial Organization*), el libro que colocará de una vez por todas la competencia monopolística en el centro de la microeconomía. Ninguna controversia perturba ese día la discusión sobre la relación entre la teoría y la historia. Los ponentes son sin excepción miembros de la generación mayor que hablan entre ellos.

Ahora la escena se traslada a Inglaterra. Tiene lugar casi un año más tarde, en diciembre de 1985. Un destacado conferenciante ha sido invitado a dictar las *Marshall Lectures* de la Universidad de Cambridge. Las conferencias invitadas son inevitablemente selectas; se ha invitado a un líder reconocido en su campo a dar unas clases magistrales sobre la disciplina. Las *Marshall Lectures*, creadas en 1932, se encuentran entre las charlas más selectas de ese tipo. Hay un drama añadido en la medida en que el profesorado de economía de Cambridge está profundamente dividido con respecto a la invitación. Han pasado apenas doce meses desde que Paul David dio su charla en Dallas. Las tesis de la nueva teoría del crecimiento están a punto de formularse por primera vez. Pero en Cambridge nadie lo sabe aún.

A los cuarenta y ocho años, Robert Lucas se ha convertido en el teórico económico más influyente del mundo. Es profesor en la Universidad de Chicago desde hace doce años. Sus ideas sobre la importancia de los modelos de comportamiento alerta y previsor han conquistado primero al resto del departamento de

Chicago y después a la mayor parte de la nueva generación de macroeconomistas. Sin embargo, la controversia ha persistido en forma de un antagonismo estéril y a veces enconado entre los economistas de Agua Dulce y los de Agua Salada, que es como se ha llegado a conocer a los nuevos clásicos y los nuevos keynesianos. Lucas se ha batido en duelo repetidamente con economistas del MIT, especialmente con Robert Solow, sobre las estrategias alternativas para construir modelos. No es un sumo sacerdote del enfoque axiomático, pero es un gran usuario de sus instrumentos, de la programación dinámica y especialmente de la hoja de cálculo de infinitas dimensiones de Arrow y Debreu. Es precisamente el tipo de teórico cuya relevancia se puso en duda en Dallas. En Cambridge (Inglaterra), existe una actitud muy beligerante contra su forma de construir modelos.

Así pues, en Cambridge, Lucas se encuentra con una atmósfera cargada. La mayoría de los economistas piensa que la economía de la milenaria universidad situada en el río Cam está en declive desde 1937, año en que Hicks se fue a Manchester en vísperas de la Segunda Guerra Mundial. Aún tiene sus estrellas, entre las que se encuentran unos cuantos economistas matemáticos de talla mundial. Pero la economía de Cambridge está dominada por orgullosos defensores de la vieja tradición literaria. Sus santones son Joan Robinson y Nicholas Kaldor, que lucharon durante mucho tiempo en la retaguardia contra la tradición matemática norteamericana. En 1985, su economía tenía fama de atrasada, un poco como Oxford en la época en que Adam Smith estudiaba allí.

Lo sorprendente es que Lucas no tiene intención de hablar de los estudios del dinero y de los ciclos económicos por los que es famoso. Ha escrito a su anfitrión, el economista matemático Frank Hahn, proponiéndole dedicar una tercera hora a discutir sus controvertidos estudios. Pero haciendo algo que a sus amigos les recuerda el día en que el joven estudiante se presentó a los exámenes de doctorado cuando sólo llevaba unos cuantos meses asistiendo a clase, Lucas ha decidido que sus *Marhsall Lectures* serán sobre un tema –el crecimiento económico– del que no ha publicado antes ni una sola palabra.

«Sabíamos que íbamos a oír algo sobre desarrollo, pero no teníamos ninguna pista», dice Tim Kehoe, joven economista que acababa de terminar la tesis doctoral y que en ese momento estaba de profesor visitante en Cambridge. El día empieza mal, con un jerez a las once. David Canning, otro joven economista que estaba allí, recuerda: «Creo que fui uno de los primeros que habló con él. Le dije algo por hablar un poco y él pensó que estaba atacándolo. Y se puso hecho un basilisco. Tim tuvo que decirle: "David está tratando de ser amable". Estaba un poco irritable en ese momento».

Después de una hora más o menos de conversación social, la audiencia entra en tropel en el auditorio Lady Mitchell Hall, el edificio increíblemente feo que está al lado del departamento de economía. Lucas es presentado. Comienza a hablar, bastante nervioso al principio. Pronto está claro, al menos para algunos de los presentes en la sala, que está gestándose algo fundamental.

Lucas no pierde el tiempo en introducciones y va directo al grano. El título que ha elegido es «Sobre el mecanismo del desarrollo económico» («On the Mechanics of Economic Development»), un título poco corriente porque mezcla la búsqueda de un mecanismo, algo propio de un teórico, con un interés por un campo de investigación, el desarrollo económico, en el que la teoría normalmente es anatema. Deja claro inmediatamente que su tema es la riqueza de las naciones, aunque no emplea esa expresión.

Con unos cuantos datos, Lucas esboza algunas disparidades reveladoras existentes en 1980. Por lo que se refiere a las economías industriales de mercado, desde Suiza hasta Irlanda, la renta *per cápita* es, en promedio, de 10.000 dólares. En cambio, la de la India es de 240, la de Haití de 270, y así sucesivamente. Es cuarenta veces menor. Dado que 240 dólares no son suficientes para vivir durante un año en Inglaterra, independientemente del cuidado con que se administren, la comparación hay que cogerla con pinzas, dice Lucas. No obstante, la diferencia es enorme y persistente.

Lucas no menciona tampoco la revolución industrial, pero piensa claramente en esa sucesión de acontecimientos, sea lo que sea esa «sucesión de acontecimientos». Algunos países tienen revoluciones industriales, o mejor dicho, participan plenamente en ellas, mientras que otros no. «Hace unos cuantos siglos, algunos de nosotros entramos en una fase de crecimiento económico continuado, mientras que otros no, y de este proceso mal entendido surgió el desigual mundo que conocemos hoy.»

Sin embargo, ¿por qué tiene que ser permanente esta desigualdad? La experiencia de los últimos años demuestra que es posible eliminar la diferencia, al menos en algunas circunstancias. Los «milagros» de Japón y de los cuatro «tigres» asiáticos de Corea del Sur, Taiwan, Hong Kong y Singapur, son la mejor demostración de que las tasas de crecimiento pueden ser diferentes. De hecho, las tasas de crecimiento varían mucho de un lugar a otro y de un periodo a otro. Las economías industriales de todo el mundo crecieron a una tasa anual media del 3,6 por ciento durante veinte años. En cambio, Japón creció, en promedio, un 7,1 por ciento al año; Egipto, un 3,4 por ciento; Estados Unidos, un 2,3 por ciento y la India, un 1,4 por ciento. Con tasas como éstas, señala Lucas, las rentas japoneses se duplicarían cada diez años; la India necesitaría cincuenta años para hacer lo mismo. «No entiendo cómo se pueden observar cifras como éstas sin ver que indican *posibilidades*», dice Lucas. «¿Podría tomar el gobierno de la India alguna medida que permitiera que la economía india creciera como la de Indonesia o la de Egipto? En caso afirmativo, ¿cuál exactamente? En caso negativo, ¿qué hay en "la naturaleza de la India" que lo impida? Las consecuencias que tienen este tipo de cuestiones para el bienestar humano son sencillamente asombrosas: cuando se piensa en ellas, resulta difícil pensar en ninguna otra cosa.»

A continuación viene un análisis del principal instrumento de los economistas para estudiar esas diferencias, el modelo imperante de crecimiento económico, a saber, el modelo neoclásico de Solow. Éste es un territorio conocido para la audiencia de Cambridge. A muchos de ellos les molesta el modelo de Solow por la forma en que desautoriza la interpretación tradicional de Marx, ya que el motor del modelo de Solow no es la acumulación de capital que preocupa a la mayoría de los marxistas del momento sino, más bien, la continua aparición de nuevas tecnologías (¡el marxismo se ha alejado mucho de la «historia crítica de la tecnología» en la que pensaba el maestro!) Hay que reconocer que Solow considera dado este incesante crecimiento del conocimiento. No lo analiza ni lo explica. Su residuo, la parte del crecimiento que no puede atribuirse a la adición de más capital o de más trabajo, es, no obstante, un poderoso recurso retórico. Ha parado en seco una buena parte de las discusiones sobre la lucha de clases. Por otra parte, la audiencia sabe que Lucas y Solow han sido enconados antagonistas durante veinte años. Algo debe estar pasando.

Por lo que se refiere a la *forma* del modelo de Solow, Lucas no tiene más que palabras de admiración. Posee las características que deben tener todos los buenos modelos, dice. Es conciso, coherente con el resto de lo que sabemos de economía; concuerda en líneas generales con la historia de Estados Unidos y de las demás economías industriales. Ha hecho numerosas aportaciones, revelando cosas que otros modelos no han podido revelar. Por ejemplo, la idea de que una reducción de impuestos que tuviera por objeto estimular el ahorro podía producir efectos importantes y duraderos en las tasas de crecimiento influyó mucho en la política estadounidense durante la década de 1980, los economistas de la oferta y todo eso. «Esa idea es muy razonable y puede que sea incluso cierta», dice Lucas. «Pero lo que implica claramente el modelo de Solow es que no lo es.» Éste es precisamente el tipo de experimentación con supuestos alternativos que es necesario para reforzar la confianza en que el teórico está en el camino correcto, dice.

Pero no es de los impuestos de lo que quiere hablar Lucas. Quiere hablar de la diferencia entre los ricos y los pobres. Éste es el «debate de la convergencia», o sea, la creencia de que todos los países del mundo crecerán a diferentes tasas, que los pobres crecerán normalmente más deprisa que los ricos, hasta que todos disfruten más o menos del mismo nivel de renta. La hipótesis de la convergencia fue introducida en la economía moderna por el gran historiador Alexander Gerschenkron en un famoso artículo publicado en 1952 y titulado «El atraso económico desde una perspectiva histórica» («Economic Backwardness in Historical Perspective»). Las discusiones sobre la convergencia o sobre su ausencia han venido cociéndose en los círculos técnicos al menos desde que Richard Easterlin, profesor de la Universidad de Southern California, planteó la pregunta «¿Por qué no está todo el mundo desarrollado?» («Why Isn't the Whole World Developed?») en un célebre discurso presidencial pronunciado en la Economic History Association en 1981.

Ahora Lucas se pregunta si el modelo de Solow es un modelo de desarrollo económico adecuado. No lo es, dice. De hecho, es un fracaso, ya que su predicción principal es precisamente que los países pobres crecerán más deprisa que los ricos en renta per capita hasta que la riqueza esté repartida de una manera igual y uniforme en toda la superficie de la tierra. Sin embargo, como demuestran claramente las rápidas comparaciones que ha hecho al comienzo de su charla, eso no ha ocurrido, dice Lucas. El modelo de Solow parece que sólo es válido en el caso de los países desarrollados. Puede que estos países ricos converjan entre sí. Unas cuantas naciones asiáticas parece que han dado el salto. Pero la mayor parte del resto del mundo parece que está atascada. «Supongo que esa es la razón por la que pensamos que "crecimiento" y "desarrollo" son campos distintos –dice Lucas–, y que la teoría del crecimiento se ocupa de los aspectos del crecimiento económico de los que tenemos algunos conocimientos y el desarrollo se ocupa de aquellos que no comprendemos.»

Dice, además, que si se analizan los detalles del modelo, se puede ver *por qué* no se produce la convergencia. No se produce a causa de otra anomalía teórica: el tránsito de seres humanos en un solo sentido. En el mundo en su conjunto, el trabajo emigra a los países en los que está el capital y, salvo raras excepciones, no en sentido contrario. Dicho por Lucas, eso parece, cuando menos, una observación asombrosa. Dentro de los países, a menudo existe una considerable movilidad de los factores. Por ejemplo, en Estados Unidos el trabajo se desplazó del sur al norte en el siglo XX en busca de empleo en las fábricas de automóviles; las plantas textiles se trasladaron de Nueva Inglaterra al sur en el siglo XIX en busca de mano de obra más barata.

Pero ni siquiera durante la larga era del colonialismo mundial, en la que los países europeos gobernaban grandes territorios gracias su poderío militar y había relativamente pocos riesgos políticos que considerar en la decisión de dónde instalarse, hubo mucho movimiento de capital a los países de renta baja. Los países ricos continuaron haciéndose más ricos y especializándose más. Las personas pobres emigran a las zonas ricas, casi nunca al revés.

A estas alturas, la audiencia está absolutamente confusa. Lucas está haciendo una observación bien conocida –conocida al menos para los que están en Lady Mitchell Hall– a saber, que algunas veces los mercados no funcionan. De hecho, es la misma observación que hizo Paul David en 1984 en su conferencia sobre el teclado QWERTY. El teórico de Chicago que está dando una conferencia en Cambridge ha identificado un resultado «subóptimo» que es difícil de explicar con la lógica de la competencia. El hecho de que no se produzca la convergencia, de que no desaparezca la diferencia, es una afrenta para la teoría convencional exactamente igual que la posibilidad de que pueda triunfar un diseño de teclado menos eficiente. El mercado no parece que «funcione» y consiga el resultado esperado. Está produciéndose algún tipo de bloqueo. En el caso de David, que es, al fin y al cabo, un representante de la tradición de Cambridge (EE UU), es de esperar que muestre una cierta preocupación por los fallos del mercado. Sin embargo, viniendo de Lucas, es una absoluta sorpresa.

En todos los demás aspectos, los dos tienen métodos muy diferentes. Mientras que el historiador trabaja de manera literaria, usando parábolas sugerentes, el teórico construye modelos. Mientras que David pone el énfasis en mercados concretos, el enfoque de Lucas es claramente macroeconómico. Además, Lucas comenzó su carrera siendo econométra. Ahora quiere datos para poder introducir sus modelos en un ordenador e identificar así sus puntos débiles. Sin embargo, sobre esta cuestión, parece que están de acuerdo. Independientemente de que el fenómeno considerado sea el teclado QWERTY o la distribución mundial de la renta, el tipo de bloqueo –que los ricos se hacen más ricos y los pobres siguen siendo pobres– es simplemente lo contrario de lo que predice el modelo convencional. Los dos sistemas del mundo real parece que indican rendimientos crecientes. Por lo tanto, hay equilibrios múltiples, cuando sólo debería haber uno.

A pesar de lo mucho que admira Lucas a Solow como creador de modelos, está claro que menosprecia la capacidad de su modelo para explicar los hechos. El modelo de Solow se basa en la tecnología para explicar el crecimiento a lo largo del tiempo. Y en los países desarrollados, al menos, parece que explica bastante bien las diferencias observadas, aunque fracasa totalmente en el caso de los países más pobres. Para resolverlo, Lucas dice que presentará «un motor de crecimiento económico alternativo o, al menos, complementario», que explique la ausencia de convergencia. Está pensando en un viejo recurso de Chicago, el capital humano, pero no meramente el capital humano tal como se entiende normalmente, es decir, no los niveles generales de educación, sino las economías externas del capital humano. Y eso también desconcierta a su audiencia, pues fue en Cambridge, cien años antes, donde Marshall identificó las externalidades y les asignó un papel económico central. Es realmente atrevido que uno que viene de Chicago vaya a Cambridge a dar una conferencia sobre su importancia.

Por lo que se refiere a estas economías externas, Lucas parece que pide en cierto modo disculpas. Era cierto que podía ser difícil comprender su naturaleza, intelectual y empíricamente. El propio capital humano, es decir, el nivel general de educación, también parecía un concepto etéreo cuando se introdujo por primera vez, «al menos para mí», dice. Sin embargo, una vez que la idea de capital humano fue aclarada y refinada por muchas mentes durante muchos años, la idea de la educación que poseen los individuos resultó ser un concepto sumamente útil, que contribuyó a aclarar (entre otras cosas) las decisiones que toma la gente entre el trabajo y el ocio, el nivel de ingresos que obtiene en el trabajo y el reparto de las responsabilidades en el seno de las familias. «Después de dos décadas de aplicaciones de la teoría del capital humano –dice Lucas–, hemos aprendido a "verlo" en una amplia variedad de fenómenos, de la misma forma que la meteorología nos ha enseñado a "ver" la llegada de un frente cálido en un banco de nubes o a "sentirlo" cuando viene un aire bochornoso.»

Muy bien, pues. Supongamos que las externalidades del capital humano constituyen realmente «una poderosa fuerza oculta que funciona en la vida económica» (incluso la manera de expresarse de Lucas en su conferencia recuerda la explicación de Paul David de por qué las cosas a veces se quedan atascadas, esas «estrellas oscuras» que configuran las órbitas visibles de los asuntos económicos actuales). Supongamos que las externalidades que generan las personas que trabajan cerca unas de otras son, de hecho, un «motor alternativo de crecimiento económico». ¿Cómo operan exactamente?

Llegado a este punto, Lucas comienza a construir un modelo. «Queremos un lenguaje formal que nos permita analizar las decisiones de la gente de adquirir conocimiento», dice.

Supongamos que hay N trabajadores en total con unos niveles de cualificación h que van de 0 a infinito. Supongamos que hay $N(h)$ trabajadores que poseen un nivel de cualificación h, de manera que $N = N(h)\,dh$. Supongamos que un trabajador que tiene el nivel de cualificación h dedica a la producción corriente una proporción $u(h)$ del tiempo que no dedica al ocio y el resto $1 - u(h)$ a acumulación de capital humano. En ese caso, la población trabajadora efectiva en la producción –el análogo de $N(t)$ en la ecuación (2)– es la suma $N^e = \int_0^\infty u(h)\,N(h)\,h\,dh$ de las horas-hombre ponderadas por el nivel de cualificación dedicadas a la producción corriente. Por lo tanto, si la producción es una función del capital total K y el trabajo efectivo N^e, $F(K, N^e)$, el salario por hora de un trabajador que tiene el nivel de cualificación h es $F_N(K, N^e)h$ y sus ingresos totales son $F_N(K, N^e)hu(h)$.

Ésta es la manera con la que se comienza habitualmente cuando se construye un modelo. ¿Pero que *significa* todo eso? La mayoría de los que están escuchándolo en Cambridge están tan desconcertados como si estuviera hablando en griego. Para los que no están muy versados en el lenguaje formal, y eso incluye la mayor parte de su audiencia ese día, $Hu(h)$, ¡claro! Lucas está preparándose para definir y aislar el efecto agregado de las externalidades que puedan existir como una función del nivel medio de cualificación. «Sabemos por experiencia», dice, que las interacciones dentro de los grupos a veces son fundamentales para la productividad individual. Se trata de interacciones de grupos mayores que la familia directa y menores que toda la especie humana; la acumulación de capital humano es una *actividad social* en la que participan grupos de personas «de una manera que no tiene equivalente en la acumulación de capital físico». El capital humano es, al menos en parte, el resultado de una actividad social. ¿Cuál es, pues, su mecanismo? ¿Qué diferencia existe entre los efectos internos y los efectos externos?

El modelo que está utilizando Lucas es, en realidad, el modelo de los rendimientos crecientes de Romer derivados de las externalidades. Atribuye a su alumno todo el mérito. Coloca el trabajo del joven en la ilustre tradición que se remonta a Kenneth Arrow y Hirofumi Uzawa a mediados de la década de 1960. Eso hace que la repentina aparición de Romer en medio del debate sobre la «convergencia» sea aún más notable. Recuérdese que estamos en diciembre de 1985. Romer terminó el doctorado hace tres años y es casi totalmente desconocido en el mundo de la economía. Su primer artículo, publicado en el *JPE* de 1986, todavía tardará algunos meses en aparecer.

Lucas ha simplificado extraordinariamente las matemáticas de la tesis, quitando el problema del filo de la navaja, adoptando una formulación más sencilla y más sólida, siguiendo el estilo accesible de Solow. En lugar de ecuaciones diferenciales y diagramas de fases, hay álgebra.

Pero Lucas ha hecho un cambio importante. Ha rebautizado el concepto de Romer de «conocimiento» acumulativo con el nombre de «externalidades del capital humano». Sin embargo, en sólo tres párrafos de exposición matemática, Lucas ha sustituido el concepto de tecnología exógena de Solow, que aumenta automática e inexorablemente, la $A(t)$ que aumenta año tras años, por un concepto muy diferente: H^Y, que representa las externalidades del capital humano, o sea, la influencia no retribuida que ejerce la gente en la productividad de otros. Asigna incluso un valor al efecto que producen estas externalidades en la producción de Estados Unidos, estimando que podría ser de 0,4, lo que significa que la producción es casi un 50 por ciento mayor de lo que sería sin externalidades. Ese casi 50 por ciento pretende representar el grado en que los individuos son más productivos gracias a su participación en empresas, en sindicatos, en universidades, en todo tipo de equipos.

Lucas apenas se disculpa por eliminar el conocimiento en sus cálculos, al menos como una mercancía diferente, aparte de su sustanciación humana. No puede haber solamente una única respuesta correcta sobre el alcance de las externalidades, dice. Algunos conocimientos se mantienen relativamente en secreto durante décadas. Otros pasan casi en seguida a ser de dominio público, por ejemplo, el desarrollo de un nuevo resultado matemático. El agente representativo de su modelo es, pues, una familia que vive indefinidamente y que pasa sus secretos de una generación a otra, así como la tecnología introducida a la manera de Solow, como una fuerza exógena.

No es exactamente la fábrica de alfileres, pero le falta poco. Lucas ha vuelto al tema de los rendimientos crecientes. Ésta es, al fin y al cabo, la razón por la que se inventaron las externalidades. Durante los cuarenta minutos siguientes, da una clase práctica. Presenta un segundo modelo para ver cómo pueden afectar al comercio internacional los rendimientos crecientes que implican las externalidades del capital humano. Este modelo tiene dos bienes en lugar de uno: los llama ordenadores y patatas. Su idea es ampliar el modelo inicial para aprovechar sus posibilidades de tener en cuenta el comercio internacional. Recuérdese que a Lucas le interesan los efectos que producen las externalidades del capital humano en las diferencias de riqueza de los países. ¿No es el comercio el mecanismo que más probabilidades tiene de extender las revoluciones industriales de un lugar a otro?

En el segundo modelo de Lucas, un país que aprende a producir ordenadores en mayores cantidades y de una forma más barata puede sustituir otros bienes por ordenadores y consumir más cálculos y menos patatas. Ésta es la conocida curva de aprendizaje, en la que una retroalimentación positiva domina y socava el principio de la ventaja comparativa. Pero su modelo de la curva de aprendizaje, en lugar de ser un mecanismo que contribuye a la convergencia, como esperaba Lucas, implica lo contrario. Los países ricos aprovechan las ventajas de sus externalidades. Los países pobres exportan sus personas más brillantes a los países desarrollados y siguen siendo pobres. «En esta dinámica, pues, una economía que comience teniendo un bajo nivel de capital humano y físico seguirá estando permanentemente por debajo de una economía mejor dotada.» El primer modelo sugiere que se subvencione la enseñanza; el segundo que se protejan las industrias nacientes. Lucas se disculpa. En el modelo es fácil elegir a los que se les debe conceder subvenciones públicas. «¡Si sólo fuera así en el mundo real!», dice Lucas.

Ahora Lucas ha llevado a sus oyentes de vuelta a Pigou, igual que hizo Paul David en Dallas un año antes. A mediados de la década de 1980, al igual que en la de 1920, se respira en el ambiente un interés por la política comercial agresiva. Tal vez fuera absolutamente impúdico sacar a relucir al profesor de Cambridge cuya elaboración de las «leyes de rendimiento» marshallianas colocó la política industrial en la agenda de los responsables de la política económica en la década de 1920. Pero es posible que la charla sumamente técnica de Lucas sobre la posibilidad de que la competencia no produjera la convergencia esperada de los países, debido a la fuerza oculta que atribuía a las externalidades del capital humano, hubiera pasado totalmente desapercibida de no haber sido por la forma en que la acabó.

Si no existe una manera de *medir* los supuestos efectos externos, da casi lo mismo cómo se llamen, dice Lucas. La fuerza que representan seguirá siendo misteriosa. «Si estas características de la conducta humana fueran las únicas consecuencias observables de la idea de capital humano, creo que daría un poco lo mismo que rebautizáramos simplemente a esta fuerza, por ejemplo, con el nombre de ética protestante o de espíritu de la historia o sencillamente "factor X".» Las externalidades seguirán siendo lo que eran para Marshall, un inefable «algo que se respira en el ambiente». Pero, continúa diciendo Lucas, un poco a la manera del detective Colombo, tal vez exista, después de todo, una manera de «ver» esas externalidades.

¿Qué tal si nos fijamos en los alquileres de las grandes ciudades?

La ciudad moderna es un enigma para los economistas, dice Lucas. Según el modelo económico convencional, no debería existir. «Es como el núcleo de un átomo: si postulamos únicamente la lista habitual de fuerzas económicas, las ciudades deberían desintegrarse [...] Una ciudad es simplemente una colección de factores de producción —capital, personas y tierra— y la tierra siempre es mucho más barata fuera de las ciudades que dentro.» Sin embargo, la gente no se reparte uniformemente por el territorio. Se apiña en las ciudades, con sus altos edificios y sus calles estrechas. Sí, a la gente le gusta vivir cerca de los centros comerciales y las tiendas necesitan estar situadas cerca de sus clientes, «pero este tipo de consideraciones circulares sólo explican los centros comerciales, no las ciudades». ¿Qué mantiene, pues, unida a una ciudad? ¿Por qué quiere la gente vivir toda junta?

En busca de una opinión experta, Lucas no recurre a otro economista sino a la escritora y activista Jane Jacobs, que ha descrito sagazmente las ciudades del mundo real. Su libro *Muerte y vida de las grandes ciudades estadounidenses* (*Death and Life of the Great American Cities*) publicado en 1961 tuvo un inmenso éxito como tratado contra la planificación y la «renovación urbana» en gran escala. Pero los economistas no lo tomaron en serio, por lo que en *Economía de las ciudades* (*Economy of Cities*) publicado en 1969 se propuso explicar cómo funcionaban. El libro, dice Lucas, «me parece que trata principalmente y de una forma convincente de los efectos externos (aunque su autora no utiliza este término) del capital humano».

La ciudad, dice Jacobs, es, según su propia definición, un asentamiento que genera su propio crecimiento. Los habitantes de las ciudades actúan añadiendo nuevo trabajo al viejo. En un capítulo en el que explica cómo comienza un nuevo trabajo, hay una encantadora historia del desarrollo del sujetador. A la modista Ida Rosenthal no le gustaba cómo les quedaban sus vestidos a sus clientas, sobre los distintos corsés, camisas y corpiños. Hizo experimentos introduciendo varias mejoras y en un momento dado inventó el primer sujetador. Durante un tiempo, regaló un sujetador con cada vestido. Sin embargo, no mucho después dejó totalmente de hacer vestidos y se dedicó a fabricar y vender sujetadores. Según Jacob, el secreto del éxito de una ciudad en la creación de nuevo trabajo es la extensa fertilización cruzada que se produce en sus distintos barrios. El distrito de la confección de la ciudad de Nueva York, en el que Ida Rosenthal inventó el sujetador, es una madriguera de diseñadores y fabricantes, espiándose unos a otros, adelantándose a sus diseños, resolviendo problemas y creando nuevo trabajo. Lo mismo ocurre con su distrito financiero, su distrito de los diamantes, su distrito de la publicidad, su distrito editorial, etc. Lucas señala que los barrios que describe Jacobs con tanto cariño son, a su manera, tan centros intelectuales como lo son las universidades de la ciudad, por ejemplo, como Columbia o NYU. Las ideas son diferentes en cada lugar, pero el proceso es muy parecido. «Para alguien de fuera, incluso *parecen* iguales», dice Lucas. «Un grupo de personas que hacen más o menos lo mismo, buscando cada una de ellas su propia originalidad y singularidad.» En otras palabras, lo que está diciendo Jacobs es que la gente inteligente se apiña en una ciudad porque es ahí donde está el talento.

Lo que añade Lucas al relato de Jacobs es una observación tan sencilla que desarma: las ciudades son más caras que otros lugares. La gente paga dinero, mucho dinero, por el privilegio de vivir en Manhattan. El precio sólo es una consideración fugaz e indirecta para Jacobs. Para Lucas es absolutamente fundamental. Si la gente paga unos precios más altos, debe ser porque cree que obtendrá alguna ventaja por vivir en el centro de la ciudad.

Esta consideración puede ser la vara de medir que permita a los economistas «ver» las externalidades del capital humano. Si las externalidades son realmente la fuerza invisible que mantiene unidas las ciudades, como si fueran el núcleo de un átomo, los alquileres del suelo deben ser una medida indirecta de esta fuerza, dice, de la misma manera que las diferencias salariales han acabado considerándose una medida de los efectos productivos del capital social internalizado. Quizá algún día «veremos» las externalidades en un gradiente de alquileres con la misma fiabilidad con que podemos deducir de un banco de nubes que se aproxima un frente cálido. «¿*Para qué* puede estar pagando la gente los alquileres de Manhattan o del centro de Chicago sino es para estar cerca de otra gente?», pregunta Lucas.

Y con eso, más o menos, ha acabado.

Hay en la sala un silencio sepulcral. Los izquierdistas están escandalizados por la incursión matemática en la economía del desarrollo que creen que es claramente un territorio *suyo*. Los keynesianos están furiosos por lo que consideran que es un ataque a Solow. El enfoque de Lucas parece estar totalmente en desacuerdo con el discurso al que casi todos los que se encuentran en la sala estaban acostumbrados. Los profesores, educados en la sala de conferencias, echan pestes en la cafetería. Lucas se va a tomar unas cervezas. Tim Kehoe y David Canning, los dos jóvenes recién doctorados, se encuentran entre los pocos a los que les ha gustado lo que han oído, pero ni siquiera ellos están totalmente seguros. «Cuando oí a Romer, lo supe en seguida –recordaría Canning muchos años más tarde–. No voy a decir que me pasó lo mismo con Lucas. Aun así, el tipo estaba haciendo lo que a mí me gustaría hacer. Estaba diciendo: "Esto es importante", cogiendo cosas bastante normales, dándoles la vuelta de una forma distinta, viéndolas desde otra posición para decidir qué rumbo tomar.»

«Sobre el mecanismo del desarrollo económico» tardaría casi tres años en encontrar quién lo publicara. El artículo era demasiado largo para la mayoría de las revistas de economía. El análisis detallado no es una forma frecuente de exposición. Sin embargo, las *Marshall Lectures* de Lucas ya se han convertido en el trabajo provocativo que transforma gradualmente una gran parte de la economía. Se centran en hechos distintos, plantean cuestiones diferentes y, poco tiempo después, resulta que han cambiado el tema que es el centro de atención del análisis económico, sustituyendo el interés en los ciclos económicos por el interés en el crecimiento. Su párrafo introductorio («Las consecuencias que tiene este tipo de cuestiones para el bienestar humano son sencillamente asombrosas: cuando se piensa en ellas, resulta difícil pensar en nada más») se convertirá en el pasaje más citado desde que Keynes afirmó que «las ideas de los economistas y de los filósofos políticos […] son más poderosas de lo que se cree normalmente». Además, «Sobre la mecánica» parece que está entregando la antorcha a la siguiente generación, a Krugman y a Romer y a los demás; y si no está entregándosela exactamen-

te, al menos sí está tendiéndosela, retando a los más jóvenes a luchar por cogerla. Por todo ello, el borrador de las conferencias de Lucas pasó rápidamente de
mano en mano entre los macroeconomistas, al menos entre los jóvenes.

La conferencia, cuando se lee veinte años más tarde, es asombrosamente ambi-
gua. Lucas explica el bloqueo de una forma muy distinta a como lo explica Paul
David. Sin embargo, aún no está claro qué es exactamente lo que está provocando las diferencias entre los países ricos y los pobres, entre la ciudad y el campo;
tampoco es evidente aún qué tienen en común estos mecanismos, si es que lo tienen, con la historia del teclado QWERTY. ¿Era una retroalimentación positiva?
¿Había barreras de algún tipo? Por la razón que sea, hay un bloqueo; las cosas se
quedan *atascadas*. El caso agregado es muy complicado. Pero el ejemplo de la
ciudad, con su distrito de rascacielos de altos alquileres, coge lo que sería una
abstrusa pelea entre economistas y lo trasplanta al reino de la experiencia universal y del sentido común.

Cuando Paul David mencionó la cuestión del bloqueo provocado por los rendimientos crecientes utilizando el ejemplo de los teclados de las máquinas de escribir, no sonó más que como un trueno lejano. Sin embargo, ahora Lucas, con sus
matemáticas modernas, ha introducido convincentemente el enigma de la retroalimentación positiva en el problema central de la época: el rápido crecimiento
de unos países y el relativo estancamiento de otros.

Los que leyeron atentamente «Sobre el mecanismo del desarrollo económico»
supieron que algo había cambiado ese día en Lady Mitchell Hall, que la propia economía había dado de alguna manera un giro de 180 grados. La transformación
parecía que tenía que ver con los rendimientos crecientes. Pero a finales de 1985
sólo estaba claro que Lucas se había metido con Solow, un investigador de primera que, inexplicablemente, no había recibido aún el Premio Nobel. ¿Podría estar
ahora de alguna manera en peligro el reconocimiento de Solow por lo que había
dicho Lucas? Esa posibilidad, por ridícula que fuera, no sirvió más que para exa-
cerbar los ánimos. En ese momento, Paul Romer fue quizá el único que se dio cuenta perfectamente de que su viejo profesor se había metido no sólo con Solow sino
también con Romer.

19 Recombinaciones

Las conferencias de Lucas sobre el «mecanismo» pillaron desprevenida a la comunidad de economistas. Su argumentación enfureció a algunos economistas y asombró o desconcertó a otros. Era lo primero que decía sobre el tema del crecimiento. Parecía totalmente como llovido del cielo. Y aunque su interés por la posibilidad de que hubiera fallos en el mercado parecía estar curiosamente en sintonía con cincuenta años de tradición keynesiana, era lo suficientemente desconocido cuando se expresaba en la lengua vernácula de la economía de Agua Dulce como para que las conferencias causaran al principio más consternación que otra cosa y, en la mayoría de los sitios, se hizo caso omiso de ellas de forma deliberada. Sin embargo, a unos cuantos investigadores jóvenes los impulsó a actuar inmediatamente.

La idea de que el comercio y la migración debían estar estrechamente relacionados con el crecimiento económico no era precisamente nueva. Tampoco lo era la idea de que las ciudades debían de ser fundamentales para el progreso económico. Quizá la verdadera noticia de las conferencias de Lucas fuera su idea de que el bloqueo era un enigma que podía ser serio. Una cosa era que Paul David describiera la retroalimentación positiva por medio del teclado de una máquina de escribir y otra muy distinta que ahora el principal economista de Chicago invocara las externalidades para poner en duda la fiabilidad garantizada de la mano invisible («era como la conversión de Pablo al cristianismo», dijo David Canning). ¿Se traía algo entre manos? Mientras tanto, la reformulación matemática relativamente fácil de usar del modelo de Romer permitía a sus lectores menos conservadores la posibilidad de investigar toda una variedad de temas en los que había retroalimentación positiva y que casi no se habían examinado desde hacía cien años.

Así pues, en los primeros meses de 1986 se produjo una serie de recombinaciones, al dedicarse un puñado de investigadores a explorar nuevas líneas de investigación, a buscar nuevas ideas traspasando las viejas fronteras entre los diferentes campos de investigación. Era como si distintos equipos cartográficos estuvieran aterrizando en lugares diseminados de un gran continente desconocido, el continente de los rendimientos crecientes. Investigadores de muy diferentes campos averiguaron su posición y se propusieron explorar el territorio.

Después de Cambridge, Lucas prosiguió su viaje, volando a Tel Aviv, a presentar sus nuevas ideas sobre las externalidades del capital humano en una serie de seminarios. Sorprendentemente, para alguien que estaba reorientando la economía hacia el estudio de las diferencias entre los países del mundo, era la primera vez que viajaba al extranjero. Un amigo, Assaf Razin, le habló de un artículo de Paul Krugman sobre rendimientos crecientes y el comercio que había estado circulando. Un vistazo fue suficiente para convencer a Lucas de que Krugman estaba investigando más o menos el mismo problema, aunque desde una perspectiva algo distinta, y de que se le había adelantado. Lucas atribuyó, pues, a Krugman el mérito del modelo de dos sectores que había desarrollado, añadiendo una destacada cita en «Sobre el mecanismo...».

A primera vista, los dos artículos no podían ser más distintos. El de Krugman se parecía más a un informe de política que a una contribución a la investigación económica. Siguiendo con sus acostumbradas florituras, lo tituló «La estrecha banda móvil, la enfermedad holandesa y las consecuencias competitivas de la Sra. Thatcher: notas sobre el comercio en presencia de economías de escala dinámicas» («The Narrow Moving Band, the Dutch Disease and the Competitive Consequences of Mrs. Thatcher: Notes on Trade in the Presence of Dynamic Scale Economies»). En el demostraba que era posible aplicar sus ideas a las situaciones de Japón, los Países Bajos y el Reino Unido.

En el fondo era un modelo en el que todos los países avanzaban gracias a la fabricación de productos especializados normalmente incorporados únicamente a nivel de las empresas: «la curva de aprendizaje», lo llamó, siguiendo a Arrow. Aquí las externalidades provenían simplemente de la historia de un determinado entorno, no del tipo de rendimientos crecientes propios de la competencia monopolística que había caracterizado el trabajo de Krugman sobre el comercio. En otras palabras, eran una consecuencia de las externalidades marshallianas. El resultado general era, pues, el mismo que en el modelo de las patatas y los ordenadores de Lucas. Algunos países progresaban y permanecían ahí. Otros se quedaban rezagados. No había convergencia. El artículo de Krugman se publicó en el *Journal of Development Economics* en 1987.

No podía haber habido muchas sorpresas mayores que la de ver a Lucas haciendo causa común con un apóstol de la nueva competencia monopolística, a pesar de que en el artículo «La banda móvil» que citaba, los rendimientos crecientes dependían de las externalidades generadas por una competencia, por lo demás, perfecta. Un par de años más tarde, Lucas iría más lejos. Elogiando el estudio sobre la competencia monopolística en el que habían colaborado Helpman y Krugman, *Estructura del mercado y comercio exterior* (*Market Structure and Foreign Trade*), explicaba sus razones.

La formalización de David Ricardo del principio de la ventaja comparativa había funcionado bien a través de sus sucesivas elaboraciones durante 150 años, según Lucas. Y el modelo basado en los recursos seguía explicando una gran parte del comercio internacional. «El vino sigue viajando de Portugal a Inglaterra y no al revés. ¿Pero por qué viajan automóviles Volkswagen de Alemania a Italia y Fiat de Italia a Alemania?»

La respuesta, decía Lucas, parecía retrotraer a las ideas de Adam Smith sobre la especialización, los rendimientos crecientes y el tamaño del mercado. Pero hasta que aparecieron los primeros modelos en los que realmente fue posible calcular equilibrios en presencia de rendimientos crecientes –conciliar la fábrica de alfileres con la mano invisible– las ideas de Adam Smith siguieron siendo, como la doctrina de la competencia monopolística de Chamberlin, la fuente de algunas «reglas prácticas» más que un marco analítico viable para estudiar el comercio.

Ahora, gracias especialmente a la aparición del modelo de Dixit y Stigliz, con su consumidor representativo al que le gusta la variedad, era posible incorporar los beneficios de la especialización y, por lo tanto, desarrollar una teoría rigurosa de la industria monopolísticamente competitiva. De eso era de lo que trataba la «nueva economía internacional». Casi todo seguía haciendo pensar que el libre comercio era beneficioso para los consumidores. Pero también tenía algunas sorprendentes consecuencias. Y «cuando se abandonan los supuestos competitivos, las cuestiones relacionadas con el bienestar entrañan un complejo juego de pesos y contrapesos de los diferentes tipos de distorsiones que llevan necesariamente a un segundo óptimo». ¿Cómo encontrar ese juego de pesos y contrapesos? Helpman y Krugman habían mostrado *de qué* dependía y *por qué* y qué se podía hacer para que fuera más sencillo su análisis. Esa maleabilidad lo era todo.

Si al joven Krugman le complació que las principales figuras de la escuela de Chicago reconocieran a principios de 1986 la novedad de sus resultados, no hay constancia de ello. Estaba ocupado en pulir un discurso sobre la nueva teoría del comercio que iba a pronunciar en 1987 con ocasión de la Quinta Conferencia Mundial de la Econometric Society. «Es posible que» la nueva teoría del comercio «nunca pueda redondearse» como la antigua, decía. Pero los rendimientos crecientes estaban ahí para quedarse.

Mientras tanto, el propio Lucas estaba insatisfecho con su modelo, precisamente porque no se producía la convergencia. Años más tarde, dijo: «Creo que todo el mundo piensa que el comercio es la clave para sumarse a la revolución industrial, que los que fracasan son los países que se aíslan, como los comunistas, los latinoamericanos, los países que siguen una estrategia de sustitución de las importaciones, como la India». En otras partes estaban realizándose rápidas innovaciones, y ellos estaban perdiéndoselas. Los países asiáticos que comerciaban con los países más avanzados obtenían buenos resultados. ¿No sería posible construir algunos modelos de comercio que lo explicaran? «Bueno, yo no lo conseguí. En mi modelo, el comercio produce el efecto contrario. Agranda la diferencia. Si estás tratando de averiguar por qué el comercio ayuda a los países menos desarrollados a converger, ese modelo no aporta nada.»

La relación entre el comercio y el crecimiento siguió sin explorarse. Krugman no volvió a la caza del crecimiento. Tampoco la reanudó ningún otro profesor del MIT, al menos no inmediatamente. No fue hasta el otoño de 1987, casi dos años después de que Lucas pronunciara sus conferencias en Cambridge, cuando los jóvenes profesores Philippe Aghion y Meter Howitt comenzaron a investigar el propio crecimiento, no el comercio, precisamente en la misma época en que se anunciaba la concesión del Premio Nobel a Robert Solow. Sin embargo, entretanto, un estudiante de doctorado del MIT había empezado a investigar ese tema. Un joven ruso emigrado, Andrei Shleifer, había utilizado un modelo de externalidades como el de Romer en su tesis de 1986, mostrando que las empresas podían hacer coincidir la introducción de nuevos productos con el ciclo económico con el fin de subir los precios de sus acciones. Durante un tiempo, fue Shleifer quien sirvió de nexo crucial entre Cambridge y Chicago, un ejemplo sorprendente del interesante fenómeno que se produce en la ciencia, en el que los jóvenes, aparentemente los que se encuentran en la parte más baja del escalafón, a menudo desempeñan un papel fundamental.

En Chicago, profesores y estudiantes debatían apasionadamente el artículo de Romer en el *JPE*. En el otoño de 1986, Gary Becker afirmó que su departamento –de hecho, toda la economía– estaba inmerso inesperadamente en una «revisión de la especialización y las ganancias derivadas del comercio en todo el espectro» de actividades económicas, desde los asuntos familiares más íntimos hasta las economías postindustriales más complejas. Entre los más entusiasmados estaban tres brillantes economistas jóvenes tan inseparables en los trabajos que publicaban que se les conocía por el nombre de «el trío». Eran Shleifer, Kevin Murphy y Robert Vishny.

Shleifer era el personaje más exótico de los tres. Había nacido en 1961 en la Unión Soviética. Sus padres, ambos ingenieros, abandonaron la URSS en 1976 con uno de los primeros visados Jackson-Vanik con ayuda de la Hebrew Immigrant Aid Society y, tras pasar cinco meses en Italia, entraron en Estados Unidos y se instalaron en Rochester, Nueva York, (Shleifer cuenta que era representativo de la élite científica judía, muy buena en física teórica y matemáticas, en «el tipo de cosas que puedes llevar en la cabeza de un lado a otro»). Un representante de Harvard College lo seleccionó en una escuela de enseñanza secundaria de la ciudad. Se trasladó a Cambridge con una beca y cuenta que con poco más inglés que el que había aprendido viendo *Los ángeles de Charlie*.

Estando en el segundo curso, un día Shleifer fue a ver a Larry Summers, que era por entonces profesor ayudante en el MIT, para informarle de una serie de problemas que tenían sus matemáticas. Fue un amor a primera vista. «Aunque a Larry no le resultó convincente, como solía ocurrir, el argumento de que su trabajo contenía fallos, se quedó suficientemente impresionado como para contratar a Andrei como ayudante de investigación», según Olivier Blanchard. Summers y Shleifer han sido amigos inseparables desde entonces. Tras terminar sus estudios de licenciatura, Shleifer se trasladó al MIT para hacer el doctorado. Entre tanto, pasó algunos meses en Chicago donde aprendió lo suficiente de las nuevas matemáticas de los rendimientos crecientes como para introducir los «ciclos de aplicación» en un modelo del ciclo económico para su tesis. Después de enseñar un año en Princeton, fue contratado por Chicago en 1987.

No menos interesante era Kevin M. Murphy. En 1982, se matriculó en Chicago para hacer el doctorado de economía, no mucho después de que se fuera Shleifer. Tras trabajar durante un breve periodo de tiempo de gerente en una tienda de alimentación una vez terminados sus estudios de licenciatura, retomó la economía en UCLA después de llegar a la conclusión de que sería más interesante que la vida en un supermercado. Hay una conocida anécdota de cuando asistía en esa universidad al curso de doctorado de teoría de los precios, una de cuyas características era la humillación ritual a la que sometía a los estudiantes el método socrático que empleaba Armen Alchian, el sucedáneo de Milton Friedman en UCLA. Cuando le tocó a Murphy, éste siguió sin esfuerzo el ritmo del profesor. Alchian, al ver que no era capaz de dejarlo atrás, le dijo que eso demostraba que había cursado antes esa asignatura. Murphy lo negó. Alchian le dijo que lo estaba engañando. Murphy, que no. Murphy se doctoró en 1986 y comenzó a enseñar inmediatamente en la Business School de Chicago.

El tercer miembro del trío era Robert Vishny. Era más convencional en todos los sentidos, salvo en uno. Era un inversor excepcionalmente astuto y la gestora de patrimonios de la que era cofundador (junto con Shleifer y Josef Lakonishok, profesor de la Universidad de Illinois) no ha dejado de expandirse durante todos estos años. Vishny llegó a Hyde Park en 1985 tras terminar sus estudios de doctorado en el MIT un año antes que Shleifer. Cuando Shleifer, que estaba en Princeton, llegó a Chicago en 1987, él, Vishny y Murphy se convirtieron en entusiastas colaboradores. Su primer artículo famoso es un sorprendente ejemplo del poder de los nuevos modelos de rendimientos crecientes para aclarar cuestiones que antes eran controvertidas.

En «La industrialización y el gran empujón» («Industrialization and the Big Push»), los tres jóvenes economistas se propusieron demostrar que los gobiernos probablemente podían recurrir a las externalidades para fomentar el crecimiento económico. La idea del «gran empujón» tenía una larga historia en la práctica. Por ejemplo, la nueva política económica de Lenin en la década de 1920 se basaba en la convicción de que la realización de grandes inversiones en industrias básicas como la eléctrica y la siderúrgica permitiría a la Unión Soviética romper con su pasado agrícola.

En 1943, el economista húngaro Paul Rosenstein-Rodan, mientras trabajaba en Londres durante la guerra, le puso el nombre a esta estrategia (motivado en parte por su lectura de Allyn Young). Un gran empujón con éxito podía dar el resultado apetecido en cualquier país subdesarrollado. Había que desplazar a un número de personas del campo a las ciudades y, a continuación, educarlas. También había que reforzar la infraestructura urbana. Este tipo de transición era caro. No cabía esperar que las empresas financiaran la educación, ya que no podrían recoger los frutos de su inversión (el viejo problema de la appropriabilidad). Tampoco podía contarse con ellas para mejorar la infraestructura, debido a todos los polizones que los beneficios indivisibles crearían. El Estado era el único del que se podía esperar que tuviera suficientes recursos financieros para asumir los elevados costes fijos y suficiente poder para obligar a otros a cumplir su parte. La retroalimentación positiva hacía el resto.

Pero la ortodoxia dominante no prestó atención al artículo del húngaro. Recuérdese que en 1943 la ciencia económica estaba embarcándose en su propio gran empujón: en la formalización. Sin embargo, al igual que ocurrió con «Rendimientos crecientes y progreso económico» de Allyn Young quince años antes, el artículo «El gran empujón» de Rosenstein-Rodan suscitó un gran interés. De hecho, contribuyó a crear una clara división entre los economistas neoclásicos, que estudiaban las economías industriales, y otros economistas que estudiaban los problemas de los países menos desarrollados. En este último grupo, el modelo del gran empujón suscitó toda clase de discusiones sobre estrategias coordinadas de inversión con el objetivo de dinamizar la economía. Pero los economistas neoclásicos, educados en las matemáticas de la competencia perfecta y los rendimientos constantes, eran incapaces de concebir que pudiera haber equilibrios múltiples que dieran lugar a algo llamado «trampa del subdesarrollo». Los economistas neoclásicos se dedicaban a estudiar las «diferencias de inversión» o las bolsas de trabajo excedentario, pero, aparte de eso, no consideraban ni la educación ni las infraestructuras. Construían modelos con los instrumentos que ya tenían.

Pero ahora, en 1987, el modelo de Romer recién pulido había conseguido que fuera analíticamente manejable el tipo de retroalimentación positiva que había imaginado Lenin. De repente, los rendimientos crecientes eran respetables de nuevo. Es posible que contribuyera a ello el hecho de que Shleifer fuera un emigrante soviético. En cualquier caso, los tres jóvenes profesores de la Universidad de Chicago reunieron una serie de modelos que pretendían mostrar cómo podía funcionar un programa como el gran empujón de Lenin, al menos en teoría: cómo un país podía sustituir un sistema de producción artesanal por un sistema industrial en un periodo de tiempo relativamente breve. El gobierno podía justificar su intervención porque las externalidades permitirían recuperar con creces la inversión realizada. Esas intervenciones podían ser no sólo aceptables sino incluso necesarias (no se decía, por supuesto, que el Estado fuera el único que podía dar un gran empujón; era posible que un análisis de ese tipo explicara el mecanismo que se encontraba tras la famosa oferta que hizo Henry Ford a sus trabajadores en 1914 de pagarles 5 dólares diarios, o sea, alrededor de 1.200 al año. Paga a los trabajadores del automóvil lo suficiente para que puedan comprar los bienes de otros trabajadores –zapateros, panaderos, fabricantes de velas– y estos otros también ganarán en seguida 5 dólares al día, y poco después todo el mundo ganará lo suficiente para poder comprar un automóvil, ya que podrán venderse muchos más automóviles en el mercado más extenso a unos precios que acabarán bajando a poco más de 300 dólares cada uno, un ejemplo clásico de círculo virtuoso que antes era imposible precisar analíticamente).

Este tema era apasionante. Los rendimientos crecientes habían sido durante mucho tiempo territorio de los economistas literarios. Ahora los jóvenes estaban dedicándose en tropel a este tema, gracias a la aparición del nuevo instrumento matemático. El artículo de «El gran empujón», publicado en el *Journal of Political Economy* en 1989, fue su primer gran éxito (aunque para entonces el propio Romer había avanzado mucho con respecto al artículo de 1986 en el que se basaba). Era aún más sorprendente ver a los economistas conservadores de Chicago exponiendo el mismo argumento a favor de la intervención del Estado que habían expuesto Krugman y los nuevos teóricos del comercio en el MIT (como había descubierto Romer por sí mismo, la lógica y la evidencia poseen poderes que a veces truncan los deseos de los que las utilizan). La cuestión no pasó desapercibida. Más y más jóvenes brillantes comenzaron a interesarse por la nueva economía de los rendimientos crecientes.[1]

A Romer le había surgido un nuevo problema. Tenía que diferenciar sus propias ideas de las de su célebre profesor. Antes de que Lucas interviniera en las *Marshall Lectures*, Romer temió durante un tiempo que se le dejara totalmente de lado. El artículo de Lucas estaba circulando en borrador en 1985 y el artículo de los rendimientos crecientes de Romer aún no había sido aceptado por el *JPE*. No tenía que haberse preocupado. Lucas fue generoso en sus citas formales y en sus comentarios informales («Paul era estudiante y lo que uno nunca hace es atribuirse el mérito de algo que ha hecho un estudiante»). Además Heckman había insistido en que se publicara el artículo.

Sin embargo, lo cierto era que Lucas había cogido la variable del «conocimiento» de Romer y la había rebautizado con el nombre de capital humano, confundiendo así considerablemente la tesis que Romer trataba de exponer. Además, Romer había cambiado de opinión sobre el mejor método para exponerla, desechando el supuesto de la competencia perfecta en favor de los nuevos modelos de competencia monopolística. Así pues, a pesar de que Romer «86 estaba en el correo, la nota que había introducido («son bienes, no externalidades tecnológicas) era claramente insuficiente. Romer estaba siendo identificado con la tradición de Agua Dulce de Chicago en el mismo momento en que estaba recurriendo a métodos de Agua Salada. ¿Cómo explicar a los demás, empezando por el propio Lucas, las razones de este cambio de opinión?

Romer, aunque enseñaba en Rochester, en esa época iba frecuentemente a Chicago. El tema de los rendimientos crecientes despertaba allí un entusiasmo desbordante. En un momento dado, la discusión se centró en lo que ocurría, no en una ciudad, sino en un departamento académico. El marco lo había puesto el propio Lucas en sus conferencias cuando dijo: «La mayor parte de lo que sabemos lo aprendemos de otras personas. Pagamos una matrícula a unos cuantos de estos profesores, bien directamente, bien indirectamente aceptando un sueldo más bajo para poder estar cerca de ellos, pero la mayor parte de lo que aprendemos, lo aprendemos gratuitamente y a menudo mutuamente, sin distinción alguna entre estudiante y profesor».

A lo cual ahora Romer respondió diciendo: eso es lo que tú te *crees*, que lo estás obteniendo gratuitamente. El intercambio informal en forma de «relacio-

---

[1] Fue el contraste entre el éxito del trío y la frustración de Rosenstein-Rodan lo que sirvió a Krugman de ejemplo para su parábola sobre el vacío temporal del mapa de África.

nes» describía con mayor precisión las interacciones más importantes que tenían lugar en un departamento: las citas para almorzar, las conversaciones en los despachos y corredores, las colaboraciones, las recomendaciones, etc. Era cierto, desde luego, que las discusiones de los seminarios y de las clases y las frecuentes conversaciones que surgían durante el almuerzo generaban multitud de auténticas externalidades. Y si mirabas por los pasillos, podías ver quién estaba almorzando con quien; al menos eso sí era gratuito. Pero ¿cuánto más ganabas por formar parte de las conversaciones privadas durante el almuerzo?

Lo que había realmente en el departamento (y en casi todas las demás aglomeraciones del mundo), sostenía Romer, era un sistema de relaciones selectivas, un sistema que podría calificarse mejor de competencia monopolística que de intercambio anónimo y sin fricciones. Cada profesor, cada estudiante trataba de «diferenciar su producto» en los mercados de trabajo, de demostrar que tenía derecho a «algo especial extra», con el fin de comerciar con otros en condiciones más favorables (de recoger una renta). Ser un poco más listo, saber un poco más, ser un poco más incansable, un poco más colaborador, algo, lo que fuera, que diera al que lo poseyera una identidad y una ventaja. Frecuentemente, en este caso la moneda de cambio no era nada más complicado que la buena voluntad. Más a menudo era la esperanza de obtener una ganancia indefinida en el futuro. En su novela *La hoguera de las vanidades* (*The Bonfire of the Vanities*), Tom Wolfe describe el «banco de favores», un sistema informal de transacciones y contabilidad que llevaba muchos años funcionando, unas veces con unos criterios tan nítidos como una reseña favorable de un libro y un regalo de boda, otras con unos criterios tan difusos como la simple buena voluntad («yo conocí a tu padre»). «Un depósito en el banco de favores no es un *quid pro quo*», dice Wolfe. «Es un ahorro para cuando vengan malos tiempos.»

Es posible que esa visión de las relaciones entre los seres humanos le pareciera a Lucas demasiado mercenaria. «En mi casa no utilizamos todo el día palabras como "marginal". No me parece que el lenguaje de la economía sea útil para analizar los problemas de decisión individuales. Tampoco empleo en casa los principios de economía. Trato de utilizar la lealtad a la familia o un sistema de reciprocidad; si tú me ayudas, yo te ayudaré», dijo en una ocasión. Y en el departamento sucedía lo mismo que en la familia: «Los beneficios que nos proporcionan los colegas de los que esperamos aprender son lo suficientemente tangibles como para que nos lleven a dedicar una gran parte del tiempo a pelearnos por quiénes deben ser éstos y otra a correr a hablar con los que querríamos tener de colegas, pero no podemos contratar», había dicho Lucas. Este tipo de efecto –insistía en que era externo a la transacción– era habitual en todas las artes y las ciencias, especialmente en las «profesiones creativas», decía Lucas. El conocimiento era algo que podía acumularse de una forma casi gratuita, simplemente estando cerca de densas nubes de personas cultas.

Aunque la omnipresencia de versiones menos intensas del banco de favores familiares de Lucas era exactamente lo que Romer estaba tratando de decir, su sermón no zanjó la cuestión, y cuando Lucas dio una conferencia en otra importante serie de ellas, esta vez en Northwestern University, durante la primavera de 1987, había indicios de que estaba atrincherándose para defender su postura. Según él, las externalidades del capital humano bastaban para explicar lo que ocurría.

Durante ese verano de 1986, Romer se dedicó a desarrollar un modelo de especialización y diferenciación en el sentido en el que lo había descrito Allyn Young en 1928, «un tipo de trabajo que lleva a otro», como dijo Jane Jacobs cuarenta años más tarde. ¿Eran las externalidades las que llevaban a la gente a irse las ciudades? ¿O la posibilidad de especializarse? ¿O ambas cosas a la vez? Romer resolvió el problema de distinguirse de Lucas desarrollando un modelo en el que el crecimiento económico dependía *únicamente* de la aparición de nuevos bienes para generar crecimiento. De esa forma podría resolver rápidamente la cuestión, o eso esperaba.

Dedicó algún tiempo a encontrar líneas de investigación paralelas a las suyas. Citó a Wilfred Ethier por la función de producción a la que había llegado independientemente. Mencionó a Kenneth Judd por su trabajo sobre las patentes en Chicago. Ocurrieron cosas que lo distrajeron seriamente. Su padre, después de ser tesorero del estado durante cuatro años, estaba presentándose a las elecciones de gobernador de Colorado. Luchó contra el gusanillo de trabajar en la campaña.

En diciembre de 1986, Romer hizo circular dos versiones de su nuevo modelo. El primero, que salió en forma de documento de trabajo del departamento de economía de Rochester, señalaba los nexos con Allyn Young y explicaba más detalladamente la historia del tratamiento de los rendimientos crecientes. Parte de su contenido se incorporó a artículos posteriores.

El segundo, una versión telegráfica del propio modelo, lo presentó Romer en los *Meetings* que se celebraron en Nueva Orleans a finales de diciembre, en una sesión dedicada a la influencia de los sistemas de organización en el crecimiento en la que también intervinieron Robert Lucas y Edward Prescott. La ventaja era que los artículos iban a publicarse en los *Proceedings*: Romer podría sumarse oficialmente al bando de la competencia monopolística en seguida, sin pasar por un montón de complicadas evaluaciones.

Cuando apareció «El crecimiento basado en rendimientos crecientes debidos a la especialización» («Growth Based on Increasing Return Due to Specialization») cinco meses más tarde, en el *AER* de mayo de 1987, pasó casi desapercibido. Era demasiado corto. Contenía una exposición muy breve de las matemáticas, debido a que era obligatorio abreviar todos los trabajos procedentes de las sesiones. Apenas intentaba relacionar el artículo con lo que había hecho antes. «No creo que el artículo tuviera mucha influencia», recuerda Romer. Ese invierno, sin embargo, había en otro lugar una persona desbordante de entusiasmo.

Aproximadamente en la misma época en que se celebraban los *Meetings* de Nueva Orleans, un joven profesor de Princeton llamado Gene Grossman viajó hasta Tel Aviv para ver a Elhanan Helpman. Grossman había intentado verlo en 1982, pero Helpman había sido llamado a filas por el ejército durante la crisis del Líbano. Ahora llegó en diciembre de 1986. El momento era más propicio.

Grossman, como otros economistas del comercio de su generación, había trabajado en cierta medida a la sombra de Paul Krugman, que era más vistoso. Había llegado a Yale durante el último año en que Krugman estuvo allí y al MIT el año en que Krugman se fue; y se había dedicado como él a la economía internacional, escribiendo un artículo sobre el comercio estratégico que tuvo buena acogida. Había estudiado en la competitiva Bronx High School of Science: tenía una confianza en sí mismo casi ilimitada. Princeton hizo profesor permanente a Grossman a la tierna edad de veintinueve años, sólo cinco después de terminar el doctorado. Se casó con una economista del MIT, Jean Baldwin, cuyo padre y cuyo hermano también eran economistas.

Para entonces la colaboración de Helpman con Krugman estaba acabando. Su segundo libro, *Política comercial y estructura del mercado* (*Trade Policy and Market Structure*) no iba a tener el sonado éxito que había tenido su primera monografía. Por el motivo que fuera, Krugman estaba quedándose dormido. Cuando Grossman le dijo a Helpman que estaba pensando en la posibilidad de intentar introducir la tecnología en el modelo de Ricardo, éste se sonrió y sacó de un cajón un montón de notas. Y cuando Grossman regresó a Princeton a principios de 1987, estaba desbordante de entusiasmo. «Sabía que había encontrado el problema que lo haría famoso», recuerda Avinash Dixit.

20 LOCAS EXPLICACIONES

Si el artículo de Romer de 1986 sobre el crecimiento por medio de las externalidades se hubiera publicado sin más, es posible que hubiera pasado desapercibido para todos, salvo para los pocos a quienes les gustaban las matemáticas. El articulito en el que se desdecía en 1987, rechazando las externalidades en favor de la especialización, era incluso más confuso. ¿A quién le importaba que un joven economista matemático de Rochester hubiera cambiado de opinión sobre una convención de sus modelos? Sin embargo, las conferencias de Lucas llamaron la atención sobre Romer en un círculo mucho más amplio de economistas. Como consecuencia de esta nueva fama, le llegó una invitación para presentar un artículo en la conferencia de macroeconomía del National Bureau of Economic Research, en una reunión que iba a celebrarse durante dos días en Cambridge (EE UU) durante el mes de marzo de 1987.

El NBER era el centro del análisis económico aplicado a las democracias industriales y atraía a los investigadores jóvenes más brillantes de las universidades de todo el mundo. La conferencia tenía por objeto mostrar una vez al año los nuevos trabajos más prometedores. En Colorado, el padre de Romer había sido elegido gobernador. La tentación de destacar era muy grande.

Esos días se hablaba de temas importantes en los periódicos. Estaban relacionados principalmente con las consecuencias prácticas de la revolución de Reagan: el paro, las fluctuaciones de los tipos de cambio, la importancia económica de los déficits presupuestarios, las relaciones norte-sur. Pero en 1987 el principal enigma seguía siendo la desaceleración de la productividad en Estados Unidos. ¿Por qué no tratar, pues, de decir algo sobre ella? Al fin y al cabo, el fondo de la tesis de Romer era que el cambio técnico es principalmente un fenómeno económico. ¿Qué mejor manera de demostrar que esto era importante que enseñar cómo utilizar su modelo en la tradición de la contabilidad del crecimiento que había surgido a partir del modelo de Solow?

Para que este tema le resultara interesante a la audiencia del Bureau, Romer abandonó, pues, el mundo de la mera teoría, simbolizado por la mano invisible y la fábrica de alfileres y, en su lugar, aplicó su modelo econométricamente a algunos datos nuevos con el fin de subrayar sus diferencias con Solow. Llamó a su artículo «Explicaciones locas de la desaceleración de la productividad» («Crazy Explanations for the Productivity Slowdown»). Y con él, Romer se lanzó de lleno al debate de la convergencia de las tasas de crecimiento de los países. Desgraciadamente, todo ello llevó a una generación de jóvenes economistas a dedicarse a algo que acabó siendo una pérdida de tiempo.

El título de Romer pretendía reflejar la novedad de su enfoque (y quizá también un poco de sangre fría; recuérdese que había estado a punto de dedicarse a la física). Ya se habían intentado todas las ideas convencionalmente sensatas para explicar la desaceleración de la productividad y se había observado que dejaban mucho que desear, dijo Romer. ¿Por qué no probar otras ideas que no estaban en la caja habitual de herramientas? En una famosa conferencia, Wolfgang Pauli había intentado resolver todos los problemas pendientes de la física de partículas con una única ecuación. Cuando terminó su charla, el gran físico danés Niels Bohr había rechazado con delicadeza su propuesta diciendo: «Herr profesor, todos estamos de acuerdo en que su teoría es una locura. Sin embargo, no estamos convencidos de que sea lo suficientemente loca como para que sea correcta...»

¿Qué teoría podía ser lo suficientemente loca como para que fuera correcta en economía en 1987? Romer quería demostrar que el propio modelo de contabilidad del crecimiento derivado del modelo de Solow excluía las posibilidades más interesantes. La ralentización de la productividad podía deberse meramente a la explosión de la natalidad que había ocurrido en la postguerra, dijo Romer. Quizá la superabundancia de personas había frenado la inversión en capital y, por lo tanto, el ritmo del cambio técnico. Tal vez situaciones en las que hay relativamente *menos* personas para trabajar obligan a las empresas a inventar nuevas máquinas y, por lo tanto, fomentan la realización de inversiones más productivas.

La posibilidad de que existiera una relación entre la población y la tasa de invención no era precisamente nueva. Como dijo Romer, la escasez de mano de obra había sido la explicación que se había dado convencionalmente a las diferencias que había entre la productividad británica y la estadounidense en el siglo xix. Se pensaba que el hecho de que la tierra fuera abundante en Estados Unidos había elevado los salarios en relación con los de Gran Bretaña. La subida de los salarios había incrementado la demanda de invenciones ahorradoras de trabajo. Ester Boserup, economista danesa que trabajaba para las Naciones Unidas, escribió libros en 1965 y 1981 que ponían patas arriba la teoría de Malthus, sosteniendo que las presiones demográficas eran la fuerza motriz del progreso tecnológico. Romer quería demostrar que todos los tipos de decisiones que se tomaban en el sector público y en el sector privado –todo, desde la política educativa y los regímenes comerciales hasta los sistemas de derechos de propiedad intelectual– probablemente también influían significativamente en las tasas nacionales de crecimiento.

Pero los efectos que producía un exceso de mano de obra en el cambio tecnológico no podían estudiarse dentro del marco de un modelo de crecimiento exógeno. Independientemente de lo que ocurriera con el crecimiento de la población o con la tasa de acumulación de capital (éstos podían investigarse, por supuesto, todo lo que se quisiera), la tasa de aumento del nuevo conocimiento no resultaba afectada, ya que era exógena, es decir, venía determinada por fuerzas que se encontraban fuera del modelo. Continuaba emanando nuevo conocimiento de las universidades del país año tras año, como emanan las emisiones de radio. Y como la productividad dependía del nuevo conocimiento más que de cualquier otra cosa, la producción no aumentaba mucho, por muy deprisa que se acumulara capital.

Romer eligió como siempre un ejemplo para ilustrar su tesis, en este caso, una historia sobre las herraduras. Esta vez, al menos, los datos sobre las nuevas ideas en un mercado perfectamente establecido eran bastante accesibles. Señaló que el economista Jacob Schmookler había demostrado en su estudio de las patentes que cuando se habían introducido más mejoras en ese antiguo artilugio había sido en 1900 y que éste continuó mejorándose hasta 1920, es decir, hasta que los automóviles tomaron las carreteras. ¿A qué se había debido el repentino aumento que habían experimentado las patentes en el siglo xx? Probablemente al tamaño del mercado, al enorme número de inventores dedicados a hacer refinamientos cada vez más minuciosos para el enorme número de caballos. Parecía que el aumento repentino del ingenio no tenía nada de accidental o de exógeno. Al fin y al cabo, las herraduras habían sido inventadas por los romanos en el siglo ii d.C. «Si una elevada demanda puede llevar a introducir mejoras en una tecnología tan sencilla como ésta que tiene 1.700 años de antigüedad –dijo Romer– me parece increíble que hayamos agotado las oportunidades de realizar mejoras tecnológicas en campos como la generación de electricidad o los procesos químicos.»

Pero era improbable que a la audiencia de la NBER le resultara convincente la historia de las herraduras. Romer necesitaba modelos y los tenía: dos propios (la versión de 1986, basada en las externalidades; y la nueva versión de 1987, en la que la especialización era la que hacía el trabajo) y uno identificado con Solow (en el que la tecnología era exógena). Pero si quería adecuarse a las normas contemporáneas y seguir el ejemplo que había dado Robert Lucas en «Sobre el mecanismo...», también necesitaba *datos*. Y aparte de Schmookler, Fritz Machlup (economista de la Universidad de Princeton que había realizado un gigantesco estudio histórico para la Ford Foundation) y otros cuantos legos en la materia cuyas teorías apuntaban a la utilidad potencial de esa métrica, nadie había realmente recogido datos sobre la producción de conocimientos.

Romer recurrió, pues, a un viejo truco. Confiando en demostrar que el nuevo conocimiento estaba haciendo avanzar el sistema en algunos lugares más deprisa que en otros, equiparó el crecimiento del conocimiento con la tasa de inversión de capital. Al fin y al cabo, la mayoría de las nuevas máquinas contenían avances significativos con respecto a las viejas. Era posible que el progreso técnico estuviera «incorporado» en la nueva inversión de capital y se pudiera medir si fuera posible poner fecha al capital. Ésta era la hipótesis del progreso tecnológico «incorporado» y había sido analizada en alguna medida después de que el propio Solow la presentara en un artículo titulado «Inversión y progreso técnico» («Investment and Technical Progress»), que apareció en 1959. Como consecuencia, el centro de atención había seguido siendo el capital. Después de más de veinticinco años, señaló Romer, «ningún organismo internacional publica series de datos sobre la producción local de conocimiento y los flujos de entrada de conocimiento. Si uno quiere hacer regresiones, puede utilizar la variable de la inversión en capital físico, y es lo que he hecho». Y como tenía treinta y dos años y estaba totalmente entusiasmado con su proyecto, recurrió a una base de datos nueva y poco conocida para contrastar sus teorías nuevas y poco conocidas.

En esa época, la Penn World Table era casi nueva. Apenas se comprendía su importancia para comparar precios internacionalmente. Casi todo el mundo sabía que Simon Kuznets había comenzado en la década de 1930 a desarrollar el sistema de contabilidad internacional conocido con el nombre de contabilidad nacional mientras enseñaba en la Universidad de Pensilvania. Había recibido el Premio Nobel en 1971 por eso y por otros trabajos. Y Richard Stone, que había supervisado la preparación de la primera contabilidad, también había sido distinguido con un Nobel en 1984. El problema era que, a pesar de lo buenos que eran los datos para comparar los resultados económicos de un mismo país en periodos de tiempo distintos, dicha contabilidad no permitía comparar unos países con otros, ya que no se tomaron medidas para tener en cuenta los distintos niveles de precios de los países. En aquella época, habría sido un esfuerzo demasiado ambicioso recoger de manera sistemática información sobre los precios en todo el mundo.

La riqueza y la productividad de los distintos países se comparaban habitualmente recurriendo a los tipos de cambio. Los economistas tomaban el valor en dólares de todo lo que producía Estados Unidos, el valor en yenes de todo lo que producía Japón, dividían por la población de cada país, ajustaban los resultados de acuerdo con el tipo de cambio vigente y los comparaban. El problema era que los tipos de cambio eran volátiles, al menos tan volátiles como las bolsas de valores, y este burdo cálculo no reflejaba necesariamente la realidad de los precios relativos.

La mejor alternativa era comparar el poder adquisitivo de las diferentes monedas sobre cestas similares de bienes en diferentes países año tras año. Pero averiguar la paridad del poder adquisitivo (PPA) de esta forma lleva tiempo y hay que pagar a los que recogen la información. La revista *The Economist* reduce habitualmente esta comparación a una muestra de precios de una hamburguesa Big Mac para mostrar que el coste de la vida varía mucho de un lugar a otro. Pero estaba claro que para hacer comparaciones más adecuadas era necesaria una cesta de bienes más elaborada.

Los primeros intentos sistemáticos de comparar los precios internacionales se hicieron en las Naciones Unidas durante la década de 1960 y fueron financiados por la Ford Foundation y organizados por Irving Kravis, profesor de la Universidad de Pensilvania, con la esperanza de que el Banco Mundial acabara asumiendo esta labor. El banco había declinado hacerlo, por lo que un par de profesores de la Universidad de Pensilvania, Alan Heston y Robert Summers, habían continuado recogiendo ellos mismos los precios, aunque con una escasa financiación. Ellos también confiaban en que tras demostrarse la utilidad de sus datos, el banco asumiría el proyecto. El hecho de que Summers fuera hermano de Paul Samuelson y padre de Larry Summers le dio un cierto halo a la empresa; en esa época, el hijo estaba enseñando en Harvard. Y en 1986 apareció la primera Penn World Table, que contenía variables macroeconómicas procedentes de la contabilidad de 115 países convertidas a precios internacionales. Lo que se hizo fue incluir un disquete en el *Quarterly Journal of Economics*, una primicia en la circulación de datos y un hito de la nueva era de la economía empírica. Éstos fueron los datos que empleó Romer para comparar las tasas de crecimiento a largo plazo, y que constituían una inmensa mejora con respecto a las mejores series de las que se disponía hasta entonces.

A continuación, Romer presentó tres modelos distintos de crecimiento, dos versiones de su modelo de rendimientos crecientes –el de las externalidades y el de la especialización– y el modelo de los rendimientos decrecientes de Solow. Los comparó con los datos empíricos en el arcano lenguaje de las funciones de producción. A diferencia de lo que predecía el modelo de Solow, los países de renta baja y de bajo capital se quedaban rezagados, exactamente como había dicho Lucas quince meses antes. A estas alturas, el hecho de que no hubiera habido convergencia se consideraba mucho menos negativo para el modelo de Solow. La discusión en seguida se enzarzó en los detalles de la contabilidad del crecimiento. Comentando el trabajo que presentó Romer en la NBER, Martin Neil Baily, miembro de la Brookings Institution, dijo: «No estoy seguro de hasta qué punto es convincente esta objeción a la teoría ortodoxa. Si se le hubiera dicho a Bob Solow en 1956 que su modelo iba a funcionar en el caso de Estados Unidos, Europa y Japón, pero no de Suazilandia, se habría puesto bastante contento».

Con todo, el hecho era que en todas las versiones del modelo de Solow el margen para utilizar la política económica con el fin de influir en las tasas de crecimiento, o para que los factores convencionales del capital y el trabajo en el modelo las explicaran, era escaso o nulo. El progreso tecnológico era el motor del crecimiento económico, pero se originaba fuera del modelo.

La repentina aparición de dos nuevas versiones del crecimiento donde antes sólo había un modelo canónico introdujo una cierta confusión, sobre todo porque ese mismo otoño Solow iba a ser ungido finalmente con el Premio Nobel. Aún más desconcertantes eran las conclusiones que extrajo Romer de su ejercicio. Si una subida de los salarios aumentaba los incentivos para innovar e invertir y si eso generaba, a su vez, externalidades en el conocimiento, era posible que Europa tuviera razón: había que reducir las horas trabajadas, subir los salarios, tolerar elevadas tasas de paro y esperar a que hubiera inversión e innovación. Tal vez Estados Unidos estuviera haciendo bien en endeudarse, siempre y cuando los préstamos se destinaran a invertir en conocimiento, y no a consumir. «Deberíamos tener el mayor déficit comercial posible mientras podamos permitírnoslo», dijo Romer.

Desgraciadamente, la estratagema de Romer dejó desconcertados a casi todos. ¿No era Romer el que había estado hablando durante años de la importancia del conocimiento? Ahora estaba utilizando de repente la inversión como indicador aproximado de las nuevas ideas. Era fácil pasar por alto el supuesto fundamental, a saber, que lo importante era el nuevo conocimiento, no la inversión por la inversión. ¿Una aceleración de la acumulación de capital provocaba una aceleración del crecimiento? No era ninguna novedad defender las deducciones fiscales por inversión. Los grupos de presión empresariales lo habían venido haciendo durante años.

Todo esto tenía mayor repercusión de lo que la comunidad de los economistas esperaba que tuviera, viniendo de una persona de treinta y dos años. Hay que decir que la mayoría de sus oyentes estaban desconcertados, ya que en realidad Romer estaba pensando en voz alta. Musitar ideas en voz alta puede ser asombrosamente ineficiente. Aunque los oyentes fueran investigadores de las principales universidades del país, la mayoría probablemente nunca había oído hablar de las conferencias de Lucas y mucho menos las había leído (no se publicaron hasta un año más tarde). Menos aún sabían los oyentes que Romer había cambiado de opinión, que era dueño, no de uno, sino de dos modelos de crecimiento, el de las externalidades y el de la especialización, uno nuevo y otro más nuevo aún, el último presentado en una charla ofrecida en los *Meetings* de diciembre que aún no estaba en imprenta. Y menos aún estaban preparados para la repentina sustitución que hizo Romer del estilo de teorización con el que estaba comenzando a ser identificado por el tipo de econometría burda en la que tenía poca experiencia.

El resultado fue que el mensaje de Romer –que los incentivos al cambio tecnológico eran lo importante– se perdió en la traducción. «Explicaciones locas...» hizo que a los legos en la materia (e incluso a muchos expertos en el tema) les pareciera que estaba renunciando a todo por lo que había trabajado durante los seis años anteriores. Era como si estuviera retirándose de la carrera. Y como parecía que estaba de acuerdo en que el tema realmente interesante era la convergencia, la atención se dirigió rápidamente a otra novedad del artículo: los datos.

Un hombre, más que ningún otro, vio el abanico de posibilidades que abría la aparición de la Penn World Table. Robert Barro, que entonces tenía cuarenta y tres años, era uno de los economistas más inteligentes de la nueva generación. También era uno de los más quisquillosos. Durante sus estudios de licenciatura, el propósito de Barro era estudiar física en Caltech. Y después de doctorarse en economía en la Universidad de Harvard en 1969, fue durante un tiempo un keynesiano anticuado, aunque muy de alta tecnología.

Pero siendo un joven profesor ayudante en Brown University, hizo la transición al nuevo estilo de macroeconomía de Agua Dulce con menos esfuerzo que la mayoría –a las nuevas matemáticas y al supuesto de las expectativas racionales– aunque sólo fuera por sus conocimientos de física. Se trasladó a Chicago y allí afirmó en un influyente artículo publicado en 1974 («¿Son los bonos del Estado riqueza neta?» [«Are Government Bonds Net Wealth?»]) que los déficit no producían grandes efectos económicos, ya que las personas previsoras reducían inmediatamente su consumo corriente en previsión de las futuras cargas tributarias; a esto lo llamó «equivalencia ricardiana» de préstamos e impuestos, ya que fue David Ricardo el primero que señaló que una persona estrictamente lógica se comportaría de esa forma. Este enfoque basado en el supuesto de que todo hombre lleva dentro un escocés enfureció especialmente a los economistas keynesianos, para quienes un supuesto fundamental era que los consumidores tenían siempre una cierta confusión cognitiva. En 1982, el artículo fue suficiente para que Barro consiguiera un puesto de profesor permanente en la Universidad de Chicago. Muchos vieron en él un buen sucesor de Milton Friedman como exponente de la economía de libre mercado.

Pero después, de una forma totalmente inesperada, cuando el departamento propuso dos años más tarde a Jim Heckman, su econométra de toda la vida, para la Clark Medal, que es el premio que se concede bienalmente al mejor economista de menos de cuarenta años, Barro renunció a su puesto en Chicago y regresó a Rochester, donde estaba enseñando cuando le llamaron de Chicago. Había conocido a Romer poco antes de irse; a su regreso los dos reanudaron la conversación y la continuaron durante un par de años, hasta que Barro se fue a Harvard como visitante en 1986 y acabó de profesor de esta universidad en 1987.

Barro y Romer se llevaban bien, a pesar de que había entre ellos una diferencia de más de diez años. Casi nadie fue más rápido que Barro en darse cuenta de la importancia de los nuevos trabajos sobre el crecimiento. Después de que apareciera «Locas explicaciones...», Barro y su ayudante de investigación Xavier Sala-i-Martin formularon una hipótesis alternativa sobre la convergencia y la llamaron «convergencia condicional»; ésta pretendía explicar por qué algunos países convergían y otros no. Si un país pobre mantenía los derechos de propiedad, permitía que funcionaran los mercados y acumulaba una cierta cantidad de capital humano, tendía a converger con los líderes industriales (un buen ejemplo eran los países asiáticos recién industrializados). En cambio, los países que carecían de ciertas instituciones básicas tendían a quedarse rezagados. Sólo unas cuantas variables parecían explicar las diferencias entre las tasas de crecimiento de los 115 países de la Penn World Table.

El problema era que el mismo tipo de análisis estadístico que identificaba los factores que contribuían a la convergencia condicional –las famosas «regresiones con datos de diferentes países»– se podía utilizar para justificar otras intervenciones del Estado en aras a un mayor crecimiento. La protección de la industria naciente, la creación de fuertes sindicatos, las subvenciones a la vivienda, la realización de grandes transferencias destinadas a reducir la desigualdad, éstas fueron algunas de las políticas cuyas consecuencias supuestamente favorables al crecimiento se analizaron y se contrastaron con los datos de Heston y Summers durante los años siguientes.

«El enfoque de "Locas explicaciones..." se convirtió en un módulo que se podía enchufar a otros muchos modelos», recordaba Romer años más tarde. «Y de esta manera podías plantear preguntas sencillas como, "¿qué pasaría si el gobierno lo hiciera fatal en materia de desigualdad de la renta?" Podías crear un sencillo sistema y decir, "Vale, éstas son sus efectos sobre el crecimiento". Antes eso no se podía hacer en lenguaje matemático con el modelo de Solow, porque no había nada que pudiera alterar la tasa de crecimiento [...] Una vez que le dabas a la gente el módulo para enchufar, había una gran cantidad de cosas que se podían contrastar.»

Barro y Romer acordaron poner en marcha un seminario sobre crecimiento para la NBER. Organizaron una sesión exploratoria en la estación de esquí de Vail en el otoño de 1987, un foro muy caro que más tarde casi todo el mundo coincidió en que no debería repetirse. La gente estaba de buen humor, pletórica de entusiasmo. Barro trató de encargarse del tema. En la época en la que se celebró la reunión, Romer se había convencido de que no debía adoptar el enfoque de la contabilidad del crecimiento de «Explicaciones locas...», debido principalmente –recordaba– a una serie de conversaciones que había mantenido con el economista Larry Christiano, profesor de Northwestern University, sobre la dificultad de determinar econométricamente el sentido de la causalidad. Estaba de nuevo tratando de describir el papel económico del conocimiento. «Me gustaría haberme mantenido firme en mi posición sobre la importancia del tipo [más sencillo] de evidencia...», diría años más tarde.

Era inevitable que alguien se ofreciera a defender el modelo de Solow, a decir que lo que era nuevo en Romer no era importante y que lo que era importante ya se había dicho antes. Tampoco sorprendió que la defensa partiera del lugar del que partió. Era lógico que la economía de Agua Salada ofreciera su propia teoría del crecimiento. Quizá el modelo de Solow, con unos pequeños retoques, sirviera para ello.

N. Gregory Mankiw era representativo de muchos –quizá de la mayoría– de los estudiantes que estudiaron economía en el MIT durante las décadas de 1960, 1970 y 1980. Estos estudiantes tendían a ser unos apasionados de la política económica. Eran tipos de Agua Salada. No era para ellos el escepticismo sobre la intervención del Estado, ni la defensa del *laissez faire*, que eran característicos de los estudiantes de Agua Dulce ni, puestos así, la arraigada curiosidad por las fuentes del orden económico que también era característica de Chicago. Estaban en Cambridge para dominar los instrumentos que les permitirían mejorar un mundo imperfecto. Se llamaban a sí mismos nuevos keynesianos.

Esta nueva teoría keynesiana era en algunos aspectos una doctrina de izquierdas. Había surgido para hacer frente al reto de la nueva economía clásica de Chicago y de otros puertos de Agua Dulce. Enseñaba que el énfasis tradicional en la eficiencia de la mano invisible era exagerado, que las imperfecciones eran frecuentes en los mercados, que casi siempre era necesaria en alguna medida, a veces urgente, la gestión económica de estos fallos del mercado. Una larga lista de economistas del MIT se habían declarado nuevos keynesianos: Stanley Fischer, Olivier Blanchard, Alan Blinder, George Akerlof, Joseph Stiglitz, Janet Yellen, Michael Woodford, Larry Summers y Ben Bernanke, por citar algunos de los más conocidos. «Tal vez la mano invisible guíe a la economía en épocas normales», dice Mankiw en una introducción a un estudio panorámico de la nueva economía keynesiana que compiló (en colaboración con David Romer, que no tiene ningún parentesco con Paul), «pero la mano invisible puede paralizarse».

Pero la macroeconomía de Agua Salada también tenía su lado conservador. A principios de la década de 1980, Martin Feldstein, economista de la Universidad de Harvard, ejercía una gran influencia. Se había convertido en el economista más conocido de Harvard. Había formado a Larry Summers, a Jeffrey Sachs y a un considerable número de los mejores y más brillantes miembros de la siguiente generación. Estaba infundiendo nueva vida al National Bureau of Economic Research, recién trasladado a Cambridge, a medio camino entre Harvard y el MIT. Pero Feldstein nunca se identificó a sí mismo como nuevo keynesiano. De hecho, había anunciado su «distanciamiento de Keynes». Se había convertido en el conservador de la corriente dominante contra el que los jóvenes afinaban sus ideas. En 1982, Feldstein había aceptado ser asesor económico jefe de Ronald Reagan, ayudando a dirigir un abandono táctico de las tesis más extravagantes de la revolución de la oferta. Entre los que reclutó para el consejo se encontraban Summers, Krugman y Greg Mankiw.

Mankiw llegó al MIT en 1980, el mismo otoño en que Ronald Reagan fue elegido presidente. Llegó con una beca de la National Science Foundation directamente de Princeton, donde siendo estudiante de licenciatura, había competido en el deporte de la vela. Sin embargo, Mankiw no era un niño privilegiado, a pesar de que había estudiado en la exclusiva Pingry School de Nueva Jersey (su madre trabajó para pagar la matrícula). Sus abuelos habían emigrado de Ucrania en vísperas de la Segunda Guerra Mundial. Cuando un tío suyo murió en el desembarco de Normandía, la familia acusó a Franklin D. Roosevelt de no haber preparado lo suficiente la invasión y se convirtió en acérrima republicana. Sus primeros recuerdos políticos son haber asistido con su padre a un mitin para la reelección de Richard Nixon en 1972.

¿Cómo era posible que algunos conservadores como Feldstein y Mankiw se sintieran más atraídos por Keynes que por las tradiciones más rigurosas del Chicago de Agua Dulce? ¿Por qué no hacer causa común con Milton Friedman? Esta pregunta tiene al menos dos respuestas. En primer lugar, a estas alturas en la tradición keynesiana había mucho margen para que las personas razonables discreparan sobre el papel que debía desempeñar el Estado en la economía. La hacienda pública se había convertido en un campo de plena actualidad. La aparición de ordenadores rápidos y los nuevos instrumentos de la teoría de equilibrio general permitían hacer preguntas que no se habían hecho antes, preguntas sobre los efectos negativos de los impuestos, sobre la influencia de los grupos de presión que se hallaba detrás de muchos proyectos de gasto público, sobre la interacción de la inflación y la legislación tributaria y las decisiones de ahorro y de inversión. Incluso a la habitual política fiscal anticíclica le salió una propuesta contraria: el ajuste por medio de una reducción de los impuestos en lugar del ajuste por medio de un aumento del endeudamiento del Estado. En segundo lugar, el prestigio que se habían ganado los economistas en los treinta años anteriores se lo habían ganado a pulso.

En 1987, Mankiw se había convertido en el primer doctor de economía del MIT a quien, con veintinueve años, le fuera ofrecido un contrato permanente por Harvard. Era un prolífico escritor y escribía sobre una amplia variedad de temas. Tuvo algún que otro contratiempo –en 1989, predijo públicamente (junto con su amigo David Weil) una caída a largo plazo de los precios de la vivienda que nunca ocurrió– pero, aparte de eso, era un maestro en el arte de explicar y sintetizar. En 1992, se puso al frente de su generación con la publicación de un libro de texto de macroeconomía intermedia que es habitualmente el punto de referencia de los que se preparan para escribir libros de texto de introducción.[1] Mankiw introdujo en el texto una sorprendente innovación: invirtió el orden habitual de los temas, colocando la estabilización keynesiana hacia el final del libro y dedicando la primera parte al análisis de los determinantes de la riqueza de las naciones. El eje central del nuevo texto era un modelo de Agua Salada, o nuevo modelo keynesiano de crecimiento económico.

Tras muchos años de preparación, la réplica de la economía de Agua Salada al modelo de crecimiento de Romer apareció en el *Quarterly Journal of Economics* en mayo de 1992. El texto escrito en colaboración por Mankiw, David Romer de Berkeley y David Weil de Brown University comenzaba con la frase «este artículo se toma en serio a Robert Solow». El eco de la agresiva retórica de Chicago en la primera frase era deliberado, aunque es difícil saber qué significaba «en serio» exactamente, aparte de plantear un reto rotundo a las críticas que había formulado Robert Lucas en sus *Marshall Lectures*. «Este artículo sostiene que las predicciones del modelo de Solow son, en una primera aproximación, coherentes con la evidencia», decían los autores. Además, si se añadía el capital humano, el modelo de Solow podía explicar *todas* las diferencias observadas entre las tasas de crecimiento de los países, al menos si se evaluaban sus regresiones con datos de diferentes países conforme a los parámetros habituales. Los autores daban a entender que los trabajos que hablaban de su fracaso eran muy exagerados.

---

[1] El texto ha sido publicado en lengua castellana por Antoni Bosch, editor, bajo el título de *Macroeconomía*. (N. del E.)

El supuesto clave era que todos los países tenían acceso al mismo acervo de conocimientos. Nada era privado durante mucho tiempo. Al fin y al cabo, incluso los países más pobres tenían bibliotecas. ¿Acaso no podían comprar lo que querían fabricar y desmontarlo para averiguar cómo estaba hecho? Sólo se diferenciaban entre sí en la forma de invertir en capital físico y humano para aprovechar el acervo común de conocimientos.

El modelo de Mankiw, Romer y Weil en seguida comenzó a conocerse con el nombre de modelo de Solow ampliado. Tal vez la teoría neoclásica del crecimiento, convenientemente modificada para reflejar las diferencias reales de niveles de educación y de acumulación en forma de capital tanto humano como físico, sirviera, después de todo, bastante bien, en cuyo caso era preferible. De esta manera, el sistema keynesiano se mantendría intacto. La diferencia principal entre el nuevo modelo y el antiguo tenía que ver con el ritmo al que cabía esperar que se produjera la convergencia: treinta y cinco años, en lugar de diecisiete, para recorrer la mitad del camino que faltaba para llegar al estado estacionario.

Romer y el resto del bando del crecimiento endógeno acogió con asombro el modelo de Mankiw, Romer y Weil. No había pasado ni un año desde su publicación cuando Gene Grossman y Elhanan Helpman atacaron su supuesto de que la tasa de progreso tecnológico de noventa y ocho países había sido la misma durante veinticinco años porque era «sencillamente indefendible». ¿Acaso Japón no había sobrepasado considerablemente, por ejemplo, a la República Centroafricana en la adquisición de nuevas tecnologías, tanto de las que eran nuevas para la economía mundial como de las que eran simplemente nuevas para Japón? «La respuesta que implica el modelo es tan insatisfactoria que resulta difícil creer que se pretenda que nos la tomemos en serio», dijo Romer en otro momento. Por razones que no se explican, algunos países ahorran más e invierten más en educación, y se dice que estas diferencias de ahorro e inversión explican *en su totalidad* la diferencia entre tasas de crecimiento. En otras palabras, las políticas de los gobiernos y la organización industrial no tienen nada que ver con eso. No se habla para nada de las ventajas comparativas, de las trampas del desarrollo, de la transferencia de conocimientos, de las leyes sobre patentes, de la inversión extranjera directa, de la protección de las industrias nacientes; se hace simplemente la afirmación tradicional de que ninguna política puede alterar mucho y durante mucho tiempo la tasa de crecimiento. «La cuestión inmediata que nos ocupa no es saber si el modelo neoclásico es exactamente verdadero –dijo Mankiw en una reunión en 1995–. La cuestión es saber si el modelo puede explicar, aunque sea mínimamente, la experiencia internacional.»

Era, desde luego, una paradoja que Cambridge defendiera el supuesto de la competencia perfecta y los rendimientos constantes frente a un economista de la escuela de Chicago interesado en los rendimientos crecientes y la competencia monopolística. Más paradójico aún era que sólo un par de años antes Mankiw y Solow hubieran atacado a los teóricos de los ciclos económicos reales por postular precisamente los mismos tipos de supuestos generales (véase «Los ciclos económicos reales: una nueva perspectiva keynesiana» [«Real Business Cycles: A New Keynesian Perspective»]). Pero lo cierto era que el modelo de Solow era fácil de enseñar. Encajaba perfectamente en el resto de la síntesis neoclásica. Los alumnos podían estudiarlo fácilmente. Era, pues, el primer modelo que debían ver. Daba lo mismo que exigiera el supuesto de competencia perfecta. Los nuevos keynesianos o economistas de Agua Salada estaban decididos a mantenerse firmes, incluso a costa de algún que otro escarnio. El modelo de Mankiw, Romer y Weil concordaba con los datos de la Penn World Table. ¿Qué más daba, pues, que no concordara con otros muchos hechos fácilmente observados?

Los economistas habían comenzado a aplicar a sus doctrinas el principio de *stare decisis* de los abogados tradicionales: cambiar lo menos posible. Este conservadurismo no era exclusivo en modo alguno de la economía. El célebre inversor Charles Munger (socio de Warren Buffet) cuenta la historia de un médico cuya clínica oftalmológica en UCLA continuó utilizando la misma técnica para realizar operaciones de cataratas mucho después de que se considerara obsoleta. Cuando se le preguntó por qué, la respuesta fue: «Charlie, es una operación tan maravillosa de enseñar». El doctor dejó de utilizarla únicamente cuando sus pacientes dejaron de ir a su consulta.

Así pues, el artículo que presentó Romer en la NBER durante el invierno de 1987, «Locas explicaciones...», en lugar de aclarar el debate, terminó confundiéndolo. Su utilización de los datos de Heston y Summers inició una moda que llegó a dominar el debate durante la década siguiente, la moda de hacer mecánicamente comparaciones estadísticas de las experiencias de muchos países en un intento de sacar conejos explicativos de la chistera. La convergencia o su inexistencia era una cuestión demasiado difícil para darle una respuesta precisa. El enfoque de por qué nosotros somos tan ricos y ellos tan pobres se había convertido en un juego cargado de cinismo. Con el tiempo, la mera pronunciación de las palabras «regresión de crecimiento con datos de distintos países» provocaba (como dijo uno de los que las hacían) desdén o asco a partes iguales. Sin embargo, durante un tiempo dio la impresión de que suscitaba un gran entusiasmo.

Para Romer, los primeros meses de 1987 fueron un periodo de gran insatisfacción. Tenía razones para sentirse insatisfecho. Seguía en Rochester, cinco años después de terminar el doctorado, y en su currículum sólo había dos artículos publicados. El que pronto iba a ser el tercero, el modelito telegráfico de crecimiento por medio de la especialización, aún tenía que aparecer en el número de actas de los *Meetings* de la *American Economic Review* y había algo en él que no se estaba entendiendo. El que pronto iba a ser el cuarto, «Locas explicaciones...», ya había puesto a tiro de sus críticos un fácil blanco de ataque.

Su principal proyecto en ese momento era escribir una nota sobre la fijación de los precios del uso de los telesquíes, en colaboración con Barro, un ejercicio técnico casi ridículo de tan limitado que era, y ahora Barro se había ido de Rochester a Harvard. En Colorado, el padre de Romer estaba tomando posesión del cargo de gobernador. De hecho, el joven profesor ayudante, de apenas treinta años, estaba considerando seriamente la posibilidad de dejar la economía y dedicarse al asesoramiento político y a trabajar para su padre.

21 En el telesquí

Nos gustaría pensar que la bombilla se enciende, de repente, en lugares pintorescos, que se grita ¡eureka! en la bañera y que de pronto cae una manzana y le da a uno en la cabeza. En realidad, el descubrimiento de la pieza del *puzzle* del crecimiento económico que aclaró el resto se inició en una conversación que mantuvieron en el comedor Romer, Barro y otros miembros del departamento de economía de la Universidad de Rochester.

Además, la distinción clave no surgió de repente. Sólo después de que se analizara, se escribiera, se publicara, se pusiera en duda y se defendiera un problema aparentemente sin relación alguna con éste, surgió una distinción que, aunque útil en un sentido, resultó crucial en otro. Es cierto, sin embargo, que ese día hablaban de las colas que se formaban en Disneylandia y que la distinción que aclaró finalmente la economía del conocimiento fue fruto de un minucioso análisis económico de los telesquíes.

La familia Barro había estado en California de vacaciones. El problema económico que se llevó el padre para casa fue éste: ¿por qué se formaban largas colas para visitar las atracciones de Dysneylandia? Para un economista y sobre todo para uno como Barro, esas largas colas eran una evidencia *prima facie* de la existencia de un fallo en el mercado. Los dueños del parque ganarían más si subieran los precios. Sin embargo, Disney cobraba solamente por entrar en el parque y, una vez dentro, todas las atracciones eran «gratis». El resultado eran esas omnipresentes colas. Las estaciones de esquí hacían lo mismo con los pases de los telesquíes. ¿Por qué no utilizaban los precios para eliminar las colas? ¿No ganarían así más dinero?

Éste era precisamente el tipo de enigma de la teoría de los precios que a los economistas jóvenes, al menos a los economistas de la escuela de Chicago, les gustaba resolver para mostrar su ventaja comparativa en el seno de la comunidad de economistas. Era el otoño de 1986. Barro tenía cuarenta y dos años. Había regresado a Rochester después de haberse sentido ofendido en Chicago. Estaba esperando impaciente, tratando de averiguar cuál era su lugar, dado que ya no era de Hyde Park. Romer, diez años más joven, estaba escribiendo su artículo «Locas explicaciones...». Tras una conversación exploratoria en el comedor, los dos decidieron escribir juntos un artículo sobre los sistemas de fijación de los precios de los abonos. Los dos eran ávidos esquiadores, por lo que decidieron centrar la atención en el caso concreto de los telesquíes. El ejercicio a lo mejor les permitiría extraer incluso algunas conclusiones útiles.

Durante un tiempo pensaron que el enigma de los telesquíes debía estar relacionado con la congestión, con «la tragedia de los bienes comunales», es decir, con el uso gratuito de un recurso escaso. Volvieron a darle vueltas a una famosa parábola económica en la que la solución en el caso de una carretera estrecha en buen estado (excesivamente transitada) que discurría paralela a una carretera ancha mal conservada (demasiado poco concurrida) era la instalación de una cabina de peaje en la carretera estrecha. Tal vez el problema de los telesquíes fuera otro caso en el que la solución era el establecimiento de unos derechos de propiedad, un problema que se resolvería fácilmente: bastaría con que los operadores cobraran cada vez que se utilizaran los telesquíes y subieran los precios cada vez que aumentara la demanda. Barro y Romer tardaron en darse cuenta de que los dueños de las estaciones de esquí *sí* subían los precios siempre que la demanda era alta. Ese era el objetivo de las largas colas.

Tras algunas reflexiones, los coautores llegaron a la conclusión de que no se habían fijado en el precio en el que debían fijarse. El precio relevante no era el precio que se cobraba por el pase diario para utilizar los telesquíes sino el que se cobraba cada vez que se subía en el telesquí. Éste dependía a su vez de cuántas personas hubiera en un día dado. Si un pase costaba diez dólares y las largas colas sólo permitían a los esquiadores subir cinco veces, el precio que se cobraba cada vez que se utilizaban los telesquíes era de dos dólares. Si no había nadie porque hacía frío o nevaba y los esquiadores podían subir veinte veces cada uno, el precio era de cincuenta centavos.

En realidad, los propietarios de las estaciones de esquí probablemente *estaban* cobrando todo lo que permitía el mercado. Y estaban cobrándolo sin parecer demasiado codiciosos. Sería caro establecer y supervisar un sistema en el que se cobrara cada vez que se utilizara el telesquí. En cambio, el coste que tenía para los esquiadores hacer cola parecía pequeño en comparación con el coste fijo de subir a la montaña. Lo que conseguían las colas era que el coste de la incertidumbre sobre el número de esquiadores recayera en los propios esquiadores. Esa misma idea explicaba por qué los pases para subir en los telesquíes costaban lo mismo durante toda la temporada; los propietarios no subían el precio, pero las colas eran más o menos largas. Las largas colas eran una alternativa a unos precios variables en dinero; ajustaban automáticamente los precios *reales* que pagaban los esquiadores. La moraleja de la historia era que los operadores de los telesquíes quizá sabían algo que no sabían los economistas: al fin y al cabo, ellos eran los que habían prosperado.

«Fijación de los precios de los telesquíes con aplicaciones al mercado de trabajo y a otros mercados» («Ski-Lift Pricing, with Applications to Labor and Other Markets») apareció en la *American Economic Review* en diciembre de 1987. Todo el análisis estaba formulado claramente en matemáticas de equilibrio general y aplicado sugestivamente a fenómenos que iban desde el sistema de desdoblamiento de precios del metro de París hasta diversos sistemas de reparto de beneficios de los bancos de inversión (la cuantía del bono de final de año depende, como el número de veces que se sube en los telesquíes, del número de personas participantes). El artículo era suficientemente ingenioso como para merecer una reseña en la revista *The Economist*, a pesar de sus ecuaciones («se advierte a los lectores que se cuiden de los esquiadores que luzcan calculadoras científicas. Podrían ser economistas camuflados poniendo a prueba la tesis de Barro y Romer»). Para entonces Barro había sido contratado por la Universidad de Harvard, haciendo buena su apuesta de abandonar Chicago. Romer, por el contrario, aún en Rochester, estaba empantanado con la controversia que rodeaba a su artículo «Locas explicaciones...».

Pero resultó que el artículo sobre los telesquíes había tocado de una forma totalmente inesperada una fibra sensible.

La primera carta llegó a los despachos de la *American Economic Review* en abril de 1988, la segunda en mayo y la tercera en septiembre. El análisis de la flexibilidad de los precios y de los abonos en los mercados de trabajo estaba muy bien, decían Tyler Cowen y Amihai Glazer. El artículo sobre la fijación de los precios de los telesquíes constituía sin duda alguna una aportación a la teoría económica. Pero –y era un gran «pero»– los jóvenes economistas, colegas en la Universidad de California en Irving, decían que «en ningún sitio del artículo o de la bibliografía se indica que el modelo básico es un redescubrimiento de la teoría de los clubes». Otros autores fueron menos educados. Todos les hicieron la misma acusación: Barro y Romer habían reinventado la rueda en su artículo y no citaban a sus verdaderos inventores.

El que legos en una materia se adentraran en un terreno desconocido y no mencionaran los trabajos previos relevantes era una verdadera vergüenza. La cita correcta de los trabajos anteriores era la divisa fundamental del banco de reconocimiento con la que operaba la ciencia. Si los principales resultados de Barro y Romer ya eran realmente muy conocidos en la literatura sobre economía pública, tendrían que corregir o incluso que retirar su artículo. Barro, dedicado ahora a hacer comparaciones internacionales de las tasas de crecimiento, había perdido interés por el tema. Para Romer, sin embargo, la tarea de traducir las ideas de «La fijación de los precios de los telesquíes» al lenguaje de la teoría de los clubes era algo bueno que le servía de liberación de la locura de «Locas explicaciones...».

Romer volvió entonces la vista hacia atrás y leyó «Una teoría económica de los clubes» («An Economic Theory of Clubs»), el artículo de James Buchanan publicado en *Economica* en 1965 que dio su nombre a este campo de investigación. Cuando Barro y Romer escribieron su artículo, sólo sabían que el resultado clásico de la teoría de los clubes contradecía su intuición, que consistía en que para que la asignación fuera eficiente era necesario cobrar por el uso de las plazas de los telesquíes. Esta idea básica se respiraba, al menos, en el ambiente. Pero tanto había aumentado en abundancia y profundidad la literatura económica desde la Segunda Guerra Mundial que era razonable suponer que sólo los expertos en hacienda pública habían leído los estudios clásicos en este campo.

Daba la casualidad de que James Buchanan fue célebre por poco tiempo en 1987. Un año antes de que apareciera el artículo «La fijación de los precios de los telesquíes», había recibido el Premio Nobel de economía por toda una vida de trabajo dedicada al estudio de la toma de decisiones políticas. De hecho, la historia de su carrera es interesante. Siendo estudiante de doctorado en la Universidad de Chicago durante el invierno de 1948, cuando más entusiasmo había en la Comisión Cowles, Buchanan fue uno de los que abandonó Hyde Park. Había llegado a la conclusión de que la economía estaba alejándose de sus fundamentos clásicos y de que «la técnica estaba sustituyendo a la sustancia».

Además, Buchanan había comenzado a leer al gran economista sueco Knut Wicksell. Empezó a darle vueltas a la cuestión de la frontera entre la economía y la política. «Los economistas deberían dejar de dar consejos de política como si trabajaran para un déspota benevolente –sostenía– y fijarse, en lugar de eso, en la forma en que se toman las decisiones políticas.» Desafió a sus colegas a «postular algún modelo del Estado, de la política, antes de analizar los efectos de las distintas medidas económicas». Una serie de ensayos en este orden·de cosas colocaba el «fallo político» en el mismo nivel que el «fallo del mercado» y consideraba que era una cuestión de legítimo interés para los economistas. De hecho, junto con su coautor Gordon Tullock y su compañero de estudios de doctorado en

Chicago, G. Warren Nutter, Buchanan levantó una escuela de economía política –la «escuela de Virginia»– cuyas ideas eran parecidas a las de Chicago, aunque sutilmente distintas. Pero Buchanan nunca perdió el gusto por la precisión matemática. Y «Una teoría económica de los clubes» había dado origen a una literatura abundante y profunda.

Por Buchanan, Romer se enteró de que fue Paul Samuelson el que sentó las bases. La hacienda pública era un campo muy antiguo, consagrado en los libros de texto, lleno de matices y vagas distinciones. En 1954, picado por el reto de demostrar qué podía hacer el nuevo lenguaje formal, Samuelson tradujo un importante, pero poco conocido, artículo de su amigo Richard Musgrave («La teoría del intercambio voluntario de la economía pública» [«The Voluntary Exchange Theory of Public Economy»]) a la formulación matemática de «La teoría pura del gasto público» («The Pure Theory of Public Expenditure»). Samuelson puso un ejemplo extremo de la diferencia entre lo público y lo privado. Había bienes convencionales como el pan, cuya cantidad total puede repartirse entre la gente de tal manera que si una persona tiene una barra menos, otra ha de tener una más. También hay bienes de consumo públicos, por ejemplo, un espectáculo de fuegos artificiales o la defensa nacional. Éstos se suministran a toda la gente para que cada cual los disfrute o no, según sus gustos, «pero sin reducir el consumo de ninguna persona». A eso le seguían tres páginas que, para los que fueran capaces de entender las matemáticas, transformaron este campo de investigación. Cuarenta años más tarde, Jim Heckman recordaba: «Leí a Musgrave siendo estudiante y, para ser sincero, no me enteré de nada. Las tres páginas de Samuelson me lo dejaron todo muy claro y aún puedo repetir de memoria sus demostraciones». Samuelson señaló más tarde, arrepentido, que su formalización es posible que le costara a su amigo la concesión del Premio Nobel.

Era a esta literatura a la que Buchanan había añadido en 1965 el concepto de «bienes de club», expresión con la que pretendía referirse a un amplio espectro de bienes que no eran ni puramente públicos ni puramente privados, una clase de cosas que antes se llamaban de una manera algo engañosa bienes públicos «impuros».[1] Los clubes eran grupos cuyos miembros compartían en exclusiva algo valioso: piscinas, campos de golf, estaciones de esquí, carreteras de peaje, asocia-

---

[1] A otros se les habían ocurrido ideas parecidas más o menos al mismo tiempo. Charles Tiebout había adelantado algunas aplicaciones en un famoso artículo publicado en 1956 sobre los factores que llevaban a los consumidores a preferir un barrio a otro, por ejemplo, las escuelas públicas. Mancur Olson centró la atención en la conducta general de los grupos de presión políticos unos años más tarde en *La lógica de la acción colectiva* (*The Logic of Collective Action*).

ciones profesionales, etc. Para que los bienes de «club» funcionaran, era crucial que fueran *excluibles*. El mecanismo de exclusión podía ser un guardia, una verja, una valla, una ventanilla de venta de entradas, una lista de control en manos de un relaciones públicas en una puerta, cualquier cosa que sirviera para permitir la entrada de los socios y mantener alejados a los que no lo fueran. La teoría de los clubes era una manera de identificar los bienes públicos impuros y de desentra- ñar la relación entre sus costes y los grupos que los consumían.

El problema fundamental que abordaba la teoría de los clubes era el de la congestión. Un buen ejemplo eran las piscinas. En el universo de Buchanan, eran bienes públicos impuros, al menos hasta cierto punto. Una piscina podía tener muchos socios. Los nadadores podían tirarse del trampolín por turnos. Varias personas podían nadar incluso haciendo largos por una única calle, mientras se espaciaran uniformemente y nadaran más o menos a la misma velocidad. Pero tar- de o temprano habría un problema de congestión. En ese momento, alguien probablemente construiría otra piscina.

Dentro del grupo de los teóricos de los clubes inclinados al uso de las mate- máticas, algunos de los logros de los que estaban más orgullosos eran los que demos- traban que si el mercado era grande en comparación con el número de clubes, producía suficientes piscinas, y el precio que había que pagar para hacerse socio se fijaba competitivamente. Para los fines de los modelos de equilibrio general de alta tecnología, lo esencial del análisis era que la pertenencia a un club de nata- ción era un bien intermedio que acababa comportándose como un bien puramen- te rival y que al final había competencia perfecta. En otras palabras, la teoría de los clubes no requería unas matemáticas con no convexidades. Pronto se convir- tió en el enfoque clásico para analizar un buen número de problemas: las escue- las, las autopistas, las redes de información, los sistemas de comunicación, los parques naturales, las vías navegables y el espectro electromagnético.

Sin embargo, no tardó mucho en quedar claro para los teóricos de la hacien- da pública que era necesario un término mejor que el de «público» para descri- bir las características subyacentes de los bienes que suministraban los clubes a sus socios. Estaba bien llamar «puros» a los bienes públicos como la defensa nacio- nal o las farolas. Pero los bienes «impuros» o «bienes mixtos» no recogían la carac- terística que estos bienes tenían en común con la señal que emitía un faro o con un desplazamiento en metro o con la oportunidad de jugar al golf en un club de campo. Los bienes de «club» sólo cubrían una parte de lo que Buchanan llamó el «imponente vacío de Samuelson» en el espectro entre los bienes de consumo pura- mente privados y los bienes públicos de los que todo el mundo disfrutaba sin cor- tapisas. Bienes «colectivos» no era un término mucho mejor. Unos años más tar- de, Richard Musgrave, profesor de la Universidad de Harvard, que era por entonces el decano de los economistas de hacienda pública, añadió un capítulo a su famoso libro de texto *La hacienda pública en la teoría y en la práctica* (*Public Finance in Theory and Practice*) en el que los llamó «bienes sociales».

La característica distintiva de los bienes de «club» era que «no se agotaban» cuando se consumían, según Buchanan, al menos no cuando los utilizaba una sola persona. Muchas podían disfrutar simultáneamente de sus beneficios. Pero, naturalmente, al final sus beneficios *se agotaban*: la piscina se llenaba de gente. Musgrave modificó, pues, la terminología, introduciendo una distinción entre los bienes rivales y los bienes no rivales. Los bienes no rivales eran los bienes a los que podía acceder todo el mundo y sin interferencia mutua. Los bienes rivales eran aquellos de cuyos beneficios disfrutaban sus compradores. Los alimentos, la ropa, la vivienda, los automóviles, etc. La clave era el mecanismo de exclusión. «Una hamburguesa que es comida por A no puede ser comida por B.» Pero ¿qué pasaba con los puentes en los que se podía cobrar o no un peaje o con las emisiones de radio susceptibles de sufrir interferencias? Musgrave construyó, pues, una tablita parecida a la siguiente.

	Exclusión	
	Viable	No viable
Rival	1	2
No rival	3	4

El mercado sólo suministraba bastante satisfactoriamente el bien en el caso 1, decía Musgrave. En los otros tres casos, fallaba. Especialmente interesante era el caso 2, el caso del puente, la emisión de radio, el tráfico que atravesaba Manhattan en una tarde de mucho tránsito. En principio, nos gustaría poder subastar o vender de alguna otra forma el derecho a transitar por la calle 42, decía Musgrave, igual que se podía cobrar un peaje por un puente, pero no era viable (aunque algún día, señalaba, se podría). Mejor llamar «bienes sociales» a todos estos casos de fallo del mercado.

(En 1955, Buchanan había señalado que, estrictamente hablando, ni siquiera un par de zapatos eran realmente rivales. Los zapatos podían prestarse o alquilarse, como en las boleras. Fue una pena que no extendiera las propiedades de los clubes en las que estaba interesado en la otra dirección, en la dirección de los bienes cuyo consumo podía compartirse mucho más que los zapatos. Muchos años más tarde, Elhanan Helpman diría suspirando: «¡Se quedó tan cerca!»)

Romer encontró la distinción entre rival y no rival en un libro de texto (*La teoría de las externalidades, los bienes públicos y los bienes de club* [*The Theory of Externalities, Public Goods, and Club Goods*] de Richard Cornes y Todd Sandler) y en seguida le pareció útil. Sin embargo, analizando el problema del telesquí, le dio la impresión de que los que habían criticado su artículo basándose en la teoría de los clubes no lo habían entendido. Subir en los telesquíes no era como utilizar una piscina. O tenías una plaza en un telesquí o no la tenías. Eran bienes puramente *rivales*: una vez que estabas sentado en una silla, era tuya. Nadie más podía sentarse en ella. Había un elemento de congestión, pero no era importante, al menos no desde el punto de vista del operador o, puestos así, del esquiador. Si se consideraba que el bien básico era la subida en el telesquí en lugar del pase para subir, la forma de fijar los precios de los operadores tenía todo el sentido del mundo. Su sistema estaba pensado para obtener los mayores ingresos posibles y dejar que las colas hicieran el resto. Romer se sentó a escribir una nota de réplica a los autores de las cartas para que se publicara en la *American Economic Review*.

Sin embargo, antes de acabar la réplica, Romer volvió a pensar de repente en el crecimiento económico, pues ¿qué era el conocimiento, cuya acumulación se había propuesto describir, sino una colección extraordinariamente diversa de bienes no rivales?

En el desván de la economía de la hacienda pública, resultaba que había un concepto que, a lo mejor, podía explicar el elemento más básico del crecimiento. Desde luego, podía utilizarse, pues el verdadero significado de bien no rival era que se trataba dea un artículo que no se «agotaba» cuando se consumía o se empleaba como factor en un proceso de producción. Por ejemplo, el diseño de una nueva película fotográfica rápida.

Cuando Romer examinó los libros de texto de hacienda pública para ver cómo estaba empleándose el término, observó que la distinción entre bienes rivales y bienes no rivales estaba aplicándose estrictamente a los bienes que antes se denominaban «bienes de club». Por ejemplo, Tyler Cowen (se había trasladado a la George Mason University), teórico cuya carta había iniciado el ejercicio, estaba escribiendo más o menos al mismo tiempo un manual sobre bienes públicos y externalidades. Para explicar el concepto, escogió un cine:

> Un cine es un ejemplo de consumo no rival. Hasta que el cine se llena, se puede dejar que entren más personas y vean la película sin que disminuya el consumo de los espectadores que ya están viéndola. Como el consumo de una película por parte de una persona (a diferencia, por ejemplo, de un plátano o de unas gafas) no impide que otra consuma el mismo bien, no es rival.

Sin embargo, el bien no rival realmente interesante en este ejemplo no es una butaca en el cine, por muchas que haya. Es la propia película. El cine podría llenarse, podría formarse una cola alrededor de la manzana, pero la película podría proyectarse en los cines de todo el país, de todo el mundo. Podría proyectarse en los aviones, en la televisión, podría venderse a los consumidores en DVDs. Podrían hacerse segundas partes. La película era propiedad de sus dueños; pero otros –los actores, el compositor de su banda sonora– también tenían derechos. La mayoría de estos numerosos tipos de derechos de exhibición eran muy excluibles, gracias a los distintos contratos que habían redactado los abogados. Los abogados eran expertos en *propiedad intelectual.* Pero nada de esto tenía que ver con la teoría de los clubes.

Y lo que era aún más curioso, Romer descubrió que los teóricos de los clubes estaban utilizando indistintamente este concepto y el de indivisibilidad; «no rivalidad en los beneficios que proporciona, véase indivisibilidad», decía el índice del libro de texto de Cornes y Sandler. Recuérdese que se decía que un bien era indivisible si había una cantidad mínima por debajo de la cual no podía obtenerse. Uno podía consumir media caja de cereales, pero no la mitad de un puente sobre un río. Como hemos visto, había una indivisibilidad o, en su representación matemática, una no convexidad, siempre que había un coste fijo. Por ejemplo, ¿el coste fijo de hacer una película?

A continuación, Romer releyó dos artículos de Arrow sobre la economía del conocimiento de principios de la década de 1960. Se dio cuenta de que era aquí donde estaba el origen del error. Arrow había identificado tres características especiales del conocimiento que lo diferenciaban de otras cosas. El éxito en su producción era inherentemente *incierto.* El nuevo conocimiento, una vez producido, a menudo era *inapropiable,* es decir, la persona que lo introducía en el mundo podía no tener forma de capitalizarlo, puesto que en el mejor de los casos sólo era posible poseerlo imperfectamente. Y, por último, era *indivisible,* es decir, su uso generaba costes medios decrecientes (o, en otras palabras, rendimientos crecientes), ya que, al igual que la señal que emite un faro, la necesidad de conocimiento en una actividad determinada era independiente de su escala.

Lo que Arrow había llamado «apropiable» correspondía sencillamente al concepto de «excluible» de la teoría de los clubes. Era simplemente su imagen gemela. Daba lo mismo que una patente convirtiera un descubrimiento en apropiable para uno o en excluible para los otros.

Pero lo que distinguía al conocimiento no era tanto el hecho de que fuera indivisible como el hecho de que fuera no rival. Un faro o una grabación o un programa informático tenían realmente algo de indivisibles. No existían hasta que se construía o se hacía o se utilizaba y hacer eso tenía inevitablemente un coste fijo.

Sin embargo, los bienes que no eran rivales, una vez creados, podían reproducirse indefinidamente con un coste casi nulo y utilizarse una y otra vez sin que se «agotaran». Muchas personas podían poseerlos al mismo tiempo precisamente porque no eran rivales. También eran indivisibles. Pero su indivisibilidad no era lo importante.

Era un bien no rival cualquier cosa cuyo contenido pudiera reproducirse. Una sinfonía o su interpretación por una determinada orquesta; una imagen o su reproducción sobre un plato; una fórmula química o su utilización para fabricar una píldora. De hecho, era cuando se podía hacer que los bienes fueran excluibles cuando las cosas se ponían realmente interesantes. Los bienes no rivales eran excluibles en distinto grado dependiendo de las circunstancias. Por ejemplo, una butaca en un concierto. Pero ¿y si el asistente al concierto llevaba una grabadora? En los años de apogeo de Puccini, las óperas del compositor se ensayaban sin sus arias, no fuera a ser que los reporteros de los periódicos memorizaran las melodías, las escribieran en notación musical y se las pasaran al ansioso público. El secreto era uno de los recursos para preservar bienes no rivales comercialmente valiosos. Otros eran las patentes, las marcas, los ingredientes secretos, los códigos de acceso, los estándares privativos y la innovación continuada.

Poco a poco, fue tomando forma en la mente de Romer un gráfico. Era parecido al siguiente:

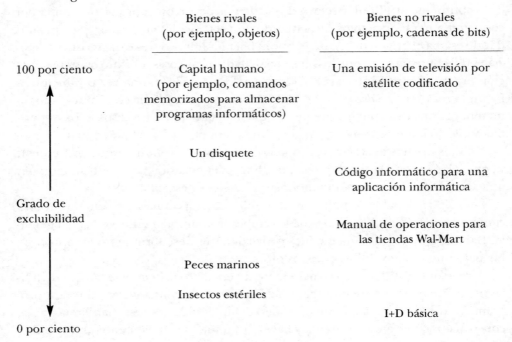

La nueva tipología resolvía una gran cantidad de problemas. Bajo la presión de los acontecimientos, algunos economistas de la hacienda pública como Tyler Cowen y Hal Varian habían comenzado a hablar de «mercados privados de bienes públicos». Pero esa terminología introducía, sin duda alguna, confusión. ¿Qué tenía de *público* el sistema operativo Windows de Microsoft para ordenadores personales, a pesar de que el programa informático se había convertido rápidamente en el estándar en el sector? ¿Qué tenía de *privada* la lengua inglesa, a pesar de que cada persona la poseía individualmente? ¿No era mucho más fácil hablar de mercados de bienes no rivales?

Había aquí terminología para desenmarañar la abundante colección de conceptos relacionados entre sí que se habían ido acumulando con el paso de los años –bienes públicos, externalidades, indivisibilidades, no convexidades, mercados inexistentes, derechos de propiedad mal definidos– conceptos cuyo denominador común era que estaban relacionados con el mal funcionamiento del mercado.[2] Pero un bien no rival –por ejemplo, un faro– era muy diferente de una externalidad. Podía muy bien producir, en principio, efectos secundarios no compensados, pero en la práctica había más probabilidades de que el coste de construir y de mantener un faro necesario se compartiera que de que fuera asumido por las autoridades o de que no se satisficiera. Era por no existir la terminología adecuada por lo que el libro de texto de Samuelson había incluido en quince de sus ediciones los faros en la categoría de los bienes públicos y había afirmado que sólo podían ser suministrados por el Estado, a pesar de un importante artículo publicado en 1974 por Ronald Coase que demostraba que los faros a menudo, incluso *habitualmente*, habían sido suministrados por el sector privado. Los faros eran bienes no rivales y parcialmente excluibles. Lo mismo ocurría con los artículos de las revistas científicas, los informes privados de los laboratorios de investigación industrial, el diseño y las técnicas de fabricación de bienes de consumo como la porcelana Wedgwood. Las externalidades eran bastante reales, pero el fenómeno más profundo y más interesante era el hecho de que no fueran rivales. El análisis económico de los bienes rivales era muy diferente del análisis económico de las personas y las cosas.

Sin embargo, en la primavera de 1987, que fue cuando Barro y Romer dieron los últimos retoques a «La fijación de los precios de los telesquíes», nada de esto había ocurrido. Aún quedaba más de un año para que comenzara realmente la contro-

---

[2] La frase procede de Andreas Papandreou en *Externalidades e instituciones* (*Externalities and Institutions*).

versia con los teóricos de los clubes. No fue hasta 1992 cuando apareció el esquema antes mencionado. Sin embargo, en cuestión de semanas, el artículo sobre los telesquíes abrió la primera puerta al futuro.

La observación de que los precios podían ser flexibles incluso cuando parecía que eran rígidos –que era el mensaje final de «La fijación de los precios de los telesquíes»– era el tipo de idea que los economistas de Chicago valoraban. Romer fue invitado a dar una charla sobre su análisis en un seminario en la Universidad de Chicago. Fue unas semanas después de las decepciones que había sufrido con el artículo de «Locas explicaciones...». Con su mezcla de sobria teoría de precios y matemáticas de alto nivel, el artículo atrajo a los dos bandos del departamento de Chicago, a los teóricos aplicados de los precios y a la facción modernista del departamento.

De hecho, el viaje a Chicago dio unos frutos que superaron con creces todas las expectativas razonables. Unas semanas después del seminario, José Scheinkman llamó a su antiguo alumno, seis años después de que hubiera terminado los estudios de doctorado, para hacerle una oferta: volver como profesor permanente. No era una decisión nada fácil. La mujer de Romer tenía una oferta mejor para hacer investigación médica en California. Pero era la carrera de él la que necesitaba un empujón.

Romer aceptó, aceptación que se hizo efectiva en enero de 1988. Su pesar por el percance de «Locas explicaciones...» en el NBER estaba olvidado. Estaba listo para volver a trabajar sobre el modelo de crecimiento por medio de la especialización que había publicado apresuradamente en su nota de 1987, para desmenuzarlo y averiguar dónde encajaban las externalidades en el modelo. En lugar de abandonar la economía, volvería a su *alma mater*. Y estaba acercándose, por fin, a la meta.

22 «El cambio tecnológico endógeno»

Era un lugar magnífico para celebrar un torneo: las orillas de un río que corría en sentido norte desde el Lago Eire hasta las cataratas del Niágara, salvo que la liza no se encontraba en una pradera salpicada de sol sino en un recóndito lugar iluminado con luces fluorescentes de un Hotel Hilton situado entre autopistas que bordeaban el río. En esa época, Buffalo parecía como si hubiera estado en guerra. Como consecuencia de la fortaleza del dólar a principios de la década de 1980, muchos de sus puestos de trabajo se habían ido al extranjero.

Fue aquí donde las distintas teorías rivales del crecimiento económico se enfrentaron en una conferencia celebrada el fin de semana del *Memorial Day* de 1988. La idea era evaluar el potencial de las variedades de «nueva» teoría del crecimiento que habían surgido desde que Romer presentó su tesis sobre los rendimientos crecientes hacía cinco años. Los economistas habían estado buscando una excusa para reunirse, para exponer las teorías rivales que habían ocupado las conversaciones durante varios años. Era como un torneo entre los distintos participantes en el debate. Romer, recién nombrado profesor de la Universidad de Chicago, llevó un artículo. Lo mismo hicieron Paul Krugman del MIT, Robert Barro de Harvard, Gary Becker de Chicago (con un coautor, el joven Kevin Murphy) y el económetra Dale Jorgenson de Harvard. Entre los ponentes se encontraban muchas de las nuevas estrellas de la siguiente generación: Larry Summers, Gene Grossman, Andrei Shleifer y Robert Vishny. También acudieron muchas figuras de la generación anterior: Lucas de Chicago, Stanley Fischer del MIT, Robert Hall de Stanford, Edward Prescott de la Universidad de Minnesota, Finis Welch de Texas A&M. El hecho de saber que los mejores artículos se publicarían en la revista bandera de la Universidad de Chicago, el *Journal of Political*

Economy, imprimía solemnidad al acto. Iban a entrar en la literatura bajo el patrocinio de la Universidad de Chicago.

La fecha de la reunión parecía que estaba vagamente relacionada con las elecciones presidenciales de 1988; se anunció la Primera Conferencia Internacional del Institute for the Study of Free Enterprise Systems. Se habían obtenido fondos de Jack Kemp, congresista de Buffalo. El político defensor de la economía de oferta (y en otro tiempo *quarterback* de los Buffalo Bills, el equipo de fútbol americano de Buffalo) deseaba que George Bush no fuera el candidato republicano a las elecciones. Su asesor más cercano era Jude Wanniski. La Smith Richardson Foundation, que era otro de los patrocinadores de la conferencia, había invitado a un puñado de periodistas y a otros observadores. Tal vez el patrocinio fuera político, pero los economistas que se congregaron en Buffalo eran imparciales y apacibles. A los participantes no les importaba quién pagara las facturas.

Entre los artículos presentados en Buffalo ese día estaba «Fundamentos microeconómicos del cambio tecnológico agregado» («Micro Foundations for Aggregate Technological Change») de Romer. Los otros artículos pasaron rápidamente a un segundo plano: el modelo perfectamente competitivo de la transición demográfica de Becker y Murphy, el intento de Krugman de relacionar el comercio y el crecimiento, el estudio de Jorgenson de la influencia de la política tributaria en el crecimiento, otro modelo *AK* en la línea de Von Neumann. «Fundamentos microeconómicos» fue el artículo que iba a rebautizarse en su momento con el título de «El cambio tecnológico endógeno» («Endogenous Technological Change»), es decir, fue el artículo que iba a convertirse en Romer '90. Pues fue en este insólito escenario en el que el concepto de propiedad intelectual, si no se «descubrió» exactamente, sí se caracterizó formalmente por primera vez en el contexto de la teoría del crecimiento, se integró en un modelo agregado de la economía, en el que el conocimiento era tanto un factor de producción como un producto, de una forma que permitía a los economistas tener en cuenta su importancia. Era mucho lo que estaba en juego.

El nuevo artículo comenzaba afirmando que lo realmente importante no eran los factores físicos sino la acumulación de conocimientos. Las materias primas básicas que se combinaban para generar utilidad eran más o menos lo que habían sido siempre, decía Romer, pero los métodos que se empleaban para combinarlas se habían vuelto mucho más sofisticados, especialmente en los últimos años:

> Hace cien años, lo único que podíamos hacer para conseguir que el óxido de hierro provocara un estímulo visual era convertirlo en pigmento y extenderlo sobre las fibras de un lienzo (el propio lienzo constituyó una gran mejora con respecto

a las paredes de las cavernas). Hoy sabemos extender el óxido de hierro en grandes rollos de cinta de plástico y utilizarlo con una mezcla de cobre, silicio, petróleo, hierro y otras materias primas para hacer televisores y magnetoscopios.

En Buffalo, Romer no empleó todavía el término conocimiento «no rival». Hizo, en su lugar, la distinción entre «conocimiento corpóreo» (que era el capital humano que no sobrevivía al individuo) y conocimiento «incorpóreo» (que sí sobrevivía al individuo), una distinción que se remontaba a la época de la Patrulla perdida. La clarificadora controversia con los teóricos de los clubes que iba a llevar a la expresión no rival y parcialmente excluible apenas había comenzado. La primera carta acababa de llegar hacía una semana. La nueva terminología iba a tardar en cuajar. Durante los años siguientes, Romer experimentó con el lenguaje, utilizando de vez en cuando los términos «recetas» y «planos» e «ideas» como sinónimos de «instrucciones». Evitó sistemáticamente la expresión curiosamente engañosa de «capital intelectual» y la distinción jergal entre «hardware», «software» y «wetware», que significaba cerebro o capital humano.

La terminología evolucionó gradualmente conforme los intérpretes de los conceptos fueron experimentando con su uso. Los conceptos «rival» y «no rival» acabaron identificándose con los objetos concretos y las ideas incorpóreas, y después se abreviaron por sinécdoque convirtiéndose en átomos y bits. La distinción no sustituyó la dicotomía «público/privado» en el discurso político sino que la aumentó y la reforzó. Al analizar los bienes rivales, Romer había conseguido comprender mejor las propiedades de los bienes no rivales con los que estaba trabajando en la teoría del crecimiento. Entendía mejor qué hacía que el conocimiento fuera singular. Y, por primera vez, descubría por qué Kenneth Arrow había llevado a la comunidad de economistas por un camino equivocado en 1962 con su análisis de la indivisibilidad de las nuevas ideas, su carácter de «bloque» irreducible. Las nuevas ideas eran realmente como un bloque. No se podía comprar solamente la mitad. Como uno de los puentes de Dupuit, no servían para nada hasta que no se acababan, a menudo con un coste considerable. Pero en este mundo muchas cosas eran como un bloque. Lo que hacía que una nueva idea fuera parecida a un puente, pero en última instancia diferente de él era que, a diferencia de un puente, podía ser utilizada por cualquier número de personas al mismo tiempo, a menudo sin que disminuyera su utilidad y normalmente sin mucha (o incluso sin ninguna) retribución.

El gran encanto de la no rivalidad había residido desde el principio en su capacidad para explicar el mecanismo que subyacía a la máxima de Adam Smith de que «la división del trabajo está limitada por la extensión del mercado». Allyn Young había tratado únicamente de describir la «red cada vez más intrincada de empresas especializadas que se ha introducido entre el productor de la materia prima y el consumidor del producto final». Ahora Romer había desentrañado el mecanismo que relacionaba la especialización con el tamaño del mercado. Era el coste fijo de encontrar un conjunto de nuevas instrucciones. Nadie fabricaría un martillo para clavar un único clavo o una trampa moderna para cazar un único ratón; sin embargo, cuanto mayor fuera el mercado, más copias de un nuevo diseño podrían venderse. El coste no estaba relacionado con el número de veces que se utilizaba el diseño; de ahí los orígenes de los costes medios decrecientes que creaban rendimientos crecientes: vende cien martillos, y cubrirás gastos; vende un millón, y te harás rico. Y un mercado verdaderamente grande era capaz de sustentar a un número incalculable de especialistas cuyos factores contribuían al producto final.

> En las pinturas de las cavernas sólo intervenían los que las realizaban e incluso hace cien años, la cadena de individuos y empresas que intervenían entre la recogida de pigmentos y fibras para los lienzos y la venta de un cuadro era relativamente corta y simple. Hoy en día, un consumidor de vídeos domésticos se beneficia del trabajo de decenas de miles, quizá de cientos de miles, de trabajadores y empresas especializados repartidos por todo el mundo.

La división del trabajo —el mercado de especialistas y sus inventos— estaba limitada principalmente por el tamaño del mercado.

El modelo telegráfico del crecimiento por medio de la especialización que había desarrollado Romer en 1987 había hecho que pareciera que el tamaño de la población pudiera ser la clave, que quien tuviera el mayor mercado interno sería el que crecería más deprisa. Si eso fuera así, China hacía tiempo que debería haber sobrepasado a Gran Bretaña. Esta vez Romer fue más prudente al hablar de las relaciones entre la cantidad de capital humano especializado y el crecimiento del conocimiento que había introducido en el modelo de Buffalo. Al fin y al cabo, no era el trabajo en bruto el que realizaba I+D; eran los ingenieros, los científicos y otros trabajadores muy cualificados. El modelo de Buffalo dejaba claro por qué la población no era la medida correcta del tamaño. Y lo que es más importante, mostraba que abriendo los mercados al nuevo conocimiento, la política comercial podría influir no sólo en el bienestar (como se había dicho desde hacía tiempo) sino también en la propia tasa de crecimiento. El análisis económico de la creación de ideas era muy diferente del análisis económico de la producción de cosas, ya que las ideas, desde la propiedad intelectual hasta la investigación más básica, podían reproducirse casi sin coste alguno y podían ser utilizadas simultáneamente por cualquier número de personas.

Así pues, las innovaciones –los distintos y nuevos «conjuntos de instrucciones» que aparecían y los empresarios que los utilizaban– eran la clave del crecimiento. Era cierto que el uso de viejos materiales de maneras nuevas siempre requería capital humano adicional (en forma de mayor formación) y más capital físico, pero los costes de encontrar nuevos conjuntos de instrucciones eran lo realmente interesante. La gente inventaba las nuevas instrucciones con la esperanza de ganar dinero, después mantenía en secreto algunos aspectos de esas instrucciones, los patentaba o aprovechaba la ventaja de los nuevos conocimientos recién descubiertos para seguir avanzando y crear aún más conocimientos nuevos.

La segunda tesis del artículo se derivaba de la primera. Estaba relacionada con la ubicuidad de la competencia monopolística. Para Romer era evidente que la existencia de los derechos de propiedad intelectual –y, lo que era más importante, los secretos comerciales y el conocimiento en general– significaba la presencia de competencia monopolística en toda la economía, de agentes precio-decisores, y no sólo en el caso de los libros de texto sino también en el de los copos de maíz, el género de punto, las ostras, todo aquello a lo que se le pudiera poner marca o se pudiera conseguir diferenciarlo de alguna otra forma. Y aquí el nexo vital era el concepto de coste fijo.

Los demás modelos de crecimiento presentados en Buffalo ese día mantenían el supuesto de que los agentes son precio-aceptantes, es decir, de que hay competencia perfecta. Robert Lucas no llevó un modelo, pero un año antes había pasado rápidamente por encima de la distinción que estaba colocando Romer en el centro de su análisis. Para Lucas tanto la habilidad para batear como el conocimiento de los libros de texto eran formas de «capital humano». Ambos tenían un coste fijo: el jugador de béisbol George Brett tenía que entrenar; los autores tenían que escribir su libro. Cada uno trabajaba previendo obtener una corriente de ingresos. ¿Para qué molestarse, pues, en hacer una distinción? Los dos podían analizarse por medio de un modelo convencional de competencia perfecta, con sus elegantes matemáticas de la convexidad. Pero según Romer, el supuesto de la convexidad «es precisamente lo que debe abandonarse para poder tener en cuenta el conocimiento que es incorpóreo y que se desarrolla endógenamente».

Era cierto, reconocía Romer, que los derechos de monopolio que pudieran establecerse sobre el nuevo conocimiento, trabajosamente adquirido, tendían a desaparecer tarde o temprano. Ahí era donde entraban las externalidades, el «conocimiento del oficio» de Marshall que no se podía mantener en secreto. «Como ha demostrado muy bien el caso de la grabación en cintas de vídeo (una tecnología desarrollada por una empresa en Estados Unidos, refinada por empresas de Japón y copiada por empresas de Corea), una innovación tecnológica puede imitarse y utilizarse sin el consentimiento de su creador», decía Romer. Las patentes y los secretos podían limitar el grado en que se utiliza sin autorización, pero eso no alteraba el hecho de que el conocimiento, especialmente la variedad de conocimiento que se definía con el nombre de propiedad intelectual, era muy diferente del capital humano: era fácil de copiar.

El nuevo modelo se diferenciaba, pues, tanto del modelo de Chicago como del modelo de Solow en dos aspectos cruciales. Contenía un sector de investigación y desarrollo, que utilizaba recursos valiosos para producir nuevas instrucciones, integradas cuidadosamente en el modelo de equilibrio general descentralizado que hemos venido llamando hoja de cálculo de infinitas dimensiones. Eso era lo que quería decir que el cambio técnico era «endógeno».

En segundo lugar, el modelo de Romer daba por sentada la competencia monopolística. La fábrica de alfileres se había convertido en un motor de crecimiento, quizás, como había afirmado Schumpeter, en *el* motor de crecimiento. Ya no iban a entenderse las ventajas de la superioridad técnica como un caso de «fallo del mercado». Formaban parte de las reglas del juego, se suponía que eran el resultado de ventajas de producción o de comercialización que podían mantenerse en secreto durante un tiempo o protegerse por medio de una patente o de una marca registrada, de manera que el fabricante pudiera mantener los precios de venta por encima del coste marginal, al menos durante un tiempo y recuperar así su inversión en nuevos conocimientos. Los rendimientos crecientes eran lo normal en muchas, si no en la mayoría, de las situaciones.

Por otra parte, la propiedad especial del conocimiento de que podía «copiarse» –de que podía ser utilizado una y otra vez por la misma persona o por cualquier número de personas al mismo tiempo– no era un hecho molesto que pudiera eliminarse asignando derechos de propiedad. Los derechos de propiedad eran la solución que se daba habitualmente a la mayoría de los problemas, según la mayoría de los economistas de Chicago. Y de hecho, la propiedad intelectual era tan omnipresente y variada como las costumbres y las leyes que habían surgido durante siglos para abordar esta cuestión.

Pero ¿quién podía decir con alguna certeza qué era apropiable y qué no? ¿Quién hubiese sido partidario de dar a Newton o a Leibniz una patente sobre el cálculo diferencial? ¿O a Einstein un derecho de propiedad intelectual sobre la fórmula $E = mc^2$? ¿O a David Ho un royalty por su cóctel de medicamentos para luchar contra el SIDA? ¿O a William Kellogg una marca registrada que le facultara para fabricar en exclusiva cereales para el desayuno con maíz? ¿Cuál debería ser el grado de protección? ¿Cuánto deberían durar esos monopolios sancionados por el Estado? ¿Qué instituciones alternativas podrían ponerse en marcha que educaran a la población trabajadora, produjeran nuevos conocimientos y los difundieran? Éstas eran algunas de las cuestiones de política más importantes que planteaba la nueva economía del conocimiento. Pero no tenían una respuesta fácil. Requerían que se tomaran decisiones sociales. Requerían una política, de la misma forma que el banco central requería una política monetaria o un plan de estabilización una política fiscal.

El conocimiento que se acumulaba en el modelo de Romer era muy diferente del concepto de *información*, que habían introducido en la teoría económica quince años por los grandes artículos sobre la información asimétrica, los «cacharros», la señalización y la selección. La información consiste en hechos, no necesariamente fiables, que pueden ser tenidos en cuenta o no. La información tiene intrínsecamente algo de indefinido, incluso en su forma plural, que son los datos, hasta que se incorpora a un bien rival. La nueva teoría del diseño de mecanismos se refiere en gran parte a la forma de conseguir que compradores y vendedores revelen la información relevante que sólo ellos poseen.

El conocimiento, por el contrario, connota comprensión, tanto de un conjunto de hechos como de las ideas que se han deducido de ellos. La esencia del conocimiento es su estructura. Aquí son útiles de nuevo las distinciones entre rivalidad y no rivalidad y el grado de excluibilidad. Una parte del proceso de creación de conocimiento útil consiste en tomar trocitos de información concretos de una persona o de una cosa y generalizarlos de manera que puedan aplicarse de forma general, convirtiendo así la información privada en conocimiento que puede ser utilizado por muchos.

Veamos un sencillo ejemplo. Cuando Vasco de Gama salió de Lisboa en 1497 bordeando el Cabo de Buena Esperanza en su camino hacia la India, el escorbuto era una enfermedad absolutamente misteriosa, que solía ser mortal y que se creía que era contagiosa. De Gama acabó perdiendo a cien de los ciento sesenta hombres que lo acompañaban. Cuando hizo escala durante un tiempo cerca de lo que hoy es Mozambique, algunos de sus marineros comieron naranjas y se recuperaron. En ese momento, tenía alguna información, aunque ésta carecía de valor para él, y mucho más para el mundo en general: «Dios fue misericordioso, el aire era bueno y los hombres mejoraron». En 1617, John Woodwall dio el salto de la información concreta sobre personas concretas a un conocimiento que iba a resultar útil a todo el mundo. A lo mejor aquellos marineros habían sanado porque comieron fruta y tal vez este mismo método diera resultado con todo el mundo. Describió la enfermedad en *El ayudante de cirujano* (*The Surgeon's Mate*) y recomendó tomar zumo de limón como medida preventiva. La Compañía de las Indias Orientales comenzó a mandar zumo de limón a sus marineros siguiendo su consejo. Ochenta años más tarde, las autoridades se basaban también en hechos: un tratado de medicina de 1699 afirmaba que hasta el peor caso de escorbuto desaparecía después de tomar naranjas y limones durante dos semanas en Cádiz. «No es algo que le sucede a una o dos personas solamente, sino algo sobre lo que todo el mundo está de acuerdo en general y todo el mundo reconoce que es verdad.»

Pero sólo cuando James Lind, cirujano de la Marina Naval británica, inventó el primer ensayo clínico moderno en 1747 se tuvo la certeza. Lind dividió en seis grupos a doce marineros que habían contraído la enfermedad durante un largo viaje, los alimentó con la misma dieta y les administró diferentes suplementos diarios: zumo de manzana, aceite de vitriolo (ácido sulfúrico diluido), vinagre, una mezcla de hierbas y especias, una pinta de agua salada, un par de naranjas y un limón. Cuando vio que el último grupo era el único que se recuperaba rápidamente y por completo, Lind dio por concluido el ensayo y administró naranjas a todo el mundo. En ese momento, las propiedades antiescorbúticas del ácido cítrico se habían convertido en un conocimiento indiscutible. Incluso entonces, se tardó otros cincuenta años en convencer a la Armada británica de que introdujera el zumo de cítricos en el rancho habitual (y convirtiera así a los marineros británicos en *limeys*). Y no fue hasta el siglo XX cuando quedó firmemente demostrado el papel que desempeñaban las vitaminas en la nutrición, se identificó y se sintetizó la vitamina C y se inventaron y se comercializaron las píldoras de vitaminas. En esta historia se encuentran todas las variedades habituales de bienes rivales y no rivales parcialmente excluibles, tanto en el conocimiento como en los bienes de información, pero es en última instancia una historia sobre el crecimiento del conocimiento, no sobre el intercambio de información.

Nada de esto estaba en el artículo, pero todo ello estaba implícito en el análisis del conocimiento como factor y como producto de «El cambio tecnológico endógeno». El conocimiento es información después de que se ha demostrado que ésta es valiosa y, al menos potencialmente, no rival. Puede ser excluible o no. La propia historia de los escritos económicos sobre el papel del conocimiento es una recapitulación de esta teoría. Marshall ya lo había dicho. Hayek había escrito en 1945 sobre «el uso del conocimiento en la sociedad». Algunas de las observaciones más profundas fueron hechas en la década de 1960 por el economista Simon Kuznets. Los consultores escribieron muchos libros sobre el conocimiento y sobre su gestión en las décadas de 1980 y 1990, comenzando por Peter Drucker. Los eruditos contribuyeron con alguna memorable jerga, incluida la distinción entre átomos y bits, y a la observación de Stewart Brand de que «la información quiere ser gratuita y la información también quiere ser muy cara» le falta únicamente la constatación de que la información también es cara de producir. Pero lo que nos interesa es lo último que se ha dicho sobre estas cuestiones, no lo primero. Las ideas más compartidas –«los juicios sobre los cuales es posible conseguir un acuerdo universal», en palabras del filósofo Norman Campbell– son las que se convierten en ciencia o, en este caso, en economía.

Romer había retado realmente a sus colegas de la escuela de Chicago a participar en un concurso. O explicaban la existencia de la especialización y la propiedad intelectual de alguna otra forma o publicaban el artículo y aceptaban las consecuencias. Si ganaba, los instrumentos de la competencia monopolística serían reconocidos finalmente por la revista bandera de Chicago, el *Journal of Political Economy*. El sordo enfrentamiento de cuarenta años entre Chicago y Cambridge terminaría.[1] El proceso de ponerse de acuerdo habría comenzado.

La pregunta que había formulado Romer siendo estudiante de doctorado tenía ahora una respuesta. Lo único que faltaba era que se comprendiera. ¿Cómo podía tener la teoría económica razón en tantas cosas y estar tan equivocada en el caso del crecimiento? La respuesta era que faltaba un principio económico básico: el principio de la no rivalidad del conocimiento como fuente fundamental de los rendimientos crecientes. La escasez era realmente un principio fundamental en economía, pero no era el único. La economía del conocimiento trataba de la abundancia. Y al menos durante los siglos anteriores, la *abundancia* siempre había triunfado sobre la escasez.

Fue en Buffalo donde el conocimiento privado –la propiedad intelectual, capaz de generar una renta monopolística– hizo su aparición por primera vez en el tipo de análisis agregado que era el dominante. Pero había que acercarse y prestar atención para enterarse. «Propiedad intelectual» no estaba en boca de nadie cuando concluyó la reunión del Hilton.

Fuera del mundo de la economía, la conferencia de Buffalo tuvo poca repercusión. Con la distancia que dan los años, podemos ver que muchos economistas cambiaron de campo de investigación poco después. Barro se especializó en la realización de regresiones con datos de muchos países. Krugman pasó a concentrar su atención en la geografía. Stan Fischer se convirtió en economista jefe del Banco Mundial antes de entrar en el Fondo Monetario Internacional. Larry Summers vol-

---

[1] En una autobiografía publicada casi al mismo tiempo que apareció el artículo de Romer, George Stigler se jactó de que la victoria de Chicago sobre la competencia monopolística había sido total. No quedaba «casi ningún vestigio» de la tradición chamberliniana en los trabajos de los economistas, decía en *Memorias de un economista no regulado* (*Memoirs of an Unregulated Economist*) en 1988. En realidad, las ideas de Chamberlin nunca habían desaparecido, como lo demuestra el libro de Jean Tirole, *La teoría de la organización industrial*, publicado ese mismo año. Ahora Krugman en el comercio internacional y Romer en el crecimiento habían llevado la competencia monopolística a un nuevo nivel, demostrando que era indispensable comprender no sólo los detalles de una única industria sino de la economía en general. ¡No es de extrañar que Stigler y Milton Friedman no fueran a Buffalo!

vió a trabajar en la campaña de Dukakis. La defensa del modelo de Solow pasó a la siguiente generación. La colaboración entre Gregory Mankiw, David Romer y David Weil que condujo finalmente al modelo de Solow «ampliado» que se conoce con el nombre de modelo de Mankiw-Romer-Weil, con su supuesto de que todo el mundo tiene acceso al mismo gran acervo de conocimiento común, sólo estaba comenzando entonces a tomar forma. Aún tardaría cuatro años en publicarse.

¿En qué sentido fue, pues, la conferencia de Buffalo un torneo? Comparada, por ejemplo, con la cena más famosa de la historia de la economía moderna, en casi ninguno. En esa cena, celebrada en casa de Aaron Director, Coase fue invitado a defender sus ideas sobre los costes de transacción frente a un escéptico departamento de Chicago. Coase había enviado para su publicación un artículo en el que afirmaba que asignar derechos de propiedad y después dejar que los procesos del mercado siguieran su curso era normalmente una solución mejor que la intervención del Estado, mucho más cara. Los evaluadores del *Journal of Political Economy* estaban seguros de que había algo que fallaba en su argumento. De ahí la celebración de la cena. «En el curso de dos horas de discusión, la votación pasó de veinte contra uno a favor de Coase a veintiuno a favor de Coase», recordaría más tarde George Stigler. A mitad de la cena, Milton Friedman abrió fuego y las balas alcanzaron a todos, salvo a Coase. «¡Qué cena tan estimulante!», diría Stigler. Los invitados se dieron las buenas noches sabiendo que se había hecho historia intelectual.

En Buffalo, no hubo ningún momento como ese, ninguna venda que se le cayera a todo el mundo de los ojos, ninguna sensación compartida de haber sido testigos de la entrada en la literatura macroeconómica de la primera descripción satisfactoria de la economía agregada del conocimiento (ni siquiera del fantasma de Joseph Schumpeter, un fantasma que los economistas invocaban generalmente cuando carecían de un resultado concreto). El entusiasmo era inequívoco, pero también impreciso. Sólo poco a poco se convirtió en una convicción compartida por muchos que el mundo había cambiado de repente ese día.

Incluso antes de la reunión de Buffalo, había habido un esfuerzo de gente diversa para enlazar la literatura sobre el crecimiento con las cuestiones de la estructura del mercado. En el modelo de Romer de los procesos de crecimiento agregado, con su oleada tras oleada de nuevos bienes, se creaban muchos puestos de trabajo, pero ninguno desaparecía nunca. Tres equipos distintos de investigadores se pusieron en seguida a estudiar el problema de la «destrucción creativa» que tan evocadoramente había descrito Schumpeter en 1942.

En una sociedad capitalista, progreso económico significa movimiento. Y en este movimiento, la competencia funciona de una forma totalmente distinta a como funcionaría en un proceso estacionario, por muy perfectamente competitivo que sea. Están surgiendo constantemente posibilidades de obtener ganancias produciendo nuevas cosas o produciendo las viejas de una forma más barata y requiriendo nuevas inversiones.

Ésta era la literatura de las «escalas de calidad» o de la «destrucción creativa», dependiendo de quién hiciera el modelo: Gene Grossman y Elhanan Helpman o Phillipe Aghion (Paul Segerstrom, T. C. A. Anant y Elias Dinopoulos también habían participado en la carrera desde el principio). La idea era descomponer el proceso de avance tecnológico, describir qué ocurría en la organización industrial dentro y entre esas oleadas de desarrollo. A veces la competencia entre los economistas que desarrollaban modelos por explicar algunos mecanismos schumpeterianos era feroz. En última instancia, era mucho lo que estaba en juego. Y en 1996 se eligió a Gene Grossman, profesor de la Universidad de Princeton, para que compilara un libro de lecturas de dos volúmenes, *Crecimiento económico: teoría y evidencia* (*Economic Growth: Theory and Evidence*), que mostrara lo que se había aprendido.

Los economistas habían perdido el interés por el crecimiento económico después de 1970, decía Grossman en ese libro. Ese fue el año en el que Robert Solow impartió su bendición sacramental en las *Radcliffe Lectures*. Por muy interesantes que hubieran seguido siendo después los temas del crecimiento, continuaba diciendo Grossman, estaba claro que el modelo neoclásico «no podía responder a todo». Los estudios empíricos, al faltarles la orientación de la teoría, se volvieron confusos. La contabilidad del crecimiento se volvió cada vez más estéril.

«Pero todo eso cambió a mediados de la década de 1980», decía Grossman, cuando dos acontecimientos reavivaron notablemente el interés por el tema. «En primer lugar, Paul Romer terminó la tesis en la Universidad de Chicago [...] En segundo lugar, Robert Summers y Alan Heston reunieron datos sobre el producto interior bruto y sus componentes de cien países, lo que permitían hacer comparaciones internacionales, y pusieron sus datos fácilmente a disposición de todo el mundo...» A continuación, Grossman exponía minuciosamente los treinta y siete artículos de la nueva literatura que consideraba más importantes, ordenados por categorías: convergencia, correlaciones internacionales, modelos *AK*, modelos basados en las externalidades, modelos basados en la innovación, etc. Había habido casi una verdadera eclosión de trabajos.

Las ondas expansivas procedentes de Buffalo aún estaban propagándose en la primavera de 1989 cuando los antiguos alumnos de Robert Solow se congregaron en el flamante hotel de Kendall Square, en Cambridge, para homenajear a su maestro con un *Festschrift*, es decir, con una colección de ensayos en su honor, con ocasión de su sesenta y cinco cumpleaños. El MIT había transformado el este de Cambridge en los cuarenta años que habían transcurrido desde que Solow entró a formar parte de su profesorado. Donde antes había teatrillos de variedades y fábricas de jabón, se había levantado el Marriott.

Justo dieciocho meses antes, Solow había sido premiado por la Fundación Nobel. Sin embargo, esa larga espera parecía que había dejado mal sabor de boca. ¿Cómo es que los suecos habían dado primero el premio al escéptico profesional James Buchanan? Pero eso no importaba esa hermosa tarde. Acudieron muchos antiguos alumnos y amigos de Solow, incluida una galaxia de estrellas: Avinash Dixit, Frank Hahn, Eytan Sheshinski, Joseph Stiglitz, Robert Hall, Larry Summers, Martin Baily, Bill Nordhaus, Olivier Blanchard, Peter Diamond, George Akerlof, Robert Gordon y, por supuesto, Paul Samuelson. Fue un día memorable para el MIT.

Desde la perspectiva de Cambridge (EE UU), la literatura sobre el crecimiento endógeno parecía a finales de la década de 1980 un fenómeno casi enteramente de Agua Dulce, otra estratagema como la de los ciclos económicos reales, otra afrenta de los nuevos clásicos de la Universidad de Chicago a la sensatez de la costa este. El propio hecho de que los acontecimientos más señalados del crecimiento endógeno hubieran ocurrido a lo largo de las orillas de los Grandes Lagos en Hamilton, Ontario, Chicago, Rochester y Buffalo lo ponía bajo sospecha. A algunos les molestaba especialmente que hubieran tomado prestado el modelo de Dixit y Stiglitz.

No importaba que los economistas de la escuela de Chicago hubieran adoptado finalmente el enfoque del que fueron pioneros Samuelson y Solow, el uso de modelitos centrados en cuestiones concretas. La sensación dominante era de irritación, especialmente la de Joe Stiglitz. Stiglitz le dijo a la audiencia que todo eso ya se había intentado antes, que lo habían intentado especialmente los miembros del grupo que fue a Chicago durante el verano de 1965. «Sabíamos construir modelos que "funcionaban", pero nos sentíamos incómodos postulando estos supuestos especiales» que se necesitaban, dijo Stiglitz; había que tener «algo de cara dura» para perseverar donde ellos habían fracasado. Se quejó de que los trabajo de sus compañeros y el suyo propio hubieran sido «curiosamente dejados de lado».

(Fue a principios de la década de 1990 cuando empleé por primera vez la expresión «la Patrulla perdida» para describir al grupo formado por Stiglitz, Sheshinski, Akerlof y Nordhaus que estaban trabajando con Uzawa y Shell, alumnos de Kenneth Arrow, en Chicago durante el verano de 1965. Con ello pretendía decir que los líderes del mundo de la economía no le daban, a presentar el crecimiento del conocimiento en modelos formales, tanta importancia como ellos. El hecho de que informara entonces sobre las opiniones que tenían del episodio los diferentes participantes causó una cierta tensión entre ellos. Es lamentable, pero no sorprendente. Todas las grandes escuelas tienen casi inevitablemente algo de intolerantes. No en vano los científicos piden prestado el término «dogma» para describir cualquiera que sea la visión imperante de los problemas cuyas respuestas están al alcance en un determinado momento. Lo importante es que nadie estaba realmente perdido en Chicago, y los hombres en cuestión tenían éxito en economía y seguían siendo amigos. En 2004, Joe Stiglitz reunió en una casa de labranza de Umbría, cerca de la antigua ciudad termal romana de Chiusi, a algunos de los que alrededor de cuarenta años antes habían tratado, con gran entusiasmo pero pocos resultados, de convertir la economía del conocimiento en un campo de investigación en sí mismo; entre ellos también se encontraban Karl Shell, George Akerlof y Ed Phelps.)

Le tocó a Akerlof recordar a la audiencia de Cambridge lo perspicaz que había sido Solow en relación con las cuestiones que planteaban los nuevos teóricos del crecimiento. Lo hizo citando lo que había dicho Solow en el discurso presidencial que pronunció en 1980.

> Hay mucho de Rorschach en la forma en que cada uno de nosotros respondemos a este conflicto [sobre la importancia del fallo del mercado] [...] Un ecléctico incorregible sin un carácter fuerte, como yo, lo pasa muy mal. Si invoco los nombres de dos de mis más imponentes predecesores en la presidencia de esta asociación, no tengo más que escuchar hablar a Milton Friedman durante un minuto para que se me vengan a la cabeza los rendimientos crecientes de escala, la interdependencia oligopolística, la ignorancia de los consumidores, la contaminación medioambiental, etc., etc. No tengo manera de evitarlo, salvo que escuche durante un minuto a John Kenneth Galbraith, en cuyo caso lo único en lo que puedo pensar es en la disciplina que impone la competencia, el gran número de sustitutos que tiene cualquier mercancía, las estupideces de la regulación, la optimalidad en el sentido de Pareto del equilibrio walrasiano, la importancia de la toma de decisiones descentralizada en el lugar en el que se encuentra el conocimiento, etc., etc. A veces pienso que mi debilidad de carácter es lo único que me impide cometer errores obvios.

Esa era la esencia del modesto ingenio soloviano –socarrón y agudo– que había hecho que Solow fuera querido por generaciones de estudiantes en el MIT. El eclecticismo, por otra parte, era precisamente la tendencia que enfurecía a los economistas de la escuela de Chicago que criticaban a Solow. ¿No estaban los investigadores más brillantes trabajando denodadamente para modelar la competencia monopolística mientras Akerlof invocaba la idea de su maestro de que todo eso no era más que un test de Rorschach de resultados ambiguos? Pero en esa sala de quinientos admiradores, era la esencia del carácter de Solow la que estaba exponiéndose esa noche, como una reluciente armadura, leal, elegante, amable, moderado, resuelto. La economía probablemente no tuvo un profesor más influyente en todos esos años: un Mr. Chips matemático, buena persona y testarudo.

La versión refinada del artículo que presentó Romer en Buffalo estaba finalmente en el correo en octubre de 1990. Esta vez no había habido ningún problema con los evaluadores en el *Journal of Political Economy*. Había cambiado la terminología, había cambiado las matemáticas también, renunciando al gran modelo de optimización de la teoría de la elección que había desarrollado en su tesis en favor de técnicas telegráficas empleadas más a menudo, a instancias de Helpman y Grossman. Mucho más tarde, echando la vista atrás, Romer diría:

> Recuerde mi tesis y la forma en que estaba formulada, tenía la ambición propia del equilibrio general, esperaba que la gente se fijara en eso, pero no fue así. Por otra parte, era en alguna medida demasiado abstracta para los tipos como Solow, para los tipos del MIT, que decían, a mí dame solamente la ecuación, no te preocupes de la lógica ni de los supuestos. No creo que ninguna de esas dos sendas hubiera aclarado, en última instancia, lo que entendemos por externalidad, por oposición a lo que entendemos por bien no rival. Es ahí donde el rigor y la lógica de las matemáticas del equilibrio general daban realmente sus frutos.

Pero en 1990 el artículo quedó eclipsado por los acontecimientos que estaban ocurriendo en el mundo. El muro de Berlín había caído un año antes. La Unión Soviética estaba desintegrándose. El lento hundimiento del comunismo parecía proclamar la victoria final de las fuerzas de la mano invisible. Había un gran abismo entre los acontecimientos que estaban ocurriendo y los avances que estaban realizándose en la frontera de la economía.

La situación en el mundo de la economía se tornó aun más confusa cuando durante la primavera de 1989, para asombro general de todos, Romer abandonó de repente la Universidad de Chicago donde apenas llevaba un año y se trasladó a California sin tener trabajo en la universidad. La beca de su mujer había supuesto una desagradable diferencia de opinión con un jefe de laboratorio sobre la estrategia de la investigación. A ella no le gustaba el largo invierno de Chicago. Los hijos de Romer estaban llegando a la edad escolar. Había que tomar una decisión. Las cosas llegaron a un punto crítico casi en la misma época en la que se celebraron la primera reunión de la NBER y el *Festschrift* de Solow.

Sherwin Rosen, que era por entonces director del departamento de Chicago, sostenía apasionadamente que si Romer abandonaba Chicago sin trabajo, arruinaría su carrera académica, como le había ocurrido a Mundell, que veinte años antes se había ido de Chicago a la Universidad de Waterloo. Romer pensaba que alguna universidad de la zona de la bahía de San Francisco lo cogería, Berkeley o Stanford. Si no, siempre estaba la política o el desarrollo de programas informáticos: muchas veces había pensado montar una empresa de algún tipo. Su decisión de abandonar la Universidad de Chicago sin una oferta firme de una universidad de California sólo era un poco más insólita que su decisión, diez años antes, de presentar su tesis en Chicago en lugar del MIT.

Durante el otoño de 1989, Romer recibió una beca de un año en el Center for Advanced Study in Behavioral Science, que se encontraba en lo alto de una colina desde la que se divisaba el campus de Stanford. La oficina del NBER situada en un bosquecillo cercano también puso a su disposición un despacho. Lo mismo ocurrió con la Hoover Institution. Se trasladó con su familia a los barrios residenciales de Stanford. Y en la primavera siguiente el departamento de economía de la Universidad de California en Berkeley le ofreció un puesto de profesor permanente. En septiembre de 1990, Romer comenzó a recorrer varias veces a la semana las treinta millas que lo separaban de Berkeley varias veces a la semana para ir a dar clase.

En Chicago, dejó tras de sí confusión y resentimiento.

23 Conjeturas y refutaciones

En *La estructura de las revoluciones científicas*, Thomas Kuhn planteó la cuestión sucintamente. Supongamos que algunos jóvenes que poseen una buena formación y que trabajan en una disciplina tienen de pronto una gran idea; proponen una nueva interpretación de un problema cuya resolución hasta ahora se ha resistido. «¿Cómo pueden y qué deben hacer, para convertir a toda la comunidad científica [...] a su forma de ver la ciencia y el mundo?»

En 1989, la revolución de los rendimientos crecientes estaba en manos de un núcleo de líderes dedicados a seguir la lógica de la retroalimentación positiva en los modelos de equilibrio general hasta dondequiera que pudiera llevar: entre ellos estaban principalmente Krugman, Romer, Helpman y Grossman (entretanto, en la Monash University de Australia estaba surgiendo un enfoque alternativo de la especialización y los rendimientos decrecientes bajo el liderazgo de Xiaokai Yang, un expatriado chino que había pasado diez años en la cárcel durante la Revolución Cultural antes de acabar haciendo el doctorado en Princeton). Viendo una oportunidad, tanto científica como personal, otros se sumaron a la caza. Unos pocos eran investigadores de reconocido prestigio. La mayoría eran recién doctorados que acababan de hacerse economistas a finales de los años ochenta y principios de los noventa.

Habían pasado veinte años desde la última vez en que la teoría económica se había visto envuelta en una gran controversia; había sido en los comienzos de la revolución de las expectativas racionales. Había descubrimientos que hacer, reputaciones que ganarse. Las nuevas ideas eran un tónico para los jóvenes.

Los nuevos modelos del crecimiento del conocimiento se emplearon como si formaran parte de una campaña militar para descubrir y ocupar una isla. Se plantaba una bandera de aplicabilidad aquí, se demostraba su relevancia allí, se establecía una zona de estacionamiento de tropas, se rodeaba la isla en una demostración de fuerza persuasiva. Las razones esgrimidas para preferir el nuevo modelo eran las habituales. Abordaba y resolvía problemas que los viejos modelos de crecimiento no podían ni abordar ni resolver. Descubría problemas de los que el viejo modelo de crecimiento ni se había dado cuenta. Aclaraba lo que antes era confuso. Pronto los jóvenes macroeconomistas más listos estaban manos a la obra, investigando la relación entre escala y especialización.

Una de las primeras cuestiones a las que se extendió la nueva teoría fue el crecimiento de las ciudades. ¿Qué hacía que funcionaran? ¿Qué las mantenía vigorosas? Y para empezar, ¿por qué surgían? A pesar de lo obvias que eran estas preguntas, las respuestas eran de todo menos obvias. Como señaló Robert Lucas en sus *Marshall Lectures*, «si únicamente postulamos la lista habitual de fuerzas económicas, las ciudades deberían desintegrarse».

En la Universidad de Chicago, un joven estudiante de doctorado llamado Edward Glaeser acudió a José Scheinkman con una propuesta. Glaeser acababa de terminar los estudios de licenciatura en Princeton. Allí había aprendido la economía de los rendimientos crecientes con Andrei Shleifer. ¿Por qué no contrastar la proposición de Lucas sobre las ciudades y los rendimientos crecientes? Si las externalidades del conocimiento eran tan importantes como pensaban tanto él como Romer y Lucas, debería haber alguna manera de demostrarlo comparando las tasas de crecimiento metropolitanas. Con la ayuda de sus maestros Scheinkman y Shleifer, Glaeser identificó tres teorías rivales sobre el crecimiento que circulaban por entonces.

La primera era una teoría sobre la *concentración*. Las empresas como Eastman Kodak permanecían en un lugar, crecían, prosperaban conforme gastaban cada vez más dinero en aprender a hacer mejor las cosas sabidas y en ser las primeras en hacer las nuevas. Eso significaba que los monopolios eran buenos para el crecimiento, ya que las grandes empresas tenían dinero para hacer I+D, poder para restringir la circulación de ideas y capacidad de comercialización suficiente para recoger una parte importante de los frutos de sus inversiones en I+D. Esta teoría se remontaba a Schumpeter.

La segunda teoría hacía hincapié en la *competencia* en las propias industrias. Glaeser la llamó teoría de Michael Porter, en honor al destacado estratega empresarial. Porter había afirmado en *La ventaja competitiva de las naciones* (*The Competitive Advantage of Nations*) que no era el monopolio el que fomentaba el crecimiento sino, más bien, la existencia de una fuerte competencia local basada en tecnologías compartidas por las empresas de unas *mismas* industrias: «racimos» las llamó. Las ciudades dominadas por una única empresa, como Detroit o Pittsburg, era previsible que se estancaran, mientras que los lugares como Silicon Valley, en los que el espionaje mutuo, la imitación y el cambio de empleo eran frecuentes y cientos de empresas rivales competían entre sí, era mucho más probable que consolidaran las ventajas de partida.

La tercera teoría consideraba que la clave era la *diversidad* industrial más que la especialización, ya que las transferencias más importantes de conocimiento a menudo parecía que procedían de fuera de la industria principal. Ningún economista había defendido la teoría de la diversidad (aunque se pueden encontrar algunos de sus argumentos en los escritos de Alfred Marshall, junto a la teoría de la concentración), por lo que Glaeser atribuyó esta teoría a Jane Jacobs, la conocida crítica y activista urbana.

En unas pocas y memorables páginas de *La economía de las ciudades* publicado en 1969, Jacobs había puesto como ejemplo de su teoría las historias paralelas de las ciudades inglesas de Birmingham y Manchester. A mediados del siglo XIX, señalaba Jacobs, Manchester, ciudad densamente poblada, era la envidia del mundo. Observadores tan variopintos como Benjamín Disraeli y Karl Marx dijeron que era la ciudad del futuro. Había hileras e hileras perfectamente ordenadas de enormes talleres textiles que llegaban hasta tan lejos como alcanzaba la vista. Los padres de la ciudad dirigían sus empresas desde sus clubes privados: se parecía más a Detroit que a la dispersa y competitiva Silicon Valley.

Birmingham, por el contrario, no se parecía a ninguna de las dos. Era una ciudad formada por pequeñas organizaciones, que hacían cosas las unas para las otras, en la que los trabajadores solían dejar su empleo en las empresas existentes para montar las suyas propias de acero, vidrio, cuero, herramientas, pistolas, joyas, baratijas, plumillas, juguetes. Era «un poco difícil saber de qué vivía Birmingham, ya que no tenía ninguna especialidad obvia como la que hacía que la economía de Manchester fuera tan fácil de entender y tan impresionante».

Sin embargo, a finales del siglo XX, sólo dos ciudades de Inglaterra seguían estando pletóricas de vitalidad: Birmingham y la aún más diversa Londres. Manchester, ciudad que dependía de la actividad económica de un único sector, había resultado vulnerable a la obsolescencia; Birmingham, por el contrario, había continuado siendo un centro de desarrollo durante todo ese tiempo. «Las ciudades son lugares en los que está añadiéndose constantemente nuevo trabajo al más antiguo», decía Jacobs, ya que el secreto de su vitalidad era la rápida interacción entre personas de profesiones y condiciones sociales muy diferentes. La suerte favorecía a los entornos que eran más complejos y diversos. Lo importante era la yuxtaposición imprevista.

¿Qué atributo era, pues, más probable que generara crecimiento? ¿La concentración? ¿O la competencia? ¿O la diversidad? Para los datos, Glaeser recurrió al sistema de Clasificación Industrial Uniforme (CIU), que era una nomenclatura jerárquica algo parecida al sistema de Linneo (mediante el cual se clasifican los organismos vivos en función de reino, tipo, clase, orden, familia, género y especie). La CIU había sido creada por el U.S. Census Bureau para seguir la evolución de la economía de Estados Unidos; era una base de datos que normalmente gozaba de poco prestigio entre los teóricos. Glaeser examinó mediante estos datos la situación de sesenta y ocho ciudades estadounidenses entre 1956 y 1987.

Observó que las ciudades en las que estaban sobrerrepresentadas las grandes empresas, en lugar de crecer más deprisa, crecían a un ritmo algo más lento que el resto. Los datos eran ambiguos en lo que se refería a la importancia de que hubiera una fuerte competencia local, como preconizaba Porter, en algunas industrias y coherentes con la idea de Jacobs de la importancia de que hubiera mucha variedad. Esta observación no era especialmente sorprendente. Siempre se había dicho que era previsible que a las ciudades diversificadas como Nueva York o Chicago les fuera con el tiempo mucho mejor que a los centros industriales muy especializados como Detroit o Pittsburg. El propio Marshall ya lo había dicho.

El artículo en sí no resolvía nada. No se publicó hasta 1992, en un momento en el que el propio Romer había ido mucho más allá del puro enfoque de las externalidades de 1986, desarrollando un modelo de competencia monopolística cuyo argumento era muy parecido al de Jacobs, pero más preciso. Sin embargo, la tesis de Glaeser asombró a los economistas, porque abría una nueva línea de investigación en una amplia variedad de fenómenos que antes se daban por sentados. También empleaba una nueva fuente de datos, una fuente cuya introducción al final resultó mucho más apasionante que las cifras de las Penn World Tables: el sistema CIU. El conocimiento y la especialización estaban sobre el tapete, si bien no se entendían perfectamente. Glaeser continuó escribiendo esclarecedores artículos sobre las ciudades, las regiones, los barrios y las naciones.

Otra aplicación provocadora del nuevo modelo de crecimiento estaba relacionada con la población. El innovador fue un colega fuera de lo común llamado Michael Kremer. Kremer, tras licenciarse en el Harvard College en 1985, pasó un año impartiendo clases en la enseñanza secundaria en Kenia y otros tres de director ejecutivo del programa que lo había mandado allí. No hay nada como vivir en África para reflexionar sobre el desarrollo económico. Kremer volvió a Harvard para hacer el doctorado en 1989, justo cuando el entusiasmo que habían despertado los rendimientos crecientes era máximo. No tardó mucho en decidirse a estudiar la relación entre la población y el cambio tecnológico.

La proposición de que un aumento de la población significaba una aceleración del cambio tecnológico formaba parte desde hacía tiempo del río subterráneo de teorías sobre los rendimientos crecientes. Al fin y al cabo, la preocupación por los rendimientos decrecientes y la «capacidad de carga» era un fenómeno reciente; en realidad, sólo se remontaba a Malthus y Ricardo. Hasta entonces, durante la mayor parte de la historia de la humanidad, se había considerado que era bueno que la población creciera, aunque sólo fuera porque significaba que habría más innovaciones que mejorarían la vida de la humanidad.[1] Según una interpretación más habitual en los últimos años, eran las presiones demográficas las que impulsaban el cambio tecnológico. La idea brillante de Kremer sobre la relación entre la población y la tecnología fue examinar los datos de un periodo suficientemente largo como para poder disinguir la causa del efecto: desde el comienzo mismo de la especie humana.

Kremer construyó primero un modelo. En esta versión sumamente esquemática de la literatura del cambio tecnológico endógeno, cada persona ganaba lo justo para poder subsistir y las posibilidades que tenía cada una de descubrir algo que mereciera la pena eran exactamente las mismas, independientemente de la población. La proporción de recursos que se dedicaba a la investigación también era siempre la misma. Por lo tanto, el conocimiento tecnológico aumentaba con la población y la población con la tecnología, gracias a la no rivalidad del conocimiento, debido a que «el coste de inventar una nueva tecnología es independiente del número de personas que la utilizan».

A continuación, Kremer escribió una historia de la población remontándose hasta la antigüedad. Las distintas estimaciones de los antropólogos y los arqueólogos muestran algo interesante, aunque no especialmente sorprendente. Hace un millón de años, la tierra estaba habitada por ciento veinticinco mil personas aproximadamente. Durante muchos milenios, la tasa de crecimiento de la población fue muy baja. En los albores de la tecnología de la escritura, hacía unos doce mil años, había aumentado posiblemente a cuatro millones de personas y en tiempos de Cristo a alrededor de ciento setenta millones. Cuando hizo su aparición la máquina de vapor, había quizá mil millones de habitantes; la cifra se había duplicado hacia la década de 1920, momento en el que se introdujo el maíz híbrido. Cincuenta años más tarde, vivían en la tierra unos cuatro mil millones de personas y en 2006 la población mundial era de casi seis mil seiscientos millones.

---

[1] Nada menos que el fundador de la economía política, Sir William Petty, había dicho lo siguiente: «[E]s más probable encontrar un hombre curioso e ingenioso entre cuatro millones de personas que entre cuatrocientas». Adam Smith comprendió estas posibilidades de la misma forma: cuantas más personas hubiera, cuanto mayor fuera el tamaño del mercado, mayor podría ser la especialización, incluida la aparición de estos especialistas conocidos con el nombre de inventores.

En «Crecimiento de la población y cambio tecnológico: desde un millón de años a.C. hasta 1990» («Population Growth and Technological Change: One Million B.C. to 1990»), Kremer analizó sus resultados. Lo que había ocurrido realmente con la especie humana era más o menos exactamente lo que predecía el modelo de Romer. Las tecnologías en cuestión eran descubrimientos de la clase más importante: los usos del fuego, de la caza y la pesca, de la agricultura, de la rueda, de las ciudades, de la industria mecanizada, de la teoría de los gérmenes y de la salud pública. Como cabía suponer que estas tecnologías se difundieron a un ritmo bastante rápido por todo el mundo una vez que se inventaron, la cifra relevante era la población *total*, al menos desde la perspectiva de un millón de años. En otras palabras, el progreso tecnológico había provocado un aumento de la población en lugar de una mejora de los niveles de vida, al extenderse los seres humanos por toda la tierra. Según todos los datos de que podía disponerse, la gran masa de seres humanos no vivía mucho mejor en 1800 que doce mil años antes, sólo en un nivel algo superior al de subsistencia.

Pero, en un momento dado, comenzó a ocurrir lo que se conoce con el nombre de transición demográfica. El continuo crecimiento demográfico comenzó a estabilizarse. El aumento de la población amplió el mercado, la ampliación del mercado permitió el aumento de la especialización, el aumento de la especialización creó mayor riqueza, la creación de mayor riqueza permitió mantener a más personas, hasta que finalmente detuvo el crecimiento de la población, al menos en los países que experimentaron la revolución industrial. El mecanismo parecía igual (aunque no era tan esperanzador, señalaba Kremer) que el que proponía Ted Baxter, el pesado presentador de *The Mary Tyler Moore Show*, que pensaba tener seis hijos con la esperanza de que alguno de ellos resolviera el problema demográfico.

A partir de 1950 aproximadamente, en que la población rondaba los dos mil quinientos millones, el aumento de la tasa de crecimiento de la población mundial se estabilizó, mientras que la propia población continuó creciendo alrededor de un dos por ciento al año. Durante casi toda la historia de la humanidad, pues, Malthus había tenido razón: el progreso tecnológico había provocado un aumento de la población, no una mejora del nivel de vida. Pero ahora había ocurrido algo diferente. Cuando Kremer puso a trabajar sus modelos, eran coherentes con los datos, demostrando un salto repentino del nivel de vida. Los ingenieros electrónicos habían escrito una ecuación en la que el crecimiento de la población aumentaba con la población, habían mostrado que era acorde con los datos y se habían dispuesto a hacer extrapolaciones. Indicaban éstas que la población mundial sería infinita el 13 de noviembre de 2028, un viernes, naturalmente. Pero las funciones de producción de investigación del modelo de Kremer sugerían que las tasas de crecimiento de la población acabarían descendiendo, no porque la

población en masa se muriera de inanición y se produjera una catástrofe medio-
ambiental, sino porque el aumento de la renta provocaría una disminución de la
fecundidad en todo el mundo, como de hecho había ocurrido en los últimos ciento cincuenta años, comenzando por los países más ricos.

Kremer había obtenido pruebas aproximadas, pero contundentes, de que la
máxima de Smith funcionaba en ambos sentidos. La división del trabajo estaba
limitada por la extensión del mercado, que en este caso era la población humana. Pero el crecimiento del conocimiento, de la especialización, había acabado eli-
minando los obstáculos que impedían tradicionalmente que creciera la especie
humana. Esta misma observación podía hacerse a la inversa, ya que el deshielo
de los casquetes polares hacía diez mil años produjo un experimento natural, en
forma de dos zonas tecnológicamente separadas: el Viejo Mundo y el Nuevo Mundo.
En ese momento, desaparecieron los puentes continentales entre Eurasia y América
del Norte, entre Australia y Tasmania y la isla Flinders. Antes del deshielo, decía
Kremer, los seres humanos fueron abriéndose paso lentamente de un continente
a otro. Probablemente los habitantes de todas estas zonas tenían acceso a la misma tecnología: el fuego, las herramientas de piedra y de metal, las técnicas de caza
y de pesca. En el modelo de Solow, en el que la tecnología aumentaba constantemente cualquiera que fuera la densidad de población o la extensión terrestre,
era de suponer que todas las regiones estaban en igualdad de condiciones cuando los viajes de Colón iniciaron el proceso de restablecimiento del contacto tecnológico entre las regiones.

Pero era, por supuesto, el Viejo Mundo, con su mayor masa terrestre, el que
tenía la mayor densidad de población y el mayor nivel tecnológico, seguido de las
Américas, con sus ciudades, su agricultura extensiva y sus intrincados calenda-
rios. Australia les seguía a distancia con una población de cazadores y recolecto-
res. Tasmania carecía incluso de las tecnologías básicas de las que disfrutaban los
australianos, como el fuego, las lanzaderas de dardos y la fabricación de herramientas. Y en la isla Flinders, separada de Tasmania hace unos ocho mil setecien-
tos años, había indicios que apuntaban a la posibilidad de que se hubiera producido un retroceso tecnológico. Los últimos habitantes de esa diminuta isla murieron
alrededor de cuatro mil años después de que se separaran de la comunidad mayor,
al perder la capacidad para fabricar herramientas de huesos. Un número pequeño de habitantes significaba ausencia de especialización.

El misterio era la transición demográfica. ¿Por qué descendían las tasas de natalidad de los países cuando alcanzaban un cierto nivel de renta?

El artículo de Kremer apareció en el *Quarterly Journal of Economics* en 1993,
junto con varios artículos fundamentales de la nueva literatura sobre el crecimiento. En seguida se consideró un clásico, por haber explicado con tanta claridad las

transcendentales consecuencias económicas del hecho de que el conocimiento no fuera rival. Kremer continuó escribiendo una larga serie de artículos interesantes, entre ellos una reveladora propuesta sobre cómo un compromiso de compra de vacunas –de hecho, un premio como aquel tan famoso que se ofreció al que fuera capaz de fabricar un cronómetro marino fiable– podía tanto impulsar la innovación como ayudar a los pobres. Si algunos bienes no rivales eran tan importantes para el bienestar de la humanidad, preguntaba Kremer, ¿no se podían imaginar nuevas instituciones para producirlos? Volvió a Harvard. Se convirtió en consultor de la Gates Foundation. Y en 2002 fundó el Bureau for Research and Economic Analysis of Development Projects o BREAD para estudiar la microeconomía del desarrollo.

Hubo otros muchos. En 1991, Paul David atrajo de nuevo mucha atención con un artículo titulado «El ordenador y la dinamo» («The Computer and the Dynamo»). Su idea era comparar la historia de los incrementos de la productividad derivados de la generalización de la electricidad entre 1880 y 1930 con los incrementos de la productividad derivados de la aparición del ordenador. Demostró que la era de la electricidad no comenzó de repente sino que hubo dos fases, fruto de dos arranques de imaginación tecnológica. En la primera, que ocurrió durante el último cuarto del siglo XIX, se desarrolló un tosco método por el que las «dinamos eléctricas» asumieron las tareas de las máquinas de vapor de generar fuerza bruta. La segunda fase consistió en una serie de aplicaciones más transcendentales que se produjeron principalmente durante el segundo cuarto del siglo XX, cuando los ingenieros encontraron la forma de miniaturizar motores eléctricos y utilizarlos para multitud de fines que antes no eran viables, desde frigoríficos hasta radios. Lo mismo cabía esperar de los ordenadores, decía David, a medida que los diseñadores consiguieran introducir chips inteligentes en todo, desde los automóviles hasta las tarjetas de crédito. Quizá el problema de productividad que tuvo tanto eco mediático durante la década de 1980 era una cuestión de lo que él llamaba «presbicia tecnológica», que significaba «una aguda visión del futuro tecnológico lejano y, al mismo tiempo, una incapacidad para ver claramente la parte más cercana de la senda de transición».

Poco después, Timothy Bresnahan y Manuel Trajtenberg generalizaron esas comparaciones, proponiendo el concepto de «tecnologías de uso general». Las tecnologías de uso general eran innovaciones fundamentales cuya adopción ponía al descubierto trayectorias similares de aplicaciones útiles: no sólo los ordenadores y los motores eléctricos sino también los molinos de agua, las máquinas de vapor, los motores de combustión interna, los ferrocarriles, los canales y demás. Bresnahan había hecho un estudio pionero sobre la informatización de los bancos y de otras instituciones financieras; Traitenberg había realizado un influyente estudio de las ventajas de los escáneres TAC. El modelo que desarrollaron parecía describir también un abanico de innovaciones menos visibles: la máquina de escribir, el ordenador bancario, la cámara fotográfica, las técnicas de imagen asistida por ordenador. Hay un ejemplo en la historia posterior a 1845 de la aplicación del torno revólver, que resultó ser (en la teoría clásica de la interdependencia tecnológica de Nathan Rosenberg, historiador económico de la Universidad de Stanford) la clave para la fabricación de todo tipo de piezas intercambiables. Las tecnologías de uso general se convirtieron rápidamente en expresión común de la jerga del crecimiento. Mientras tanto, Kenneth Sokoloff, historiador económico de UCLA que ya en 1988 había utilizado los nuevos modelos para demostrar que la actividad inventora se origina alrededor de los centros de transporte y sigue al sistema conforme se expande (la división del trabajo está limitada por la extensión del mercado), observó que en Estados Unidos las bajas tasas y la sencillez de los trámites abrieron el sistema de patentes en el siglo XIX a una variedad mucho mayor de personas creativas que los clasistas sistemas europeos. La economía estaba comenzando a parecerse más a la «historia crítica de la tecnología» con la que había soñado Karl Marx.

En otras partes, los nuevos estudios sobre redes estaban comenzando a dar sus frutos en microeconomía. Las propias redes industriales no eran nuevas, desde luego. Los ferrocarriles, las redes de gas y electricidad, el telégrafo, el teléfono y los sistemas mecanográficos existían desde hacía cien años o más. Que el éxito dependía a menudo de los efectos «arrastre» ya se había reconocido de una forma general al menos desde la obra de Thorstein Veblen, *La Alemania imperial y la revolución industrial* (*Imperial Germany and the Industrial Revolution*) (Inglaterra había tomado la iniciativa en los ferrocarriles y salió perdiendo en favor de Alemania cuando sus vagones resultaron demasiado estrechos para los raíles mejorados y más anchos que se adoptaron posteriormente en el continente). Pero estas industrias se habían denominado monopolios naturales por su tendencia a producir rendimientos crecientes. Se habían considerado fallos del mercado, se habían separado de la economía competitiva «normal» y no se habían analizado detalladamente sus similitudes (elevados costes fijos, bajos costes marginales). Cuando en 1984 se anunció en Dallas el diccionario *The New Palgrave*, el mismo año en que Paul David presentó su artículo sobre el teclado QWERTY, ni la palabra «redes» ni la palabra «estándares» merecieron figurar en él.

Ahora una nueva generación de jóvenes economistas en cuya formación el punto de partida era el modelo de competencia monopolística de Dixit y Stiglitz se puso a trabajar. Hincaron el diente en el concepto de «externalidades de red». Una serie de términos nuevos entró en el vocabulario profesional: la *interoperabi-*

lidad de los estándares rivales, que significaba su compatibilidad, se convirtió en una cuestión fundamental. Lo mismo ocurrió con la *complementariedad* global de los distintos componentes de un sistema que tenían que actuar juntos armoniosamente para que funcionaran. Se estudiaron los *costes de cambiar*, pues aprender un nuevo sistema operativo era algo que llevaba tiempo. Los usuarios podían quedarse *atrapados*. Por nuevas y apasionantes que fueran estas consideraciones para los economistas, habían sido familiares para los creadores de empresas desde hacía décadas, incluso siglos. Los detalles quedaron expuestos en una serie de notables casos antimonopolio. Lo que surgió gradualmente en microeconomía fue lo que Katz y Shapiro denominaron «paradigma hardware/software/wetware», exactamente lo que Paul David había ilustrado de una forma tan provocadora diez años antes con su parábola de las máquinas de escribir, los teclados y los mecanógrafos y una sorprendente corroboración de Romer.

Se abrió un nuevo y vasto continente. De repente, los economistas jóvenes podían explorar libremente las diversas conexiones entre las instituciones políticas y el crecimiento que les habían estado vedadas con el modelo de Solow. Los primeros años de la década de 1990 fueron testigos de la publicación de otros muchos artículos pioneros. «Tal vez Schumpeter tuviera razón» («Schumpeter Might Be Right») es el título del estudio de Robert King y Ross Levine sobre la importancia de la financiación para el crecimiento. En «¿A qué altura están los hombros del gigante?» («How High Are the Giant's Shoulders?»), Ricardo Caballero y Adam Jaffe comenzaron a medir las externalidades del conocimiento. Torsten Persson y Guido Tabellini hicieron esta sugerente pregunta: «¿Es perjudicial la desigualdad para el crecimiento?» Alberto Alesina y Dani Rodrik no tardaron mucho en exponer su conclusión: la desigualdad frena el crecimiento a través de unos tipos impositivos confiscatorios sobre el capital humano. A continuación, Daron Acemoglu y James Robinson iniciaron una larga investigación sobre el legado de las instituciones coloniales, que culminó en un libro que marcó un hito, *Orígenes económicos de la dictadura y la democracia* (*Economic Origins of Dictatorship and Democracy*). Con el tiempo, el entusiasmo se extendió a campos más especulativos en los que parecía haber redes. A los bancos. Al propio dinero. A la lengua. A la religión. Las normas sociales y la educación se llamaron automáticamente «capital social». Se consideró que muchos tipos de «bancos de favores» eran redes en las que la existencia de externalidades desempeñaba un papel importante. Poco después, los macroeconomistas y los microeconomistas estaban leyendo los mismos libros, libros sobre el cambio histórico y el cambio institucional, que no habían leído antes.[2]

---

[2] Entre los títulos que se hicieron populares de repente entre los economistas se encuentran los siguientes: Douglass North, Institutions, *Institutional Change and Economic Performance*,

La macroeconomía ya no estaba ocupándose únicamente de la estabilización de los ciclos, de la política comercial y del tipo impositivo marginal. La microeconomía ya no estaba ocupándose únicamente de la organización industrial. La economía del desarrollo, en especial, se transformó. Durante cincuenta años, la vieja teoría del crecimiento había puesto el énfasis en la ayuda exterior para cubrir la diferencia entre el ahorro y la inversión o en la educación o en el control de la población. Pero como señaló William Easterly en *The Elusive Quest for Growth: Economists' Adventures and Misadventures in the Tropics*,[3] «ninguno de estos elixires ha dado el resultado prometido, ya que no todos los participantes en la creación de crecimiento económico tenían los incentivos que debían». La nueva teoría del crecimiento se ocupaba de cuestiones que antes habían estado lejos de los focos: la importancia de las instituciones, del derecho en particular; el papel de las empresas multinacionales como transmisoras de conocimientos; la utilidad de los enclaves de exportaciones para atraer inversión extranjera directa a los países en vías de desarrollo (y la importancia de la corrupción como elemento disuasor de la inversión extranjera directa); las posibilidades inherentes a los microcréditos; la importancia de la geografía, del clima y de las enfermedades como determinantes fundamentales que debían estudiarse; etc. Muy pronto, literalmente docenas de economistas estaban estudiando el crecimiento económico desde todas las perspectivas.

En todo este enorme torbellino de 1989, ninguno de los actores de ese drama quedó más excluido que el hombre cuyo despacho estaba al lado de los de Paul Samuelson y Bob Solow, la supuesta estrella de la siguiente generación en el MIT, a saber, Paul Krugman. Romer se le había adelantado en el tema del crecimiento. Grossman se había entrometido en su proyecto de colaboración con Helpman. Había retirado el artículo de Buffalo, que iba a ser colocado cerca de la cabecera del desfile.

Richard Nelson y Sydney Winter, *An Evolutionary Theory of Economic Change*; Nathan Rosenberg y L. E. Birdzell Jr., *How the West Grew Rich: The Economic Transformation of the Industrial World*; Joel Mokyr, *The Lever of Riches: Technological Creativity and Economic Progress*; David Landes, *The Wealth and Poverty of Nations: Why Some Are So Rich and Some So Poor*; Eric Jones, *The European Miracle*; Paul Bairoch, *Cities and Economic Development: From the Dawn of History to the Present*; Jared Diamond, *Guns, Germs, and Steel: The Fates of Human Societies*; y Alexander Gerschenkron, *Economic Backwardness in Historical Perspective: A Book of Essays*.

[3] La traducción al castellano de este libro ha sido publicada por Antoni Bosch, editor bajo el título de *En busca del crecimiento: andanzas y tribulaciones de los economistas del desarrollo*. (N. del E.)

Durante un tiempo, Krugman anduvo buscando su camino. Escribió un artículo (junto con Elise Brezis y Daniel Tsiddon) sobre el salto tecnológico (*leapfrogging*) en la competencia internacional. El artículo intentaba explicar la regularidad empírica conocida con el nombre de ley de Caldwell, a saber, el hecho de que, según el historiador de la tecnología Donald Caldwell, durante varios cientos de años ningún país había conservado el liderazgo económico y tecnológico durante muchos años. Pero «Una teoría de los ciclos en el liderazgo tecnológico nacional» («A Theory of Cycles in National Technology Leadership») no se publicó hasta 1993. Para entonces su observación de que los japoneses podrían estar sobrepasando a los estadounidenses parecía que se había quedado anticuada.

Poco después, Krugman había encontrado otro papel protagonista. Si no podía aplicar la lógica de los rendimientos crecientes al crecimiento de economías enteras a lo largo del tiempo, quizá podría analizar los cambios del paisaje. Escogió la geografía económica.

En 1985, la geografía económica era un campo de investigación aletargado, no porque sus principales economistas carecieran de luces, sino porque no disponían de los instrumentos del modelo de equilibrio general creados por la nueva economía del comercio y la nueva economía del crecimiento. Este campo de investigación había crecido con un estilo distintivo propio, gracias a que había sido algo así como un callejón sin salida. En torno a la geografía económica habían surgido otras disciplinas que se ocupaban de las ciudades para analizar los procesos de retroalimentación positiva que la economía había dejado fuera de su órbita central: la economía regional, la economía del desarrollo, la dinámica de los sistemas, la planificación urbana. Algunos autores como Lewis Mumford y Jane Jacobs se habían construido cómodos nichos.

Fue más o menos por aquella época cuando apareció el influyente libro de William Cronon sobre la historia natural de Chicago. *Metrópolis de la naturaleza: Chicago y el gran oeste* (*Nature's Metropolis: Chicago and the Great West*) dejó claro el papel de la suerte y de la historia en la determinación de la distribución de los asentamientos urbanos. En el caso de Chicago, la lógica circular de la centralización se derivó inicialmente del hecho de que la ciudad se formó justamente en el punto en el que el paso de la divisoria de los Grandes Lagos a la divisoria de Mississippi era más corto; no había más que transportar una canoa por una duna desde el lago Michigan hasta el río Chicago. Cronon lo llamó primera naturaleza. Ésta fue seguida de una segunda naturaleza, que confirió a Chicago aún mayores ventajas. Como Chicago era un nudo del transporte acuático, se convirtió en un nudo ferroviario y, más tarde, en un nudo del transporte aéreo. El resto –los mercados de la madera, del trigo, de conservas cárnicas, de maquinaria agrícola, de petróleo, de acero, de producción fabril, de seguros, los mercados financieros–vino con el paso del tiempo.

Ésta era una historia sobre los rendimientos crecientes. Alfred Marshall había dicho: «Cuando una ciudad ha elegido, pues, un emplazamiento, es probable que permanezca en él durante mucho tiempo», invocando los misterios que no eran tales sino algo que se respiraba en el ambiente –es decir, el conocimiento– para explicar los rendimientos crecientes. Ahora Krugman utilizó el mismo modelo formal que había creado para el comercio. El modelo imperante desde 1974 era un modelo de sistemas de ciudades, administrados principalmente por los promotores inmobiliarios: era bastante revelador, pero no podía generalizarse satisfactoriamente. A partir de 1991, con «Rendimientos crecientes y geografía económica» («Increasing Returns and Economic Geography») publicado en el *Journal of Political Economy*, Krugman fue capaz de replantear en una serie de modelos formales lo que Marshall había insinuado. Estos modelos provocaron, a su vez, un aluvión de estudios de otros autores sobre las fuerzas compensatorias de la centralización y la dispersión. El modelo de alta tecnología rejuveneció viejos debates en economía. Pero Krugman contaba que cuando describía entusiasmado algunos de los trabajos de geografía económica a algún amigo que no era economista, éste le contestaba: «¿Pero no es todo eso una perogrullada?» Una serie de conferencias que explicaban la nueva geografía económica lo llevó, sin embargo, a desarrollar la parábola del trazado del mapa de África. «En la economía moderna, una idea bien modelizada es el equivalente moral de lo que era para los cartógrafos del siglo XVIII una región bien medida», dijo.

En una serie de artículos y libros, Krugman hizo una escalada de afirmaciones sobre la importancia y el éxito de la nueva geografía económica, que confiaba en que pronto se convertiría en un campo de investigación tan importante como el comercio internacional. Era, decía, «un campo de investigación que tiene un alcance impresionante». En una charla, los estudiantes de doctorado repartieron camisetas con el eslogan «El espacio, la última frontera». Sus colegas sonreían en este ambiente circense. Como ya había ocurrido otras veces, Krugman fue demasiado lejos. Pero al estudiar los fundamentos microeconómicos del paisaje urbano, estaba respondiendo a preguntas que pocos se habían planteado incluso preguntar. Una vez más, Krugman había promovido un gran avance.

A principios de la década de 1990, los investigadores del crecimiento que se habían criado con el modelo de Solow reaccionaron violentamente contra los nuevos modelos de acumulación de conocimientos. No sorprendió a nadie, pues el nuevo modelo basado en el conocimiento con sus rendimientos crecientes generalizados amenazaba con acabar destruyendo una gran cantidad de propiedad intelectual, parte matemática y parte filosófica. Muchos economistas que se encontraban en la mitad de su carrera menospreciaron la importancia de los nuevos avances. Otros afirmaron que ellos todo eso lo sabían desde siempre.

En torno al modelo de Solow había surgido una abundante tradición de contabilidad del crecimiento. El modelo de Mankiw, Romer y Weil apareció formalmente en 1992. Casi inmediatamente después fue bautizado con el nombre de modelo ampliado de Solow. Parecía indicar que la mera introducción del capital humano podía ser suficiente para explicar todas las diferencias observadas entre los niveles de riqueza de las naciones. Tal vez las diferencias entre las tasas a las que se producía nuevo conocimiento tuvieran relativamente poco que ver con ello, puesto que todo el mundo podía acceder esencialmente a los mismos conocimientos. A lo mejor lo importante era, después de todo, la convergencia. Un joven economista llamado Alwyn Young llamó a esta respuesta «resurgimiento neoclásico». A mediados de 1994 estaba en pleno desarrollo.

Young era una figura especialmente influyente en esta cuestión (no tenía ninguna relación con Allyng Young, a pesar de llamarse casi igual). Su «Historia de dos ciudades» («Tale of Two Cities») apareció en 1992 y era un estudio del crecimiento desde la Segunda Guerra Mundial de Hong Kong y Singapur, dos pequeñas ciudades-estado y antiguas colonias británicas que eran suficientemente parecidas desde el punto de vista institucional como para poder compararlas, aunque muy diferentes en aspectos fundamentales.

Las similitudes entre las naciones isleñas eran bastante claras, según Young. Ninguna de las dos tenía muchos recursos naturales, salvo el lugar en el que se encontraba situado su soberbio puerto natural. Ambas estaban pobladas principalmente por inmigrantes procedentes del sur de China. En las dos florecían y decaían las mismas industrias: desde los textiles hasta la ropa, los plásticos y la electrónica y, en la década de 1980, desde la industria manufacturera, en general, hasta los servicios bancarios y otros servicios financieros. En 1960, las dos habían tenido más o menos el mismo PIB.

A continuación, venían las diferencias. Se pensaba que la población de Hong Kong tenía mayor nivel de educación que la de Singapur y contaba con una elevada proporción de empresarios de clase media que huyeron de Shangai después de la revolución comunista. Su gobierno había mantenido una política de *laissez faire* con respecto a casi todo, salvo la propiedad del suelo (mantenía grandes extensiones de suelo de primera calidad fuera del mercado hasta que la demanda alcanzaba un determinado nivel). El gobierno de Singapur, por el contrario, había sido muy dirigista, «escogiendo industrias ganadoras» entre las más prometedoras, siguiendo una agresiva política de ahorro forzoso y atrayendo inversión extranjera directa. Así, mientras que la tasa de inversión de Hong Kong había representado alrededor de un veinte por ciento del PIB desde 1960, la de Singapur había ascendido del trece por ciento del PIB a la asombrosa cifra del cuarenta por ciento al año desde la década de 1970. Eran estas diferencias las que hacían que su historia fuera especialmente útil para los autores de teorías rivales, decía Young.

El principal resultado era que aunque Singapur había invertido casi el doble que Hong Kong durante casi veinticinco años, no había crecido más deprisa. Eso significaba que sus dirigentes habían tenido demasiadas ansias de ir a la caza de cada nueva moda: la microelectrónica, los ordenadores, los servicios financieros, la biotecnología. A pesar de las frenéticas mejoras conseguidas, los ciudadanos de Singapur estaban peor que los de la diversificada Hong Kong (¡de nuevo la historia de Manchester y Birmingham!). Young era un experto en los datos empíricos; analizaba concienzudamente las cifras y lo que significaban. Era reacio a extraer conclusiones firmes. Una cosa estaba clara, decía: los nuevos modelos del crecimiento, aunque distaban de ser definitivos, habían «liberado a la comunidad de economistas de la camisa de fuerza intelectual del modelo neoclásico de crecimiento», que casi había «relegado el cambio técnico y el crecimiento a largo plazo al reino de lo inexplicable».

Dos años más tarde, en «La tiranía de los números» («The Tyranny of Numbers»), el escrupuloso Young se fustigó un poco. «Este artículo es bastante aburrido y técnico, y lo es intencionadamente», comenzaba diciendo. No hacía ninguna nueva interpretación del crecimiento del este asiático, no extraía ninguna conclusión teórica sorprendente, no extraía ninguna consecuencia nueva de las sutilezas de las intervenciones del Estado en el este asiático para provocar a los partidarios de la política activa. Quería simplemente que los números cuadraran. Pero cuando lo hizo, en un minucioso estudio de los casos de Hong Kong, Singapur, Taiwan y Corea del Sur, el resultado se parecía sorprendentemente al que predeciría el modelo de Solow: rápida igualación, seguida de convergencia hacia algún tipo de estado estacionario. El «milagro del crecimiento», de crecientes niveles de vida del este asiático, era principalmente el resultado de aumentos excepcionales de factores que se comprendían perfectamente, según Young: un aumento de las tasas de actividad, un incremento de la proporción de inversión, el desplazamiento de mano de obra agrícola a la industria manufacturera y una mejora de la educación. Si todo el mundo podía disponer de la misma tecnología, aparentemente no existía ningún camino real para acelerar el crecimiento. Su conclusión era la siguiente: «La teoría neoclásica del crecimiento, con su énfasis en las variaciones del nivel de la renta y su modelo cuantitativo perfectamente formulado, puede explicar la mayoría, si no todas, las diferencias entre los resultados de los países en vías de industrialización y otras economías del periodo posterior a la Segunda Guerra Mundial».

El repliegue de Young tuvo mucha influencia. Paul Krugman hizo una observación similar sobre Japón. Comparó su evolución desde la Segunda Guerra Mundial con la de Rusia: un brote de crecimiento seguido de un prolongado estancamiento. Pronto Dale Jorgenson estaba prediciendo que el crecimiento de Estados Unidos descendería a casi cero durante el siglo siguiente. Algunos propusieron nuevos ejercicios de contabilidad del crecimiento internacional (Robert Hall y Charles Jones, Meter Klenow y Andrés Rodríguez-Clare) con el fin de aclarar el papel de los flujos de educación y de conocimiento en el fomento del crecimiento. Todos estos concienzudos estudios econométricos trasladaron una gran parte del debate de la naturaleza del propio crecimiento al problema mucho más complicado de la convergencia internacional. El resurgimiento de la teoría neoclásica fue muy popular a mediados de la década de 1990. Tal vez el modelo de acumulación de factores de Solow con cambio tecnológico exógeno fuera bastante bueno, después de todo.

De todos los retos que se lanzaron a Romer '90, hubo uno que destacó más que ningún otro. Romer, con su creencia en que las tasas de crecimiento se acelerarían, había postulado un supuesto directamente contrario al del modelo de Solow: que las oportunidades de mañana serían más o menos las mismas que las de ayer o las de hoy. Pero ¿y si se hubieran hecho ya la mayoría de los descubrimientos importantes? ¿Qué pasaría si las inversiones en el crecimiento del conocimiento también tuvieran rendimientos decrecientes?

El que lo retó fue Charles I. Jones, «Chad» para los amigos, un investigador que había tenido la gran suerte de nacer exactamente en el momento oportuno. Tras terminar los estudios de licenciatura en Harvard College en 1989, pasó cuatro años en el MIT. En un par de trabajos realizados en 1995, señaló que el gasto en I+D había aumentado durante casi cincuenta años, que la educación se había extendido y era más amplia, que la apertura al comercio tanto interior como exterior había aumentado y, sin embargo, las tasas medias de crecimiento de Estados Unidos, en lugar de acelerarse, se habían mantenido relativamente constantes durante cien años. Se suponía que todos estos hechos debían aumentar la tasa de crecimiento. ¿Qué estaba pasando entonces?

Jones se puso a desmenuzar la «función de producción de tecnología» del modelo de Romer, examinando las abstractas ecuaciones que describían cómo producían los investigadores nuevas ideas, para ver qué implicaban exactamente. Observó que dependían, en parte, de una serie de supuestos sobre el propio conocimiento. En Romer '90, la función de producción de ideas se basaba en un supuesto generoso: que las externalidades de los nuevos conocimientos acababan siendo universales, que, por lo tanto, cuanto más se conocieran, más nuevas ideas se descubrirían. Todo el mundo ganaba con la aparición de nuevas herramientas. Y, de hecho, el descubrimiento del cálculo diferencial, la invención del láser y el desarrollo de circuitos integrados habían aumentado claramente la productividad de los investigadores posteriores. Este fenómeno se había llamado efecto «ir a hombros de gigantes».

Pero también podía ocurrir que los investigadores, al ir aumentando, simplemente se estorbaran unos a otros, un poco como los automovilistas que se dirigen en masa por una carretera a un conocido punto de destino. Dado que las ideas no son rivales, sería un despilfarro que habitualmente seis personas inventaran al mismo tiempo la misma idea (un fenómeno que era conocido para los estudiosos de las «carreras de patentes»). Jones llamó «pisarse» a esa congestión de la investigación. ¿Era su efecto mayor o menor que el de «ir a hombros de gigantes»?

¿Y qué pasaba con la naturaleza de los propios misterios del mundo? ¿Y si los descubrimientos que ya había hecho la humanidad fueran los más importantes y cada vez resultara más difícil hacer el siguiente avance realmente importante? Quizá existiera un proceso de «agotamiento». En ese caso, ya no se progresaría tan deprisa como en siglos anteriores, ya que la competencia entre equipos cada vez mayores de científicos haría que se encontraran menos ideas nuevas.

Lo que hizo Jones fue dar a las nuevas ideas un tratamiento más riguroso que nunca. Señaló, como hemos visto, que las tasas de crecimiento de Estados Unidos se habían mantenido relativamente constantes durante los cien últimos años, a pesar de los crecientes recursos dedicados a la I+D. ¿Qué significaba eso? ¿Qué papel desempeñaba una población en constante crecimiento? ¿Cómo podíamos saber si se estaba haciendo excesiva I+D o demasiado poca? En los *Meetings* de la AEA celebrados en Chicago en 2000, Romer organizó tres sesiones dedicadas a debatir cuestiones como éstas, once artículos que trataban uno u otro aspecto de la cuestión «¿Está el progreso tecnológico acelerándose o ralentizándose?». No hubo ninguna respuesta satisfactoria, pero sí multitud de preguntas interesantes.

Entretanto, Jones se trasladó de Stanford a Berkeley y amplió sus temas de investigación. Creó con Robert Hall un nuevo modelo de contabilidad del crecimiento; se hizo cargo, junto con Peter Klenow, profesor de la Universidad de Stanford, del programa de la NBER sobre crecimiento y fluctuaciones. Escribió un libro de texto de introducción, siguió publicando trabajos constantemente («¿Fue inevitable la Revolución Industrial?» [«Was the Industrial Revolution Inevitable?»]), contribuyó con un artículo panorámico sobre la economía del conocimiento («Crecimiento e ideas» [«Growth and Ideas»]) a un nuevo manual de teoría del crecimiento y, junto con Klenow y David Weil, profesor de Brown University, fue un ejemplo de la siguiente generación de teóricos del crecimiento.

Durante todo este tiempo, Romer continuó trabajando. Pudo hacerlo gracias a su nueva relación con el Canadian Institute for Advanced Research (CIAR). El CIAR, creación de un incansable epidemiólogo que tenía el insólito nombre de J. Fraser Mustard, se había montado a principios de la década de 1980 partiendo casi de cero (y con una buena financiación procedente de empresas) para que los investigadores canadienses pudieran conocer los últimos avances que estaban realizándose en diversos campos de investigación, casi todos en alguna otra parte.

La idea era financiar las investigaciones de unas pocas docenas de personas de talento que trabajaran en el extranjero en campos de investigación como la cosmología, la biología evolutiva, la computación neural y cuántica y la nueva teoría del crecimiento económico, a cambio de visitas esporádicas de trabajo a Canadá. Uno de los resultados fue que durante muchos años desfiló periódicamente por las ciudades canadienses una larga lista de figuras en muchas disciplinas. Otro fue que Romer pudo dedicar una gran cantidad de energía a pulir su proyecto. Escribió varios artículos atando los cabos sueltos y, a continuación, dejó el tema. Después de doce años, pensó que estaba terminado. Comenzó a pensar en otros temas de investigación. Y en 1996 aceptó una oferta de la Stanford Business School y, no sin cierto pesar, dejó de ir y venir a Berkeley. Después de seis años, estaba en casa.

Antes de cerrar, escribió una nota de réplica, si se le puede llamar así, dirigida a los críticos. «Los nuevos bienes, la vieja teoría y los costes de bienestar de las restricciones comerciales» («New Goods, Old Theory, and the Welfare Costs of Trade Restrictions») no es uno de sus mejores artículos. Trata de decir demasiadas cosas. Pero es uno de los más provocadores. En él abordó una cuestión especialmente desconcertante. Romer señalaba que el supuesto tácito del modelo habitual de la hoja de cálculo de infinitas dimensiones era que el conjunto de bienes que hay en una economía nunca cambiaba. Sin embargo, el conjunto de bienes estaba cambiando, desde luego, *constantemente*. La importancia de ese hecho se había reconocido hacía por lo menos ciento cincuenta años, desde que el ingeniero francés Jules Dupuit explicó detalladamente la incertidumbre que rodeaba a la decisión de construir o no un nuevo puente. Las dificultades matemáticas que planteaba el desarrollo de un modelo de los nuevos bienes probablemente no eran más que una parte de la explicación. ¿Cómo había podido estar tanto tiempo la economía sin desarrollar un vocabulario para hablar claramente sobre lo nuevo? ¿De dónde venía la profunda aversión filosófica a imaginar lo nuevo?

Para encontrar una respuesta, Romer recurrió a *La gran cadena del ser: un estudio de la historia de una idea* (*The Great Chain of Being: A Study of the History of an Idea*) de Arthur O. Lovejoy. En ese célebre libro, publicado en 1936, Lovejoy identificó un cierto hábito del pensamiento en la historia del pensamiento de occidente, unas veces explícito, otras no: la convicción de que todo lo que *podía* crearse *se había* creado. Rastreó la historia de este «teorema de la "plenitud" de la transformación de las posibilidades conceptuales en realidad extraño y cargado de significado» desde sus orígenes en Platón pasando por las distintas formas que había adoptado en la religión, la filosofía, el arte, la literatura, la política y la ciencia, conectando episodios de diferentes disciplinas que no parecían estar en absoluto conectados a primera vista. Ver esas conexiones es, desde luego, en gran parte lo emocionante del libro.

Al principio, decía Lovejoy, la plenitud era una respuesta a una pregunta que era lógico plantear: ¿por qué el mundo era como era? Porque el Creador o la Idea del Bien o Dios lo habían hecho así. Y ese Creador no podía, por naturaleza, dejar sin realizar ninguna posibilidad de ser, ya que, como dijo Platón, «nada que sea incompleto es bello». Ese Dios no podía superarse como tampoco podía hacer un trabajo mal hecho. Así pues, los contenidos del mundo eran un *plenum formarum*, un conjunto completo y general de toda la variedad de cosas posibles.

Lovejoy hizo para los lectores un extraordinario recorrido por las consecuencias de esta teoría. Estaba la Gran Cadena del Ser, como la describió Santo Tomás de Aquino, en la que «el miembro más bajo del género más alto siempre se encuentra lindando [...] con el miembro más alto del género más bajo». Estaba la nueva cosmografía de Tycho Brahe y Copérnico, en la que el descubrimiento de un cometa –literalmente, algo *nuevo* bajo el sol– llevó a la sustitución del mundo limitado de los clásicos por el supuesto de un universo descentralizado, infinito e infinitamente poblado. Leibniz, coinventor del cálculo, formuló así la «ley de continuidad»: «Todas las clases de seres que considerados en su conjunto constituyen el universo sólo son, en las ideas de Dios que conoce claramente sus gradaciones esenciales, un número determinado de ordenadas de una única curva tan unidas que sería imposible colocar otras entre dos cualesquiera, ya que eso implicaría desorden e imperfección».

Sólo algo más de cien años más tarde, los inquietantes descubrimientos de las extinciones y los fósiles desencadenaron una frenética búsqueda de «eslabones perdidos» y la temporalización de la cadena del ser, es decir, su transformación de un inventario estático de criaturas en un *programa*, en el que el mundo estaba evolucionando gradualmente de un grado de plenitud y perfección menor a uno mayor. Finalmente, sin embargo, llegó el gran y tremendo golpe contra el supuesto de la plenitud, cuando Charles Darwin dio a su obra el título de *Sobre el origen de las especies* (*On the Origin of Species*) en lugar de *Origen de las especies*, dándonos así una imagen de un mundo de prueba y error en el que la casualidad jugaba un papel crucial, de un mundo del que venimos, no hacia el que vamos.

Romer retomó la historia no mucho después de Marshall, con la doctrina de *natura non facit saltum*, según la cual no podía haber ni vacíos ni eslabones perdidos; todo era perfectamente divisible. Los economistas reconocían que el conjunto de bienes que se comercian en una economía siempre está cambiando, decía, pero según la versión económica de la plenitud, esa turbulencia era un epifenómeno carente de todo interés fundamental. Se había hecho oídos sordos a la insistencia de economistas como Schumpeter y Young en que la creación de nuevos bienes tenía una importancia fundamental. «[M]ovidos por nuestro entusiasmo después de la Segunda Guerra Mundial por destilar "el milagro del mercado" hasta llegar a su esencia matemática, los economistas generalmente hemos estado dispuestos a dejar estas cuestiones de lado. Podía demostrarse que los mercados descentralizados lo hacían todo bien, pero sólo suponiendo que ya se había resuelto [...] la mitad de nuestro problema económico básico.» Con la hoja de cálculo de infinitas dimensiones de Arrow y Debreu, decía, se han seleccionado todos los bienes que tienen fecha y son contingentes de los estados relevantes; lo único que queda es asignarlos a un conjunto de usos existentes. Para un economista, el supuesto de la plenitud significa que «podemos suponer, pues, que siempre estamos en el interior del espacio de los bienes». El conjunto es convexo. Se supone simplemente que no existen las distorsiones provocadas por los derechos monopolísticos necesarios para que surjan nuevos bienes.

Romer atribuía el hecho de que el supuesto de la plenitud siguiera en nuestra imaginación al deseo humano profundamente arraigado de comprender el mundo. «Si admitimos que pueden ocurrir nuevas cosas –que hay muchas cosas que podrían existir que aún no existen– socavamos nuestra explicación más frecuente de por qué el mundo es así: tiene que ser así, pues no podría haber sido de otra manera.» Y, sin embargo, en el contexto de la evolución biológica, el supuesto de la plenitud no sólo era erróneo sino profundamente engañoso. Si no hubiera caído en el mundo el asteroide que destruyó los dinosaurios, hoy la vida en la tierra sería inimaginablemente diferente. En economía, también ha habido reticencia a creer que pueden ocurrir cosas nuevas y que *podrían* haber ocurrido en algún momento en el pasado. Cuando los economistas heterodoxos insisten en la importancia de lo que llaman comportamiento de desequilibrio, decía Romer, lo que quieren decir es, en parte, que en cualquier economía real sólo puede existir un conjunto incompleto de bienes, por lo que siempre se pueden añadir bienes realmente nuevos. «Sólo la falta de imaginación, la misma que lleva al hombre de la calle a suponer que ya está todo inventado, nos lleva a creer que se han diseñado todas las instituciones relevantes y que se han encontrado todos los mecanismos de la política económica.»

El recorrido de Romer por la historia de las ideas acababa en seguida. «Los nuevos bienes, la vieja teoría y los costes en bienestar de las restricciones comerciales» pasaba rápidamente a analizar la economía pública, los costes fijos, Harold Hotelling y Jules Dupuit. Las consecuencias del aislamiento con respecto al flujo de nuevas ideas probablemente eran mucho mayores de lo que se pensaba normalmente. Pero el argumento había quedado planteado. Romer abrió la puerta a una exploración filosófica de los fundamentos que tardará muchos años en estar terminada. Para entonces estaba acostumbrado a que le dijeran que la nueva teoría del crecimiento no era nueva. Tal vez no lo *fuera*. Pero era una teoría *de* lo nuevo.

24 UNA BREVE HISTORIA DEL COSTE DE LA ILUMINACIÓN

En economía, muy pocas controversias llegan alguna vez a zanjarse. No es fácil saber qué modelo es mejor. En física, las dudas que pudieran tener los científicos y los profanos de la importancia de $E = mc^2$ se resolvieron de una vez por todas con la explosión de una bomba nuclear. Pero en economía hay pocas confirmaciones explosivas de ese tipo. Eso no quiere decir que no haya ninguna.

La controversia sobre la economía del conocimiento quedó interrumpida en diciembre de 1993 por la noticia de un estudio que casi iba a resolver por sí solo, al menos en lo esencial, la cuestión de qué modelo de crecimiento económico era preferible. Las regresiones están muy bien. Pero un buen experimento puede demostrar una nueva idea con una abrumadora fuerza retórica.

Siempre se había dicho que en economía no podían hacerse experimentos. Había aquí, sin embargo, un caso extraído de la historia de la humanidad; no era ni siquiera un «experimento hipotético» sino un experimento real, el no va más de los datos concretos. No era necesario realizar ningún ajuste basado en la paridad del poder adquisitivo. No era preciso hacer comparaciones internacionales.

El cambio tecnológico ha sido claramente la principal fuente de crecimiento económico. En eso podrían estar de acuerdo tanto el modelo de Solow como el de Romer. ¿Pero era el crecimiento del conocimiento un proceso fundamentalmente económico? ¿O eran sus fuentes aún tan misteriosas o inextricables que seguirían estando prohibidas para los economistas? ¿Eran exógenas? ¿O endógenas? ¿Una caja negra? ¿O no? El *quid* de la cuestión eran las consecuencias que ello tenía para la política económica. ¿Podrían los países utilizar la política económica para acelerar su crecimiento? ¿O no se podía hacer gran cosa para acelerarlo?

La forma de los datos era tan singular como un hongo nuclear.

El realizador del experimento fue William Nordhaus, el mismo Nordhaus que siendo estudiante de doctorado en el MIT en 1967 había tratado de introducir la I+D en el modelo de crecimiento de Solow utilizando la competencia monopolística. Ese apartado lo suprimió en su tesis y en el libro en que se convirtió, *La invención, el crecimiento y el bienestar: un análisis teórico del cambio tecnológico* (*Invention, Growth, and Welfare: A Theoretical Treatment of Technological Change*). Se publicó finalmente en forma de breve artículo en las actas de 1969 de la *AER*. Si se sintió decepcionado, nunca lo demostró. Regresó a la Universidad de Yale para enseñar (había sido capitán del equipo de esquí cuando hacía allí los estudios de licenciatura) y se dedicó a estudiar toda una variedad de temas relacionados con el medio ambiente, el agotamiento de los minerales y, por supuesto, la crisis de la energía.

Durante los treinta y cinco años siguientes, Nordhaus se transformó en una combinación poco habitual de pensador original y ciudadano útil. La investigación que comenzó a principios de la década de 1970 para ampliar la contabilidad nacional e incluir el medio ambiente dio constantes frutos. Se convirtió en un destacado experto en el calentamiento del planeta y en la contabilidad de los bienes comerciados. Desde 1977 hasta 1979, fue miembro del Consejo de Asesores Económicos del Presidente Jimmy Carter, después rector de la Universidad de Yale y, durante un tiempo, vicerrector de finanzas y administración. En 1985, reescribió junto con Paul Samuelson su famoso libro de texto, cuya decimoctava edición se publicó en el otoño de 2004.

Siempre se ha pensado que los mejores experimentos están relacionados en la mente del que los realiza con la verificación de alguna hipótesis osada. El vívido experimento de William Harvey sobre la circulación de la sangre, por ejemplo, tenía por objeto demostrar que el cuerpo funcionaba de una determinada manera. ¿Pensaba Nordhaus en un objetivo de ese tipo cuando concibió el experimento? No, dice, al menos no conscientemente. Cuando comenzó, en la década de 1970, trataba únicamente de comprender por qué había subido el precio del petróleo.

Corría el año 1974. Nordhaus era un profesor de Yale recién promocionado y miembro de la Fundación Cowles. Como casi todos los demás economistas ese año en que se cuadruplicaron los precios, gracias a la OPEP, estaba estudiando el problema de la energía. Gracias a su tesis, sabía perfectamente que el cambio técnico era una de las respuestas predecibles a la subida del precio del petróleo.

Era cierto que los compradores comprarían menos petróleo y buscarían fuentes alternativas, como el gas natural. Era cierto también que las empresas que hacían prospecciones petrolíferas buscarían y encontrarían nuevas reservas. La oferta y la demanda buscarían el equilibrio. Pero entretanto, los inventores se pondrían a trabajar para buscar métodos más eficientes que permitieran sacar el máximo partido al petróleo existente, todo tipo de inventores, dentro de las empresas y fuera de ellas, no sólo en los laboratorios sino también en los departamentos de compras. Nordhaus pensaba que de todos los factores que influirían en el futuro precio del petróleo y en sus existencias, probablemente el más potente fuera el cambio técnico. ¿Cómo esclarecer la cuestión?

Lo que quería Nordhaus era una medida del coste, no del crudo, sino de los fines para los que se utilizaban los productos derivados del petróleo con el objetivo de crear cosas que se querían por sí mismas –calefacción, luz, viajes, trabajo– y no sólo de las sustancias derivadas del petróleo sino de los distintos combustibles que se habían utilizado para esos mismos fines antes de que se descubriera el petróleo, así como de los sustitutivos del petróleo que habían surgido posteriormente: la electricidad, el gas, la energía solar y la energía nuclear. Quería medir el *producto* del combustible que se empleaba, desde el punto de vista del trabajo que realizaba, y no los distintos *factores*, es decir, el precio del combustible y del equipo adicional necesario para convertirlo en trabajo: el horno, la lámpara, el automóvil. Los teóricos lo llaman *verdadero* índice del coste de la vida, que es un índice que mide el coste de los bienes y los servicios que se quieren por sí mismos en lugar de recurrir a una regla práctica (una función de producción) para calcular la producción a partir de los precios y las cantidades de los ingredientes.

Pero se sabía que el producto era muy difícil de medir, sobre todo cuando había por medio un cambio de tecnología. Por ejemplo, ¿cómo comparar el transporte en automóvil con el transporte en tren o a caballo? ¿Cómo comparar la audiencia a la que puede llegar un copista empleado para comunicar nuestras ideas con la audiencia a la que puede llegar una prensa o una fotocopiadora? ¿O una monótona dieta de cerveza y pan con una dieta que contenga sushi y galletas de chocolate? La energía que representaba un barril de petróleo era especialmente difícil de calcular. ¡Había tantos fines para los que podía utilizarse en la era moderna! Por este motivo, a los economistas se les había ocurrido la idea de las características de los servicios, que era la utilidad subyacente que el cliente busca en el bien que compra.

Para simplificar las cosas, pues, Nordhaus centró su atención en un bien de consumo cuya naturaleza no había cambiado mucho en cientos de miles de años: el coste de iluminar una habitación por la noche. La iluminación nocturna es uno de los bienes de consumo más antiguos de la humanidad. Fue un bien de lujo poco frecuente durante miles de años y poco a poco se convirtió en un derecho, pero nunca han cambiado sus características más esenciales, independientemente de que provenga de un fuego en una oscura caverna, de una lámpara de aceite en una villa de Pompeya, de una vela en un salón del siglo XVIII o de una cálida bombilla incandescente en una cocina de finales del siglo XX. La gran ventaja del coste de la iluminación era que sería fácil calcularlo. Los factores para producirla eran, por supuesto, muy variados. También variaba la eficiencia con que se convertían en iluminación. Pero la naturaleza del producto era la misma. La luz era luz.

Nordhaus se convirtió, pues, en un estudioso de la historia de la iluminación. Leyó detenidamente viejas historias de la iluminación y cuadernos de notas de laboratorio del siglo XIX. Peinó los trabajos de antropólogos, hasta remontarse a los descubridores de la caverna de Beijing que contenía las cenizas más antiguas que se conocen de un fuego de hogar. Describió la historia de la tecnología de la iluminación en la tabla siguiente.

Hitos en la historia de la iluminación

1.420.000 a.C.	Fuego utilizado por los australopitecos
500.000 a.C.	Fuego utilizado por el hombre de Beijing
38.000–9.000 a.C.	Lámparas de piedra cuya mecha ardía por medio de grasa utilizadas en Europa meridional
3.000 a.C.	Candeleros recuperados en Egipto y Creta
2.000 a.C.	Mercado babilonio de combustible para iluminar (aceite de sésamo)
1292 d.C.	En los registros de impuestos de París figuran 72 fabricantes de velas
Edad Media	Velas de sebo de uso general en Europa occidental
1784	Descubrimiento de la lámpara de aceite de Argand
1792	William Murdock emplea gas de hulla para iluminar su casa de Cornwall
1794	William Murdock emplea gas de hulla para iluminar sus oficinas de Birmingham
Década de 1800	Mejora de la tecnología de las velas por medio del uso de ácido esteárico, espermaceti y cera de parafina
1820	Alumbrado de las calles por medio de gas en Pall Mall (Londres)
1855	Benjamin Sillman Jr. hace experimentos con el petróleo
1860	Demostración de una lámpara de descarga eléctrica en la Royal Society de Londres
Década de 1860	Desarrollo de las lámparas de queroseno
1876	Luces de arco de 500 bujías de William Wallace, presentadas en la Exposición Centenaria de Filadelfia

1879	Swan y Edison inventaron la lámpara incandescente de filamento de carbono
Década de 1880	Camisa de gas de Welsbach
1882	Se inaugura la estación de Pearl Street (Nueva York) con el primer servicio eléctrico
Década de 1920	Lámparas de vapor de mercurio y de sodio de alta presión
Década de 1930	Desarrollo del tubo fluorescente de vapor de mercurio
1931	Desarrollo de la lámpara de vapor de sodio
Década de 1980	Comercialización de la bombilla fluorescente compacta

Fuente: Timothy F. Bresnahan y Robert J. Gordon, *The Economics of New Goods*, Chicago, University of Chicago Press, 1997

Una vez terminada su historia aproximada de la tecnología de la iluminación, el paso siguiente era estimar la eficiencia de cada aparato generador de luz. Ahora Nordhaus tenía que ser más preciso. ¿Qué entendía exactamente por iluminación? Para lo que estaba buscando, lo único que importaba era el mero chorro de luz, su haz luminoso, medido en lúmenes-hora por mil unidades térmicas inglesas. Tomó nota de los numerosos aspectos de la iluminación que hoy son importantes para nosotros porque pueden controlarse fácilmente: el color, la fiabilidad, la comodidad y la seguridad y los dejó simplemente fuera de sus cálculos, pues tal diversidad era sencillamente demasiado grande para medirla. Es cierto que las mejoras de todos estos factores formaban parte de lo que queríamos decir cuando hablábamos de una mejora del nivel de vida. Pero esas consideraciones le alejaban de la cuestión que tenía más interés en investigar, que era el grado en que había mejorado la eficiencia de su provisión a lo largo de los años, tanto de la búsqueda de combustible como de su transformación en luz.

El experimento se convirtió en una afición. A veces encontraba datos sobre la distinta eficiencia con que las diferentes tecnologías producían iluminación que habían sido recogidos concienzudamente por otros en el curso de sus investigaciones. En 1855, un investigador había examinado las posibilidades de iluminación del petróleo, aproximadamente en la misma época en la que se descubrieron grandes yacimientos de petróleo en Pensilvania. En 1938, otro comparó meticulosamente datos sobre las velas, el gas ciudad, el queroseno y la electricidad (observando en ese proceso que «el descubrimiento de petróleo en Pensilvania dio el queroseno al mundo y la vida a las pocas ballenas que quedaban»).

En otros casos, Nordhaus tuvo que hacer él mismo las mediciones. Un día quemó veintiuna libras de leña en la chimenea de su casa y calculó que producían una media de 2,1 bujías-pie de iluminación durante unas tres horas y media, o sea, alrededor de 17 lúmenes por libra. Otra vez compró una lamparita de terracota de la época de los romanos. Le puso una mecha de una vela moderna y la encendió con aceite de sésamo comprado en el pequeño principado himalayo de Hunza. Una taza ardía durante diecisiete horas y producía 28 lúmenes, lo que constituía una importante mejora con respecto a la leña. Combinó sus propios resultados con datos técnicos del siglo xix con el mayor cuidado que pudo. El resultado fue un índice del precio de la iluminación expresado en centavos por lúmenes-hora.

Sin embargo, Nordhaus aún no había terminado. El mero precio nominal podía dar una imagen distorsionada de las mejoras de los niveles de vida. He aquí un ejemplo: una bombilla moderna de cien vatios, encendida tres horas todas las noches, produciría 1,5 lúmenes-hora de iluminación al año. A comienzos del siglo xix, para obtener una cantidad similar de luz habría sido necesario quemar 17.000 velas. Para comprarlas, un trabajador medio habría tenido que trabajar mil horas, es decir, casi medio año. Naturalmente, nadie pensaba que fuera necesaria tanta luz. Sería necesario, pues, calcular un precio de la luz expresado en unidades de trabajo. Existían buenos datos sobre los salarios medios desde 1800. Pero Nordhaus hizo sus propias estimaciones para tres momentos cruciales anteriores: el tiempo que tardaba posiblemente un artesano en hacer una lámpara de esteatita y en ganar el dinero necesario para adquirir algún aceite de sésamo, para atrapar un pato y extraerle la grasa y para recoger leña para hacer fuego.

Según sus estimaciones, hacía medio millón de años, el hombre de Beijing trabajaba dieciséis horas a la semana para recoger leña e iluminar su cueva. El hombre del Neolítico, que quemaba grasa animal, sólo tardaba algo menos en cazar un pato y extraerle la grasa. Un hombre babilonio, por el contrario, sólo tenía que trabajar diez horas a la semana para tener una cantidad equivalente de aceite de lámpara y tanto la calidad de la luz como la facilidad con que podía controlarse eran mucho mayores. Unos cuatro mil años más tarde, a comienzos del siglo xix, la tecnología de las velas había mejorado aún más las cosas, pero sólo era diez veces mejor. Al final, Nordhaus tenía una historia del verdadero precio de un lumen-hora del coste de la iluminación, expresado en el salario de un carpintero, que iba hasta los albores del uso humano de herramientas.

Entonces, unos quince años después de la crisis del petróleo, durante la cual concibió por primera vez el proyecto, Nordhaus se dio cuenta de que éste podía tener alguna relación con una cuestión más general. La crisis del petróleo había amainado en la década de 1980. Pero las controversias entre los economistas sobre las fuentes de crecimiento se habían avivado. No se le escapó el hecho de que su índice del coste de la iluminación guardaba una relación directa con el debate de Solow, Lucas y Romer.

Nordhaus ordenó, pues, sus datos, los redujo a los cuatro mil años de los que tenía salarios y precios monetarios: los dos mil años anteriores al comienzo de la era cristiana y los dos mil posteriores. Los llevó primero a la NBER en diciembre de 1993, después a una reunión de la Conference on Research in Income and Wealth que se celebraba en Williamsburg (Virginia) en el mes de abril siguiente. De una manera que desarma un tanto, le puso por título «¿Recogen las medidas de las rentas reales y de los salarios reales la realidad? La historia de la iluminación sugiere que no» («Do Real Income and Real Wage Measures Capture Reality? The History of Lighting Suggests Not»).

Pocos gráficos hay más notables en toda la economía como el gráfico de Nordhaus titulado «El precio de la luz expresado en unidades de trabajo: desde 1750 a.C. hasta la actualidad». Muestra el coste aproximado de iluminar una habitación por la noche a lo largo de un periodo de cuatro mil años. Durante casi cuatrocientos años, no se observa casi ningún movimiento perceptible. Pero de repente, a partir de 1800 aproximadamente, el coste de la luz cae en picado y comienza a descender a una tasa que se aproxima a un ángulo recto. No se ven muchos ángulos rectos en economía.

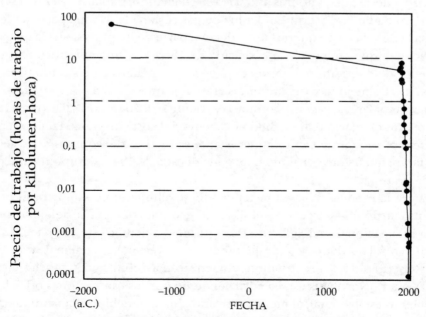

Precio de la luz en unidades de trabajo:
desde 1750 a.C. hasta la actualidad

Fuente: Bresnahan y Gordon, *The Economics of New Goods.*

En este gráfico, la historia de la especie humana se divide claramente en dos partes. Durante la mayor parte de la historia, la humanidad trabajó bastante para conseguir la poca luz que era capaz de obtener. La gente tendía sencillamente a irse a dormir cuando se hacía de noche. Durante unos quinientos mil años –desde el momento en el que se hicieron los primeros fuegos en las cavernas hasta que las velas iluminaron todo el palacio de Versalles– no hay prueba alguna de que cambiara mucho el precio de la luz en unidades de trabajo. Descendió, desde luego, pero la mejora gradual de la tecnología de la iluminación a lo largo de los milenios fue demasiado lenta como para que la mayoría de las generaciones fueran conscientes de ella.

A comienzos del siglo XVIII, el gusto por la iluminación se había extendido lo suficiente para que las autoridades hubieran comenzado a gravar las ventanas (un buen indicador aproximado de la riqueza) y las velas. Entre 1711 y 1750, el precio real de las velas subió en Inglaterra alrededor de un tercio, provocando una reducción del uso de las velas en todas partes, un tipo algo distinto de «edad oscura», según Roger Fouquet y Peter J. G. Pearson, que estudiaron la historia de la iluminación inglesa. Adam Smith, entre otros, arremetió contra el impuesto sobre las velas por considerarlo injusto para los pobres; John Stuart Mill observó una «deformidad de los edificios» causada por el impuesto sobre las ventanas.

De pronto, alrededor de 1800, el coste de iluminar una habitación por la noche comenzó a descender, año tras año. De vez en cuando, había escasez de combustible, pero nadie podía evitarlo. La luz de gas costaba la décima parte de lo que costaba la de vela; la de queroseno la décima parte de lo que costaba la de gas. La electricidad, que comenzó en la década de 1880, fue una auténtica maravilla. Alrededor de diez años más tarde, dejó de ser un peligro para sus usuarios. Y en el siglo XX, las mejoras casi constantes eran algo que se daba por sentado.

En otras palabras, la gente común y corriente se hizo rica. El salario real explotó, al menos el salario real medido por medio del coste de la luz. La iluminación pasó de representar un capítulo importante en la cesta del consumidor a ser una parte tan pequeña del consumo que, en la década de 1940, se suponía que pronto sería gratuita.

Esa era la esencia de la experiencia del crecimiento económico. El propio concepto tardó en aparecer en el discurso económico a partir del concepto de «dividendo nacional» del siglo XIX. Durante mucho tiempo, fue más o menos sinónimo de «nivel de vida». Sólo después de que apareciera el modelo de crecimiento de Robert Solow, los economistas comenzaron a definirlo con mucho más cuidado. Y ahora Nordhaus estaba advirtiendo de que las estimaciones oficiales del crecimiento estaban mal, al menos conceptualmente, debido a la manera en que se introducían los nuevos bienes en el índice. Las estimaciones de la renta real

sólo eran tan buenas como precisos eran los índices de precios. Y parecía que los
índices de precios, por su propia naturaleza, sencillamente no tenían en cuenta
las revoluciones tecnológicas más importantes.

Cuando Nordhaus comparó el peso de la luz en el índice de precios de consumo desde 1800 con su propio índice, observó que la evolución era radicalmente
distinta. Los precios monetarios se habían multiplicado por entre tres y cinco en
doscientos años, o sea, sólo a la mitad de la velocidad que el IPC agregado. Pero
en su índice de precios, en el «verdadero» índice de precios, los precios monetarios habían *descendido* continuamente año tras año, hasta representar en 2000 meramente un décimo de un 1 por ciento de lo que eran cuando Thomas Jefferson
estaba en la Casa Blanca. Y cuando comparó las variaciones del poder adquisitivo
del salario de un peón en esos doscientos años, construyó el gráfico adjunto. En
este apartado concreto, los datos tradicionales eran erróneos por *un orden de
magnitud de tres*, es decir, en una proporción de mil a uno.

La verdadera evolución del precio de la luz en unidades
de trabajo y la tradicional

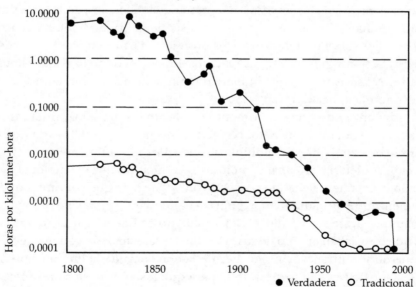

Fuente: Bresnahan y Gordon, *The Economics of New Goods* (University of Chicago
Press). © 1997 National Bureau of Economic Research.

No era solo la provisión de luz la que había cambiado extraordinariamente. Los
automóviles habían sustituido a los caballos, la televisión al cine, los aviones a los
trenes y los productos farmacéuticos al ungüento de serpiente. El único produc-

to que no había cambiado a primera vista eran los alimentos. Cuando sumó el efecto de todos estos «cambios tectónicos» (distinción muy en la línea de la tradición schumpeteriana) que habían ocurrido –en los campos de los electrodomésticos, la asistencia médica, los servicios públicos, las telecomunicaciones, el transporte y la electrónica– en comparación con las mejoras normales y corrientes, que los índices de precios tenían por objeto reflejar, y los cambios registrados en sectores «seísmicamente activos» (las casas dan paso a las viviendas construidas en serie y a los edificios de muchos pisos), Nordhaus llegó a la conclusión de que las medidas convencionales de la producción real y de los salarios reales subestimaban espectacularmente el grado en que habían mejorado los niveles de vida. «El humilde inodoro se clasifica en la categoría de muebles, pero presta un servicio que hubiera hecho las delicias de un príncipe medieval», afirmaba.

(Una batalla de anécdotas de ese tipo, advertía, probablemente se convertiría en una guerra de desgaste, «ya que el número de productos es muy superior al de economistas y estadísticos interesados y competentes». Ésta era su sugerencia: tomar una muestra estratificada de productos del IPC y poner a una docena de equipos de economistas a estudiarla durante media docena de años y a estimar el «verdadero» precio de los servicios que prestan esos artículos, en la línea del experimento que había llevado a cabo con el coste de la luz. Se habían hecho minuciosos estudios sobre los televisores, los productos farmacéuticos y los ordenadores, decía, pero ninguno sobre los plátanos, los cortes de pelo o los sermones de las iglesias. No se le ocurría que hubiera ningún tema más apasionante y más valioso en economía aplicada.)

El verdadero poder del experimento de Nordhaus fue subvertir la historia tal como se había contado hasta entonces. ¿Fue el hecho de que el nivel de vida (medido por el coste de la luz) se multiplicara por diez mil suficiente para evitar una revolución proletaria? *¿Por qué* comenzaron las mejoras de la tecnología de la iluminación exactamente cuando comenzaron? ¿Qué hizo que continuaran una vez que comenzaron? ¿Cuánto tiempo podrían continuar? (No mucho después de que Nordhaus publicara su artículo, el Departamento de Energía anunció que los científicos que trabajaban en uno de sus laboratorios habían dado con una técnica que prometía otra multiplicación por diez de la eficiencia de la iluminación fluorescente). ¿Qué ocurrió en torno a 1800 para que los años posteriores fueran muy distintos de los anteriores? «No sé cómo se puede observar ese gráfico –decía Nordhaus– sin pensar en la revolución industrial.»

«Revolución Industrial» es una expresión tan frecuente hoy que es difícil imaginar que haya habido algún momento en que no formara parte de nuestro lenguaje diario. El término ya fue empleado por los franceses en la década de 1820 y Marx lo utilizó después en su confusa forma de introducirse en el análisis económico. Pero no fue hasta 1888, año en el que Arnold Toynbee pronunció una famosa conferencia, cuando el término se convirtió en una expresión de uso común. Recuérdese que, apenas cincuenta años antes, Ricardo y Malthus habían descartado categóricamente la posibilidad de que estallara una revolución industrial.

En la década de 1890, estaba claro que se habían equivocado. «La enconada controversia entre los economistas y los seres humanos ha terminado con la conversión de los economistas», dijo Toynbee. Fue un poquitín prematuro. No fue eso lo que sucedió: durante el siglo XIX ya se habían desarrollado dos grandes tradiciones. Para los que no eran economistas –para los «seres humanos», como los llamó Toynbee– el cambio era no sólo tecnológico sino también social, intelectual, religioso, cultural y político. Estos estudiosos crearon departamentos enteros de conocimiento, historias de todo tipo, teorías de todas clases.

El enfoque teórico más general estaba dominado por Karl Marx. Pero Alexis de Tocqueville y Edmund Burke establecieron una visión de paralaje de la política. Max Weber le dio la vuelta a la idea de Marx, sugiriendo convincentemente que eran las creencias religiosas, concretamente la ética protestante, las que habían producido el capitalismo, no al revés, y contribuyó así a convertir la sociología en una disciplina por derecho propio. Emile Durkheim enfocó la división del trabajo desde un ángulo distinto y tendió puentes con la disciplina vagamente estructurada de la antropología. Hubo otros intentos menos duraderos de analizar los grandes cambios de los últimos cientos de años desde todos los puntos de vista imaginables.

Sin embargo, el denominador común de todos, desde Adam Smith, pasando por Max Weber, hasta Alfred Chandler y Thomas Kuhn, con sus historias de las empresas y de la ciencia en la actualidad, puede decirse que es la preocupación por las causas y las consecuencias de la especialización, es decir, por la importancia subyacente de la fábrica de alfileres.

Los economistas, por su parte, nos han dado la teoría del crecimiento. ¿Qué dicen los teóricos del crecimiento sobre la historia del verdadero coste de la luz?

Entre los menos sorprendidos por el notable ejercicio de su alumno Nordhaus se encontraba Robert Solow. Al fin y al cabo, él había llegado a la misma conclusión, a la primera. La acumulación de capital no es la fuerza dominante. ¿Podría haberse logrado la riqueza moderna añadiendo unos millones más de velas? Era improbable. ¿Más mineros del carbón y agricultores? Probablemente no. Recuérdese el cálculo inicial de Solow del residuo, según el cual siete octavos del aumento de la producción no podían atribuirse a los incrementos de las cantidades de capital y de trabajo. Si se aplicara la misma metodología a los datos de Nordhaus sobre el coste de la luz, el residuo podría muy bien ser del 99 por ciento. Casi toda la explicación estaba en el cambio tecnológico.

Por otra parte, según Solow, no había nada en el experimento de la luz que nos dijera qué proporción de la renta nacional debía dedicarse a I+D. Tampoco había nada que nos dijera cuál habría sido la renta nacional si no hubiera habido luz. Para Solow, los nuevos modelos eran sugerentes, pero aún les faltaba algo.

Para Lucas, que tan aficionado había sido a buscar medidas que mejoraran la suerte de los pobres, la clave era la transición demográfica. Si se consideraba que la revolución industrial era una cuestión de crecimiento duradero de la renta, no era ni exclusiva y ni siquiera principalmente un acontecimiento tecnológico. «Un pequeño grupo de aristócratas ociosos puede producir filosofía griega o navegación portuguesa –decía– pero no es así como se produjo la revolución industrial.» Lo que pasó, por el contrario, fue que una gran parte de la población cambió el horizonte de la vida que imaginaba para sí misma: desafiando a sus padres, abandonando los pueblos, trasladándose a trabajar a ciudades impersonales, perdiendo el contacto con sus propios hijos, para poder disfrutar de un nivel de vida que había comenzado a aumentar de repente para un gran número de personas. El desarrollo económico requería «un millón de motines» contra las tradiciones del pasado, decía Lucas, haciendo suya una expresión del novelista V. S. Naipaul, cuya obra clásica *Una casa para el Sr. Biswas* (*A House for Mr. Biswas*) describía el paso de tres generaciones de una familia de las explotaciones de caña azucarera de las zonas rurales de Trinidad a Oxford University.

Sin ánimo de discutir el lugar que ocupaba el conocimiento en la ecuación del crecimiento, decía Lucas, quería plantear una cuestión complementaria. «El crecimiento del acervo de conocimientos útiles no genera una mejora duradera de los niveles de vida, a menos que aumente el rendimiento de la inversión en capital humano en la mayoría de las familias.» Lo importante era introducir la fecundidad en el modelo, según Lucas. Los diseños técnicos no eran suficientes.

¿Y Romer? Si el cambio técnico es tan importante, preguntaba, ¿podemos permitirnos seguir sin explicar sus ritmos secretos? No es de extrañar que la Patrulla perdida pensara que estaba acercándose a «los secretos del universo» cuando comenzó a examinar en 1965 los sistemas de incentivos para la creación y la difusión del conocimiento. Considerar que la economía no puede influir en todo eso o ni siquiera explicarlo –considerar que es exógeno a los modelos económicos– equivale realmente, como había dicho Schumpeter en una ocasión, a representar *Hamlet* sin el príncipe.

El modelo de Romer subrayaba, por otra parte, la importancia de los incentivos de las instituciones a la invención. Consideremos los demás acontecimientos que comenzaron a producirse a finales del siglo XVIII: la Declaración de la

Independencia de las colonias norteamericanas de Gran Bretaña; en Francia, la Declaración de los Derechos del Hombre. Los cambios de la legislación sobre la propiedad y las patentes afectaron al ritmo de cambio tecnológico; hubo acontecimientos paralelos en la tributación, en la banca y en las finanzas, en la ciencia y la educación. El modelo de Romer llevaba directamente a la consideración de las instituciones favorables al comercio, precisamente a la consideración por la que habían abogado durante años Douglas North, Richard Nelson y Sydney Winter, Nathan Rosenberg y Paul David. Los veteranos se quejaron diciendo que ellos lo sabían desde el primer momento. Lamentaron ver las grandes líneas del trabajo que habían hecho reformuladas en términos matemáticos, sobre todo porque el nuevo enfoque matemático parecía eliminar precisamente los detalles que eran importantes para ellos.

Romer respondió con su propia versión de la parábola del trazado del mapa de África, la metáfora del reloj de arena. La economía, decía Romer, ha evolucionado durante una gran parte de su historia de una manera descentralizada; sus campos de investigación aplicada han desarrollado un lenguaje y unos instrumentos conceptuales adecuados para sus intereses. Eran como muchos dialectos de una misma lengua: economía laboral, organización industrial, banca y finanzas, comercio internacional, hacienda pública, economía del desarrollo, etc. Pero con la llegada de las matemáticas, los distintos campos habían pasado uno tras otro por un proceso que podía concebirse como un reloj de arena apoyado sobre uno de sus lados, en el que la dimensión vertical representaba la amplitud y la inmediatez de sus intereses y la dimensión horizontal representaba el paso del tiempo. Al recurrir la generación más joven a las matemáticas en busca de instrumentos, sus intereses se reducen progresivamente. Durante un tiempo, lo que dicen sus estudiosos sobre el mundo es muy limitado por la falta de familiaridad con sus abstracciones recién adquiridas. Pero a medida que se acostumbran al nuevo vocabulario y a los nuevos instrumentos, los intereses de estos especialistas se amplían gradualmente, hasta que de nuevo hablan de toda una variedad de cuestiones, pero ahora con un lenguaje nuevo y más preciso que antes.[1]

¿Qué pasaba con los analistas que advirtieron de que la humanidad pronto iba a quedarse sin los combustibles fósiles que habían hecho posible la era de la luz barata y abundante? Una cosa era reconocer que desde Malthus y Ricardo los expertos en pronósticos habían venido prediciendo durante doscientos años que pronto iba a haber escasez. Otra muy distinta era señalar que la inventiva de los

---

[1] Kreps describió el reloj de arena de Romer detalladamente en un artículo titulado «Economics: The Current Version» y publicado en el número de invierno de 1997 de *Daedalus*.

hombres había intervenido en cada coyuntura para idear alternativas aún más baratas y menos perjudiciales para el medio ambiente (¡Salvad las ballenas!). Pero el mero hecho de que los alarmistas se hubieran equivocado en el pasado no significaba que se equivocaran siempre. El ingenio humano era enorme, pero, como ha advertido el propio Nordhaus, «a veces el lobo viene de verdad».

A finales de la década de 1990, ningún economista analizó más concienzudamente las tres teorías rivales del crecimiento como Charles Jones, el investigador de Berkeley que había planteado las primeras cuestiones sobre las consecuencias del modelo de Romer basado en la visión del crecimiento de la serie de televisión *Star Trek*. Jones obtuvo una ayuda de la National Science Foundation para desarrollar materiales de enseñanza y en 1998 publicó *Una introducción al crecimiento económico* (*An Introduction to Economic Growth*). Tras explicar detenidamente cada modelo, llegó a la conclusión de que a cada economista le preocupaba una cuestión algo distinta. ¿Por qué nosotros somos tan ricos y ellos tan pobres? Solow respondía diciendo que era porque los países ricos invertían mucho en equipo y educación y utilizaban estos recursos productivamente y los países pobres no. Lucas preguntaba cómo debían entenderse las rápidas transformaciones denominadas «milagros» económicos, como los de Japón o Alemania o Corea. Con un minucioso estudio de su dinámica de transición, declaraba. Y Romer preguntaba cuál es el motor de crecimiento económico. Su modelo demostraba claramente que el motor es la invención y que sus conductores son los empresarios que, por una u otra razón, crean la corriente de nuevas ideas que consideradas en conjunto denominamos progreso tecnológico.

La respuesta tradicional a la pregunta más fundamental de todas –¿qué puede decirnos la propia teoría económica sobre *nuestras* perspectivas vitales?– a saber, que la economía trata de la escasez y de los rendimientos decrecientes, ya no puede parecer, desde luego, suficiente. La mejora que se ha realizado recientemente en el campo de la iluminación es el diodo emisor de luz blanca en estado sólido (solid-state white light-emitting diode, WLED), que es una fuente de luz mucho más eficiente (y, por lo tanto, inocua para el medio ambiente) que la luz fluorescente más barata que se utiliza actualmente. Los WLED pueden transformar la dependencia de los países occidentales del petróleo importado. Pero la nueva tecnología es especialmente interesante para los 1.600 millones de personas aproximadamente que habitan en las regiones más pobres del mundo y que aún carecen hoy de acceso a la electricidad, pues los WLED no sólo iluminan más o menos como las linternas de queroseno hoy más utilizadas, con un coste que puede oscilar entre la décima y la centésima parte del anterior sino que, además, no requieren una cara red de energía eléctrica para funcionar. Sus baterías AA pueden recargarse por medio de paneles solares no mayores que un libro de bolsillo. Representan un avance tan espectacular como los teléfonos móviles.

Entonces, ¿de qué trata la economía? ¿De la tierra, el trabajo y el capital, en cuyo caso la tecnología es una fuerza aparte? ¿O de las personas, las ideas y las cosas, en cuyo caso la producción y la distribución de conocimiento es una cuestión de vital importancia? ¿De la escasez? ¿O de las fuerzas compensatorias de la escasez y la abundancia? Para la mayoría de las personas, la explicación del verdadero coste de la iluminación es convincente. Es el crecimiento del conocimiento que constituye el motor de crecimiento económico. Como dijo el poeta Blake, «la verdad nunca se puede contar de manera que se entienda y no se crea».

25 LA FÁBRICA DE ALFILERES MODERNA

A mediados de la década de 1990, había otro claro ejemplo del poder de la economía de los bits y los átomos para explicar el mundo moderno. Todos los periódicos se ocupaban extensamente de él. La ascensión de Microsoft era una demostración de las posibilidades de un equivalente moderno de la fábrica de alfileres.

Gracias a que había conseguido convertir su sistema operativo Windows en «el universal» para los ordenadores personales, Microsoft disfrutaba de poderosos rendimientos crecientes de escala, tanto internos como externos. Era como la historia del teclado QWERTY, salvo que en este caso Microsoft era la propietaria del diseño y el mercado era realmente mundial.

¿Dónde quedaba entonces la mano invisible? ¿Podían las fuerzas de la especialización ganar a las fuerzas compensatorias de la competencia? ¿Podía una única empresa hacerse con un mercado mundial? ¿Podía controlar el desarrollo de la tecnología, aplastando a los competidores cuando surgieran? ¿Qué pasaba con las lentes bifocales de Adam Smith?

En la década de 1990, estas cuestiones de política pública eran acuciantes, pues el ordenador personal no era, en realidad, más que una de las dos grandes tecnologías de tratamiento de la información que surgieron en la década de 1970. Durante esos años hizo su aparición una segunda industria que abordaba muchas de las mismas tareas desde una perspectiva diferente, tan diferente como la perspectiva desde las que las habían abordado los automóviles personales en comparación con los ferrocarriles. El segundo sistema era, por supuesto, la autopista de la información, Internet. Tan inesperadas eran sus posibilidades que cogieron desprevenido al propio Bill Gates.

Lo que ocurrió a continuación fue una batalla por el control de la maquinaria básica de Internet, «la guerra de los navegadores», como acabó llamándose. Era como si el departamento de contratación de actores hubiera mandado a dos nuevas tecnologías rivales a representar las obras que, años antes, habían imaginado Alfred Marshall, Allyng Young y Joseph Schumpeter, la «destrucción creativa» y todo lo demás.

Tan bien ilustra la colisión de la industria de ordenadores personales con Internet los principios del cambio tecnológico endógeno que no debería sorprendernos descubrir que Romer estuvo profundamente involucrado en esta historia.

La ascensión de Microsoft Corporation, que comenzó siendo el resultado del trabajo de unos chicos en un colegio mayor y acabó convirtiéndose en la compañía más valiosa del mundo en apenas veinte años, ya es hoy bastante conocida. Cómo se enteraron en 1974 Gates y Paul Allen, su compañero de universidad, por una revista especializada de la aparición de un ordenador personal para aficionados, el Altair 8800: «¡Gran novedad! El primer miniordenador del mundo que puede competir con los modelos comerciales». Cómo propusieron a su fabricante venderle copias por cincuenta centavos cada una de un «intérprete» para su microprocesador, escrito en el lenguaje de programación BASIC y almacenado en una cinta de papel perforado o en casetes o en disquetes, que permitiría a cualquier programador que tuviera soltura utilizar el pequeño ordenador; copias que estimaban que el fabricante podría vender, a su vez, a un precio de entre 75 y 100 dólares, pues así de útil sería el conjunto de instrucciones para los posibles usuarios. Cómo cuando el fabricante aceptó, trabajaron día y noche durante dos meses para desarrollar el programa que habían prometido (y cómo Harvard llevó a Gates ante su consejo de administración e hizo una dura advertencia contra el comercialismo después de que un profesor ayudante descubriera que él y un empleado estaban utilizando un ordenador de la universidad para desarrollar su código). Cómo su programa –el propio término apenas se entendía fuera de un estrecho círculo– tuvo un éxito inmediato.

En febrero de 1976, Gates escribió una famosa «Carta abierta a los aficionados». Estaba muy orgulloso del intérprete que él y sus amigos habían desarrollado para el Altair. Pero se quejaba de que aunque él y dos coautores habían trabajado casi veinticuatro horas durante seis días para desarrollar el programa y, después, casi un año para depurarlo y documentarlo, y aunque se habían vendido miles de copias, los royalties que habían recibido hasta ese momento ascendían a algo menos de dos dólares por hora. ¿Por qué? Porque la gente estaba «pirateando» su programa, se quejaba Gates, haciendo copias sin autorización y pasándoselas unos a otros.

Hasta entonces, los programas informáticos habían sido en su mayor parte o bien algo que hacía amistosamente un grupo de aficionados, o bien un negocio caballeroso entre empresas, gestionado por comités y facturado de la misma forma que un gran bufete facturaba a sus clientes: por ejemplo, una factura podía decir «Programa informático, 500.000 dólares». Ahora Gates estaba proponiendo un modelo muy diferente, un modelo mucho más parecido, por ejemplo, a la publicación de libros. «¿Quién puede permitirse hacer un trabajo profesional a cambio de nada?», preguntaba. «Nada me agradaría más que poder contratar a diez programadores e inundar el mercado de buenos programas informáticos para aficionados», decía.

Pero para hacer eso tendría que recibir un royalty por cada copia que se vendiera de sus programas, como los escritores y los músicos. Y eso significaba, en este caso, «retractilar» el programa informático, es decir, crear un mecanismo de licencias que restringiera lo que podían hacer los compradores con sus copias, y medios técnicos para obligar a cumplirlo, con el fin de impedir que tuvieran una copia los que no la hubieran pagado (poco después, se incorporó un código a los propios programas que impedía que éstos pudieran utilizarse en más de una máquina al mismo tiempo). La extensión de la protección por medio de derechos de reproducción a este nuevo tipo de propiedad se debatió acaloradamente en los círculos de aficionados y en los laboratorios informáticos de las universidades durante muchos años, pero su lógica se aceptó rápidamente en el mercado. Pronto Microsoft estaba ofreciendo versiones personalizadas de su intérprete BASIC (lo que hoy se denomina «compilador») para casi todas las máquinas nuevas que salían de la cornucopia de silicio: Radio Shack, Apple, Commodore, etc.

(Es posible incluso que Gates supiera exactamente lo que estaba haciendo. Durante el otoño siguiente, asistió al curso de microeconomía avanzada de Mike Spence, famoso por su dificultad, en los albores del entusiasmo despertado por los «efectos arrastre», la competencia monopolística y la economía de redes. En este curso, también estaba matriculado Steve Ballmer, compañero de partidas de cartas con quien había hecho amistad Gates. Los dos acabaron primero y segundo en el curso, pero Gates no esperó a ver sus notas. Abandonó Harvard un semestre antes de terminar los estudios para dedicarse exclusivamente a gestionar su negocio en Nuevo México. Ballmer se le unió en 1980, después de terminar los estudios en la Business School y pasar una breve temporada en Procter & Gamble.)

En la década de 1970, la industria de ordenadores personales estaba comenzando a despegar. En veinticinco años, pasó de ser un puntito minúsculo en el censo industrial conocido con el nombre de Clasificación Industrial Uniforme (CIU) a representar una proporción significativa del PNB. Al aumentar la potencia y la complejidad de los microprocesadores, la demanda de programas informáticos para utilizarlos creció aún más deprisa. Gates se dio cuenta perfectamente (aunque casi nadie más) de que el tipo de inversión estratégica que estaba haciendo podía impedir la entrada en su oscuro y pequeño mercado que, si se daban las debidas circunstancias, podía volverse inexpugnable.

Pues los programas informáticos eran lo último en bienes no rivales. Los programas informáticos no son, al fin y al cabo, más que una larga cadena de números, ordenados en cadenas de bits que no están formadas nada más que por ceros y unos. Al principio, los programas informáticos necesitaban un instrumento para transmitirlos: una pila de fichas perforadas, una cinta de papel, una casete magnética, un disquete, un disco compacto. Hoy en día, puede transmitirse más fácilmente, casi al instante, por Internet. Pero la información que contiene un programa informático es en casi todos los aspectos como la de un libro, un mapa o un disco; lo interesante es el contenido, no su envoltorio físico. Una vez que se ha desarrollado, puede copiarse indefinidamente sin que disminuya su utilidad y quizá incluso con un aumento espectacular de su valor, si los efectos de red son fuertes. El retractilado, la creación de un mercado de nuevos programas que se vendían en tiendas y la restricción de su uso posterior mediante licencias, convirtió la industria de programas informáticos en la última maravilla de la división del trabajo.

El golpe de suerte crucial para Gates llegó durante el otoño de 1980. Fue cuando IBM pidió a Microsoft que le suministrara un sistema operativo para el nuevo PC de IBM, el ordenador bien financiado que acabaría creando el mercado de ordenadores personales. La complejidad de los ordenadores había aumentado y era muy superior a la capacidad de una persona para gestionar la secuencia de tareas que realizaba. Los programadores habían comenzado a desarrollar aplicaciones modulares, hojas de cálculo y procesadores de textos; ya no iba a bastar con un intérprete para sacar partido de la potencia del microprocesador; ahora sería necesario un «sistema operativo» mucho más complejo. IBM acudió a Microsoft porque pensaba que tenía más experiencia en el desarrollo de sistemas operativos que cualquier otra empresa; Gates se había propuesto desarrollar programas que sirvieran para todos los nuevos ordenadores personales que entraran en el mercado. Le vino bien que su madre, Mary, conociera al director general de IBM, John Opel, por ser, al igual que ella, miembro del consejo nacional de United Way.

¿Por qué no compró IBM simplemente la empresa de Gates? (¿O, puestos así, QDOS, que era la empresa que compró Gates después de realizar el encargo, puesto que él tampoco tenía realmente un sistema operativo?) ¿O por qué no puso a doscientos programadores a desarrollar su propio sistema operativo y expulsar del mercado al descarado joven competidor? La oportunidad que se le presentó Gates en 1980 se debió, al menos en parte, a una acción antimonopolio emprendida contra IBM por el Presidente Lyndon B. Johnson el último día en su cargo en 1969. En esa época, IBM disfrutaba de una enorme supremacía en el mundo de los grandes ordenadores. El gobierno trató de dividir la compañía. Para evitar esa posibilidad, ésta acordó vender por separado sus programas informáticos y aceptó así implícitamente dejar que otros desarrollaran programas para sus máquinas. Se había creado de un plumazo una industria independiente de desarrollo de programas informáticos (probablemente la creciente complejidad de los ordenadores habría obligado a IBM a acabar vendiendo por separado los programas informáticos, incluso sin la ley, según el proceso de desintegración vertical que había descrito Allyn Young cuarenta años antes en Edimburgo). En todo caso, IBM aún disfrutaba de una gran supremacía en 1980 y cuando Gates le dijo que quería un royalty por cada copia que vendiera, no una cantidad fija, IBM accedió. Gates también podría vender libremente el mismo programa a otros fabricantes de ordenadores. No habría una licencia exclusiva. A IBM no podía molestarle que le regatearan. Tras treinta años de éxito sin parangón en el negocio de los grandes ordenadores, la compañía estaba pagando 1,04 dólares por su tarjeta de presentación.

A partir de ahí, Microsoft creció espectacularmente. Gates, como había hecho desde el principio, invirtió los beneficios en la ampliación de su línea de productos. Había visto el MacIntosh de Apple: el ratón, el cursor, los iconos, la forma en que su sistema operativo podía mantener funcionando varios programas al mismo tiempo y visibles en partes separadas de la pantalla. Se propuso incorporar estas características a un sistema operativo que compitiera con el Mac de Apple y el sistema Topview de IBM. Lo llamó Windows. El primer sistema estuvo listo en 1985. Gates no cobró casi nada a IBM por utilizar los nuevos sistemas operativos en sus ordenadores. Como ganó dinero fue cobrando royalties a los clones de IBM, de los que cada vez había más. Poco después, había disuadido a IBM de sus planes de construir un nuevo sistema operativo propio; los usuarios de los PC de IBM se habían enganchado al producto de Gates. A continuación necesitó una versión de Windows que sirviera tanto para los miniordenadores como para los grandes ordenadores. En 1988, contrató a un destacado programador de Digital Equipment para que la desarrollara. Microsoft casi estaba imprimiendo dinero, ganando veinticinco centavos por cada dólar de ventas. Gates podía permitirse contratar a los mejores programadores del sector –tantos como cometidos pudiera imaginar para ellos– así como a diseñadores y distribuidores.

Los usuarios en seguida se dieron cuenta de que el sistema operativo y su microprocesador Intel se habían convertido en «el universal», de una forma muy parecida a como había ocurrido con el teclado QWERTY en su momento. Era un sistema que tendrían que conocer si querían poder trabajar en distintas empresas, de la misma forma que los mecanógrafos habían llegado a la conclusión de que era mejor conocer el sistema dominante que conocer otro.

Era como si Gates hubiera recibido a través del uso de su programa un derecho de reproducción sobre una versión del teclado enormemente más complicada. Los propios ordenadores, entre ellos el PC de IBM y la cacareada línea de «minis» de DEC, se habían «cosificado», se habían vuelto menos importantes que el programa informático con el que se controlaban. Para cuando IBM se dio cuenta de que había perdido su poder, era demasiado tarde. Era el sistema operativo, no el ordenador, el que se había convertido en el estándar relevante. Un producto complementario estaba dirigiendo el mercado.

Microsoft estaba convirtiéndose en la fábrica de alfileres, la fábrica de alfileres moderna, ya que su mercado era, casi literalmente, el mundo entero. El proceso era algo distinto a la descripción de los rendimientos crecientes internos que Alfred Marshall había hecho cien años antes: un hombre capaz, bastante de suerte, mucho trabajo, crédito abundante, subordinados de talento, mejoras sistemáticas, expansión del mercado, descenso de los precios, creciente especialización, así como algunas tácticas que Marshall no había descrito. Raras veces creó Microsoft por sí mismo los mejores productos. Lo que hizo fue convertirse en un experto en bloquear las innovaciones de otros y de esa forma ganar tiempo mientras desarrollaba sus propios productos. Gates se dio cuenta de que tendría que seguir extendiendo su radio de acción o, de lo contrario, sería adquirido por rivales más poderosos, ya fuera IBM o cualquier otro. Poco después, Microsoft había sobrepasado a la poderosa IBM en valoración de mercado. En sólo veinticinco años, Gates se había convertido en el hombre más rico del mundo.

La historia de Internet es menos conocida. La tecnología en la que se basa comenzó hace mucho tiempo en Cambridge (EE UU) y avanzó siguiendo líneas muy diferentes.[1] La historia comienza con el encargo que recibió el MIT durante la Segunda Guerra Mundial de construir un «simulador universal» para la Armada norteamericana, una plataforma parecida a una cabina de mando que pudiera simular el *handling* de cualquier número de aviones, según el programa de cintas perforadas que se introdujera en el ordenador al que estuviera conectado.

Apareció así algo llamado computación en tiempo real, que resultó ser algo muy distinto de la tradición informática dominada por John von Neumann y pro-

---

[1] Existe una amena historia de Internet, de interés general que consiste en una biografía del Johnny Appleseed de las redes informáticas: M. Mitchell Waldrop, *The Dream Machine: J. C. R. Licklider and the Revolution That Made Computing Personal.*

cedente de Princeton, que concebía los ordenadores principalmente como poderosas máquinas de sumar, caracterizadas por el principio del «procesamiento por lotes». Las primeras máquinas costaban tanto que se pensó que era crucial que nunca permanecieran paradas; de ahí que los técnicos introdujeran los programas consecutivamente, por lotes; las personas cuyos cálculos eran realizados por estos «grandes ordenadores» nunca se acercaban a la máquina.

La idea del MIT era construir un ordenador basado en los principios de la retroalimentación. Tendría que responder a los acontecimientos tan pronto como ocurrieran, es decir, en tiempo «real», acelerándose, ralentizándose, adelantándose constantemente a lo que estaba ocurriendo, hasta que se desconectara. Los magos de Princeton y Filadelfia pensaban que la computación en tiempo real era una quimera. Sin embargo, los «manitas» de Cambridge no tardaron mucho en ver claramente que no sólo podía construirse ese ordenador sino que, además, también podría controlar en tiempo real. Por ejemplo, podría sustituir a los responsables de defender el espacio aéreo que calculaban las trayectorias óptimas de intercepción y movían aviones en miniatura aquí y allá sobre mapas hechos de contrachapado. El sistema supersecreto de aviso y defensa contra misiles, conocido con el nombre de Semi-Automatic Ground Environment (SAGE) de 1952 se presupuestó en unos dos mil millones de dólares durante quince años, es decir, alrededor del coste del proyecto Manhattan más el gasto de desarrollar el radar. Y pronto quedó claro que los nuevos ordenadores en tiempo real podrían controlar las operaciones de instrumentos mucho más prosaicos que los radares, por ejemplo, las máquinas-herramienta.

Quienes diseñaron y supervisaron estos primeros proyectos eran en su mayor parte científicos que trabajaban principalmente para la administración en proyectos relacionados con la defensa. El proyecto SAGE conectó ordenadores, radares, aviones y barcos y colocó misiles Nike cerca de los centros de las ciudades estadounidenses. Catapultó a su principal contratista, IBM Corporation, que de su papel de tabuladora de tarjetas perforadas pasó a ocupar una posición dominante en el sector de los ordenadores digitales. También llevó a su más seria competidora, Digital Equipment Corporation, a desarrollar la primera de una larga lista de discrepancias tecnológicas (IBM siguió con el procesamiento por lotes, mientras que DEC puso a disposición de científicos e ingenieros sus miniordenadores, los primeros ordenadores realmente personales, a pesar de lo caros que eran). Y lo más importante de todo, el proyecto SAGE puso de manifiesto la importancia de las aplicaciones informáticas, que eran programas especializados auxiliares que iban a permitir a los ordenadores realizar muchas tareas, algo en que hasta ese momento no se había pensado. El dogma era en este caso «poner el control de la máquina en manos de su usuario».

En esa época, una gran parte del interés tenía que ver con la memoria de los ordenadores, con los continuos progresos realizados desde la cinta de papel y los tubos de vacío hasta los núcleos de ferrita, los transistores, los chips de silicio y los microprocesadores. La capacidad de almacenamiento y, por lo tanto, la complejidad de los programas aumentaron a pasos agigantados. El programa Atlas para construir un misil balístico intercontinental estaba en marcha. La carrera espacial estaba cobrando impulso. Muchos se dieron cuenta de las posibilidades que encerraba una red de grandes máquinas que repartieran su tiempo entre muchos usuarios, que compartieran su capacidad de forma muy parecida a como ocurría con las centrales eléctricas interconectadas. Ya en 1961 un visionario de las redes como John McCarthy dijo: «La computación podría llegar a ser algún día un servicio público, exactamente de la misma forma que el sistema telefónico es un servicio público». Pero ninguno de los científicos que imaginó estos proyectos fue tan importante a largo plazo como un técnico convertido en psicólogo, de nombre J. C. R. Licklider. Lick, como lo llamaban, tuvo una visión: imaginó que los ordenadores trabajaban juntos y habló de una simbiosis hombre-ordenador. Internet no fue creado por una sola persona sino por una comunidad, pero si hay un hombre cuya importancia puede ser el equivalente simbólico de la de Bill Gates, ese es Licklider.

Actualmente, conectar varios ordenadores entre sí parece una tarea sencilla, pero a principios de la década de 1960 crear los protocolos elementales que permitieran a los ordenadores hablar entre sí era un enorme reto. Para hacer realidad su visión de una red, Licklider entró en la Advanced Research Projects Agency (ARPA) del Departamento de Defensa de Estados Unidos en Washington. ARPA había sido creada hacía poco para dirigir la I+D a largo plazo de Estados Unidos tras el éxito ruso en el lanzamiento del *Sputnik*. Compartir el tiempo era un caso clásico de «fallo del mercado». Es decir, no se podía contar con que empresas privadas desarrollaran estas nuevas técnicas, por las razones en las que pensaba Kenneth Arrow cuando escribió en 1960 sobre la producción de conocimiento: el coste fijo de las nuevas tecnologías (su «indivisibilidad») era tan alto que no cabía esperar que ninguna empresa lo recuperara y encima ganara dinero. Sólo el Estado podía permitirse el lujo de correr ese riesgo. Realizaba inversiones, no para generar externalidades, aunque ciertamente las creaba, sino porque quería crear una serie de nuevos bienes muy especializados: una bomba atómica, un poderoso ordenador, un misil balístico intercontinental, un satélite lunar, una red que permitiera compartir el tiempo.

Otro proyecto ARPA perseguía una quimera conocida con el nombre de conmutación de paquetes. En este caso, el gobierno estaba buscando una red de comunicaciones que pudiera sobrevivir a un ataque nuclear. La idea era crear un sistema descentralizado de conmutadores que dividiera cualquier mensaje en trozos, en paquetitos estandarizados de información que pudieran enviarse de la forma que fuera entre los nodos de una red antes de volver a unirlos finalmente en mensajes enteros cuando llegaran a su destino. Hoy en día, esos conmutadores se conocen con el nombre de *routers* y, aunque la mayoría de nosotros creemos que no son más que otro tipo de ordenador, en realidad son aparatos muy especializados que constituyen la base de una tecnología de comunicaciones tan distinta en su lógica como lo son los automóviles y los camiones de los trenes de pasajeros y de mercancías. De hecho, la propia idea es parecida: en lugar de largos trenes de mensajes que circulan por unas cuantas grandes vías pasando por puntos centrales de conmutación (en los que pueden dosificarse en tiempos de paz e interrumpirse en tiempos de guerra), millones de pequeños vehículos de mensajes circulan (a la velocidad de la luz) por las rutas que ofrecen menos resistencia, hasta que vuelven a unirse al final del viaje. Eso es la conmutación de paquetes. Pero esta tecnología no fue el único triunfo de la ingeniería.

Las tecnologías que constituyeron la base de Internet fueron desarrolladas desde el principio por personas que, en términos generales, estaban respondiendo a una serie de incentivos muy diferentes de los que tenía Gates cuando creó Microsoft. Eran profesores de informática, instituciones que concedían ayudas públicas, ejecutivos de empresas, planificadores militares. Para formar a los científicos y los ingenieros que iban a construir el sistema, ARPA realizó grandes inversiones en capital humano; en 1965, estableció los primeros programas de doctorado de ingeniería informática en el país, en Berkeley, Stanford, el MIT y Carnegie Mellon. Los primeros profesores de estas universidades crearon, a su vez, una cultura y un *ethos* profesionales característicos: cooperación, intercambio de información e incluso un cierto desdén por los arribistas. Fue, después de todo, uno de ellos el que trató de expulsar a Bill Gates de la universidad por utilizar uno de sus ordenadores para su uso personal.

Como Topsy, la ARPANET simplemente creció y creció. Cuando el Departamento de Defensa decidió privatizarla, a finales de la década de 1980 (la legislación que autorizó su privatización era a lo que se refería su impulsor, Al Gore, cuando declaró que él había «creado» Internet), la organización que tomó el mando, el Internet Engineering Task Force (IETF), era esencialmente el mismo grupo de usuarios que habían estado construyéndola para el Pentágono desde el principio. Este comité de modestos ingenieros era de un perfil tan bajo que era casi anónimo. Los métodos del IETF eran en su mayor parte diametralmente opuestos al modelo de empresa de Gates orientado hacia el cliente: estaba organizado de abajo arriba, el acceso era libre, sus miembros sólo podían ser individuos, no empresas. Pocos de los creadores de Internet trataron de hacerse ricos con estos avances, al menos no al principio. No es que no fueran inmunes a la idea de lucrarse personalmente; tampoco es correcto decir que ninguno tuviera vocación empresarial. Pero la mayoría era de una especie muy diferente a la variedad «dos chicos en un garaje». Su satisfacción consistía en su autonomía, el prestigio y la seguridad y no en conseguir el máximo de opciones sobre acciones. En vez de trabajar solos en una habitación de un colegio mayor, hacían trabajo en equipo. En lugar de tener secretos, desarrollaban estándares «abiertos». El diseño del teclado QWERTY es un buen ejemplo de estándar abierto. Todo el mundo puede acceder a él, y no es propiedad de nadie en particular. Un ejemplo más reciente es el diseño de la casete magnética, desarrollado en la década de 1960 por N. V. Philips y puesta rápidamente a disposición de todo el mundo para que pudiera imitarla gratuitamente.

Así pues, el avance de Internet fue tan sigiloso como inconfundible había sido el de la industria de ordenadores personales. En primer lugar, Internet era gratuito, al menos para los usuarios finales. Ninguna campaña publicitaria con Charlie Chaplin lo presentó en escena. Cuando el gobierno decidió privatizar ARPANET en 1991, el reportaje sobre esta decisión de la principal revista del sector tardó seis meses en ser mencionado en los periódicos. Como consecuencia, la repentina aparición de Internet en 1993 cogió por sorpresa a la mayoría de la gente. Las compañías telefónicas no tenían ninguna información, por ejemplo, cuando se adoptó el protocolo de control de transmisión/protocolo de Internet (*transmission-control protocol/Internet Protocol, TCP/IP*), a pesar de que amenazaba en última instancia con destruir su negocio al permitir que Internet se expandiera por las líneas telefónicas. Los artífices de Internet lo diseñaron de tal forma que siempre era fácil «construir sobre él», introducir nuevas características en el sistema existente sin socavar su funcionalidad anterior (los ingenieros de Microsoft construían justo en sentido contrario: con cada nueva iteración, el sistema tenía que ser sustituido por completo; era lo mejor para obtener beneficios de la inversión de la compañía).

No es de extrañar, pues, que cuando apareció realmente Internet, fuese un paraíso para los obsesos de la informática, y sólo para los obsesos de la informática. Aunque era un logro tecnológico tremendo, resultaba difícil de entender y difícil de usar. Brotaron como hongos tableros de anuncios y grupos de discusión. Pero a menos que uno ya supiera qué buscaba exactamente, casi no había forma alguna de encontrar eso o cualquier otra cosa. Era lógico, pues, que un científico de la computación llamado Tim Berners-Lee, que trabajaba en el centro de investigación física CERN de Suiza, propusiera en 1989 una serie de protocolos destinados a facilitar la búsqueda por Internet, como si cada actividad tuviera una entrada en un índice gigantesco y cada usuario tuviera un programa informático pensado expresamente para buscar, un «navegador», como lo llamó Beners-Lee. Tal era la eficiencia de la forma de trabajar del IETF —*rough consensus and running code*— que sólo en 1990 se probó una primera versión de la World Wide

Web. Un par de años más tarde, el navegador prototipo «Mosaic» del National Center for Supercomputing Applications estaba extendiéndose rápidamente de un laboratorio a otro.

El gran avance llegó en 1993. Fue cuando un estudiante de doctorado llamado Marc Andreessen y algunos de sus amigos de la Universidad de Illinois desarrollaron un navegador propio. Introdujeron dos pequeños cambios. Añadieron algunos gráficos, para que pudiera utilizarse con un ratón en lugar de con instrucciones de texto. Y escribieron su código de tal manera que pudiera utilizarse con el sistema operativo Windows de los ordenadores personales, así como con el sistema Unix más frecuente entre los usuarios de las universidades. Constituyeron una compañía y la llamaron Netscape. Al principio regalaron su navegador con la esperanza de que se convirtiera rápidamente en la puerta de entrada en la Web, en cuyo caso las copias posteriores de su programa generarían cuantiosos ingresos. De repente, la gente comenzó a hablar de la «Nueva Nueva Cosa».

Ballmer se dio cuenta de que algo fallaba cuando durante el otoño de 1993 fue a los sitios de Harvard College a los que solía ir y observó que los mismos estudiantes que veinte años antes estaban entusiasmados con la informática de ocio ahora no hablaban nada más que de Internet. Regresó a Seattle y repartió una nota entre los altos ejecutivos de Microsoft titulada «¿Qué pensar?» Unos días después, la compañía comenzó a prepararse para integrar al menos alguna capacidad de uso de Internet en su sistema operativo. Sus programadores hicieron rápidos progresos. Pronto entendieron exactamente lo que estaban haciendo los chicos de Illinois.

El navegador Netscape era «middleware», una clase de programas informáticos que eran la «/» en la arquitectura cliente/servidor. Pero el término no se acuñó y mucho menos se comprendió totalmente cuando Berners-Lee inventó la Web y Andreessen comenzó a regalar Netscape. Lo único que estaba claro era que para que una «/» fuera realmente buena, tenía que consistir en una gama de programas que fueran lo suficientemente flexibles para poder trabajar con cualquier sistema operativo, Windows, Unix, o cualquiera que fuera el siguiente. Y, para Microsoft, ahí estaba el problema. Si el programa era tan versátil, ya no importaría qué sistema operativo se utilizara o si se utilizaba alguno. ¡Poco después, probablemente, se podría navegar por la Web y mandar todos los correos electrónicos que se quisieran con un mecanismo mucho más barato que un PC basado en Windows!

En otras palabras, el «middleware» Netscape tenía la posibilidad de arrancar el control del ordenador de sobremesa, de «cosificar» el sistema operativo, de una forma muy parecida a como Microsoft había utilizado el sistema operativo Windows para cosificar los propios ordenadores y reducir la capacidad de IBM para cobrar elevados precios por sus PC. Por esa misma época, Sun Microsystems comenzó a promocionar un nuevo lenguaje de programación para la Web llamado Java. Tenía parecidas posibilidades, pues las aplicaciones en Java serían compatibles con cualquier sistema operativo, incluso con una imitación barata de Windows. Si Java se convirtía en un lenguaje universal, cualquiera podría desarrollar con él aplicaciones basadas en la red. El sistema operativo ya no sería lo importante. Desaparecería el monopolio de Windows. Internet triunfaría sobre el PC.

Fue en ese momento cuando la vieja tecnología (¡si se puede llamar vieja a una tecnología que tenía veinte años!) trató de hacerse con el control de la nueva, cuando el ferrocarril alcanzó, en efecto, al automóvil y trató de hacerse con su control. Gates estaba decidido a no ser tumbado por un rival inesperado, de la misma forma que él había vencido a IBM. Era el momento de reconfigurar espectacularmente su estrategia.

La batalla entre Microsoft y Netscape y otros vendedores de «middleware» por el control de los usuarios finales en Internet –«la guerra de los navegadores»– duró unos dos años. Comenzó con el famoso discurso que dirigió Gates a sus analistas el 7 de diciembre de 1995, en el que declaró la guerra a Netscape, acusándola de haber llevado a cabo un ataque por sorpresa. Las acciones de Netscape cayeron un 17 por ciento al conocerse la noticia. A continuación, Microsoft propuso discretamente a Netscape pagarle para que se retirara del mercado y quedarse él con la parte del león. Cuando eso no dio resultado, el gigante de los programas informáticos intimidó y amenazó a los clientes de Netscape. Por ejemplo, le dijo a Compaq que no se le proporcionaría Windows si ofrecía Netscape a sus clientes. Desarrolló su propio navegador, un programa bastante bueno llamado Internet Explorer, para regalarlo junto con su sistema operativo Windows.

Al mismo tiempo, Microsoft comenzó a entrar en todos los nichos que pensaba que podían poner en peligro de alguna manera su franquicia. Se convirtió en un maestro del «bloqueo» de tecnología, fomentando la interoperabilidad de sus propios sistemas y disuadiendo de usarlos con los de todos los demás. Por ejemplo, Microsoft concedió una licencia a Java, pero anunció inmediatamente su intención de «extender» el lenguaje, lo que significaba cambiar la forma en que funcionaba en las plataformas de Microsoft hasta convertirlo, de hecho, en un lenguaje diferente, en un lenguaje que sólo funcionara bien con los programas de Microsoft. El mantra de Microsoft se convirtió en Adoptar (la aplicación), Extender (su funcionalidad), Extinguir (al rival).[2] En su libro sobre American Online,[3] Kara Swisher

---

[2] Para una buena descripción de la vida en el extremo receptor de esta estrategia, véase Charles Ferguson, *High Stakes, No prisoners: A Winner's Tale of Greed and Glory in the Internet Wars*.

[3] *AOL.COM: How Steve Case Beat Bill Gates, Nettled the Netheads, and Made Millions in the War for the Web*.

contó que Gates le dijo al director general de AOL, Steve Case, lo que IBM no le había querido decir a Gates quince años antes: «Yo puedo comprarte el 20 por ciento o toda tu empresa. O puedo entrar por mi cuenta en este negocio y enterrarte».

El ataque de Microsoft fue brutalmente eficaz. Netscape, que en poco tiempo había subido hasta la estratosfera en la bolsa de valores, cayó y acabó siendo absorbida por AOL. Los rivales de Microsoft se quejaron amargamente de que estaban abusando de ellos deslealmente. La Federal Trade Commission había comenzado a investigar a la empresa en 1990, pero sus miembros habían llegado a un punto muerto, por lo que el Departamento de Justicia se hizo cargo del caso y (siguiendo las recomendaciones de Kenneth Arrow) contrató como experto principal a Brian Arthur, una persona que no era economista y que había estado estudiando los rendimientos crecientes en el Santa Fe Institute.[4] El gobierno interpuso una demanda en 1994 y llegó rápidamente a un acuerdo que resultó ser enteramente cosmético. No había podido hacer nada para alterar la conducta de Microsoft, sobre todo a la luz de la amenaza de Internet que se avecinaba.

Sin embargo, en 1996 el estallido de la guerra de los navegadores había reavivado el interés del Departamento de Justicia.

Se tardará muchos años en conocer la historia del papel del gobierno estadounidense en la batalla que libró Microsoft en la década de 1990 con los proveedores de «middleware» en Internet. A juzgar por su lamentable conclusión, el episodio fue en alguna medida como una pesadilla, como una parte de la caldeada década que siguió al fin de la guerra fría. Pero algunos aspectos de esta historia ya están claros.

En primer lugar, el gobierno presentó un equipo de primera fila. Janet Reno aún era fiscal general –ella supervisaría todo el caso– pero ahora un conocido abogado experto en asuntos de interés general llamado Joel Klein se había convertido en ayudante del fiscal general para casos antimonopolio. Contrató al célebre abogado David Boies como principal representante de la administración. Boies contrató, a su vez, a Frank Fisher, economista del MIT, en calidad de principal testigo experto. La presencia de Fisher añadió peso al equipo; treinta años antes, había sido el principal economista en la defensa de IBM. Los economistas de la casa en la división antimonopolio también eran pesos pesados: primero, Daniel Rubinfeld, profesor de la Universidad de Berkeley y, después, Tim Bresnahan, profesor de la Universidad de Stanford.

---

[4] Para un análisis, véase M. Mitchell Waldrop, *Complexity: The Emerging Science at the Edge of Order and Chaos.*

En segundo lugar, esta vez el gobierno había cogido a Microsoft con las manos en la masa. Una avalancha de documentación obtenida durante la instrucción del sumario demostró que no sólo Netscape sino también la arquitectura Java de Sun y algunos otros rivales habían sido blanco de prácticas ilegales. Pero lo principal era que el juez del caso era muy diferente. Cuando el juez del tribunal del distrito Stanley Sporkin había declinado bendecir el acuerdo anterior, la Corte de Apelaciones de Washington lo había sustituido por Thomas Penfield Jackson, un conservador nombrado por Reagan.

Microsoft fue cogido desprevenido. La empresa de Seattle no tenía casi ninguna presencia en Washington, ningún grupo de presión con experiencia, ningún acceso a un buen asesoramiento. Se comportó como un adolescente mimado. En una de sus meteduras de pata más bochornosas, la empresa presionó en un momento dado al Congreso para que recortara el presupuesto del Departamento de Justicia. Ninguna empresa con experiencia haría eso jamás. Thomas L. Friedman, columnista del *New York Times*, hablando de Gates y Ballmer los llamó «el joven y el incompetente». «¿Cómo se sentiría usted si la mayor empresa de su ciudad tratara de valerse de su influencia para recortar drásticamente la financiación del departamento de policía en un momento en el que éste está presentando cargos contra la empresa?», preguntaba Friedman. Y el juez Jackson finalmente declaró culpable a la compañía de incumplir la ley Sherman, de haber empleado medios ilegales para defender su monopolio. El juicio entró en la fase de propuesta de soluciones.

En ese momento, la administración pidió la división de la empresa. Para explicar por qué esta medida era la adecuada, llevó a un experto imprevisto, casi desconocido fuera del mundo de la economía. Era, por supuesto, Paul Romer. Había sido reclutado, explicó el gobierno, porque había formalizado recientemente una teoría en la que los incentivos del mercado determinaban la tasa de cambio tecnológico.

En su declaración ante los tribunales, Romer explicó que la ventaja de la teoría era que «permite rastrear los efectos que producen las instituciones sociales, en general, y las instancias judiciales, en particular, en los incentivos y, por lo tanto, en el cambio tecnológico». Era mucho lo que había en juego. Las pequeñas diferencias entre las tasas de crecimiento, continuó diciendo, producen con el paso del tiempo un gran efecto en el nivel de vida, por lo que las decisiones judiciales y especialmente las decisiones relacionadas con la legislación antimonopolio sobre el sector de alta tecnología, «pueden encontrarse entre las decisiones más importantes que toma una sociedad».

La teoría podría parecer nueva, dijo Romer, pero el principio era muy parecido al que justificaba la decisión de dividir AT&T que se había tomado hacía unos veinte años. En ese momento, la cuestión era fundamentalmente una cuestión de sentido común. No había grandes teorías, simplemente la intuición de que la competencia del mercado estimularía la innovación allí donde había fracasado la regulación. Y eso era lo que había sucedido. El *Wall Street Journal* clamó amargamente contra la sentencia dictada en el caso AT&T en 1982 (AT&T, a diferencia de Microsoft, había aceptado dividirse). Pero unos meses más tarde MCI hizo un gran pedido de cable de fibra óptica a Corning, y en ese mismo instante comenzó la revolución de las telecomunicaciones.

Las razones eran las mismas en el caso de Microsoft, explicó Romer. Históricamente, la gente que trabajaba para otras empresas había sido la responsable del desarrollo y la comercialización de la mayoría de las innovaciones importantes. Entre las ideas de gente que no trabajaba en Microsoft se encontraban el correo electrónico, la hoja de cálculo electrónica, el procesador de textos, la interfaz gráfica de Windows, el envío instantáneo de mensajes de texto. Microsoft, al limitar la competencia, había reducido los incentivos no sólo de Netscape y de Java sino también los de otros muchos posibles programadores. «Ningún sistema de planificación central, ni controlado por un gobierno, ni controlado por una empresa, cabe esperar que sea un mecanismo tan sólido y fiable como la competencia entre muchas empresas reales y potenciales», dijo Romer.

Así pues, la administración pidió al tribunal que dividiera la compañía en dos partes, Op y Aps. Quería separar los grupos que suministraban el sistema operativo Windows (Ops) de los que suministraban aplicaciones (Aps), incluido el programa Office, inmensamente rentable. El navegador Internet Explorer iría a Aps, con una licencia a Ops. Se podía suponer que las dos empresas comenzarían a competir entre sí casi inmediatamente. Cada nueva entidad tendría unos ingresos anuales de alrededor de 8.000 millones de dólares y unos beneficios del orden de 3.000 millones. Se podía suponer con bastante seguridad que Aps comenzaría a tratar de deshacer el estrangulamiento provocado por Windows en el PC de sobremesa, exactamente igual que habían hecho Netscape y Sun unos años antes. Las magnitudes exactas se desconocían. Pero los beneficios previstos serían muy superiores a los costes. La separación aumentaría la tasa de innovación de toda la economía.

He aquí la reacción de Gates a la petición del gobierno: «Quien dijo eso no entiende la industria de programas informáticos». Microsoft iba a defender enérgicamente sus prácticas empresariales.

Para defenderse durante el proceso, Microsoft había recurrido a Richard Schmalensee, microeconomista del MIT. Ahora, como era de esperar, recurrió a la economía de Agua Dulce para su defensa, es decir, a Chicago y, en particular, a Kevin

Murphy. Murphy se había hecho famoso desde que formó parte del trío de jóvenes que analizaron los rendimientos crecientes en su artículo sobre el «gran empujón» publicado en 1987. Su testimonio introdujo en el argumento contra la división un componente de sobria teoría de los precios al estilo de Chicago, una cuestión que se conocía con el nombre de doble marginalización.

Microsoft, quizá como monopolista potencial, no había estado cobrando por sus programas todo lo que el mercado podía soportar, argumentó Murphy. Y si la compañía era dividida, podía ocurrir que cada nueva empresa abandonara la moderación tradicional de la compañía matriz y fijara más agresivamente el precio de sus productos cuyo ámbito era más reducido. En ese caso, el mismo sistema operativo y el mismo tratamiento de textos vendidos por separado podrían costar a los consumidores mucho más que cuando se vendían juntos: pagarían dos márgenes de beneficios en lugar de uno. Mejor, pues, dejar que el monopolista se encargara de todo. De esta manera se evitaría que los precios subieran demasiado.

Romer respondió diciendo que eso sólo tenía sentido si unos precios elevados llegaran a disuadir a la gente de comprar ordenadores personales. Pero explotando hábilmente las técnicas de discriminación de precios –ofreciendo versiones más baratas del sistema operativo a los fabricantes de equipo original y a los compradores particulares (Windows XP Home Edition) y versiones del programa Office a los estudiantes y a los profesores por una parte del coste del paquete que se vendía a empresas– Microsoft ya había resuelto el problema de la doble marginalización de una forma que no requería que Ops y Aps se coordinaran para fijar los precios. De hecho, Microsoft ya estaba ganando el máximo que permitía el mercado.

Además, nadie podía pensar seriamente que la cuestión principal fuera el precio que pagaba el consumidor. La clave, el efecto olvidado de la competencia, estaba en los incentivos de la gente que desarrollaba nuevas tecnologías como el navegador. Si pudiera negociar con dos empresas y no con un único monopolista («Yo puedo comprarte el 20 por ciento o toda la empresa. O puedo entrar por mi cuenta en este negocio y enterrarte»), tendría más posibilidades de obtener un buen rendimiento. Era paradójico, dijo Romer, que Chicago hubiera abandonado la idea de que la competencia podía ser una poderosa fuerza que fomentara el descubrimiento de nuevas ideas. Como no disponía de la teoría adecuada, era incapaz de analizar claramente el proceso de descubrimiento de nuevas ideas y el crecimiento del conocimiento, sólo podía explicar el precio de los bienes existentes.

Microsoft no dejó, desde luego, su defensa enteramente en manos de Chicago. Recurrió a las opiniones de otros profesionales. La compañía añadió a Lester Thurow a su lista de posibles testigos. Sus ejecutivos llamaron en su defensa a

Lawrence Summers, Secretario del Tesoro, y a Martin Baily, miembro del Consejo de Asesores Económicos («el único incentivo para producir algo es la posesión de un poder monopolístico temporal, ya que sin ese poder el precio se verá presionado a la baja hasta ser igual al coste marginal y no se podrán recuperar los elevados costes fijos iniciales», dijo Summers en un discurso posterior). Gary Becker, profesor de la Universidad de Chicago, citó el viejo argumento de Schumpeter de que los monopolios pueden innovar más libremente porque no tienen que temer que los competidores imiten sus nuevos productos. La tesis de que la división de la compañía aceleraría la innovación era «poco convincente», dijo Becker. Paul Krugman, que entonces ya era un influyente columnista del *New York Times*, explicó la doble marginalización y arremetió con bastante dureza contra el Departamento de Justicia. La división de AT&T había provocado la fragmentación del sistema de telefonía móvil, ¿o acaso no era así? Y ahora Estados Unidos «iba por detrás de Europa y Japón en la tecnología de la telefonía móvil». (¡No dijo nada ni de la fibra óptica ni de Internet!) «Confiemos en que no estemos a punto de tirar piedras contra el tejado de Microsoft.»

El juez Jackson había querido a toda costa un acuerdo negociado –nunca antes había sido incapaz la administración de conseguir que se aceptara una división– por lo que pidió al juez de distrito Richard Posner, que era una destacada autoridad en economía y legislación antimonopolio, que arbitrara el caso. Durante dos meses, acudió un tropel de abogados a los despachos del célebre jurista en Chicago, pero al final las negociaciones se rompieron. Tras todos estos años de discusión, Gates y Ballmer siguieron dando destacadas entrevistas, tratando de invalidar a los propios jueces, afirmando que no habían hecho nada malo. Está claro que no habían aprendido mucho de relaciones públicas y de cómo presionar durante el proceso; y no digamos de obligaciones cívicas.

El 24 de mayo de 2000, Jackson celebró una vista de un día para escuchar la propuesta de soluciones y dos semanas más tarde declaró que la compañía debía dividirse. Si se iba a revocar su sentencia, explicó, que fuera cuanto antes. Tampoco quería imponerse sobre el sector intentando microgestionar las decisiones tecnológicas como había hecho el juez del tribunal de distrito Harold Greene quince años antes en el caso AT&T. Prefería la competencia a la regulación, por lo que en medio de un gran drama, ordenó la división en Ops y Aps y trató de cerrar el caso.

Sin embargo, Jackson, cuya hija era periodista, desgraciadamente explicó con demasiado detalle su argumento y además demasiado bien. Comenzó a dar entrevistas (cuya publicación estaba prohibida) a la prensa incluso antes de que ordenara la división. Si pudiera imponer su propia solución, le dijo a Ken Auletta del *New Yorker* incluso antes de que se celebrara el juicio, pondría a Gates la tarea de escribir una reseña de una biografía reciente de Napoleón Bonaparte, «porque creo que tiene un concepto napoleónico de sí mismo y de su empresa, una arrogancia que se debe a su poder y a su éxito absoluto, sin una mínima mala experiencia, sin ningún contratiempo». La disposición del juez Jackson a explayarse era fácil de entender y de admirar. Pero también permitió que fuera fácil derribarle.

Con las elecciones presidenciales de 2000, el juicio perdió interés ante la febril actividad política. Ballmer, demócrata de toda la vida, apoyó abiertamente la candidatura de George W. Bush. Microsoft contribuyó con importantes donaciones a la celebración de su investidura. En junio de 2001, la corte de apelación de Washington D. C., que el juez Jackson había tratado de cortocircuitar invocando una disposición que exigía que las apelaciones fueran directamente al Tribunal Supremo, encontró una forma de revocar su sentencia. Como medida ejemplar, sus miembros lo retiraron del caso y nombraron a un nuevo juez, Collen Kotar-Kotelly.

El resto es historia. Fue un abogado formado en la Universidad de Chicago, el Fiscal General John Ashcroft, quien dijo al tribunal que el Departamento de Justicia había cambiado de opinión. Después de todo, la administración Bush no quería dividir la compañía en Ops y Aps, a pesar de la sentencia favorable que había obtenido la División Antimonopolio un año antes. ¡Y después hablan del imperio de la ley! Fue un poco humillante que la administración retirara su denuncia bajo presión cuando sus abogados ya habían ganado el juicio ante un juez nombrado por Reagan. La semana siguiente, Al Qaeda asestó un golpe en Nueva York y en Washington y el caso Microsoft quedó casi olvidado en Estados Unidos. El teatro de las denuncias contra Microsoft se trasladó a Bruselas y la Unión Europea.

Microsoft había salido del atolladero por segunda vez. Había aprendido mucho de cómo adaptarse a las reglas del juego y evitar parecer culpable. Pero no había perdido su empuje para extender sus dominios. A mediados de 2000, apenas un mes después de que el juez Jackson hubiera ordenado su división, la empresa anunció sus planes de crear «Windows.NET», un programa que extendería el sistema Windows de los PC a los servidores, los televisores, las videoconsolas y los teléfonos móviles. Entrando en el mercado de programas para servidores, Microsoft estaba preparándose para intentar hacerse con los programas del propio Internet.

Sin embargo, para entonces había aparecido una nueva amenaza para Microsoft, una amenaza que podía no requerir la intervención de un juez. Los programadores a los que Gates había dirigido su nota en 1976 no se habían quedado de brazos cruzados. Habían creado, después de todo, Internet y la World Wide Web («ellos» era una vasta y diversa confederación de visionarios y entusiastas de la informática repartidos por todo el mundo cuyo cuartel general espiritual se encontraba en Berkeley [California], en Cambridge [Massachussets] y en Helsinki [Finlandia]).

Volviendo al profesor ayudante que acosó al estudiante universitario Gates por utilizar ordenadores propiedad de la universidad para montar un negocio, era un hecho que a estos entusiastas de la informática que no dudaban en intercambiar secretos les molestaba cualquier veleidad empresarial. Por otro lado, el entusiasmo por la cultura del mercado había afectado a todas las industrias y a todos los países del mundo desde principios de la década de 1970 («es maravilloso hacerse rico», dijo Deng Xiaoping al iniciar China «la senda capitalista» en 1979). A finales de la década de 1990, estos visionarios de la informática –no todos anticapitalistas, en modo alguno, pero todos críticos con las formas extremas de propiedad privada– estaban dispuestos a contraatacar directamente la supremacía de Windows con un sistema operativo conocido con el nombre de Linux que casi estaba regalándose, una criatura fruto de una vaga, pero poderosa, tradición conocida con el nombre de movimiento en favor de los programas informáticos de *código abierto*.

Los secretos comerciales celosamente protegidos del código fuente de Microsoft se habían convertido con el paso de los años en su «retráctil interno». En el centro de todos los sistemas operativos Windows había una caja negra: el «núcleo» del programa. Garantizaba que Windows no podría ser clonado o modificado como un nuevo producto que alguien pudiera vender libremente como una versión mejorada del original. Al principio, Microsoft había ganado una batalla crucial con Apple al permitir que cualquiera pudiera desarrollar programas para Windows, controlando el acceso a su núcleo con interfaces de programación de aplicaciones (*applications programming interfaces, API*), mientras que Apple sólo ofrecía aplicaciones si las había desarrollado ella misma. Como era de esperar, muchos más programadores creaban programas para Windows que para Apple. Sin embargo, eso no hizo del propio Windows un sistema abierto. Las API eran candados y llaves muy eficaces.

En 1991, apareció un defensor del ideal de código abierto, un joven de veintiún años llamado Linus Torvalds que era en muchos aspectos el anti-Gates, una persona que encarnaba la filosofía de este ideal. Molesto con las ineficiencias del modelo privado –el que con frecuencia se quedara «colgado», el que no pudiera modificarse– el joven informático finlandés decidió construir su propio sistema, un sistema que pudiera modificarse libremente, que fuera, pues, cada vez más sólido con el tiempo. Mientras su beca cubriera sus costes fijos de manutención, podría permitirse escribir un código informático y regalarlo. No era muy distinto a hacer investigación científica y publicarla en revistas con la esperanza de que sus resultados fueran reconocidos a través de las citas.

La innovación más importante de Torvald no fue técnica sino social. «Hasta que se desarrolló Linux, todo el mundo creía que un programa tan complejo como un sistema operativo tenía que ser desarrollado de una forma cuidadosamente coordinada por un grupo de personas relativamente pequeño y estrechamente unido», explica el periodista Eric Raymond.[5] Torvalds desarrolló su Linux de una forma muy distinta, dice. «Desde el principio, fue pirateado [mejorado] de una manera bastante informal por un enorme número de voluntarios que se coordinaban únicamente a través de Internet.» Logró un programa libre de virus, no imponiendo autocráticamente rígidas normas sino mediante «la estrategia ingenuamente sencilla de publicar mejoras todas las semanas y obtener la respuesta de cientos de usuarios en pocos días, creando una especie de rápida selección darwiniana de las mutaciones introducidas por los programadores». En otras palabras, Linux se desarrolló de la misma forma amistosa y, sobre todo, no pecuniaria que el propio Internet: consenso básico y funcionalidad demostrada.

Cualquiera que utilice un ordenador sabe de primera mano que estos diferentes incentivos han generado experiencias muy diferentes entre sus usuarios. Hoy en día, el propio PC es un sistema cerrado, exorbitantemente caro en relación con las tareas para las que lo utiliza la mayoría de la gente (correo electrónico, acceso a la Web), propenso a fallar, difícil de hibridar, difícil de usar y difícil de reparar. Internet y, especialmente la World Wide Web, es, por el contrario, fácil de utilizar, sólida, receptiva a las innovaciones, con un precio muy diferente para sus usuarios. Las dos tecnologías tienen valores muy diferentes y entrañan normas sociales distintas.

Y ahí es donde se encontraba el verdadero y explosivo descubrimiento que estaba en el fondo de «El cambio tecnológico endógeno», que la no rivalidad del conocimiento significaba que las joyas de la corona de la economía, los teoremas de la mano invisible, no podían seguir siendo válidos. Sencillamente, el mercado no podía fijar «correctamente» los precios de los bienes del conocimiento.

La idea más importante en economía desde Adam Smith ha sido la proposición de que los individuos, si se dejan a su libre albedrío, siguen un rumbo que conduce, como si todo ello estuviera organizado por una mano invisible, al resultado que es «mejor para el conjunto». Los economistas han refinado mucho la idea intuitiva de Smith. La eficiencia de los mercados competitivos descentralizados en

---

[5] Para una maravillosa descripción de esta manera habitual de enfocar la creación de un gran programa informático, véase G. Pascal Zachary, *Showstopper!: The Breakneck Race to Create Windows NT and the Next Generation at Microsoft*.

ciertas condiciones es lo que Kenneth Arrow y Gerard Debreu demostraron matemáticamente a principios de la década de 1950 y por lo que recibieron finalmente el Premio Nobel. Fue entonces cuando los economistas comenzaron a hablar de los teoremas de la mano invisible como proposiciones tan bien establecidas que incluso se habían *demostrado*.

Es cierto que en cualquier economía real había por todas partes desviaciones de estas condiciones idealizadas, independientemente de lo competitiva que fuera. Los monopolios provocaban distorsiones. Lo mismo ocurría con los efectos externos. Pero la política que había que adoptar para luchar contra esas «pérdidas irrecuperables de eficiencia» estaba clara. Consistía en tratar de reducirlas, asignando derechos de propiedad y rompiendo los monopolios. Arrancada la maleza, la magia del mercado se ocuparía de todo lo demás.

A eso Romer respondía diciendo que la asignación de derechos de propiedad no era ningún problema cuando los recursos eran escasos y rivales: una parcela de terreno, el derecho a utilizar una parte del espectro electromagnético, el permiso para emitir contaminantes en el aire. Pero cuando un nuevo bien estaba relacionado con una nueva idea, el hecho cierto era que no existía ninguna regla general para actuar; de hecho, no *podía* existir ninguna regla general. Los nuevos bienes están vinculados a costes fijos y los costes fijos, representados como «no convexidades», plantean inevitables dilemas a los mercados descentralizados.

El ejemplo que más le gustaba a Romer era la terapia de rehidratación oral, un método para tratar a los niños que sufren diarrea, que consiste en darles una bebida que contiene agua con pequeñas cantidades de sales y minerales. Resulta que salva vidas, ya que la deshidratación, si no se trata, a menudo es mortal. La terapia de rehidratación oral puede utilizarse en cualquier parte del mundo; no cuesta casi nada preparar la bebida. Y el hecho de que la idea pueda reutilizarse significa que el tratamiento mejorará el nivel de vida de todo el mundo en todas partes. ¿Cuál es, pues, el precio «correcto» del desarrollo de la terapia de rehidratación oral? Por una parte, el precio de este tipo de descubrimientos debería ser alto, ya que un tratamiento de esa clase puede salvar millones de vidas. Hacen falta grandes incentivos para descubrir una vacuna contra el SIDA o la malaria. Pero tan pronto como existe, su precio «correcto» desciende a cero. El nuevo bien debe regalarse.

¿Qué ocurría con innovaciones menos espectaculares? Las consideraciones eran las mismas. El grado de protección que debía darse a las nuevas ideas era inevitablemente una decisión social. Las reglas que se adoptaran dependerían, en última instancia, de los valores no sólo de las personas que hicieran el trabajo o de las que tomaran las decisiones sobre quién debía hacer el trabajo, sino también de todos los miembros de la sociedad.

Al fin y al cabo, era de suponer que un mismo científico (o uno como él) haría el mismo descubrimiento tanto si trabajara a sueldo en un laboratorio industrial –por ejemplo, en los Bell Labs– como si trabajara en su propio laboratorio financiado por un inversor en capital de riesgo de California. Una vez realizado el descubrimiento, el laboratorio en cuestión podría obtener beneficios monopolísticos por el nuevo invento (un microprocesador) o conceder licencias a empresas rivales a cambio de casi nada (un transistor). La protección por medio de licencias podría ser muy estricta, como la de ASCAP, cinco centavos cada vez que se pusiera una canción. O podría serlo menos, como la actitud de *laissez faire* de Grateful Dead hacia las grabaciones de sus actuaciones realizadas por aficionados, cuyos ingresos procedían principalmente de las entradas de los conciertos y no de un riguroso control de las grabaciones autorizadas.

O podría no haber ninguna compensación en efectivo. Hay otras muchas formas de reconocer los méritos. Citas. Medallas. Trabajo en equipo. Ética familiar. Consideraciones religiosas. Como dice Romer, el mercado no lo es todo. Hay otros muchos tipos de instituciones que construimos.

El PC e Internet: la forma más fácil de entender la oposición entre estos dos estilos tan distintos de desarrollo tecnológico quizá sea simplemente visualizar las circunstancias en las que vivían sus respectivos directores generales. La casa de 97 millones de dólares que tiene Bill Gates en el lago Washington es famosa: 66.000 metros cuadrados repartidos en varios edificios (aunque sólo 11.500 reservados a los aposentos privados de la familia); una majestuosa escalera, un teatro, una biblioteca, un comedor de invitados, una sala de conferencias, un gimnasio y un cuarto de juegos de ordenador. El que fue durante mucho tiempo el hogar de Licklider en las afueras de Arlington estaba situado en una colina desde la que se divisaba el Spy Pond y Boston y era una modesta casa de madera de cuatro dormitorios construida en la década de 1920.

Ambos sistemas dan resultado y es probable que juntos den aún mejores resultados. La sociedad recibe los beneficios de cualquiera de las dos formas. Pero a pesar de todo lo que se dice sobre las maravillas de la distribución del capital por parte del NASDAQ entre los empresarios, la evolución de Internet ha demostrado que tanto las empresas como los comités pueden obrar maravillas.

¿Qué *ocurrirá* con Microsoft, una empresa cuyo sistema operativo aún puede convertirse, en principio, en «el universal» para todo el mercado mundial, gracias a su enorme ventaja? ¿Continuará triunfando sobre la mano invisible? ¿O tendrán razón George Stigler, George W. Bush y todos los demás que ponen su fe en el *laissez faire*? ¿Triunfará finalmente la competencia sin necesidad de ayudarla?

¿O tenía razón Romer cuando dijo que la intervención esporádica del Estado podía mejorar espectacularmente los resultados tanto para los consumidores como, en este caso, para Estados Unidos? En privado dijo que los gobiernos extranjeros, ya fueran europeos, indios o chinos (o quizá los tres), podrían hacer grandes inversiones en Linux y alterar espectacularmente los incentivos para desarrollar aplicaciones de código abierto en todo el mundo. En ese caso, los consumidores de todo el mundo se beneficiarían de la aparición de máquinas más baratas, pero el liderazgo en el sector de programas informáticos podría desplazarse entonces a otro continente. En circunstancias algo parecidas en la década de 1960, las compañías siderúrgicas estadounidenses se escudaron en su gobierno y retrasaron la realización de inversiones en nuevas tecnologías hasta que fue demasiado tarde.

Por otra parte, aparecerán nuevas tecnologías intermedias («middleware») que acabarán finalmente el dominio del sistema operativo Windows en los ordenadores de sobremesa, algo que casi consiguió el navegador Netscape, antes de que fuera aplastado. El motor de búsqueda Google es el candidato más ambicioso. El «middleware» de Google, al ofrecer correo electrónico y almacenamiento en la Web, puede convertirse en la principal interfaz con aplicaciones basadas en la Web y hacer que sea fácil cortocircuitar al programa Office de Microsoft. En ese caso, también, será otro quien lleve la voz cantante en el desarrollo del nuevo producto.

De una u otra forma, parece casi seguro que al final la historia de Microsoft terminará como la parábola de los árboles del bosque de Alfred Marshall. La empresa acabará perdiendo terreno en favor de los competidores tras una larga carrera. Es de sentido común, no teoría económica, decir que ningún árbol llega hasta el cielo. De hecho, en septiembre de 2005 la propia Microsoft aceptó la lógica de la administración de separar Ops y Aps. La compañía se reorganizó en tres grupos de negocios (antes eran siete), cada uno con su propio presidente. Una división de plataformas iba a gestionar el sistema operativo Windows. Una división de programas de gestión empresarial iba a controlar el programa Office y otras muchas aplicaciones. La videoconsola Xbox de la compañía se asignó a una unidad de ocio.

El fin aparente era reducir la burocracia de la compañía y de esa forma «tomar menos decisiones más deprisa». La necesidad más urgente era hacer frente a la creciente competencia de Google, EBay y los programas de código abierto. ¿Se convertirían las divisiones tarde o temprano en compañías autónomas? Quizá. En ese momento, las unidades de negocio de Microsoft entrarían en competencia entre sí. Córtese por la línea de puntos: resulta que, después de todo, los expertos antimonopolio de la administración y el juez Jackson habían entendido la industria del software mejor que Microsoft.

Gates ya ha pasado a dedicar parte de su atención y de su fortuna a fomentar la creación de nuevas ideas en el área de la salud pública mundial, especialmente en el desarrollo de vacunas contra diversas enfermedades del Tercer Mundo y nuevas formas de suministrarlas. La segunda mitad de su vida podría ser tan interesante como la primera, pero por diferentes razones. La paradoja es que, en sus actividades filantrópicas, la Fundación Gates ha aceptado los detalles de los argumentos de Romer, refinados en el análisis posterior. Los beneficiarios de las ayudas de la Fundación Gates pueden patentar libremente todo lo que inventen y venderlo como quieran a los ricos, pero con la condición de que las nuevas tecnologías se pongan a disposición de los países pobres a cambio de poco o nada. Entretanto, Gates ha seguido siendo el hombre más rico del mundo. Y todo este drama schumpeteriano se ha hecho más visible, calculable y, en alguna medida, manejable, gracias al modelo presentado en «El cambio tecnológico endógeno». Romer, sin embargo, no se quedó mucho tiempo de brazos cruzados. Incluso antes de que se revocara la orden de división del juez Jackson (y él quedara liberado de su responsabilidad como experto de la propuesta de separar Ops y Aps), se había puesto a hacer otra cosa. Había montado una pequeña empresa de programas informáticos.

26 LA REVOLUCIÓN INVISIBLE

La revolución de los rendimientos crecientes pasó casi desapercibida para la prensa; los acontecimientos que estaban ocurriendo eclipsaron durante un tiempo sus avances. La vuelta a los mercados, la caída del comunismo, los progresos de la tecnología de la información y de la biología molecular, la burbuja de Internet. ¿Qué disputa académica podía competir con tanta historia en ciernes por la atención de los lectores? Además, las nuevas ideas vinieron directamente de la economía matemática. Mucha gente era reacia a creer que un puñado de ecuaciones podía cambiar radicalmente la percepción y el lenguaje de la vida diaria.

Incluso dentro de la propia economía teórica había pocos indicios de que hubiera ocurrido una gran transformación. El *Journal of Economic Perspectives* es uno de los lugares en los que encontrar el reconocimiento de la profesión: se había creado en 1987 para mostrar a los legos en la materia los avances que se realizaban en economía. A finales de 1994 publicó un simposio sobre la nueva teoría del crecimiento con artículos de Romer, de Helpman y Grossman y de Solow. Fue muy poco después de un simposio parecido sobre las externalidades de red y seguido, a su vez, de simposios dedicados al mecanismo de transmisión monetaria, al análisis económico de los sistemas de votación, de la delincuencia y de la educación secundaria, en total un buen puñado de artículos que hacían casi imposible distinguir un conjunto de avances del siguiente.

La Econometric Society, más cerebral, con sus congresos mundiales quinquenales, cuyo objetivo era mostrar los nuevos avances, no resultó ser muy diferente. Y cuando en 2000 salieron varios números especiales sobre «el pensamiento económico en el milenio» –en el *Quarterly Journal of Economics*, el *Economic Journal* y el *Journal of Economic Perspectives*– había pocos indicios de un gran cambio.

El primer borrador de la historia reciente del pensamiento económico se había encargado, aparentemente, a los suecos.

Mientras tanto, estalló el fervor entre los consultores de empresas y otros pensadores estratégicos. Peter Drucker fue a principios de la década de 1980 el primero que subrayó la importancia de la «economía del conocimiento». En 1990, Michael Porter, profesor de la Harvard Business School, reintrodujo las ideas marshallianas sobre los vínculos entre grupos de industrias en *La ventaja competitiva de las naciones* (*The Competitive Advantage of Nations*). En seguida empezaron a salir de las imprentas libros como *Conocimiento en acción* (*Working Knowledge*), *El capital intelectual* (*Intellectual Capital*), *El continente invisible* (*The Invisible Continent*), *El trabajo de las naciones* (*The Work of Nations*) y *La riqueza de las ciudades* (*The Wealth of Cities*) y las empresas consultoras y de auditoría se vanagloriaban de sus centros de innovación y de los sistemas de gestión del conocimiento.

A mediados de la década de 1990, se había descubierto una «nueva economía». Uno de los personajes principales en el drama fue Alan Greenspan, presidente de la Junta de la Reserva Federal. En diciembre de 1996, estando el índice bursátil Dow Jones algo por encima de cinco mil, reprendió a los mercados por su «euforia irracional». Un año más tarde, los precios de las acciones llevaron el Dow Jones hasta casi siete mil a pesar de la advertencia, y Greenspan revisó su análisis. Siete meses más tarde, un tema de portada de la revista *Business Week* anunciaba «el triunfo de la nueva economía» y decía que el presidente de la Junta de la Reserva Federal había llegado a la conclusión de que la economía había entrado en una nueva era. El uso del término se disparó.

Internet se convirtió en una potente metáfora de las «nuevas reglas» que se decía que estaban gobernando en el mundo de la empresa. La globalización, el cambio tecnológico, el fin de la guerra fría, la liberalización, la celebración de la cultura de empresa, la baja inflación y el fin del ciclo económico eran algunas de las razones esgrimidas (pasó casi desapercibido el hecho de que la crisis financiera asiática hubiera obligado a Greenspan a inyectar liquidez en los mercados de capitales). Los periodistas estadounidenses celebraron la «muerte de la distancia», la «economía sin fricciones», «la sociedad ingrávida», la «tierra se ha vuelto plana». Romer apareció en algunos de estos libros, principalmente en el de Michael Lewis, *La nueva nueva cosa* (*The New New Thing*), y en *La tierra es plana* (*The Eartht Is Flat*) de Thomas Friedman. Finalmente, el propio Greenspan habló de «un cambio de nuestra economía profundamente asentado que aún está produciéndose», consecuencia, decía, de un brote «principalmente exógeno» de innovación tecnológica.

Aun así, hubo muy pocas apelaciones a la autoridad de la ciencia económica; no se habló de ningún *descubrimiento*; no se hizo ninguna declaración del tipo «lo que sabemos hoy», nada remotamente parecido al «cisma entre la oscuridad y la luz» que había caracterizado la revolución keynesiana. El punto de vista de Hal Varian, destacado microeconomista y profesor de Berkeley expresado en el *New York Times* a principios de 2002 es representativo de la opinión dominante:

> La nueva economía nunca ha ido acompañada de un nuevo análisis económico. Se ha hablado mucho, desde luego, de rendimientos crecientes, efectos de red, costes de cambiar, etc. Pero estos conceptos apenas son nuevos; forman parte de la literatura económica desde hace décadas. Además, aunque estas ideas son importantes, no son grandes ideas. Explican satisfactoriamente ciertos fenómenos, pero tienen un alcance limitado. Los que buscaban una idea realmente grande han tenido que remontarse en la literatura económica [...] [a] «La naturaleza de la empresa», un artículo escrito en 1937 por el premio Nobel Ronald Coase [que aportó la idea de los costes de transacción].

A comienzos del siglo XXI, pues, aún no había casi ninguna pista de lo que había ocurrido.

En *La estructura de las revoluciones científicas,* Kuhn dedica un capítulo a lo que llama la «invisibilidad» de las revoluciones científicas. Los científicos y los profanos extraen sus ideas de cómo avanza la ciencia de una fuente que oculta sistemáticamente la existencia de revoluciones y su importancia, a saber, los libros de texto y las divulgaciones basadas en ellos. Es decir, los libros de texto sólo presentan los resultados más recientes. Se reescriben después de cada revolución para incorporar lo que dijeron científicos anteriores sobre los problemas que aún se consideran relevantes y para dejar fuera lo que pensaban sobre los problemas que hoy se considera que se entienden poco o mal. ¿Por qué dignificar lo que la brillante ciencia ha permitido desechar? La ciencia se describe, pues, en los libros de texto, como algo acumulativo, lineal, como si los científicos construyeran sus teorías colocando un ladrillo tras otro, haciendo sus descubrimientos de uno en uno. Según Kuhn, como consecuencia de ello los episodios más importantes de cambio científico, que es cuando una nueva teoría da paso a otra rápidamente y por completo, se quedan fuera de la historia.

Así pues, si no se podía contar con los propios economistas para dar las noticias importantes y si los periódicos estadounidenses habían reducido radicalmente el número de páginas que dedicaban a la economía, al menos quedaba Estocolmo. Ahora el pensamiento económco progresa de octubre en octubre. Si algo no ha recibido un Premio Nobel, es que no ha ocurrido realmente, por lo menos para los legos en la materia.

En la década de 1990, quienes estaban siendo objeto de atención por parte de los suecos eran los que habían recurrido a la ciencia espacial a finales de la década de 1960. Había tenido que cambiar el liderazgo generacional del comité de selección para que ocurriera eso. Assar Lindbeck (nacido en 1930) dejó de ser su secretario permanente, cargo que había ocupado desde que se creó el premio de economía. Lo asumió Torsten Persson (nacido en 1954). Robert Lucas fue condecorado en Estocolmo en 1995 por sus trabajos sobre las expectativas racionales. Robert Merton y Myron Scholes compartieron el premio por sus fórmulas sobre la fijación del precio de las opciones. George Akerlof, A. Michael Spence y Joseph Stiglitz recibieron el premio en 2001 por la información asimétrica. Especialmente interesante fue el premio de 1994, que se concedió por fin a John Nash, John Harsanyi y Reinhard Selten por crear los fundamentos formales de la teoría de los juegos, un avance que se había producido en realidad cuarenta y cinco años antes.

Los economistas que se fueron a trabajar a Washington a comienzos de la década de 1990 también ganaron en visibilidad: entre ellos figuran Stanley Fischer, Joseph Stiglitz y, especialmente, Larry Summers. Durante la administración del primer presidente Bush, Summers se convirtió en economista jefe del Banco Mundial; después, cuando fue elegido Bill Clinton, fue ascendiendo por los distintos niveles del Departamento del Tesoro hasta llegar a ser por fin el secretario del Tesoro más joven desde Alexander Hamilton y finalmente presidente de la Universidad de Harvard. Su viejo amigo Andrei Shleifer se trasladó de la Universidad de Chicago a Harvard en 1992, para encabezar una misión estadounidense a Moscú en representación de la U.S. Agency for International Development. Su subsecretario, J. Bradford Delong, se fue a Berkeley, escribió un libro y puso en marcha un blog de gran audiencia.

Las principales figuras de la revolución de los rendimientos crecientes mantuvieron un perfil bajo durante la mayor parte del tiempo. Romer enseñaba en la Stanford Business School, manteniendo su relativo anonimato incluso en pleno caso Microsoft. Elhanan Helpman, que seguía repartiendo su tiempo entre Tel Aviv y Harvard, rechazó la presidencia del Banco de Israel para trabajar con Grossman en un gran proyecto de investigación sobre la división internacional del trabajo. Xiaokai Yang, el líder de la escuela australiana heterodoxa, murió en 2005 a los 55 años, no mucho después de terminar un libro de texto de introducción al desarrollo en colaboración con Jeffrey Sachs. Sólo Paul Krugman continuó volando alto, convirtiéndose en columnista estrella del *New York Times* y en un autor de éxito.

La legendaria figura de John Maynard Keynes complicó en este caso, sin duda, la acogida de la nueva teoría del crecimiento. La revolución keynesiana demostró ser un poderoso recurso narrativo al menos durante dos generaciones, y la aparición en las décadas de 1980 y 1990 de la biografía en tres volúmenes de Robert

Skidelsky no hizo sino alargar la sombra del gran personaje. A veces se hicieron comparaciones con Sigmund Freud. ¿Era posible que Keynes fuera recordado al final como una figura literaria más que como una figura científica? Apenas importaba. Como dijo Louis Menand, refiriéndose a la obra de Freud, en *La civilización y sus descontentos* (*Civilization and Its Discontents*), «los fundamentos han perdido enteramente toda la autoridad de la que pudieran disfrutar alguna vez como explicación última de cómo son las cosas, pero ya no podemos comprender cómo son sin tenerlos en cuenta». Las controversias sobre la importancia relativa de la macroeconomía y la economía del crecimiento parecían condenadas a continuar durante mucho tiempo.

Bob Solow pasó la década conciliando los viejos argumentos con los nuevos: publicó un libro de lecturas sobre el modelo del aprendizaje basado en la experiencia de Arrow, otro sobre la competencia monopolística y la macroeconomía y, por último, una segunda edición de sus conferencias de 1970 sobre el crecimiento con seis nuevos capítulos que analizaban los nuevos modelos. «Nadie puede haber pretendido nunca negar» que el progreso tecnológico sea «al menos en parte» el resultado de fuerzas económicas, decía. «La cuestión es si uno tiene algo útil que decir sobre el proceso.» La expresión «maná llovido del cielo» que había empleado para referirse al cambio tecnológico se había entendido mal. «"Exógeno" no significa ni "inalterable" ni "misterioso" y, desde luego, no significa "inalterable y misterioso". Es una denominación temporal, que significa que tratamos de averiguar detalladamente cómo se ajusta el resto del modelo a los elementos exógenos, pero no al revés.»

El historiador económico Joel Mokyr también llegó a la conclusión de que no había ocurrido nada muy significativo. Recuérdese que fue Mokyr quien en 1996 había convocado la sesión de los *Meetings* de San Francisco en la que Romer describió por primera vez la distinción entre átomos y bits. Pero en *Los dones de Atenea: orígenes históricos de la economía del conocimiento* (*The Gifts of Athena: Historical Origins of the Knowledge Economy*), colección de perspicaces artículos sobre el desarrollo de las instituciones de la ciencia y la tecnología que publicó en 2002, Mokyr describió desde sus orígenes el interés de los economistas por el conocimiento en todas las sendas imaginables *salvo* la de Romer, al que dejó por completo fuera de su libro.[1] No es que Mokyr dudara de que el cambio tecnológico fuera un proceso

---

[1] Las citas de Mokyr son un verdadero «Quién es quién» del universo paralelo de los teóricos literarios del crecimiento que ejercieron alguna influencia. El libro está dedicado a Eric L. Jones, David S. Landes, Douglass C. North y Nathan Rosenberg. Se dice que el tema de la economía del conocimiento se remonta a Simon Kuznets. G. L. S. Shackle declaró que era una flagrante omisión. Se dice que Fritz Machlup lo afrontó directamente, pero de una forma incom-

absolutamente económico. Citaba a Abraham Lincoln: «El sistema de patentes avivó el interés por el genio». Pero sus descripciones nunca van más allá del reino literario. Los lectores que busquen pistas de la economía del conocimiento encontrarán principalmente pruebas del persistente poder del modelo de Solow para atrapar a los economistas no matemáticos. La historia del cambio técnico aún se encuentra donde John Stuart Mill la dejó, *fuera* de la economía, donde los historiadores no necesitan saber matemáticas para analizarla.

El movimiento hacia el oeste, hacia California, de muchas figuras poderosas de la nueva economía del conocimiento probablemente también tuvo algo que ver con su fría acogida. Los cambios que estaban ocurriendo en la teoría económica en Estados Unidos durante la segunda mitad del siglo XX eran un reflejo aproximado de lo que estaba ocurriendo en el béisbol. En el béisbol, había en la década de 1950 dos ligas fáciles de entender con dieciséis equipos que eran todos, menos uno, de ciudades situadas al este del río Mississippi y una final (la World Series) entre los vencedores de las dos divisiones que cerraba la temporada. Un par de décadas más tarde, había en este deporte treinta equipos en seis divisiones y un sistema muy complicado de *playoffs*, por no hablar de los cambios radicales del desarrollo y la remuneración de los jugadores. El deporte en sí no había cambiado mucho, pero sus instituciones eran muy distintas y la evolución de las ligas era más difícil de seguir. Los mercados más lucrativos de este deporte continuaban estando en el este, al igual que su centro de poder.

Y luego estaba el propio Romer. A lo largo de los años, sus rivales habían dicho a veces de él que era algo aficionado a darse publicidad. En realidad, era todo lo contrario; rehuía las páginas de los periódicos. No era un ávido miembro de ningún clan; no era precisamente un entusiasta del trabajo en equipo en un campo que, por la razón que fuera, estaba cada vez más dominado por camarillas. Se fue de los dos mejores departamentos de la disciplina, el de Chicago y el del MIT, y probablemente rechazó la oferta secreta de un tercero, el de Harvard. Su tema de investigación, el crecimiento, no era exactamente la macroeconomía; sus recomendaciones de política no eran tan urgentes como las de la política de estabilización o la política monetaria. Abandonó conscientemente su estudio del crecimiento después de quince años y comenzó a escribir sobre las preferencias.

El resultado fue que, en los primeros años del nuevo siglo, Romer era algo así como una presencia invisible en el mundo de la economía. Había logrado ejercer

---

pleta. El historiador de la empresa Jonathan Hughes, maestro de Mokyr, es recordado afectuosamente. Se elogia la «escuela de Stanford» de Paul David y Nathan Rosenberg. Apenas se presta atención al enfoque evolutivo de Richard Nelson y Sydney Winter, como tampoco a la nueva teoría del crecimiento.

una enorme influencia, pero aún no había obtenido mucho reconocimiento. Evitaba las invitaciones a dar conferencias en Yale o en Johns Hopkins. Alguien dijo de él que había empezado muchas cosas y había acabado pocas. Un economista se quejó de que, al igual que Chamberlin, no había tenido más que una idea. Puede que sí. Puede que no. Pero, si era verdad que sólo había tenido una idea, como la de Chamberlin o como la de Ronald Coase, ¡menuda idea!

En la década de 1990, el gran antagonista de los modelos basados en el conocimiento dentro de la generación más joven era Greg Mankiw, profesor de la Universidad de Harvard, que siguió defendiendo su modelo de Solow ampliado mucho después de que sus coautores, David Romer y David Weil, lo hubieran abandonado. En marzo de 1995, la controversia llegó a su momento álgido en Washington, D.C.

Fue en la conferencia organizada para celebrar el vigesimoquinto aniversario de la fundación de la revista *Brookings Papers on Economic Activity*, que se había convertido posiblemente en la más importante en el campo de la política económica. Los ponentes eran Jeff Sachs y Andrew Warner que iban a hablar sobre la globalización, Maurice Obstfeld que iba a tratar de los tipos de cambio fluctuantes, Robert Hall que iba a abordar el tema de la pérdida de empleo y Paul Krugman que iba a ocuparse del comercio. Mankiw iba a presentar «El crecimiento de las naciones». Romer fue invitado a comentarlo.

Mankiw fue rotundo en su defensa de Solow. Aceptaba que si el objetivo era explicar por qué los niveles de vida eran más altos hoy que hace cien años, el modelo neoclásico no era muy esclarecedor. Pero explicar la *existencia* de crecimiento económico no era realmente el problema. «Esa tarea es demasiado fácil», dijo; «es evidente que los niveles de vida mejoran con el paso del tiempo porque el conocimiento aumenta y las funciones de producción mejoran». Una misión más difícil era comprender las causas de las *diferencias* entre los niveles de riqueza de los países. ¿Por qué nosotros somos tan ricos y ellos tan pobres? Para explicar eso, era suficiente la acumulación de capital en su sentido más amplio.

El conocimiento era, después de todo, una variable casi inconmensurable, dijo Mankiw. Los modelos que emplearan distintas formas de propiedad intelectual serían difíciles de contrastar empíricamente. El conocimiento circulaba por todo el mundo a un ritmo bastante rápido, a diferencia del capital. Incluso en los países más pobres se podía encontrar los libros de texto más recientes. Incluso cuando una empresa tenía algún poder de monopolio sobre una innovación, continuó diciendo, sólo podía tenerlo durante un tiempo, sólo hasta que la innovación se convertía en un bien público mundial. El mejor supuesto para una primera aproximación era, pues, que todos los países tienen acceso al mismo acervo de conocimientos y que se diferencian principalmente por el grado en que aprovechan este bien público gratuito invirtiendo en capital físico y en capacidad humana.

Romer contraatacó diciendo que incluso en las tradiciones más recónditas y oscuras de la contabilidad del crecimiento, la historia reciente del modelo de los bienes públicos en la contabilidad del crecimiento era una historia de ofuscación y repliegue estratégico. En primer lugar, observó que el modelo no podía explicar la parte de la producción atribuida al capital. Abrir el modelo de Solow ampliado para dejar que el capital fluyera libremente entre países significaba que los trabajadores cualificados de los países pobres tendrían que ganar doscientas veces más que los no cualificados (en Estados Unidos, la relación era de dos a uno). ¿Por qué no modificar entonces la elasticidad de sustitución entre el capital y el trabajo? También en este caso, las cifras resultaban poco verosímiles. «Ajustar el modelo de los bienes públicos a estos datos era como estrujar un globo. Puedes hacer que sea más pequeño por un sitio, pero los problemas siempre aparecerán por algún otro.»

Además, los datos indicaban abrumadoramente que el conocimiento *no* era un bien público. Ahí estaban para demostrarlo los secretos comerciales y la propiedad intelectual. Romer citó el ejemplo de la isla Mauricio, sobre la que había hecho un estudio en 1993. Durante cien años, esta isla aislada en el Océano Índico había seguido el dogma clásico del desarrollo, manteniendo altos los aranceles para fomentar el desarrollo de la industria local de sustitución de las importaciones, pero con escaso éxito. Sus únicas exportaciones eran agrícolas. En 1970, su gobierno creó una zona de fomento de la actividad empresarial con bajos impuestos. En seguida se trasladaron allí las empresas de montaje de prendas de vestir procedentes de Hong Kong. Antes de 1970, no había industria de la confección en la isla Mauricio. En 1990, representaba un tercio de todo el empleo.

El problema de isla Mauricio, dijo Romer, no era que el nivel de ahorro fuera bajo; los isleños podrían haber comprado máquinas de coser. Tampoco era que los peones tuvieran un nivel de estudios demasiado bajo para poder utilizarlas. Daba lo mismo que las estanterías de la biblioteca nacional tuvieran o no libros de texto sobre la fabricación de prendas de vestir. El problema era que, hasta que llegaron los empresarios de Hong Kong, no hubo nadie en la isla que supiera lo suficiente sobre el negocio de la confección para comenzar a producir. «Este conocimiento no llegó de Hong Kong. Llegó cuando a los empresarios se les presentó una oportunidad que les permitía obtener beneficios con los conocimientos que poseían», dijo Romer. Así que si el modelo de los bienes públicos accesibles a todo el mundo no era válido en el caso de algo de tan baja tecnología como el montaje de prendas de vestir, ¿en qué casos podía tener sentido?

La postura de Mankiw, dijo Romer en la conferencia de Brookings, era que su modelo de Solow ampliado «se acercaba lo suficiente» a la realidad para ser útil en macroeconomía. «¿Pero qué significa "acercarse lo suficiente"? –continuó diciendo–; depende de lo que uno esté tratando de lograr: encontrar las respuestas correctas o agradar a una determinada audiencia.» Los nuevos keynesianos «puede que estén prestando demasiada atención a cómo será recibido y usado su modelo por parte de los demás y demasiado poca a lo que creen que es cierto», dijo en referencia a su persistente temor a que la nueva economía del crecimiento diera argumentos a los que pensaban que una reducción de los impuestos significaba un crecimiento más rápido. Los economistas, concluyó, no deberían aceptar ese tipo de conducta poco científica.

Tras la conferencia de Brookings, hubo el habitual y acalorado debate, y una creciente sensación de que Romer había ganado. Los datos no cuadraban con el supuesto de Mankiw de que los países más pobres que tenían las peores políticas tenían el mismo acceso a la tecnología que todos los demás. Ya no era posible oponerse, al menos no en la frontera de la investigación, a los modelos que incluían la propiedad intelectual, los empresarios y la política tecnológica. La corriente de artículos y libros sobre el mecanismo del desarrollo económico se convirtió en un torrente: sobre los inventos, las instituciones, las ciudades, los sistemas jurídicos, los sistemas de propiedad intelectual, el colonialismo, la demografía, el clima, la globalización, sobre todas las fuentes imaginables de riqueza y pobreza de las naciones. Los cursos de doctorado continuaron enseñando el modelo de Solow ampliado porque encajaba perfectamente con el resto de lo que enseñaban los libros de texto. Pero los trabajos más recientes lo socavaban cada vez más y poco a poco Mankiw dejó de defender su modelo dentro de la comunidad investigadora. Se fue, por el contrario, a trabajar a la administración en calidad de presidente del Consejo de Asesores Económicos durante dos años bajo el mandato de George W. Bush. Después volvió a la Universidad de Harvard, donde sustituyó a Martin Feldstein en el puesto de profesor responsable del curso de introducción a la economía, el curso que cuenta con el mayor número de alumnos matriculados en la universidad.

Mientras tanto, en Stanford había un montón de rumores sobre Romer. Había abandonado la docencia. Había dejado de publicar en revistas técnicas. Estaba metido en algún tipo de proyecto, en la creación de una empresa de programas informáticos. Muchas personas llegaron a la conclusión de que había abandonado por completo la economía.

Lo más útil fue, en este contexto, la aparición de un libro de Elhanan Helpman en el otoño de 2004. En *The Mystery of Economic Growth*,[2] describe en un elegante

---

[2] La versión castellana ha sido publicada por Antoni Bosch, editor bajo el título de *El misterio del crecimiento económico*. (N del E.)

formato de sólo 220 páginas la situación en la que se encontraba la teoría del crecimiento: «lo que sabemos, lo que no sabemos y lo que necesitamos saber para comprender mejor un tema que afecta en importantes aspectos al bienestar de miles de millones de personas de todo el mundo». Desde la conferencia sobre el comercio celebrada durante el verano de 1980, Helpman había sido un soldado de la revolución de los rendimientos crecientes; había visto cómo se desarrollaban sus complejos avances. Ahora presentaba un resumen de lo que se sabía y de lo que aún había que aprender, destinado a los economistas que no son especialistas, a otros científicos sociales, a los poderes públicos y a todo aquel interesado en este importante tema.

Los economistas han estudiado el tema de la riqueza de las naciones ininterrumpidamente desde Adam Smith, decía Helpman al comienzo del libro y dos oleadas recientes de investigaciones han «cambiado nuestras ideas»: una de ellas comenzó a mediados de la década de 1950 y duró hasta principios de la década de 1970; la otra comenzó a mediados de la década de 1980 y continúa hoy. Es mucho lo que se ha aprendido, dice. «Pero el tema ha demostrado ser escurridizo y siguen existiendo muchos misterios.» De hecho, el misterio del propio crecimiento económico «no se ha resuelto».

¿Por qué unos países son ricos y otros son pobres? Los misterios que expone Helpman no son muy distintos de los que expuso Romer en su tesis en 1983 y de lo que preguntó Lucas con tanta fuerza en sus *Marshall Lectures* en 1985. Las tasas mundiales medias de crecimiento se han acelerado desde 1820 y vertiginosamente desde la Segunda Guerra Mundial. ¿Por qué? Al mismo tiempo, han aumentado las diferencias entre los países. ¿Por qué ha sido tan desigual el desarrollo en todo el mundo? Helpman dedica claramente su libro a la segunda pregunta, a la controversia de la convergencia y no a la cuestión mucho más estricta que había identificado Chad Jones en su libro, a saber, cuál es el motor de crecimiento económico.

El resto de *El misterio...* está dividido en seis capítulos, que son lúcidas descripciones de los estudios sobre la acumulación, la productividad, la innovación, la interdependencia, la desigualdad y las instituciones y la política. En el capítulo dedicado a la innovación, Helpman descompone los trabajos de las décadas de 1980 y 1990 en dos suboleadas, un enfoque «agregado» del crecimiento que emplea las externalidades y un enfoque «desagregado» a partir de Romer '90 (sigue empleando el anticuado término de «conocimientos incorpóreos» en lugar de «bienes no rivales» y evita totalmente la expresión «propiedad intelectual»). En su exposición, también omite en su mayor parte los determinantes de la población, incapaz de encajarlos en ella, en parte porque no es su campo, explica, y en parte por las discrepancias profesionales que existen entre los que sí pertenecen a ese campo. Si escribiera el mismo libro dentro de cinco años, dice, esperaba no tener que cambiar nada más que el capítulo sobre las instituciones y la política. Ese era un campo en el que seguía avanzándose a un ritmo rápido.

En conjunto, *El misterio del crecimiento económico* es un libro maravilloso. Tiene para empezar toda la claridad y la sutileza que han hecho de Helpman un líder. Ha supuesto, en cierto sentido, el fin de la controversia, ya que trata la teoría que explica el cambio técnico como si formara parte del corpus establecido de la teoría económica, no como una nueva hipótesis. Es posible que no exista mejor fuente que el libro de Helpman para el lego en la materia que quiera ver qué significa pensar como un economista, pensar detenidamente. No hay, desde luego, para los economistas mejor fuente para conocer a grandes rasgos el estado actual de las investigaciones.

Y sin embargo, a pesar de toda la nueva información que contiene, parece sugerir que no han ocurrido grandes cosas en los veinticinco últimos años. Se cuida de mencionar el entusiasmo existente entre bastidores. Es como si nadie hubiera dicho nunca ni una sola palabra sobre los rendimientos crecientes o las no convexidades o el coste de iluminar una habitación por la noche. La revolución es invisible. La economía ha vuelto a la normalidad. Se ha avanzado mucho. Queda mucho por hacer. El misterio aún no se ha resuelto.

27 ENSEÑAR ECONOMÍA

Hay un último lugar en el mundo de la economía en el que buscar turbulencias, en el que calibrar mejor la importancia de lo que ha ocurrido desde que apareció «El cambio tecnológico endógeno» en 1990, otra caja de resonancia de las opiniones, lejos de la vista y de la atención del día a día y del sistema profesional de incentivos, y responsable de gestionar el acervo de conocimientos económicos y su progreso. Volvamos a los *Meetings*, esta vez en la sala de prensa.

Los lectores atentos recordarán que en nuestra historia nos quedamos en lo que estaba ocurriendo a última hora de la tarde del viernes 5 de enero de 1996 en la Plaza Ballroom B del hotel San Francisco Hilton. Romer, Marty Weitzman y Robert Solow estaban en el estrado, la prensa en la audiencia y Romer diciendo, «La teoría nos dice cómo podemos descomponer un sistema en sus partes». Ese día también estaban ocurriendo otros interesantes acontecimientos en la sala de prensa, donde estaba presentándose un nuevo libro de introducción a la economía de John Taylor, profesor de la Universidad de Stanford.

Taylor, a los cuarenta y nueve años, iba camino de convertirse en uno de las figuras señeras de la profesión. Es un candidato probable al Premio Nobel por sus trabajos que introducen las expectativas en la política monetaria, que desarrollan la regla que fija un objetivo de inflación. Ha estado en Washington, primero como miembro del Consejo de Asesores Económicos del presidente y después como gobernador y vicepresidente de la Junta de la Reserva Federal. Sin embargo, ese día Taylor estaba presentando el libro de texto de introducción a la economía al que había dedicado muchas noches y fines de semana durante los tres últimos años.

Dos años antes, Joe Stiglitz había hecho lo mismo. Dos años después, les tocó a Ben Bernanke y Robert Frank.

Como hemos señalado, los economistas escriben libros de texto por muchas razones: porque quieren ganar dinero, porque les encanta enseñar, porque quieren influir en la forma en que se entiende generalmente la disciplina de la economía y, por lo tanto, en lo que todo el mundo enseña. Taylor ha sido durante muchos años un profesor excepcionalmente entusiasta de introducción a la economía para alumnos de primer año. Pero ese día confía en lograr algo más que lanzar otro clon.

Es un lugar común entre los estudiosos de la historia de la economía que cada época debe tener su propio libro de texto. En los doscientos años que han transcurrido desde los inicios de la disciplina, sólo cinco libros de texto se han convertido en los modelos dominantes y la supremacía de cada uno de ellos ha durado cuarenta años o más: los de Adam Smith, David Ricardo, John Stuart Mill, Alfred Marshall y, desde 1948, Paul Samuelson. Sin embargo, es mucho lo que ha cambiado en la disciplina de la economía desde 1948.

En un momento dado, quedó claro que el periodo de más de cincuenta años que llevaba existiendo el magnífico libro de texto de Paul Samuelson debía estar tocando a su fin. En San Francisco, en 1996, se busca a su sucesor.

Los libros de texto constituyen una parte del montaje de la ciencia económica que está oculta a la vista de todos. Son, desde luego, el punto de entrada de los estudiantes en la disciplina, de los cuales sólo en Estados Unidos hay algo así como un millón que se matricula cada año por primera vez en los cursos de introducción a la economía. La mayoría de los estudiantes nunca pasa del nivel elemental, pero también hay versiones intermedias y avanzadas para los que continúan estudiando economía, no sólo en campos generales como la microeconomía y la macroeconomía sino en especialidades como la hacienda pública, el dinero, la econometría, el comercio internacional, el crecimiento y la economía del medio ambiente. Todos los libros de texto funcionan más o menos de la misma forma, ya sean de economía, de química orgánica, de historia o de latín. Enseñan la materia a sus estudiantes como lenguajes, cada uno con un vocabulario y una sintaxis especiales propios.

Fue, después de todo, de la literatura sobre la adquisición y la enseñanza de la lengua de donde Thomas Kuhn tomó prestada la palabra «paradigma» para describir lo que llamó «conjunto convencional de ejemplos, métodos, creencias y fenómenos que constituyen el núcleo de una disciplina». De la misma manera que los estudiantes aprenden gramática y sintaxis por medio de ejercicios e improvisando, así al final de cada capítulo de un libro de texto hay glosarios junto con ejercicios y problemas, el equivalente de los ejercicios de lengua, cuyo fin es conseguir fluidez y comprobar que se comprende lo estudiado. Todos los libros de texto comparten un mismo fin: iniciar a los estudiantes en un programa convencional de ideas aceptadas en ese momento. Los libros de texto constituyen, en cierto sentido, dentro de sus respectivas materias, sistemas operativos para la mente humana.

El libro de texto de Paul Samuelson se convirtió casi al día siguiente de que apareciera en 1948 en el compendio convencional del nuevo conjunto de principios neoclásicos keynesianos que había surgido tras la Segunda Guerra Mundial. Una vez que se reconoció a finales de la década de 1940 la autoridad de su interpretación de las doctrinas keynesianas, el libro de texto de introducción de Samuelson, *Economía* (*Economics*) sustituyó rápidamente a los *Principios...* de Marshall y se convirtió en «el universal», en el libro con el que querían aprender los mejores estudiantes. El libro fue, pues, un filón tanto para la editorial como para el autor: dieciocho ediciones en cincuenta y cinco años, millones de ejemplares vendidos, traducciones a más de cuarenta idiomas, en suma, el verdadero modelo de los rendimientos crecientes. Al final, decía Samuelson, el mayor placer no era tanto el dinero como la oportunidad de decidir el programa del curso. «No me importa quién escriba las leyes de un país –o quién elabore sus tratados avanzados– si puedo escribir sus libros de texto de economía», decía.

Al libro de Samuelson le salieron imitadores inmediatamente, en gran medida como indica la doctrina de la competencia monopolística. Las ligeras variaciones sobre un tema de éxito son tan atractivas para los estudiantes universitarios de primer año y para sus profesores como para cualquier otra persona. Los clones que más éxito tuvieron aparecieron en 1960. Campbell McConnell, profesor de la Universidad de Nebraska, siguió de cerca el enfoque de Samuelson para escribir su libro. Pero lo escribió en términos más sencillos, con menos matemáticas y problemas menos difíciles. Poco después, el manual de McConnell, *Economía: principios, problemas y políticas* (*Economics: Principles, Problems, and Policies*) estaba vendiéndose significativamente más que el de Samuelson. ¿Quién era el editor del McConnell? El mismo que el del Samuelson. McGraw-Hill estaba siguiendo la estrategia clásica de la diferenciación del producto: un libro para cada gusto y para cada bolsillo.

Cada dos años a partir de entonces, fueron apareciendo uno o más libros de texto, precedidos normalmente por un libro de macroeconomía o de microeconomía intermedia, pensados a la vez como una prueba y como un globo sonda. Pronto se descubrió el secreto para tener éxito. Era cambiar un poco, pero no tanto como para que otros profesores no quisieran enseñarlo. No debía haber nada demasiado idiosincrático: simplemente una buena bola de helado de vainilla con algún que otro extra por encima. Así, McConnell se convirtió en «Economía Fácil». Cuando Edmund Phelps trató de integrar la teoría de los juegos en un libro de texto de introducción en 1985, el proyecto fue un *succès d'estime*, pero no cumplió las expectativas; el veredicto del mercado fue que el libro era demasiado difícil.[1] Las editoriales reclutaron economistas de la siguiente generación para que actualizaran poco a poco los libros que más vendían: Samuelson se convirtió en Samuelson/Nordhaus; McConnell se convirtió en McConnell/Brue. Y hasta ahora, cada par de años ha habido algún nuevo intento de reformular la economía a la luz de lo que se ha aprendido, con la esperanza de añadir al modelo clásico algo sobre lo que la mayoría de los economistas puedan estar de acuerdo.

En la ciencia, por su propia naturaleza, no puede haber en un determinado momento más que un único modelo básico, y posiblemente un único diseño básico de los libros de texto de una determinada disciplina. Cuando cambia el paradigma, también debe cambiar todo lo demás. Sin embargo, hasta este momento las variaciones sobre el mismo tema no son más que sabores añadidos. Y a pesar de los cambios constantes del dogma, aún no había nada que se pareciera a *Economía* de Samuelson, que, retrospectivamente, había sido a los *Principios...* de Marshall lo que un vagón de ferrocarril a una diligencia.

Sería pintoresco decir que, mientras Romer explicaba el nuevo crecimiento en la sala de arriba, el libro de texto de Taylor triunfaba en la sala de la planta de abajo. De hecho, su libro de texto es el primero que introduce algunos de los temas clásicos del nuevo crecimiento. Se define la no rivalidad y la excluibilidad, pero se definen en el capítulo sobre bienes públicos, y no se relacionan con la propiedad intelectual. Aparece el modelo de Solow, pero la tecnología se trata como un factor, aunque sigue habiendo confusión sobre qué hay de rival y de no rival en una lata de Coca-Cola. Y se pone considerable énfasis en la política tecnológica, énfasis que no existía en la mayoría de los libros de texto de introducción.

Pero la aparición del libro de texto de Taylor en 1996 no causa un gran revuelo. Posiblemente haya algo menos de entusiasmo que un año antes cuando entró el vivaz Stiglitz en el mercado con una versión de Agua Salada. Un poco más que cuando apareció en 2001 el libro de texto de Bernanke y Frank, sazonado con economía del comportamiento. Taylor ha introducido, desde luego, en su libro algunas innovaciones de Agua Dulce (un libro anterior de nueva macroeconomía clásica intermedia de Robert Barro para Wiley apenas hizo mella). Pero ésta innovación es normal; es Samuelson servido con una salsa especial.

---

[1] El libro de Phelps ha sido publicado en su versión castellana por Antoni Bosch, editor, bajo el título de *Economía política*. A pesar del escaso éxito comercial de la versión castellana, su editor se atreve a sostener que, incluso con veinte años a su espalda, es el texto ideal para todo aquel que quiera aplicar un poco de esfuerzo a estudiar economía por primera vez. (N del E.)

Cada nuevo libro de texto contiene alguna señal de marca en la intrincada batalla de opinión entre los líderes en el campo de la economía. Cada uno reclama un nicho rentable. Pero ninguno es suficiente para desplazar a los líderes consolidados en el mercado. El mercado sigue estando bien repartido. No había nada nuevo sobre lo que escribir, nada para contradecir la opinión de que no puede haber otro Samuelson, porque no hay un nuevo Keynes, ninguna clara discontinuidad entre la nueva generación y la vieja.

En lugar de eso, ese año en San Francisco, la conversación giró en los corrillos en torno a un joven profesor de Harvard llamado Greg Mankiw, que se había convertido en el líder de la siguiente generación de la nueva escuela keynesiana. En 1992, Mankiw había asombrado a la comunidad de economistas publicando un libro de texto intermedio en el que el tema del crecimiento aparecía al principio, en lugar de al final, que era donde se había colocado casi siempre durante cuarenta años.[2] Ese cambio era un reflejo del entusiasmo que despertaba en esos días la nueva teoría del crecimiento.

Normalmente, el autor de un libro de texto intermedio se mantiene fiel a su editor, en este caso Worth, que era parte de la empresa alemana Holtzbrinck. Sin embargo, después de publicar con éxito este libro, Mankiw hizo lo que dice la teoría económica que hay que hacer. En 1995, fue noticia por sacar a subasta su plan de escribir un libro de principios de economía. Hubo algunas pujas muy animadas. El gigante editorial McGraw-Hill, buscando un modelo para su siguiente generación de libros de texto, encabezó las apuestas durante un tiempo. Se retiró cuando Harcourt Brace Jovanovich, recién recuperada de una suspensión de pagos y decidida a mandar una señal categórica, ofreció 1,4 millones de dólares, el mayor anticipo jamás concedido hasta ese momento.

¡Qué mejor manera de hacer ver al mundo exterior que Mankiw iba a ser uno de los primeros líderes de la generación de la perestroika en intentar la tarea que todo el mundo estaba de acuerdo en que había que emprender: integrar las ideas tanto de la nueva economía clásica como de la nueva economía keynesiana! Era Merlín el Encantador: probablemente el autor cuyo libro de texto tuviera éxito sustituiría a Samuelson en el papel de educador de la siguiente generación de jóvenes.

Sin embargo, ese año había otro contrato para escribir un libro de texto que estaba siendo motivo de conversación. Su autor era nada menos que Paul Krugman. Worth Publishers, de Holtzbrinck, habiendo perdido a su autor de primera línea,

---

[2] Como ya se ha indicado anteriormente, la versión castellana de este texto ha sido publicada por Antoni Bosch, editor. (N. del E.)

Mankiw, en favor de la competencia, buscó a Krugman, cuyo libro de texto de comercio internacional de nivel intermedio (escrito en colaboración con Maurice Obstfeld) había tenido un éxito considerable, y firmó un contrato con él.

Ya era evidente que Paul Krugman era un escritor notablemente claro. *La era de las expectativas limitadas: la política económica de Estados Unidos en la década de 1990* (*The Age of Diminished Expectations: U. S. Economic Policy in the 1990s*), un librito sobre varias cuestiones de política económica que se escribió originalmente con la idea de hacer una tirada limitada distribuida gratuitamente, se convirtió en un superventas en 1990. A continuación publicó otro libro popular, *Mendigando prosperidad: sensatez e insensatez económica en la era de expectativas limitadas* (*Peddling Prosperity: Economic Sense and Nonsense in the Age of Diminished Expectations*). Ambos autores se consideraban nuevos keynesianos, pero uno de ellos votaba habitualmente a los demócratas y el otro a los republicanos. De hecho, en una ocasión la revista *Fortune* había pedido al progresista Krugman que escribiera una columna quincenal contraria a Mankiw, que era más conservador. Los libros de texto rivales no harían más que traducir su oposición natural al siguiente nivel.

Mankiw llevaba una gran ventaja. Su libro de texto de introducción apareció en agosto de 1997. Fue acompañado de una memorable campaña publicitaria y fue tema de portada de la revista *The Economist* (un hombre rascándose la cabeza en un laberinto lleno de libros de texto). El libro tenía un claro sabor a Agua Salada, aunque Mankiw retiró el conocido diagrama en forma de «aspa keynesiana» de la demanda agregada y la demanda efectiva, que había sido la espina dorsal del libro de texto de Samuelson y lo sustituyó por un análisis de oferta y demanda agregadas. No se hablaba mucho en el libro del papel de las expectativas. El crecimiento seguía apareciendo primero, pero la innovación más audaz de Mankiw era, en realidad, una espectacular reducción de la materia que pretendía analizar. Su libro era un tercio más corto que casi todos los demás libros de texto de introducción y mucho más sencillo. Mankiw sintetizaba la economía de primer año en menos de ochocientas páginas con muy pocas ecuaciones. «Para explicar esta decisión debo hacer una confesión –decía Mankiw–. Soy un lector lento [...] Me quejaba siempre que un profesor nos pedía que leyéramos un tomo de mil páginas.»

En 2003, los *Principios de economía* (*Principles of Economics*) de Mankiw, con la aparición de la tercera edición, se había colocado casi en los primeros puestos de la lista de éxitos del mercado de libros de texto elementales, vendiendo aproximadamente tantos ejemplares como McConnell y Brue, alrededor de un millón al año en Estados Unidos y otro en el resto del mundo. Mientras tanto, McGraw-Hill, preocupado por la amenaza, había contratado el siguiente libro de texto, esta vez con una cierta inclinación hacia la economía del comportamiento con Bernanke, macroeconomista de la Universidad de Princeton, y Frank, microeconomista de la Universidad de Cornell. El libro que escribieron obtuvo buenos resultados, fue muy admirado, pero parecía improbable que desplazara a los líderes del mercado, al menos no hasta que Bernanke fue nombrado presidente de la Junta de la Reserva Federal. Así pues, en los primeros años del nuevo siglo, todo el mundo esperaba a Krugman. La sensación era que, si algún libro tenía posibilidades de superar al de Mankiw, ese era el suyo.

Sin embargo, Krugman había tenido muchos problemas. Su traslado a Stanford no había salido bien. Tras permanecer solamente dos años en California, regresó al MIT (la necesidad de atender a sus padres figuró en su decisión, así como también su deseo de estar cerca de la acción en la costa este). Dejó la revista *Fortune* por *Slate*. En 1999, sorprendió a todo el mundo al entrar en el *New York Times* como columnista. Su fama se acrecentó. Se trasladó a la Woodrow Wilson School de Princeton. Se convirtió en el principal crítico de la administración de George W. Bush, envuelto en constantes controversias. Puso a su mujer como coautora y trabajaron juntos, pasándose el uno al otro los borradores una y otra vez. Y en el verano de 2005 habían terminado la tarea.

En California, estaba desarrollándose mientras tanto una historia muy diferente. Comenzó durante el otoño de 1996, cuando Paul Romer empezó a enseñar por primera vez a los estudiantes de MBA de la Business School de Stanford. Había acabado su proyecto sobre el crecimiento. Estaba preparándose para entrar en el campo de la economía del comportamiento. El problema que le interesaba en ese momento era conseguir que sus alumnos aprendieran. Eran algunos de los chicos más brillantes del país. Pero tenían dificultades para seguir la materia.

Ya no era aquel investigador de pelo largo y pantalones vaqueros que había comenzado su carrera docente en la Universidad de Rochester quince años antes. Después del primer semestre, se compró incluso un traje, lo cual fue motivo de risas entre quienes lo habían conocido en Rochester. Sin embargo, estaba frustrado. Enseñar macroeconomía, incluso a los motivados alumnos del MBA, no era muy divertido. Los estudiantes llegaban a clase sin haberla preparado. A pesar del entusiasmo intelectual del libro de texto de macroeconomía intermedia de Olivier Blanchard, los ojos se les ponían vidriosos. Querían entender la materia, pero no hacían lo necesario para aprender.

Romer hacía tiempo que se había dado cuenta de un interesante misterio, el de saber en qué consiste realmente ser un buen profesor. Un misterio en otro tiempo intelectual y ahora de repente muy práctico. ¿Por qué le pagaban los estudiantes de Stanford para que los obligara a hacer algo que de todas maneras querían hacer? Tenía que haber algo más que simplemente crear un sistema de multas, que colocarlos en una situación en la que o aprendían o fracasaban. Aun así, seguían sin trabajar. Lo descubrió cuando comenzó a preguntar en clase para ver quién estaba preparado. También descubrió que éste era un proceso cruel que hacía pasar mucha vergüenza a los estudiantes.

Llegó a la conclusión de que lo que necesitaban realmente sus alumnos era un *entrenador*. Aprender se parecía mucho a hacer deporte. Para dominar un tema, tenían que trabajar mucho, practicando diariamente, solos o en equipo. También necesitaban alguien a su lado que conociera atajos y técnicas, los detalles del deporte, alguien que quisiera que tuvieran éxito en lo que estaban haciendo, cuyo respeto ansiaran, pero cuyo trabajo, supieran que no era ponerles las cosas fáciles sino, más bien, hacer que su experiencia fuera difícil, pero que valiera la pena. Lo que *él* necesitaba era el equivalente de un cronómetro o de un pulsímetro, una manera de evaluar su rendimiento y de descubrir qué aspectos necesitaban trabajar.

Sabía qué tenía que hacer para conseguir que se esforzaran más: darles trabajo para casa. El problema era que no tenía tiempo para corregirlo. Tal vez las tareas para casa pudieran colgarse en la Web. Después de un año contrató a un ingenioso estudiante de doctorado de informática para que codificara los ejercicios que desarrolló de tal forma que pudieran ponerse en un servidor, hacerse en línea y corregirse automáticamente.

Ahora Romer ponía los problemas para casa antes de clase, no después. Hacía exámenes frecuentemente y seguía la evolución del rendimiento de cada alumno. Dejó de preguntar en clase, pero a pesar de eso la participación de los alumnos en las discusiones de clase aumentó, ya que sentían que formaban parte de ella. Poco después, Romer también colgó en la Web del curso los trabajos para casa, los apuntes y las sesiones de preguntas y respuestas. Ideó experimentos por ordenador, subastas dobles y demás, como los que se habían inventado en Caltech y en la Universidad de Arizona y que estaban convirtiéndose en un material didáctico básico en las mejores universidades. Introdujo los temas de actualidad en sus problemas, pidiendo a los estudiantes que estimaran el coste posible de la guerra de Irak o que sopesaran las opciones que tenía el Fed en la siguiente reunión de su Comité de Mercado Abierto.

Observó que los estudiantes no sólo llegaban a clase mejor preparados sino que se lo pasaban mejor. Tenían más confianza y, sí, sabían más. La naturaleza del curso había cambiado. Y en el tercer año en Stanford, recibió el distinguido premio a la docencia que concedían anualmente los propios estudiantes.

Después de que James Surowiecki señalara en Wired.com el hecho de que el inversor en capital de riesgo John Doerr encontraba la clase lo suficientemente interesante como para asistir de vez en cuando, Romer tuvo que proteger con una contraseña su página web. Los mirones estaban amenazando con colarse en la página. Pero fue cuando otros profesores de administración de empresas comenzaron a pedirle sus materiales para sus cursos cuando Romer supo que había conseguido algo.

En otra parte de California, el padre de Romer estaba enfrentándose a un desafío parecido. La política educativa había sido la preocupación principal de Roy Romer en los doce años que había sido gobernador de Colorado y ya en la cumbre de la educación de Bush celebrada en 1989 había mostrado verdadero interés por el uso de normas y evaluaciones para conseguir que los estudiantes aprendieran. Presidió el National Education Goals Panel que señaló que la educación preescolar era el reto más importante que tenía ante sí el país.

El que fue gobernador demócrata durante tres mandatos –el más veterano del país en ese cargo– y al que la ley le impedía presentarse a un cuarto, estaba listo para un nuevo trabajo. En 1997, se trasladó a Washington, D.C., para copresidir el Comité Nacional Demócrata y ayudar al partido a sortear el juicio contra Clinton. Si hubiera ganado Al Gore en 2000, Roy Romer podría haber sido secretario de educación. Si hubiera tropezado Gore, podría haberse postulado él mismo como candidato a la presidencia.

En lugar de eso, el que había sido gobernador durante tres mandatos se presentó al puesto de superintendente de las escuelas de Los Ángeles. En julio de 2000 consiguió el cargo. Sería «el Donald Rumsfeld de la educación», como lo describió el columnista George Will, demasiado viejo para presentarse a otro cargo electo, pero todavía con ambiciones y con la impaciencia necesaria para hacer algo más que ser un ciudadano más. Él y su hijo el profesor hablaron frecuentemente sobre los pormenores de la mejora de la educación desde el jardín de infancia hasta los 12 años.

Las editoriales no estaban atendiendo a las necesidades de los niños de Los Ángeles como no lo hacían con las de los estudiantes de la Business School de Stanford. Los materiales didácticos eran demasiado caros y poco estimulantes. Sólo daban buenos resultados en manos de maestros de gran talento. Pero la oferta de «maestros artesanos» estaba disminuyendo. Mientras el hijo escribía programas informáticos para medir el rendimiento de sus alumnos de Stanford, el padre contrató al Educational Testing Service de Princeton con el cometido de crear una serie de tests de matemáticas con el fin de que sus estudiantes supieran lo que necesitaban saber. Los repartía cada diez semanas para que los maestros y los supervisores pudieran reaccionar rápidamente cuando los estudiantes no estaban aprendiendo. Tan político como siempre, a Roy Romer se le ocurrió una buena respuesta para explicar su desconfianza hacia los tests «normales» habituales, que califica-ban según el lugar ocupado en la distribución de resultados: «¿Qué preferiría saber? ¿Que los conocimientos de su piloto están en el 50 por ciento más alto o que sabe hacer aterrizar el avión?»

En Stanford, Paul Romer empezó a pensar en los libros de texto. También había sido abordado por McGraw-Hill en la década de 1990. Estaba al corriente del pro-blema de Samuelson tanto como los demás. Sacar otra variación sobre el mismo tema tenía poco interés. «La cosa más importante que he aprendido de ellos es lo difícil que sería hacer algo realmente distinto.» La estrategia del helado de vaini-lla a la que añadía algún que otro extra se había convertido en una estrategia empre-sarial de todo el sector. El secreto era publicar una nueva edición cada tres años incorporando justo el material suficiente para que pareciera que la edición ante-rior quedaba anticuada. Los estudiantes, entretanto, se habían dado cuenta de los trucos de las editoriales y cada vez era mayor el número de ellos que se rebelaba. Los precios se habían disparado superando los ciento veinte dólares por ejemplar y las encuestas mostraban que más de la mitad de los que se matriculaban en los cursos de economía compraba libros usados o no compraba ninguno. De ahí lo desmotivados que le llegaban los alumnos a su curso en la Business School.

Así pues, poco después de que su padre aceptara el puesto en Los Ángeles, Paul Romer decidió montar una empresa editorial para vender el sistema de gestión de cursos y los materiales didácticos que había diseñado. La posibilidad se le había ocurrido uno o dos años antes, durante un viaje que hizo un fin de semana a Suecia para dar una charla en la reunión anual de los ejecutivos de la Skandia Life Insurance Company. La perorata de Romer sobre las consecuencias de la no riva-lidad para la industria editorial internacional había llevado a los suecos, amigos de los proyectos de capital de riesgo, a interesarse por la posibilidad de respaldar algún tipo de nuevo proyecto que pudiera ligarse a su negocio (recuérdese que la obsesión por las empresas punto.com estaba en pleno auge y varios economis-tas estaban preparando «motores financieros» de diversos tipos en internet).

Convencido de que los editores de libros de texto tendrían dificultades para abandonar el modelo empresarial con el que habían ganado tanto dinero, Romer y los inversores de capital riesgo de Skandia vieron una oportunidad. En noviem-bre de 2000, mientras esperaba a que comenzara el juicio contra Microsoft, vol-vió a Suecia para negociar. Regresó a casa con el compromiso de Skandia de des-tinar 11.200 millones de dólares a la creación de una nueva empresa, y así surgió una empresa en internet con el nombre de Aplia. El logotipo de la nueva compa-ñía era una carita sonriente que lo mismo podía representar al dueño de una idea brillante que una bomba con la mecha prendida.

El plan de Aplia tenía tres vertientes: una iba destinada a los editores de libros de texto, otra a los profesores y otra a los estudiantes. La primera y la más importante surgió en seguida. Romer iba a resolver el problema de los libros usados vendiendo sus herramientas a cualquier editorial que las quisiera, desarrollando los materiales de enseñanza en internet y los instrumentos de gestión de los cursos que habían tenido éxito en su clase de tal forma que pudieran adaptarse para utilizarlos con cualquier libro de texto convencional de introducción. La plataforma de Aplia se mantendría neutral con respecto a los libros de texto.

Al fin y al cabo, la economía estaba llena de conceptos que se ilustraban perfectamente por medio de gráficos interactivos: cambiar eso y ver qué le ocurre a eso otro. No siempre era fácil codificar estos gráficos en forma de ejercicios y mucho menos integrarlos a la perfección con las palabras necesarias para explicarlos. Pero eso era precisamente lo que él había aprendido a hacer. Había adquirido una gran habilidad en construir el tipo de aplicaciones que interesaban a los autores de libros de texto y sabía dónde encontrar profesores de economía que escribieran nuevas demostraciones. Todo ello le permitiría reducir un considerable coste fijo.

Al trasladar a la web una gran parte de los detalles, tan sensibles al paso del tiempo, que llenaban la mitad de cualquier libro de texto –los problemas, las ilustraciones extraídas de acontecimientos del momento, las pruebas y los tests– las editoriales tendrían que actualizar sus libros de texto con mucha menos frecuencia. Podrían ofrecer una versión en internet del libro a un precio mucho más bajo que el de un ejemplar en papel y tinta.

El segundo punto de venta era la ventaja que ofrecía al profesor el nuevo sistema basado en la web. Una vez que el profesor hubiera elegido un libro de texto, podría seleccionar de una gran biblioteca de materiales desarrollados por Aplia los que quisiera para enseñarlos, todos ellos actualizados y más o menos adaptados al texto. Los problemas se corregirían automáticamente y tanto los profesores como los estudiantes tendrían diariamente la respuesta en forma de informes sobre los progresos realizados. Los estudiantes harían tests manipulando los gráficos interactivos y los datos. Comprenderían los conceptos mejor que antes o, si no los entendían, el profesor lo sabría y podría ponerle remedio. Así pues, a quien había que hacer realmente propaganda para que se adoptaran los materiales de Aplia era al profesor. La enseñanza le resultaría más fácil y más eficaz y todo eso sin quitarle más tiempo.

La tercera vertiente iría dirigida a los propios estudiantes. Romer sabía por experiencia que éstos eran perspicaces jueces de los programas informáticos educativos. El verdadero test de los nuevos materiales sería si los estudiantes que los utilizaban aprendían la materia mejor que los que no los utilizaban. Los propios estudiantes entendían, desde luego, la diferencia. Aplia se basaría en la publicidad que le hicieran los estudiantes y sus profesores. Si daba buen resultado, era de suponer que sus preferencias ayudaran a las ventas. No sería como en el siglo XIX, en que los fabricantes de máquinas de escribir hacían concursos de mecanografía con la esperanza de convencer a los jefes y a sus secretarias de que mecanografiarían más deprisa con su diseño; en e siglo XXI se opera con experimentos doblemente ciegos y con organismos que supervisan los experimentos con seres humanos. Pero la experiencia personal de la eficacia constituiría una parte vital de la competencia.

Aplia fue la tercera gran apuesta profesional de Romer. Dejar el MIT por la Universidad de Chicago fue, desde luego, arriesgado, pero era muy joven y aún no estaba comprometido con la economía. Dejar un puesto de profesor permanente en la Universidad de Chicago y trasladarse a California sin trabajo fue quizá incluso más sorprendente, pero un año después le había salido todo redondo. Dedicarse al mundo de los negocios fue un paso aún más osado. Incluso dentro del mundo de la economía, distaba de ser famoso. Tenía cuarenta y cinco años. Quizá en adelante iba a pasar desapercibido.

Pidió una excedencia de dos años en Stanford. Invirtió sus ahorros en la empresa. Acabó el curso que estaba enseñando con Tom Sargent y dijo adiós a los estudiantes de doctorado. Tras presentar un artículo sobre formación técnica en una conferencia sobre innovación, abandonó por completo la investigación. A muchos les pareció que se retiraba de la economía. Estaba clínicamente muerto, dijo de él otro economista. Alguien comentaba que lo había visto entusiasmado con la idea de dirigir una empresa. Fue un poco triste, reflexionó en voz alta, encontrarlo tratando de demostrar su valía académica a través del mundo editorial.

Pero resultó que Romer tenía un don para los negocios. Reclutó programadores, editores y representantes comerciales; contrató, despidió y refinanció. Durante un par de años, estuvo casi invisible, asistiendo a conferencias económicas por todo Estados Unidos para valorar las necesidades de los profesores y buscar buenos programadores. Mostró sus programas informáticos a personas invitadas en las suites privadas durante los *Meetings*. Su primer cliente fue W. W. Norton & Company, editorial que había publicado el libro de texto *Intermediate Microeconomics* de Hal Varian, que era un éxito de ventas.[3] Las seis ediciones del libro de Varian habían ido acompañadas de uno de los mejores libros de ejercicios jamás escritos, *Workouts in Intermediate Microeconomics*, compilado conjunta-

---

[3] La versión al castellano de este texto ha sido publicada por Antoni Bosch, editor bajo el título de *Microeconomía intermedia*. (N del E.)

mente con Theodore Bergstrom, profesor de la Universidad de California en Santa Bárbara.[4] Ahora Romer aceptó colgar en la Web los problemas que se hacían con lápiz y papel, ofreciendo a los profesores la posibilidad de asignar trabajo para casa, que corregiría el ordenador, un trabajo que exigía los mismos tipos de respuestas –ecuaciones, números y gráficos– que en los ejercicios con lápiz y papel. Encantados de poder poner más tareas para casa sin tener que dedicar más tiempo a corregirlas, los profesores se lo quitaron de las manos.

En noviembre de 2003, Aplia aceptó complementar el libro de texto de Krugman. La editorial ofrecería el libro de texto tradicional de ochocientas páginas por unos cien dólares o una versión electrónica por unos sesenta, junto con una suscripción a los problemas y los tests periódicos obligatorios de Aplia que valían alrededor de treinta dólares, una suscripción que se exigiría a todos los estudiantes matriculados en el curso para hacer el trabajo de clase, independientemente de que compraran el libro, el texto electrónico o nada. La idea era que los estudiantes se inclinarían por la edición electrónica. Romer y Krugman estaban «amenazando con reorganizar totalmente la economía del sector de libros de texto universitarios de Estados Unidos que movía 3.900 millones de dólares», dijo Charles Goldsmith en el *Wall Street Journal*. «Pocos pondrán en duda que el sector necesitaba una reforma.»

A principios de 2005, el editor de Mankiw también firmó discretamente con Aplia un contrato para que complementara su libro de texto. Los representantes de la editorial se habían quejado de que, al no poder ofrecer ese complemento, estaban perdiendo ventas en favor del libro de Krugman. Romer sólo ofrecía, como siempre, una licencia no exclusiva, como había hecho veinte años antes Bill Gates con sus sistemas operativos.

Y mientras se preparaba para los *Meetings* que se celebrarían en Boston en 2006, el sistema de gestión de cursos y de enseñanza que había diseñado por primera vez para sus alumnos de Stanford estaba sirviendo de complemento de una gran proporción de los mejores libros de texto de introducción a la economía.

¿Podría un bien complementario hacerse con el control del mercado de la enseñanza universitaria de economía? Esa era, por supuesto, la pregunta fundamental que se encontraba detrás de la carrera de Aplia por conseguir poder de mercado. El diseño QWERTY se había convertido de una manera muy parecida en el estándar de los teclados de las máquinas de escribir y el sistema operativo Windows

---

[4] También publicado en castellano por Antoni Bosch, editor bajo el título de *Ejercicios de microeconomía intermedia*. (N del E.)

de Microsoft había transformado el propio PC en una mercancía, independientemente de quién lo fabricara. ¿Podría convertirse Aplia en «el universal» en la enseñanza de la economía, en el instrumento estándar con el que querían aprender los estudiantes? Esa era la pregunta realmente interesante en los *Meetings* que se celebraron en Boston en 2006.

Se había avivado, desde luego, la competencia entre los propios autores de libros de texto de introducción. Krugman y Mankiw fueron los que atrajeron más la atención. Pero Romer había acordado discretamente con John Wiley and Sons convertir sus apuntes en un libro de texto de macroeconomía intermedia, quizá seguido de un libro de texto elemental, convirtiendo así la carrera en una competición como mínimo a tres bandas. Entretanto, Pearson firmó un contrato con R. Glenn Hubbard, profesor de la Universidad de Columbia (antiguo asesor de George W. Bush) y con David Laibson, profesor de la Universidad de Harvard (destacado economista del comportamiento) para desarrollar otros dos nuevos enfoques. Norton tenía a Stiglitz y Houghton Mifflin tenía a Taylor. Y McGraw-Hill tenía a Bernanke y Frank. Sin embargo, el libro de Samuelson y Nordhaus estaba perdiendo terreno. ¿Qué haría a continuación el gigante editorial?

En términos más generales, ¿qué arquitectura pedagógica vendría a ocupar el lugar de Samuelson en el siglo XXI, de la misma forma que la economía samuelsoniana del siglo XX había venido a ocupar el lugar de las tradiciones marshallianas del siglo XIX? Era demasiado pronto para saberlo. Cuando Samuelson se tomó dos años libres a los treinta años después de la Segunda Guerra Mundial para escribir un libro de texto –»para aquellos que nunca harán más de uno o dos semestres de economía, pero que están interesados en el tema como parte de su educación»– tanto la enseñanza de la economía como el mundo editorial eran negocios más pequeños y más descentralizados, industrias artesanales en lugar de empresas multinacionales. El modelo empresarial de helado de vainilla con algún que otro extra aún no se había descubierto. Las editoriales podían arriesgarse. Y el propio Samuelson nunca pensó que su libro iba a durar tanto.

En 2005, los «complementos» de los libros de texto típicos y los instrumentos de gestión de los cursos basados en la Web estaban haciendo furor desde que Aplia comenzó su negocio. Las editoriales de textos universitarios se habían dado cuenta de la importancia de los ejercicios regulares y de la corrección de las tareas para casa. Estaban peleándose por colgar en la Web sus instrumentos de «autoevaluación». La competencia las estaba obligando también a convertirse en proveedoras de servicios más completos para la enseñanza universitaria.

Y precisamente porque las editoriales estaban despertándose y porque la tecnología era, en última instancia, no rival, no había garantía alguna de que Aplia se sumara a las cuatro grandes editoriales internacionales y fuera una empresa duradera. Podía ocurrir que fuera absorbida por una de ellas. «No se sabe si haremos un gran negocio. Pero siempre he dicho que sería más fácil cambiar el sector que obtener beneficios. Ya he ejercido en el sector más influencia de la que podría haber conseguido nunca escribiendo sobre él», decía Romer. La enseñanza de la economía estaba cambiando, junto con la propia teoría económica.

Habían pasado muchas cosas desde que diez años antes Romer había expuesto en San Francisco la nueva teoría del crecimiento en una planta alta del Hotel Hilton, mientras John Taylor presentaba su libro de texto con el nuevo material en la sala de exposiciones de la planta baja. ¿Volvería Romer a la investigación económica? No lo sabía. Los ingresos de su empresa estaban aumentando vertiginosamente. Skandia retiró más tarde su inversión en Estados Unidos, por lo que en 2005 el padre y el hermano de Romer pusieron fondos en una segunda ronda de financiación, después de que los suecos mostraran poco interés por mantener el control. Aplia se había convertido en el proyecto empresarial más reciente de la familia Romer, junto con el de la red de concesionarios de maquinaria John Deere. El contrato de su padre con las escuelas de Los Ángeles expiraba en 2007, año en que tendría setenta y nueve años. El propio Romer había cumplido los cincuenta en 2005. Estaba enseñando de nuevo. Sus hijos estaban creciendo. Él y su mujer habían pedido el divorcio. Sus objetivos habían cambiado. No se sabía qué iba a ocurrir.

Su apuesta había generado, como siempre, un cierto resentimiento. Definitivamente, no formaba parte del grupo. Pero su entusiasmo no había mermado ni un ápice. «Estoy bien donde quiero estar –decía– donde está la acción en la cuestión más importante a la que se enfrenta Estados Unidos, cómo educar a la gente para un mundo de competencia global.» También «está el reto de educar a todos los chicos que vayan a la universidad en la India y China...»

CONCLUSIONES

Hemos llegado al final de nuestra historia, la historia de cómo un artículo de economía provocó la redefinición de los factores de producción básicos, de cómo, durante unos años de la década de 1980, la tierra, el trabajo y el capital se convirtieron en personas, ideas y cosas, gracias a una útil y nueva distinción entre átomos y bits.

Paralelamente, hemos realizado una descripción bastante exhaustiva del entorno académico de la ciencia económica y hemos comprendido mejor, quizá, que un nuevo descubrimiento no triunfa porque hace caer las vendas que cubren los ojos de sus oponentes, sino porque es aceptado por la siguiente generación.

Pero nuestra historia resultaría incompleta sin una recapitulación. Tenemos, pues, una nueva economía del conocimiento. ¿Qué ha cambiado con ello? La respuesta es –me parece a mí– no mucho, al menos, no todavía. Los cambios realmente importantes son los cambios que ya han ocurrido en el propio mundo: el repentino aumento de los descubrimientos y las innovaciones, la retirada del Estado de la gestión y el control económicos, la apertura de los mercados internacionales. La economía profesional se ha dado cuenta de la importancia de estos acontecimientos justo a tiempo. Aún queda por delante el difícil trabajo de asimilar los nuevos conocimientos y de obrar en consecuencia. Aquí debo dejar a un lado mi papel de reportero de lo que ocurre en la comunidad de los economistas y escribir simplemente como ciudadano y como padre.

Los gobiernos se han dado cuenta, como mínimo desde Enrique el Navegante, de que les interesaba subvencionar la producción y la difusión del conocimiento, apoyar las artes útiles, extender la educación, proteger la propiedad intelectual y fomentar el libre comercio. La máxima de Bacon «saber es poder» data, al fin y al cabo, de la Inglaterra de principios del siglo XVII. La Revolución Francesa y Napoleón fomentaron la educación y la democratizaron, desde las matemáticas y las *grandes écoles* hasta la enseñanza pública. En el siglo XIX, las universidades alemanas fueron el modelo mundial de la excelencia científica y Alemania se convirtió en el país industrial más poderoso de Europa en los años anteriores a la Primera Guerra Mundial.

Los estadounidenses también han sido una política tecnológica desde sus primeros tiempos, aunque raras veces la han llamado así. Los colonos ingleses fundaron Harvard College en 1636. La ley de patentes se introdujo en la Constitución de Estados Unidos. El comienzo de la Guerra de Secesión estuvo acompañado por la aprobación de la ley Morrill, por la que se crearon las universidades construidas en suelo público, extendiendo la educación superior hasta las fronteras más alejadas. Un aumento repentino de la inmigración a finales del siglo XIX llevó a crear a principios del siglo XX los institutos de enseñanza secundaria por todo el país. El fin de la Segunda Guerra Mundial trajo consigo la GI Bill, que abrió las puertas de la universidad a todos los veteranos. El Congreso aprobó en 1980, el mismo año en que Romer comenzó la tesis, la ley Bayh-Dole, que incentivó el desarrollo privado de los resultados de la investigación médica financiada con fondos públicos. Reconocer que las universidades desempeñan un papel importante en el desarrollo económico es la parte fácil. Echemos una ojeada a cualquier mapa. Los lugares que cuentan con universidades son los que se han mantenido arriba o se han renovado en todo el mundo. No hace falta ninguna prueba más sutil que esa para demostrar que el conocimiento es un poderoso factor de producción.

Dicho eso, resulta que las ideas de los economistas tienen realmente mucha fuerza, una vez que son aceptadas por todos. «El cambio tecnológico endógeno» ha comenzado a dejar sentir sus efectos. Veinte años después de que la nueva teoría del crecimiento hiciera su aparición por primera vez, el canciller alemán Gerhard Schroeder hizo un sorprendente anuncio a principios de 2004. El banco central alemán iba a vender una gran parte de su oro y a invertir el dinero en las universidades alemanas; el banco central francés siguió su ejemplo inmediatamente. Un año después, el gobierno británico ofreció un importante contrato a quien fuera capaz de desarrollar una vacuna de la malaria que tuviera éxito, de una forma muy parecida a como había ofrecido, siglos antes, un sustancioso premio por la invención de un instrumento fiable para calcular la longitud desde un barco en alta mar. La idea era no sólo promover en todo el mundo la búsqueda de un remedio para curar la malaria, que causaba alrededor de dos millones de muertos e innumerables enfermos al año; la recompensa tenía por objeto estimular también la capacidad biotecnológica británica. En Singapur, la educación superior es casi una religión de estado. En la India y en China, los sistemas universitarios están formando ingenieros y doctores a un ritmo frenético y pensando rigurosamente en cómo mejorar sus universidades hasta poder competir también por los mejores estudiantes internacionales. En 2005, el primer ministro de la India nombró una Comisión del Conocimiento integrada por ocho miembros con la misión de que propusieran ideas para llevar a cabo una reforma radical.

¿Debería buscar Estados Unidos mecanismos que permitan formar a más científicos e ingenieros? Robert Solow tiene sin duda razón cuando dice que Estados Unidos no puede duplicar continuamente el gasto en I+D y esperar obtener resultados, de la misma manera que no se pueden bajar continuamente los impuestos y esperar que los ingresos aumenten. Los laboratorios no son inmunes al principio de los rendimientos decrecientes, a pesar de que a veces los descubrimientos que se hacen en ellos (y en el garaje del «manitas» y en la imaginación del creativo) lleven a lo contrario, o sea, a los rendimientos crecientes. La solución preferida de Romer es una versión algo más sofisticada de la ley nacional de defensa de la educación (National Defense Education Act, NDEA) de 1958, que duplicó la ayuda federal destinada a la educación, especialmente a la enseñanza superior. Esa medida tomada durante la guerra fría, aprobada después de que los soviéticos pusieran en órbita el primer satélite del mundo, fue la que dio el mayor impulso a las universidades estadounidenses dedicadas a la investigación desde que la ley Morrill de 1862 estableció en todos los estados las universidades públicas construidas en suelo público. Casi todos los miembros de la generación que hizo las revoluciones de los ordenadores, las telecomunicaciones y la biotecnología estudiaron de una u otra forma al amparo de la NDEA. Romer dice que las ideas más importantes de todas posiblemente sean esas «metaideas», es decir, las ideas sobre cómo apoyar la creación y la transmisión de otras ideas.

¿Qué es una metaidea? Algunos ejemplos son la transparencia en la comunicación científica, el declive de la censura previa en los periódicos, la aparición de las revistas científicas, el descubrimiento del sistema de patentes, el establecimiento de la enseñanza pública, la invención del servicio de extensión agraria, la aplicación de las mejores iniciativas de planificación (como las que aplicó Japón en su camino hacia la industrialización en la década de 1870), la aparición de la financiación pública de la investigación en la universidad, la introducción del sistema de ayudas competitivas a los proyectos de investigación, de centros de investigación avanzados, la competencia por los científicos con talento, los cursos de verano especializados, y demás. Se tardará años en poder conocer con algún detalle los efectos que la nueva economía del conocimiento está teniendo sobre la política económica. No hay razón alguna para pensar que ya lo sabemos todo.

Una metaidea por excelencia es la apertura de las fronteras y el comercio. Probablemente ninguna historia simbolice mejor las nuevas realidades que la decisión de IBM en 2004 de vender su negocio de ordenadores personales que movía doce mil millones de dólares al año a Lenovo, el gran fabricante de ordenadores de China, junto con el permiso para utilizar algunas marcas de IBM durante cinco años mientras consolidaba las suyas. Lenovo se convirtió de la noche a la mañana en el tercer mayor productor mundial de PC; IBM recibió 1.750 millones de dólares con los que llevar a cabo negocios más lucrativos, si consigue desarrollarlos: por ejemplo, unas misteriosas pilas de larga duración o unos nuevos instrumentos de cálculo más rápidos. Ya es un viejo dicho que los fabricantes asiáticos pueden producir televisores y las empresas estadounidenses «contenidos» y de esta forma todo el mundo disfruta de un nivel de vida más alto. Fue la rapidez, más que ninguna otra cosa, con que IBM reconoció que ya no podría fabricar ordenadores personales de una manera rentable lo que fue increíble, apenas veinticinco años después de que casi inventara el mercado de estos ordenadores.

Compárese la rápida reacción de IBM a las nuevas realidades del siglo XXI con la respuesta generalmente perpleja y lenta de Estados Unidos en las décadas de 1970 y 1980 a la ascensión de Japón. Los consumidores, por supuesto, supieron en seguida que unos automóviles mejores y unos televisores más baratos eran algo bueno para ellos. ¿Cuánto tardaron las empresas estadounidenses en adaptarse a la ascensión de las industrias siderúrgica, automovilística y electrónica japonesas? El visto bueno de la nueva economía del crecimiento a la venta por parte de IBM de su negocio de PC a China es importante por dos razones. Los esfuerzos para impedir que China se convirtiera en un productor de bajo coste de ordenadores personales no habrían tenido más éxito que los intentos anteriores de negar a China los secretos de las armas nucleares o de los satélites espaciales. Únicamente habrían conseguido retrasar unos años lo inevitable, mientras que la integración comercial fomenta la confianza entre los socios. Una economía china fuerte amplía el mercado de los productos estadounidenses y la economía estadounidense recibe una rápida advertencia de que sus costes son excesivos.

Durante la mayor parte de la historia de la humanidad, hasta bien entrada la primera mitad del siglo XX, era bastante fácil conseguir un buen trabajo en casi cualquier parte del mundo; bastaba con tener fuerza y resistencia. Poco a poco, las máquinas, los motores y las cadenas de montaje fueron sustituyendo a la fuerza muscular y el tener una complexión fuerte ya no era un pasaporte para ganarse la vida, salvo quizá en los deportes profesionales. Hoy en día, los ordenadores han transformado de nuevo el mundo y esta vez la víctima ha sido el trabajo manual tradicional. Un destacado ejemplo de lo que eso significa puede encontrarse en *La nueva división del trabajo: cómo están creando los ordenadores el próximo mercado de trabajo* (*The New Division of Labor: How Computers Are Creating the Next Job Market*) de Frank Levy y Richard Murnane.

Cuando se presentó en 1962 por primera vez el Boeing 727, el gran icono de la era de la aviación, fue sólo después de que cinco mil ingenieros hubieran estado trabajando durante casi siete años para desarrollarlo. Como no podían estar seguros de que los numerosos planos fueran coherentes, el primer paso fue construir un modelo a escala 1:1. Sólo entonces pudieron convertir las especificaciones de los planos en los ajustes para las máquinas-herramienta (los operarios cualificados que manejaban los tornos ya habían sido sustituidos por máquinas de control numérico). Incluso así, las piezas no encajaban perfectamente. Los trabajadores de montaje las fueron ajustando, pues, a mano para asegurarse de que todos los componentes del avión encajaban perfectamente (las planchas, normalmente cónicas, se utilizan para rellenar o nivelar componentes que no encajan perfectamente). Tan compleja era la fabricación que un 727 de cuarenta y cuatro toneladas de peso normalmente contenía una cifra estimada de media tonelada de piezas de relleno. De los cerca de mil ochocientos aviones entregados, mil trescientos aún siguen volando, con piezas de relleno y todo.

Treinta años más tarde, cuando se presentó el modelo Boeing 777, se necesitaron apenas cinco años para construirlo, a pesar de que era mucho mayor y más complejo. Esta vez, ya no hubo planos sobre papel. No se necesitó ninguna maqueta. El 777 fue el primer avión que se diseñó completamente con ordenadores, que garantizaban el ajuste interno de las piezas. Utilizando programas de diseño y producción asistidos por ordenador comprados a Dassault, compañía francesa de ingeniería, los ingenieros de Boeing pudieron extraer directamente de sus planos los ajustes de las máquinas-herramienta controladas por ordenador. Gracias a eso, el avión encajaba perfectamente. El fabricante dijo alardeando que «al primer 777 sólo le faltaba 0,023 de una pulgada –más o menos el grosor de un naipe– para que el ajuste fuera perfecto, mientras que en la mayoría de las piezas de un avión el ajuste tiene una holgura de media pulgada». En otras palabras, ya no fue necesaria ninguna plancha de relleno, ni tampoco los servicios de los trabajadores relativamente cualificados que sabían colocarlas bien.

El resultado han sido aviones más seguros, más baratos, más limpios y más cómodos. Las tarifas aéreas han bajado. Más gente vuela más a menudo. Los precios han descendido aún más al entrar nuevos competidores en el mercado, sobre todo el grupo europeo Airbus, lo que demuestra que, gracias a la no rivalidad del conocimiento, no hay ventaja inicial insuperable.

Pero la *composición* del empleo cambió espectacularmente. Había más puestos bien remunerados para operadores de CAD/CAM, ingenieros de programación, fabricantes de dispositivos de imágenes, arquitectos de aeropuertos y pilotos, aunque los comandantes de vuelo ya no ganaban tanto como cuando el sector del transporte aéreo estaba muy regulado. Había más puestos de trabajo mal remunerados para los que guiaban los aviones hasta los hangares, fabricaban puentes de embarque, se encargaban de los dispositivos de información, barrían las terminales. Pero había muchos menos puestos para trabajadores manuales en los talleres de máquinas, en las líneas de producción, en las agencias de viajes, en la propia cabina de mando. Hoy en día, las plantas de fabricación de componentes pueden estar situadas en cualquier parte del mundo, ya que los fabricantes de aviones saben que las piezas encajarán a la perfección independientemente de donde se fabriquen. La competencia entre Boeing y Airbus se ha endurecido. Las decisiones sobre dónde fabricar se toman en parte en respuesta a las presiones políticas de los clientes. Boeing trasladó incluso su sede central de la lejana Seattle a Chicago. La ciudad en la que trescientos años antes los navegantes franceses acarreaban sus canoas por encima de la duna para pasar de una cuenca a otra se había convertido en una encrucijada internacional. La compañía despidió a administrativos y secretarias y contrató a personas que hablaban varios idiomas y expertos comerciales.

La globalización del siglo XXI no ha hecho más que comenzar. Las tensiones entre los países europeos, Japón, China, la India, Estados Unidos y el resto del mundo probablemente se intensificarán. La situación es mucho más complicada por la presencia y el número de países que tienen un papel que desempeñar: los países escandinavos y los países de Europa oriental, los brasileños y los rusos, los australianos y los turcos. Los retos de mayor importancia para las democracias industriales en lo que se refiere al crecimiento tendrán poco que ver con las cuestiones que han dominado su política en los treinta últimos años: las reducciones de impuestos y las deducciones por amortización. Las metaideas más importantes en las próximas décadas tendrán que ver, por el contrario, con las decisiones sobre cómo reflejar los rápidos cambios de la división internacional del trabajo. Hoy el objetivo es la especialización y la globalización del mercado, no la colonización, pero la importancia de las instituciones implicadas —económicas, jurídicas y políticas— es mayor que nunca. Desde mediados del siglo XIX, no se vislumbraba una carrera entre países como ésa.

¿Cómo les ha ido a los diferentes países en esa competencia mundial? Si dejamos a un lado los sentimientos exacerbados, las rapiñas coloniales, las trágicas guerras del siglo XX, el avance lento, pero seguro, de los derechos humanos, veremos claramente que los países a los que les ha ido mejor son los que han tomado medidas educativas fundamentales. En *Escala y diversificación: la dinámica del capitalismo industrial* (*Scale and Scope: The Dynamics of Industrial Capitalism*), el gran historiador Alfred Chandler hizo una descripción muy clara de las consecuencias que tuvieron las diferencias entre los estilos industriales de Gran Bretaña, Alemania y Estados Unidos.

Según Chandler, había tres variedades de capitalismo empresarial: personal, cooperativo y competitivo. Mostró cómo en los tres casos los rendimientos crecientes de la producción permitieron a las empresas obtener poder económico: tal y como nos indica la teoría económica, las primeras empresas que invirtieron en grandes plantas consiguieron ventajas de costes. Estas gigantescas compañías fueron las primeras multinacionales. Crearon cadenas internacionales de comercialización y distribución. Desarrollaron las estructuras necesarias para gestionarlas. Y conservaron su superioridad durante décadas.

Sin embargo, en Gran Bretaña el sistema de capitalismo personal no fue capaz, en general, de mantener el ritmo. En Alemania, la estrecha cooperación entre los líderes políticos y los líderes empresariales levantó fortunas rápidamente y, con el paso del tiempo, las mayores universidades del mundo, pero condujo por alguna razón a la guerra o no fue capaz de impedirla. Así pues, las competitivas empresas estadounidenses, muchas de las cuales nacieron al amparo de la ley antimonopolio Sherman y de la legislación posterior, salieron victoriosas a mediados del siglo XX. Las instituciones del capitalismo de libro de texto –los mercados de capitales, las estructuras de gestión, los regímenes reguladores– constituyen una importante parte de esta historia. Sin embargo, las instituciones que tienen hoy mayor interés quizá sean las que quedan fuera del foco de Chandler: la política de capital humano que, de una manera muy visible en Estados Unidos, ha extendido la educación y la formación a una parte cada vez mayor de la ciudadanía y ha convertido la población trabajadora industrial en un motor intelectual postindustrial.

Evidentemente, no basta con mandar un gran número de chicos y chicas a la universidad para darles un título y arrojarlos a una economía en la que tienen pocas oportunidades. La educación superior tiene que ir ligada a las señales del mercado de alguna manera que los estudiantes puedan comprender y aceptar. La desaceleración de Europa podría deberse, en parte, al enorme aumento que han experimentado las oportunidades de educación desde 1968 sin que entonces se pensara mucho dónde podrían encontrar trabajo los titulados. Eso forma parte del reto de gestionar una economía nacional en una era de rápida globalización. Significa fijarse más en hacia dónde se encamina la economía e idear nuevos incentivos para los que necesitan más educación y formación: becas, nuevas formas de aprendizaje, más modalidades de formación y evaluación, programas nacionales de servicios sociales, etc. Las políticas sobre la primera infancia pueden ser las medidas más rentables de todas, ya que preparan a los niños de la siguiente generación para valerse por sí mismos como ciudadanos y como trabajadores.

Ha pasado mucho tiempo desde el día en que Adam Smith, ofreciendo la que probablemente fuera la primera metaidea aportada por un economista, dijo que lo único que hace falta para que las economías crezcan es «paz, impuestos bajos y una administración de la justicia tolerable». No es una mala receta para empezar, pero ¡cuánto más complejo se ha vuelto desde entonces nuestro conocimiento del mundo! El descubrimiento más reciente, que no ha sido obvio hasta ahora, es que en una economía global en rápida convergencia, el capital se cuidará en general a sí mismo (con algún que otro empujoncito por parte de los bancos centrales), pero los recursos humanos y tecnológicos requieren un cierto grado de gestión activa por parte del Estado.

La necesidad de contar con una política tecnológica es la conclusión inevitable que se deriva de «El cambio tecnológico endógeno». Es improbable que se llegue alguna vez a equiparar a los gestores públicos de la ciencia y a los ministros de educación con los responsables de los bancos centrales o con los ministros de hacienda o incluso con los negociadores comerciales, pero la política tecnológica, la política de formación y la política educativa acabarán considerándose en todos los países del mundo una responsabilidad necesaria y legítima del gobierno, tan importante como la política monetaria y la política fiscal e incluso más difícil de ejecutar bien.

Éste es, pues, el mensaje de la nueva economía del crecimiento. Reformar, por supuesto, el sistema de patentes. Renegociar el sistema internacional de propiedad intelectual, con la idea de facilitar el acceso de los pobres al conocimiento que ya se ha amortizado con creces en Occidente. Examinar de nuevo las instituciones que crean conocimiento, con la esperanza de mejorar su eficiencia; hay otros mecanismos eficientes de asignación, además de los mercados de capitales, las fundaciones privadas y los organismos públicos (ARPA, NASA y los National Institutes of Health). Y, por supuesto, continuar innovando audazmente en los nuevos sectores.

Pero lo primero de todo es reconstruir los sistemas de enseñanza de las viejas naciones industriales y crear sistemas nuevos para los países en vías de desarrollo de manera que pongan el acento en las nuevas realidades de la competencia internacional. O eso o, de lo contrario, sufrir una desigualdad cada vez mayor, a medida que entran en los mercados mundiales los países recién industrializados, con sus costes mucho más bajos.

¿De dónde va a salir el dinero? Siempre se ha dicho que las cuestiones relacionadas con el envejecimiento de la generación actual dominarán la política en las democracias industriales durante los próximos veinte o treinta años, que los codiciosos jubilados que exigen más prestaciones no dejarán ningún margen para realizar el tipo de inversión en capital humano que es necesario para adaptarse satisfactoriamente al nuevo orden internacional. En ese caso, los inmigrantes dispuestos a trabajar mucho por menos serán los que ocupen el lugar central en la economía, como ha ocurrido en el Reino Unido. El propio Romer es pesimista; teme que Estados Unidos no sea capaz de hacer en el siglo XXI lo que hizo en el XX: fortalecer espectacularmente sus escuelas de enseñanza secundaria, mandar a millones de estudiantes a la universidad por primera vez y aumentar el número de universidades investigadoras y de escuelas de doctorado. Sin embargo, ¿quién sabe qué rumbo tomará la política? La riqueza creada por la extraordinaria expansión del mercado mundial será enorme, suficiente, quizá, para que la generación que actualmente está en las puertas de la jubilación pueda disfrutar de un nivel de vida más alto *y* para crear más oportunidades para la siguiente generación. Pero los conflictos serán muy grandes. Nos encaminamos hacia una crisis muy complicada y, como dice Romer, «una crisis es una cosa demasiado terrible como para no aprovecharla».

Entretanto, está la ciencia económica –matemática, empírica, libre para cometer sus propios errores– una guía indispensable del mundo moderno. Me parece que no se puede pedir una demostración más clara de cómo avanza la ciencia económica que la que hemos dado aquí. Por otra parte, la historia concreta de un descubrimiento económico que hemos elegido no es más que una de las muchas que podrían contarse. El teórico e historiador Jürg Niehans dijo en una ocasión que los tratamientos clásicos de la historia del pensamiento económico dan la impresión de que el pasado fue una era de gigantes, mientras que el periodo actual es una era de pigmeos enzarzados en un agitado parloteo. Probablemente lo mismo podría decirse de la física o de la medicina. Pero ¿quién anhela seriamente los viejos tiempos de Isaac Newton y Louis Pasteur?

Es cierto, desde luego, que a medida que han ido comprendiéndose mejor algunos aspectos de la vida, el romance ha disminuido. Esta otra cara del crecimiento del conocimiento es lo que Max Weber llamó hace tiempo «el desencanto del mundo». Pero nada podría ser más falso. La ciencia económica nunca ha sido más apasionante. Sus mayores retos no han llegado todavía: se trata de descubrir los secretos *más profundos* de la riqueza de las naciones, las facultades que Adam Smith llamó nuestros sentimientos morales, qué es lo que en la naturaleza humana llamamos humano.

AGRADECIMIENTOS

Las opiniones a veces tajantes que he expuesto en este libro son sinceras. Mucho antes de que leyera «El cambio tecnológico endógeno», había leído, como otros muchos, «El progreso económico y los rendimientos crecientes» de Allyn Young. De hecho, ya había dedicado una docena de años a tratar de desentrañar los misterios de lo que decían los economistas sobre la especialización y el crecimiento del conocimiento, sin un éxito manifiesto, ni por mi parte ni, me parece a mí (y es ahí precisamente donde quiero llegar), por la suya. En 1984, publiqué con el título de *La idea de la complejidad económica* (*The Idea of Economic Complexity*) una descripción de esa primera aventura periodística, centrada en los trabajos del economista Peter Albin. Tardé ocho años en escribir ese libro. Éste, una docena. Ninguno de los dos me habría llevado tanto tiempo de no haber sido porque tuvieron que competir alegremente con la vida familiar y el trabajo periodístico diario.

Aunque en 1988 oí una primera versión de Romer '90 presentada con el título de «Fundamentos microeconómicos del cambio técnico agregado» en Buffalo, no comencé a comprender su importancia hasta que leí más tarde ese mismo año «El mecanismo» de Lucas. Fue Lucas quien me presentó a Romer en Chicago («El hombre con el que quieres hablar es Paul»). Incluso entonces, no fue hasta que Barbara L. Solow y F. M. Scherer me llamaron la atención cada uno por separado, de la forma más amable posible, sobre un revelador error que cometí en 1992, cuando por fin comprendí la diferencia entre el enfoque exógeno del crecimiento del conocimiento y el endógeno. ¡La verdad surge más fácilmente del error que de la confusión! Vaya para ellos mis agradecimientos.

Gracias también a Daniel C. Tosteson, que me escribió una carta que me llevó a ver lo que había escrito en ese libro anterior desde una perspectiva totalmente distinta. Gracias también a Les Lenkowsky, por hacer las gestiones oportunas para que me invitaran a la conferencia de Buffalo. Fue la exposición que hizo Mitchell Waldrop de los acontecimientos ocurridos en el Santa Fe Institute en la revolución de los rendimientos crecientes lo que me convenció de que debía escribir esta nueva versión.

Otto Eckstein, Gary Becker, Hendrik Houthakker, Karl Case, Richard Zeckhauser, Robert Lucas, Allison Green, Nan Stone, Eytan Sheshinski, Jürg Niehans, Howard Johnson y Ernest Berndt compartieron conmigo desde el primer momento algunas ideas importantes. Aida Donald y Michael Aronson propusieron inicialmente que escribiera el libro, después de publicar una versión de la historia en el periódico, confiando en desentenderme de ella. Frank Levy, Bob Gibbons, Mark Feeney y Robert Phelps leyeron algunas partes del manuscrito en sus primeras fases. Drake McFeely se hizo cargo del proyecto cuando me atasqué, lo reinició y me animó durante seis largos años a terminarlo. Robert Solow, Robert Lucas, Elhanan Helpman y, por supuesto, Paul Romer me ayudaron en todas las fases, aunque debo destacar que Romer, en particular, no es en absoluto responsable del resultado.

Este tipo de libro nunca habría sido posible si no hubiera sido por el compromiso con el periodismo especializado del viejo *Boston Globe*, donde se me permitió seguir la evolución de la ciencia económica durante veintitrés años, primero como periodista y luego como columnista. Era un maravilloso periódico, cuyas tradiciones únicas han dejado de existir a todos los efectos; ningún otro medio de comunicación habría permitido este tipo de periodismo. Gracias, pues, a la memoria del desaparecido John I. Taylor y a Benjamin Taylor, en particular, y a la familia Taylor, en general; y a todos los hombres y mujeres que hicieron del *Boston Globe* el periódico que era antes de que fuera vendido.

La Sabre Foundation dio cobijo a EconomicPrincipals.com después de que se cerrara la columna del periódico. Y la American Academy de Berlín puso a mi disposición un tranquilo despacho en el que escribir, una multitud de colegas simpáticos y vitales alrededor de la mesa de desayuno y un *Monatskarte* para una de las grandes ciudades del mundo, justo cuando más lo necesitaba. Vayan para todos los miembros del extraordinario grupo de amigos del Hans Arnhold Center mis más sentidas gracias.

ÍNDICE ANALÍTICO

Otros títulos

Economía del desarrollo
Debraj Ray

El misterio del crecimiento económico
Elhanan Helpman

En busca del crecimiento. Andanzas y tribulaciones de los economistas del desarrollo
William Easterly

Las nuevas fuerzas del desarrollo
Antonio Vázquez Barquero

Apuntes de crecimiento económico
Xavier Sala i Martín